高职高专规划教材

现代企业管理

主　编　胡忠任

副主编　蒋玉霞　商漱莹

参　编　李　霞　张春翠　秦　珑

机 械 工 业 出 版 社

本书紧密结合当前我国现代企业管理的具体实践，吸收和借鉴了国内外企业管理较为成熟的新知识，系统地介绍了我国现代企业管理的基本理论和方法。

本书知识面较宽，有一定的针对性和操作性；各章既相对独立又相互联系；为方便学生学习，每章章前有学习目标、引导案例，章后有技能测试题、案例分析，章中附有众多阅读材料和案例。这样有助于学生明确学习目标，提高学生运用所学的理论解决实际问题的能力。全书共分九章，包括现代企业管理概论、市场预测与经营决策、现代企业市场营销管理、现代企业生产管理、现代企业质量管理、现代企业人力资源管理、现代企业物流管理、现代企业财务管理、现代企业风险管理。

本书可作为高等职业院校、高等专科学校、成人高校、本科二级职业技术学院和民办高校等经济管理类各专业的通用基础课教材，也可作为企业经济管理人员的参考书及培训用书。

图书在版编目（CIP）数据

现代企业管理/胡忠任主编．—北京：机械工业出版社，2012.2（2017.8 重印）
高职高专规划教材
ISBN 978-7-111-37032-1

Ⅰ．①现… Ⅱ．①胡… Ⅲ．①企业管理—高等职业教育—教材
Ⅳ．①F270

中国版本图书馆 CIP 数据核字（2012）第 001529 号

机械工业出版社（北京市百万庄大街 22 号 邮政编码 100037）
策划编辑：孔文梅 责任编辑：孔文梅 宋 燕
责任印制：常天培
涿州市京南印刷厂印刷
2017 年 8 月第 1 版第 4 次印刷
184mm×260mm · 16.75 印张 · 412 千字
8001—9900 册
标准书号：ISBN 978-7-111-37032-1
定价：35.00 元

凡购本书，如有缺页、倒页、脱页，由本社发行部调换

电话服务
社服务中心：（010）88361066
销售一部：（010）68326294
销售二部：（010）88379649
读者购书热线：（010）88379203

网络服务
门户网：http://www.cmpbook.com
教材网：http://www.cmpedu.com
封面无防伪标均为盗版

前　言

技术和管理是推动企业发展的两大车轮。企业要实现现代化，必须要依赖先进的管理，没有先进的管理，再好的技术能力也没办法发挥，也就不能有效地提高劳动生产率。企业要产生更大的经济效益和社会效益，管理是关键。尽管企业的内外环境以及各种具体的管理活动千差万别，但管理者在处理问题时，都遵循一定的规则，采用一定的方法，这些基本规则和方法就是本课程所要研究的对象。“现代企业管理”是一门研究企业管理活动中普遍存在的基本规律和方法的科学，具有很强的实践性，属于应用科学。通过本课程的学习，可以使学生正确、深刻地理解和全面、系统地掌握企业管理的基本理论和方法，提高分析问题、解决问题的能力，为进一步学习其他专业课程和日后企业管理实践工作奠定基础。

本书是在编者多年来从事现代企业管理课程教学和研究的基础上，参考国内外有关资料编写而成的。编者在多年的教学过程中，深深体会到“兴趣是最好的老师”，只要能调动起学生学习该门课程的兴趣，教学效果就有了保证。因此，本书特色主要体现在力争激发学生学习兴趣，注重启发学生思维，注重应用。具体表现在：

（1）采用基于企业管理过程来进行本书内容的编写，各章引导案例针对同一家企业来调研编写，放在一起就是一个完整的企业管理大案例。通过这个大案例，将各章内容有机地联系在一起，让学生理解企业管理的全貌；并以典型工作过程为主线，将相关知识讲解贯穿在完成工作任务过程中。

（2）引入以问题为中心的编写方式，启发学生的思维。在每章开头提出本章思考题，使学生带着问题去阅读本书、去查阅相关资料并进而认真听课。

（3）案例丰富、完整。每章均有引导案例和结束案例，各节还有若干案例。选择案例倾向于高职学生未来主要就业方向的中小型企业，让学生觉得更贴近实际，更有兴趣。

（4）形式生动活泼。本书在理论讲解的同时，穿插图表、应用案例、管理幽默、经典案例、阅读材料、课堂研讨、管理故事、知识拓展等多种形式的补充内容，并在各章配以技能测试题加以巩固。

（5）本书以“必需够用”为度，针对高职高专层次特点，体现与本科培养目标的不同，所以书中没有安排企业战略管理内容；坚持少而精的原则，选择学科最基本的概念、原理，构建基本结构，注重培养学生的自学能力和独立获取知识的能力；并将有实际应用价值的企业管理新理论和新方法编入其中，如物流管理、风险管理等，将信息网络时代对管理的影响融入各章之中，更加符合21世纪的时代特征。

（6）每章后面附有课后网络资源，促使学生主动独立地开展学习。

本书由胡忠任担任主编，由蒋玉霞、商漱莹担任副主编。具体的编写分工为：商漱莹编写第一章和第八章，蒋玉霞编写第二章和第三章，胡忠任编写第四章，李霞编写第五章和第六章，张春翠编写第七章，秦珑编写第九章。全书最后由胡忠任统一修改、定稿。

为方便教学，本书配备电子课件等教学资源。凡选用本书作为教材的教师请登录www.cmpedu.com，注册为会员后可免费下载，咨询电话：010-88379375。

本书的编写参考了国内外诸多文献和资料，谨在此向有关原著者表示感谢。由于编者水平有限，书中难免存在不妥之处，敬请读者不吝赐教（联系邮箱：gsglxy2011@163.com）。

编　者

目　录

第一章 现代企业管理概论

学习目标

- 了解管理学发展史，熟悉不同阶段的代表理论。
- 了解现代企业制度与企业文化。
- 掌握管理的含义、管理人员扮演的角色及应该具备的技能。
- 掌握管理的各项职能，能够对管理案例进行简单分析和诊断。
- 掌握企业的特征、类型和组织结构。

引导案例 1/9

1. 佳驰公司简介

佳驰公司是一家具有20多年汽车齿轮生产历史的专业公司，主要生产解放9t双桥、解放王、解放495桥、解放457桥、斯太尔桥等各速比盆角齿及差减速齿轮几大系列产品。公司陆续推行了5S现场管理，绩效管理，决策体系建设，并先后通过了QS9 000质量管理体系认证和ISO9001质量管理体系认证。

佳驰公司注重先进设备和高级人才的引进和企业文化建设。佳驰公司先后购入日本三菱高速滚插齿机、德国HURTH剃齿机、中日合资多用炉全自动生产线热处理设备以及德国MAE自动校直机等先进设备80多套。公司的生产、技术、质量、人力资源、企管等部门负责人以及财务、销售部门的副职都是由引进的富有实战经验的家族外部人员担任，另外公司每年积极从全国高校招聘户籍在本地的应届大学生。佳驰公司的企业精神是“务实创新、与时俱进、诚信为本”；质量宗旨是“精铸佳驰，质量为先”；企业员工行为准则是“一切按程序办、一切按规定办”；企业经营理念是“向竞争要市场、向优质要用户、向创新要发展、向管理要效益”。

2. 经营管理模式

佳驰公司自1988年创立到现在，经营管理模式的发展大致可以分为两个时期。1988～2001年为家长式的集权管理模式，在这个时期企业完成了原始资金积累，在激烈的市场竞争中站稳了脚跟，并已初具规模。佳驰公司在这个时期内，基本上遵循着中国传统的家庭模式，即男主外，女主内，企业主李强主要掌管销售和对外关系，妻子田丽清主要掌管企业内部管理，他们在早期既是老板也是员工，承担着企业的全部职能，从生产、技术、质量到人事、财务、销售等。随着企业规模的扩大、员工数量的增加、业务量的剧增，企业主一个人的才智、精力、时间就无法顾及过来。从2002年起，佳驰公司开始转变经营管理模式，进入到规范化管理阶段。2002年借搬进新厂房和生产能力翻番的契机，佳驰公司大力推进规范化管理，建立了一系列的制度，做到“新厂房，新面貌、新机制”。他们聘请了一家管理咨询公司对企业进行管理诊断；开始有意识地将部分权力下放；调整组织结构，扩充生产部门，增设了企管部，专门负责分散在各职能部门的信息收集分析，并向企业主李强直接提供企业管理信息报告，并负责各项管理政策的执行监督。佳驰公司设立了非常设机构经营决策委员会，重大事项必须经过该委员会讨论通过（总经理李强具有否决权），对总经理的决策权力进行了约束，用集体决策代替了总经理的个体决策，为总经理的盲目决策设置了一道屏障。

案例简析：佳驰公司的成功，一方面因为其重视人才，重视发挥人力资源的作用；另一方面也在于推行先进的管理模式，并且随着企业内外环境的变化，企业管理者也意识到要转变经营管理模式，而这些正是管理要面对和解决的问题。

注：本案例是编者对佳驰机械公司调查访问的基础上编写的。本案例只用做学生课堂讨论的材料，目的是给学生提供一个贯穿全书的具有中国本土特色的企业管理的案例背景，编者的目的不是为了论证某种经营管理方法的是否有效。出于保密目的，本案例中的人名、企业名称以及其他一些可识别的材料经过处理。

阅读本章内容，并思考下列问题：

1. 什么是管理？怎样理解管理的含义？
2. 什么是管理者？管理者在组织中扮演什么角色？对他们有什么技能要求？
3. 企业有哪些特征？分为哪几种类型？组织结构有哪些形式？分别适用于什么样的环境？
4. 什么是现代企业制度？有哪些基本要求？

第一节 管理概述

一、管理的定义

人类在历史的长河中创造了许多文明，像埃及金字塔、中国长城等。而这些世界文明奇迹无不充满了管理的思想，体现了管理的智慧，可以说管理的历史与人类的历史一样漫长。由于人类活动具有目的性、依存性、可以总结和延续性等特点，决定了伴随人类的产生，管理活动也就随之产生了，只有管理才能更好地实现目的，完成分工合作，而且不断总结经验使活动的进行更科学、更有效。管理活动无处不在，无时不在，从国家的治理到企业的运作都需要统筹规划，调配资源进行管理，有人说推动社会前进的两个车轮，一个是技术，另一个就是管理，两者缺一不可。

管理的定义有很多，有管理学者认为“管理是指和其他人一起并且通过其他人来有效完成工作的过程”，有人认为“管理”是“管”加“理”，本书主要借用周三多对管理的定义，“管理就是在特定的环境下对组织所拥有的资源进行有效的计划、组织、领导和控制，以实现既定组织目标的过程。”

这个定义包含着以下六层含义：

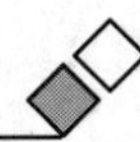

（1）管理活动是在一定环境条件下进行的，环境既可能提供机遇带来机会，也可能构成挑战造成威胁。这要求组织重视环境调查与预测，一方面要根据环境的状况，选择合适的策略；另一方面，要适应环境的要求，随机应变。

（2）管理活动的载体是组织，既包括工矿企业、国家机关、学校、医院，也包括社会团体和宗教组织。

（3）管理的目的是实现组织既定的目标。管理的目的并不是来源和决定于管理机构或人员自身，而只能是隶属和服务于具有特定使命和目标的组织。

（4）管理是一系列相互关联、连续进行的工作活动构成的过程。这些活动过程包括计划、组织、领导和控制，它们是管理的基本职能。

（5）管理的对象是组织所拥有的资源，本质是协调。

（6）管理活动的有效性要从效率和效果两个方面来评判。效率是“正确地做事”，效果是“做正确的事”。在现代社会中“做什么”比“怎么做”往往更加重要。

小案例

管理者干什么

蒋华是某新华书店邮购部经理，该邮购部每天要处理大量的邮购业务，在一般情况下，登记订单、按单备货、发送货物等都是由部门中的业务人员承担的，但在前一段时间里，接连发生了多起 A 要的书发给了 B，B 要的书却发给了 C 之类的事，引起顾客极大不满。今天又有一大批书要发送，蒋华不想让这种事情再次发生。

请问：他应该亲自校对这批书，还是仍由业务员们来处理？为什么？

资料来源：邢以群．管理学[M]．杭州：浙江大学出版社，1997.

二、管理的性质

对于管理性质的描述，我们通常称为管理的二重性，管理的二重性是指管理的自然属性和社会属性的统一。一方面，管理是由许多人进行协作劳动而产生的，管理具有同社会化大生产和生产力联系的自然属性，表现为对协作劳动进行指挥，执行着合理组织生产力的一般职能。另一方面，管理又体现着生产资料所有者监督劳动的意志，为统治阶级服务，所以管理又具有同生产关系和社会制度相联系的社会属性，执行着维护和巩固生产关系的特殊职能。正是由于管理具有二重性，要求我们在学习借鉴西方发达国家管理经验、管理思想和方法时，要去其糟粕，取其精华，属于自然属性的要大胆地引进，属于社会属性的要立足本国国情，有选择、有立场，还要注意任何一种管理思想、方法都有其当时的生产力水平和生产关系等时代背景，没有普遍适用的模式和方法，要因地制宜，具体问题具体分析。

同时，管理既是一门科学，又是一门艺术，是科学性与艺术性的统一。管理的科学性是指以反映管理客观规律的管理理论和方法为指导，有一套分析问题、解决问题的科学的方法。管理的艺术性是指利用系统化的知识和技术并根据实际情况激发灵感、发挥创造性的技巧和诀窍。管理的科学性是艺术性的前提和基础，艺术性是科学性的突破和创新，管理的科学性和艺术性是互为条件、互相转化的有机统一体，有着各自发挥作用的场合和时机。既有科学又有艺术的管理才是成功的管理。

三、管理者的角色及技能要求

（一）管理者的分类

不同组织中，都要有从事管理的人，这些担负管理任务，对组织承担明确责任的人，被称为管理者。辨别出谁是管理者并不困难，在组织中他们一般都有这样那样的头衔。头衔的不同，除去组织不同的原因之外，往往意味着在组织中的角色不同。一般来讲，根据管理者在组织中所处的不同层次，把管理者分为高层、中层和基层。

1. **高层管理者**

这个群体在组织中人数相对较少，头衔一般是总裁、副总裁、首席执行官（CEO）、总经理、董事会主席、校长等。高层管理者的工作涉及全局，事关长远，而且复杂多变，对管理者的决策能力、用人能力、战略规划能力要求很高，他们制定的决策包括收购、研发、新市场开发等对组织很重要但没有既往经验的问题。

2. **中层管理者**

中层管理者是指所有处于基层和高层之间的各个管理层次的管理者。企业的这部分管理者处于企业组织架构中的中层位置，他们的头衔可能是部门经理、项目经理、地区经理、事业部经理等。中层管理者既是高层的下属，又是基层的上级，同时与平行部门的负责人又是同级关系，不仅要负责将上级的意图形成方案、付诸执行，带领下属开展工作，还要处理好与其他部门、供应商、客户之间的关系，所以对中层管理者要求具备相当的人际技能，才能担负起“承上启下、承前启后、承点启面”的职责。

3. **基层管理者**

基层管理者是指距离一线最近的管理者，通常又被称为一线管理者，具体是指工厂里的班组长、小组长等。他们管理着非管理人员的工作，其主要职责是传达上级计划、指示，直接分配每一个成员的生产任务或工作任务，随时协调下属的活动，控制工作进度，解答下属提出的问题，反映下属的要求。他们工作的好坏，直接关系到组织计划能否落实，目标能否实现，所以，基层管理者在组织中有着十分重要的作用。对基层管理者的技术操作能力要求较高，但并不要求其拥有统筹全局的能力。

（二）管理者的角色

19世纪60年代末期，亨利·明茨伯格曾对5位总经理的工作进行了仔细的研究，发现经理们的工作繁杂而忙碌，正在进行中的工作也经常被打断，有半数的管理者，活动持续时间少于9min，并不像想象的那样，在决策前总有充分的时间和系统的思考，那么管理者究竟在做什么？明茨伯格在《经理工作的性质》一书中提出了管理者的工作分类纲要，指出管理者在管理工作中表现为10种角色，这10种角色分为三大类：人际角色，信息角色和决策角色，具体见表1-1。

表1-1　管理者的10种角色

人际角色	信息角色	决策角色
挂名首脑	监督者	企业家
领导者	传播者	冲突处理者
联络者	发言人	资源分配者
		谈判者

1. **人际角色**

人际角色以管理者的正式权力为基础。管理者所扮演的三种人际角色是：①挂名首脑，作为组织首脑，必须行使一些具有礼仪性质的角色，主持一些仪式等。②领导者，作为管理者要对组织成员的工作负责，要带领员工一同工作并保证组织目标的实现。③联络者，管理者要与组织内个人和部门以及外部利益相关者建立良好的关系。

2. **信息角色**

管理者负责确保与他一起工作的人拥有足够的赖以顺利完成工作的信息。管理者扮演的三种信息角色是：①监督者，管理者持续关注并收集环境信息，识别机会，发现威胁。②传播者，管理者将作为监督者获取的信息进行分享和分配，把外部信息传递到企业内部，将内部信息传递给更多的人。③发言人，管理者有时需要作为组织的发言人把组织信息传递给组织以外的人，让相关者了解组织的状况。

3. **决策角色**

管理者要处理信息，识别问题并找到解决问题的措施。管理者通过决策为组织指明方向，安排组织活动内容。管理扮演的决策角色具体分为四种：①企业家，管理者是组织的设计者和掌舵人，要善于寻找机会，创造性地开展工作。②冲突处理者，管理者要处理组织运行过程中遇到的冲突或突发问题。③资源分配者，管理者要把组织有限的人力、财力、物力等各种资源进行科学、合理的分配，尽量取得较高的效益。④谈判者，谈判是管理者不可推卸的工作职责，通过谈判处理冲突，通过谈判获得资源，同样通过谈判调整成员行为朝目标前进。

（三）管理者的技能要求

罗伯特·卡茨认为，管理者应具备三种技能要求。

1. **技术技能**

技术技能是指应用某一专业领域的技术、知识和方法完成组织任务的能力。对于管理者来说，虽然不必使自己样样精通，但对自己所管理领域的基本知识要有所掌握，以便对业务范围内的工作进行指导。

2. **人际技能**

人际技能是与人交往的能力，是理解、关心、激励以及与别人共事的能力。管理就是“处理好人与人之间的关系”，协调是其本质，所有的管理者都要与人打交道，人际技能是所有管理者都必须具备的一种重要技能。

3. **概念技能**

概念技能就是从现象中找本质，纵观全局，驾驭全局的能力，包括分析、概括、推理、判断等能力。

对于不同层次的管理者，三种技能的重要程度是不同的，一般来说，管理者的层次越高，面临的问题越复杂，越没有惯例可以遵循，越需要分析和把握关键的能力，即概念技能，而越往基层，距离一线工作越近，越需要技术技能，人际技能对不同层次管理者都是必需的、重要的。三种技能要求与管理者层次之间的对应比例关系如图 1-1 所示。

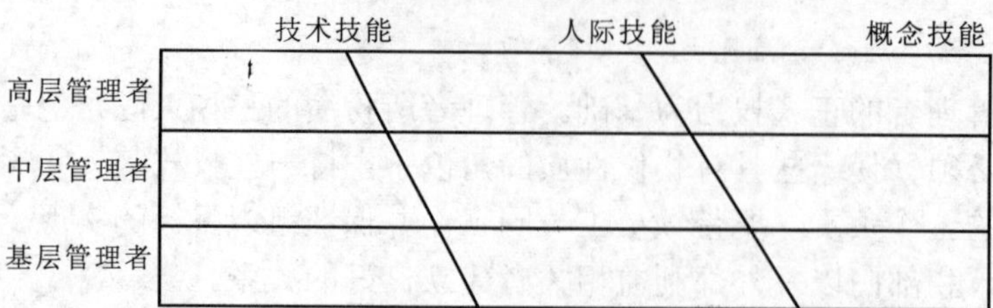

图 1-1　三种技能要求与管理者层次之间的对应比例关系

小案例

管理工作的特性

A 是某建筑公司安装经理，B 是 A 下属的管道安装队队长。上个月，A 吩咐 B 带领一班人去某工地安装一套管道系统。在工程验收时，发现这套管道存在严重的渗漏现象。公司经理认为 A 应该对此负责，哪怕管道安装时 A 正出差在外。同样，A 会认为 B 必须对此负责，哪怕 B 不拿扳手干活。

请问：A 和 B 为什么要对这一失误负责？他们究竟该负什么责任？

资料来源：邢以群．管理学[M]．杭州：浙江大学出版社，1997.

四、管理理论的发展史

（一）中国古代的管理思想

中国作为历史悠久的文明古国，有许多管理思想的闪光点，体现在《周礼》、《墨子》、《老子》、《齐民要术》、《天工开物》等众多的著作之中，2000 多年前的《孙子兵法》现在更是被许多国外大公司作为管理人员培训的教材。总结我国的传统管理思想主要有这些要点：顺道、重人、人和、守信、利器、对策、节俭、法治，主要以儒家思想为统领，首先强调个人的道德操守，所谓修身、齐家、治国、平天下，认为管理者要具备德（德行、品德）、法（制定及执行规章制度的能力）、术（领导艺术、权术）三种素质。但近代以来，我国的管理并没有得到长足的发展，我们在研究学习管理理论时主要以西方国家的管理理论体系为主。

（二）外国早期的管理思想

18 世纪 60 年代的工业革命，不仅带来了技术上的革命更是对社会关系产生了深远的影响，如何提高生产效率成为工场主关心的内容，而许多管理问题也摆在了人们面前，不少学者对这些问题进行了探索，为管理理论的正式形成奠定了基础。

1. 亚当·斯密劳动分工的观点和经济人的假设

亚当·斯密是英国古典政治经济学家，他在 1776 发表的著作《国富论》中，阐述了两个重要观点：①分工能够提高劳动熟练程度，减少工作变换时间，由于注意力的集中便于工具改进和机器的发明，从而可以提高劳动生产率。②他认为人是“经济人”，只追求物质和金钱。这两个观点在相当长的时期内对后来的管理者产生了很大的影响。

2. 马萨诸塞车祸与所有权和管理权的分离

1841 年 10 月 5 日，在美国马萨诸塞州至纽约的西部铁路上，两列火车迎头相撞，造成近 20 人伤亡。事件发生后，舆论哗然，对铁路公司老板低劣的管理工作进行了猛烈的抨击。为了平息公众的怒气，在马萨诸塞州议会的推动下，这个铁路公司不得不进行管理改革。老板交出了企业管理权，只拿红利，另聘具有管理才能的人员担任企业领导。这是历史上第一次在企业管理中实行所有权和管理权的分离。这种分离使独立的管理职能和专业的管理人员正式得到承认，管理成为一种职业，并为科学管理理论的产生创造了条件，为管理学的创立和发展准备了前提。

3. 罗伯特·欧文的人事管理

欧文是著名的法国空想社会主义者，他认为“好的环境可以使人形成良好的品行，坏的环境则使人形成不好的品行”。他对当时很多资本家过分注重机器而轻视人的做法提出了强烈批评，并采用多种办法致力于改善工人的工作环境和生活环境，强调“人”这种要素在生产中的重要作用。后人把他尊称为“人事管理之父”。

4. 查理·巴贝奇的报酬制度

查理·巴贝奇作为英国的一位数学家和机械学家，一生中始终对经济问题和管理问题有浓厚的兴趣。查理·巴贝奇继续了亚当·斯密关于劳动分工的研究，并指出劳动分工不仅可以提高工作效率，还可以为资本家带来减少工资支出的好处。他认为，在进行了合理的分工后，企业就可以根据工序的复杂程度和劳动强度来雇佣不同的工人，支付不同标准的工资。这种对工人按劳动分工不同付给不同报酬的理论，后来成为科学管理理论的基础。

（三）外国管理理论的形成与发展

1. 古典管理理论阶段

古典管理理论阶段是管理理论最初形成的阶段。在这一阶段，出现了专门从事管理的阶层，有人专门从事管理研究，从而促进了管理的发展。这个阶段的管理侧重于从管理职能、组织方式等方面研究企业的效率问题，沿袭亚当·斯密经济人的观点，把人当做机器的附属物，对人的心理因素考虑很少或根本不去考虑。这一时期受工业革命的影响，美国、法国、德国逐渐取代了老牌英国资本主义国家的地位，一跃成为当时生产力最先进的国家，生产力的发展带来了各领域的变化，提出了新的要求，也使管理有了坚实的研究基石和肥沃的实践土壤，出现了具有奠基人地位的管理大师，即科学管理之父泰勒（1856—1915）、过程管理理论之父法约尔（1841—1925）以及组织理论之父马克斯·韦伯（1864—1920）。

（1）科学管理理论。科学管理理论关注于研究如何提高生产现场的生产效率问题，其代表人是美国人泰勒。泰勒自1875年开始从学徒做起，虽然后来担任较高的职位，但工作的大部分时间主要在生产一线，所以对工厂比较熟悉和了解。在受雇于宾夕法尼亚某钢铁公司期间，泰勒进行了搬运生铁块试验及铁锹试验，提出了科学管理理论，1911年出版了其代表作《科学管理理论》，被后人尊称为“科学管理之父”。他提出的主要观点有：

1）制定工作定额原理。变经验管理为科学管理，工作量不再由个人自行确定，而是通过时间和动作研究，制定出科学的工人“合理的日工作量”。

2）标准化原理。要让工人完成工作定额，就要使工人掌握标准化的操作方法，使用标准化的工具、机器和材料，并使作业环境标准化。

3）能力与工作相适应。为提高生产效率，要为工作挑选第一流的工人，也就是最适合做而且也愿意去做这种工作的人。

4）差别计件工资制。以工作定额为界限，超额部分连同定额内的部分按正常报酬的120%计酬，如果没有完成定额则按正常报酬的80%支付。

5）计划职能与执行职能相分离。为采用科学的方法，制定工作定额和进行标准化工作，包括挑选工人等都需要专门的部门和人员去承担，泰勒主张计划和执行分开，由不同的人去做。

6）例外原则。企业的高层管理者把例行的一般事务授权给下级管理者处理，而自己只保留对例外事项的决策权，如重大的企业战略问题和重要的人员更替问题等。这样，既能保证稳定性的正常管理工作，又能应付特殊性的例外管理工作。

7）大饼原理。泰罗认为，提高劳动生产率的潜力是巨大的，首先，资本家和工人要在管理思想上进行一次革命，双方不要把注意力放在盈余的分配比例上，而应将注意力转向增加盈余的数量上，也就是把蛋糕做大，这样双方都会获益。

同时期对科学管理理论做出重要贡献的其他代表人还有甘特，吉尔布雷斯夫妇和福特。甘特发明了表示生产计划进度的甘特图，提出了“计件奖励工资制”；吉尔布雷斯及其夫人莉莲以动作研究而著称；福特作为福特汽车的创始人设计了世界上第一条流水生产线——汽车流水生产线，还进行了多方面的标准化工作，极大地促进了汽车产业的发展。

泰罗及其同期先行者的理论和实践共同构成了泰罗制，从管理二重性的角度对泰罗制可作出如下评价：①泰罗在历史上第一次使管理经验上升为科学。②讲求效率的优化思想和调查研究的科学方法。③泰罗坚持“经济人”的观点，仍然是资本家剥削工人的一种手段。④泰罗仅解决了个别具体工作的作业效率问题，而没有解决企业作为一个整体如何经营和管理。

（2）一般管理理论。一般管理理论站在高层管理者角度研究整个组织的管理问题，其代表是法国人法约尔。法约尔在 1858 年大学毕业，任工程师，1888 年任总经理，之后一直从事领导工作，法约尔的这种经历决定了他研究的重点和眼界与泰罗有较大的不同，他把企业作为一个整体来研究，1916 年发表了其代表作《一般管理与工业管理》，被后人称为“管理过程理论之父”，他提出的主要观点有：

1）工业企业中的各种活动可划分成六类，分别是：①技术活动——生产、制造、加工。②商业活动——购买、销售、交换。③财务活动——资金的筹集与利用。④安全活动——设备和人员的保护。⑤会计活动——存货盘点、资产负债表制作、成本核算。⑥管理活动——预测未来并制定行动方案，建立组织结构并安排人员，通过指挥使成员行动一致，和谐统一，确保行动与计划一致。

法约尔对经营中六种活动的分类明确了管理与经营的区别，他指出“所谓经营，就是努力确保六种基本活动的顺利运转，从而把组织拥有的资源变成最大的成果，从而实现组织目标。”管理只是经营六种活动中的一种。

2）管理活动的职能可分为计划、组织、指挥、协调和控制五项。

3）提出了管理的十四条原则：分工，权力与责任，纪律，统一指挥，统一领导，员工个人利益服从集体利益，报酬合理，集权与分权，等级链与跳板，秩序，公平，人员稳定，首创精神和集体精神。

（3）理想的行政组织体系理论。理想的行政组织体系理论强调组织要以合理的方式运转，以理性—合法的权力作为组织的基础，同其他组织形式相比，这种高度结构化的、正式的、非人格化的行政组织在精确性、稳定性、纪律性、可靠性方面具有绝对优势，所以，行政组织被称为“机械式组织”或“官僚式组织”。这一理论的代表人物是德国人马克斯·韦伯。马克斯·韦伯是德国著名的社会学家，他认为等级、权威和行政制是一切社会组织的基础，他设计了一种理想的行政组织体系，后人称其为“组织理论之父”。他提出的主要观点有：

1）权力论。马克斯·韦伯把社会所接受的权力分为三类：①理性—合法的权力。②沿袭

先例和惯例的传统的权力。③个人崇拜式的超凡的权力，只有理性—合法的权力才是理想行政组织体系的基础。

2）理想的行政组织体系，见表1-2。

表1-2　理想的行政组织体系

劳动分工	把各种工作分解成简单和常规化的，明确各项任务，明确规定每一个人的权力和责任
权力体系	各种公职或职位按权力等级排列，上一级的人指挥和控制下一级
正规选择	根据教育和训练所获得的技术资格，通过正式考试来挑选组织中的成员
规章制度	制定明确的规章制度以规范管理者和员工的行为，以确保统一性
非人格化	组织的规章制度是组织中每一个人都必须遵守的，不受个人情感和个人背景的影响
职业导向	组织中的管理者是专业的公职人员，而不是该组织的所有者，他们领取固定的薪金并在组织中谋求发展

2. *行为科学管理理论阶段*

科学管理理论片面强调对工人进行严格的控制和动作的规范化，忽视了工人的社会需求和感情需求，引起了工人的不满和社会的责难，因此，开始有人把研究的方向调整到研究人的行为及行为背后的原因，这就进入到行为科学管理理论阶段。

行为科学管理理论改变了人们对管理的思考方法，它使管理者从把员工当做机器的附属物转变为把员工当做重要而宝贵的资源，开始分析人们行为背后的原因，重视人的需求。行为科学的早期理论是通过霍桑试验得出的梅奥的人际关系论，主要理论有马斯洛的需要层次理论、赫茨伯格的双因素理论、麦格雷戈“X-Y理论”等。

（1）梅奥的人际关系理论及霍桑试验。梅奥于1924～1932年在美国芝加哥西方电气公司一家叫霍桑的工厂进行了一系列的试验，也就是著名的霍桑试验，这项试验分为照明实验、继电器装配室试验、大规模的访问与调查、接线板接线工作室试验四个阶段。随后，梅奥对其领导的霍桑试验进行了总结，出版了《工业文明中人的问题》一书，创立了人际关系学说，其主要观点是：

1）人是“社会人”而不是“经济人”。

2）企业中除了正式组织外还存在非正式组织。

3）生产效率主要取决于工人的工作态度以及和周围人的关系，为提高生产效率，领导要创新领导方式以提高工人的士气。

小思考

在某企业中有董事会、监事会、老乡会，有研发团队、销售团队、篮球队、运动员代表队。哪些是正式组织？哪些是非正式组织？划分的依据是什么？各有什么作用？

（2）马斯洛的需要层次理论。美国社会心理学家马斯洛提出了需要层次理论如图1-2所示，其基本观点有：

1）人的需要一般由低到高分为五层，分别是生理的需要、安全的需要、社会交往的需要、尊重的需要以及自我实现的需要，只有当较低层次的需要得到满足后，较高层次的需要才会产生。

2）人的行为由当前尚未满足的主导需要决定，已满足的需要不能起激励作用。

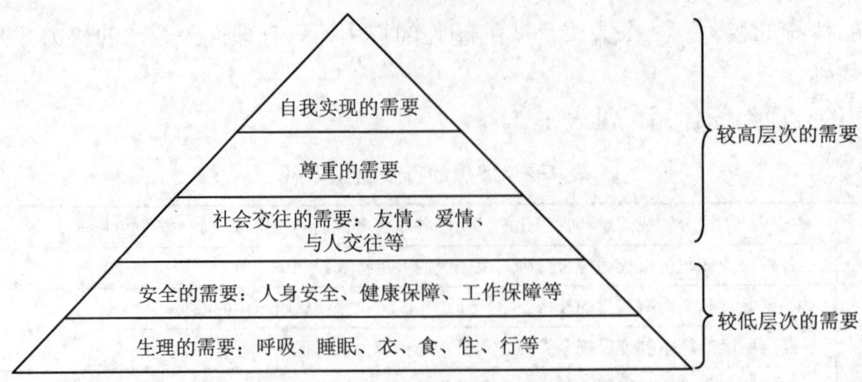

图 1-2　马斯洛需要层次理论

（3）赫茨伯格的双因素理论。美国心理学家赫茨伯格认为，人在工作中的满意感是激励人的工作行为的重要影响力量，主要受两类因素影响：①与工作环境、工作条件有关的因素称为保健因素。②与工作性质和工作内容有关的因素称为激励因素。如果保健因素不具备，容易带来员工的不满，但保健因素并不能起到激励作用；而一旦具备激励因素，就会对员工产生较大的激励作用；相反，激励因素如果不具备，也并不会引起员工的不满意。保健因素更多地和不满联系在一起，而真正使员工能够感到满意、激发积极性的还要靠激励因素。

（4）麦格雷戈的 X-Y 理论。麦格雷戈提出了著名的"X-Y 理论"，这是一种人性假设理论，对人性有两种不同的认识，X 理论对于人性持一种否定的态度，其主要内容有：

1）一般人天性好逸恶劳，只要有可能，就会逃避工作。

2）人生来就以自我为中心，漠视组织的要求。

3）一般人缺乏进取心，逃避责任，甘愿听从指挥，安于现状，没有创造性。

4）人们通常容易受骗，易受人煽动。

持该理论观点的管理者会在管理工作中对员工采取"胡萝卜加大棒"的方式，采取强制、惩罚、解雇等手段迫使员工工作，这种对员工严加监督和管制的方式，与泰罗等人的科学管理及其以前的管理方式是一致的。

Y 理论则是对人性肯定的一种认识，该理论认为：

1）一般人天生并不好逸恶劳，人们对工作的喜恶取决于他们认为工作给自己带来的是满足还是惩罚。

2）外来的控制和惩罚并不是促使人们为实现组织目标而努力工作的最好方法，相反，如果让人们参与制定自己的工作目标，更有利于实现自我指挥和控制。

3）在适当的条件下，一般人是能主动承担责任的。不愿负责、缺乏雄心壮志并不是天性。

4）大多数人都具有一定的想象力、创造力。

5）在现代社会中，人的智慧和潜能只部分地得到了发挥。

基于这种乐观的认识，管理者倾向于实行民主式的管理方式，并为员工发挥其智慧和潜能创造有利的条件。

3. 现代管理理论阶段

20 世纪 40～80 年代，除了行为科学学派得到长足发展以外，许多管理学者都从各自不同的角度发表自己对管理学的见解，形成了不同的学派。这些管理学派研究方法众多，管

理理论不统一，各有自己的代表人物，各有自己所主张的理论、概念和方法，哈罗德·孔茨于 1961 年、1980 年先后发表了《管理理论的丛林》、《再论管理理论丛林》，把现代管理理论划分为 11 个学派，称该阶段为“管理理论丛林”。其中主要的代表学派有：管理过程学派、管理科学学派、社会系统学派、决策理论学派、系统理论学派、经验主义学派和权变理论学派等。

（1）管理过程学派。管理过程学派又称管理职能学派，是美国加利福尼亚大学的教授哈罗德·孔茨和西里尔·奥唐奈里奇提出的。管理过程学派认为，无论组织的性质和组织所处的环境有多么不同，但管理人员所从事的管理职能却是相同的。孔茨和奥唐奈里奇将管理职能分为计划、组织、人员配备、指导和控制五项，而把协调作为管理的本质。孔茨利用这些管理职能对管理理论进行分析、研究和阐述，最终得以建立起管理过程学派。孔茨继承了法约尔的理论，并把法约尔的理论更加系统化、条理化，使管理过程学派成为管理各学派中最具有影响力的学派。

（2）管理科学学派。管理科学学派的管理科学理论是指以系统的观点运用数学、统计学的方法和电子计算机技术，为现代管理的决策提供科学的依据，通过计划和控制以解决企业中生产与经营问题的理论。该理论是泰罗科学管理理论的继承和发展，其主要目标是探求最有效的工作方法或最优方案，以最短的时间、最少的支出，取得最大的效果。

（3）社会系统学派。社会系统学派是从社会学的角度来分析各种组织。它的特点是将组织看做是一种社会系统，是一种人的相互关系的协作体系，它是社会大系统中的一部分，受到社会环境各方面因素的影响。美国的切斯特·巴纳德（1886—1961）是这一学派的创始人，他的著作《经理的职能》对该学派有很大的影响。

（4）决策理论学派。决策理论学派是在第二次世界大战之后，吸收了行为科学、系统理论、运筹学和计算机程序等学科的内容发展起来的，其代表人物是西蒙。西蒙是美国管理学家、计算机学家和心理学家。决策理论学派认为，管理过程就是决策的过程，管理的核心就是决策。西蒙强调决策职能在管理中的重要地位，以有限理性的人代替有绝对理性的人，用“满意原则”代替“最优原则”。

（5）系统理论学派。系统理论学派是指将企业作为一个有机整体，把各项管理业务看成相互联系的网络的一种管理学派。该学派重视对组织结构和模式的分析，应用一般系统理论的范畴、原理，全面分析和研究企业和其他组织的管理活动和管理过程，并建立起系统模型以便于分析。系统理论学派的重要代表人物是弗里蒙特·卡斯特。弗里蒙特·卡斯特是美国系统管理理论的重要代表人物，著名的管理学家。其主要著作有《系统理论与管理》（与约翰逊、罗森茨韦克合著）、《组织与管理：系统与权变方法》（与罗森茨韦克合著）等。

（6）经验主义学派。经验主义学派又称为经理主义学派，以向大企业的经理提供管理当代企业的经验和科学方法为目标。它重点分析成功管理者实际管理的经验，并加以概括、总结出他们成功经验中具有的共性，然后使之系统化、合理化，并据此向管理人员提供实际建议。其中的代表人物有：彼得·德鲁克、欧内斯特·戴尔等。

（7）权变理论学派。权变理论学派认为，企业管理要根据企业所处的内外条件随机应变，没有什么一成不变、普遍适用的“最好的”管理理论和方法。企业管理要根据企业所处的内部条件和外部环境来决定其管理手段和管理方法，即要按照不同的情景、不同的企业类型、不同的目标和价值，采取不同的管理手段和管理方法。其代表人卢桑斯在 1976 年出版的《管

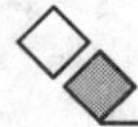

理导论：一种权变学》是系统论述权变管理的代表著作。

进入20世纪70年代以后，管理理论的丛林又更为茂密，不断有了新的发展。由于国际环境的剧变，尤其是石油危机对国际环境产生了重要的影响。这时的管理理论以战略管理为主，研究企业组织与环境关系，重点研究企业如何适应充满危机和动荡的环境的不断变化。迈克尔·波特所著的《竞争战略》把战略管理的理论推向了高峰，他强调通过对产业演进的说明和各种基本产业环境的分析，得出不同的战略决策。

20世纪80年代为企业再造时代，该理论的创始人是原美国麻省理工学院教授迈克尔·哈默与詹姆斯·钱皮，他们认为企业应以工作流程为中心，重新设计企业的经营、管理及运作方式，进行所谓的“再造工程”。美国企业从20世纪80年代起开始了大规模的企业重组革命，日本企业也于90年代开始进行所谓第二次管理革命，这十几年间，企业管理经历着前所未有的、类似脱胎换骨的变革。

20世纪80年代末以来，信息化和全球化浪潮迅速席卷全球，顾客的个性化、消费的多元化决定了企业必须适应不断变化的消费者的需要，在全球市场上争得顾客的信任，才有生存和发展的可能。这一时代，管理理论研究主要针对学习型组织而展开。彼得·圣吉在所著的《第五项修炼》中更是明确指出，企业唯一持久的竞争优势源于比竞争对手学得更快、更好的能力，学习型组织正是人们从工作中获得生命意义，实现共同愿景和获取竞争优势的组织蓝图。

第二节　管理的职能

一、计划职能

计划是组织未来的蓝图，是未来一定时期内组织以及组织内不同部门、不同成员，对行动方向、内容和方式的安排，既要有目标还要有实现目标的途径。计划与决策既相互联系又相互区别，决策是对备选方案的择优，决策是计划的前提，计划是决策的逻辑延续，只有选择了方向，才能制订具体方案；决策为计划的安排提供依据，计划为决策所选择的目标提供实现的保证，实际工作中，决策与计划互相渗透，交织在一起。

一项相对完整的计划应包含的内容为5W1H，即时间、地点、谁、为什么、做什么以及怎样去做。

（一）计划的作用

计划的作用主要包括：

（1）为组织的稳定发展提供组织保证。

（2）为组织有效筹措和合理配置资源提供依据。

（3）为检查和控制组织活动提供标准。

（二）计划的类型

计划的类型可按时间和空间等不同标准进行划分，值得一提的是，不同类型的计划是很难截然区分的，一项计划往往同属于多种计划类型，计划类型的划分见表1-3。

表 1-3 计划类型的划分

分类标准	类型
时间长短	长期计划
	短期计划
综合性、涉及范围	战略计划
	战术计划
涉及内容	综合计划
	专项计划
程序化程度	程序性计划
	非程序性计划
明确程度	指导性计划
	具体性计划

1. **长期计划、短期计划**

根据跨越时间间隔的长短划分，计划可以分为长期计划和短期计划。

长期计划通常为 3～5 年，是对较长时间内组织和组织各部分活动应达到什么目标和状态的描述。

短期计划具体规定了组织及各部门在未来较短时间内（如一年、半年等）应从事的活动、步骤和应实现的结果。

2. **战略计划、战术计划**

根据综合性程度和涉及范围划分，计划分为战略性计划和战术计划。

战略计划是指着眼于组织整体目标和方向的计划，是组织较长时期内的宏伟蓝图，如企业五年发展规划。

战术计划是指针对组织内部具体工作的问题，在较小范围内和较短时间内实施的计划，如车间设备的维护计划等。

3. **综合计划、专项计划**

根据涉及内容划分，计划分为综合计划和专项计划。

综合计划又称为生产大纲，它是根据企业所拥有的生产能力和需求预测对企业未来较长一段时间内的产出内容、产出量、劳动力水平、库存投资等问题所作的大致性描述。综合计划并不具体制定每一品种的生产数量、生产时间，每一车间、人员的具体工作任务。

专项计划是人们为完成某种特定的任务而制定的行为规划，专项计划和普通计划有所不同，具有较强的目的性、专业性和针对性，常由专业人士来完成。

4. **程序性计划、非程序性计划**

按解决的问题的重复程度、程序化程度划分，计划可分为程序性计划和非程序性计划。

程序性计划是为那些经常重复出现的工作或问题而按既定的程序来制定的计划。它是针对例行活动的程序化决策而言。

非程序性计划是对不经常重复出现的非例行活动所作的计划。它是针对例外问题的非程序化决策而言。

5. **指导性计划、具体性计划**

按计划的明确性程度划分，计划可分为指导性计划和具体性计划。

指导性计划只规定某些一般的方针和行动原则，给予行动者较大自由处置权，它指明的是方向而不是具体实施的措施方案，而在具体实施时，因其概括、笼统，要辅以具体计划。

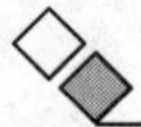

具体性计划规定的内容则非常详细和具体，更易于执行、考核和控制，但是当预测情况发生变化时，容易弹性不足。

（三）计划的编制过程及方法

1. 计划的编制过程

虽然计划的类型和表现形式各种各样，但科学地编制计划所遵循的步骤却具有普遍性。管理者在编制各类计划时，都可遵循如下步骤，如图 1-3 所示。即使在编制一些简单计划的时候，也应按照如下完整的思路去构想整个计划过程。

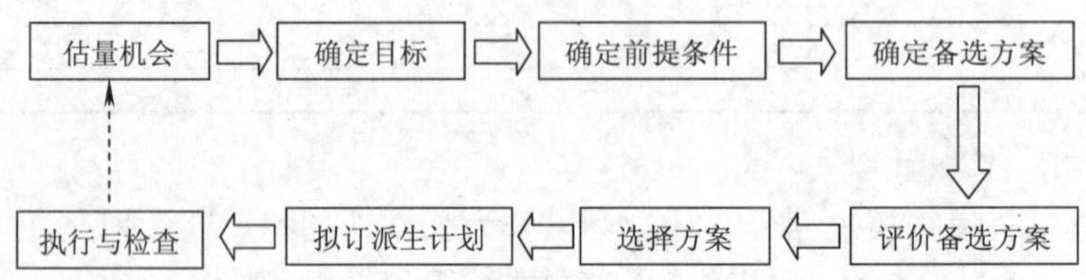

图 1-3　计划的编制过程

（1）估量机会。它是指管理者应对环境中的机会作一个预估计，结合自身条件，确定未来活动的方向，准确地说，这项工作并非计划的正式过程，它应该在计划过程开始之前就已完成，但它是整个计划工作的真正起点。

（2）确定目标。目标的选择是计划工作极为关键的内容。在目标的制定上，首先要注意目标一致性的要求；其次要注意各分目标的内容及其优先顺序；最后，目标能量化的应尽可能量化，要有明确的衡量指标，以便衡量和控制。

（3）确定前提条件。这是计划工作的一个重要方面。计划是对未来的一种蓝图，计划的实施以及预期目标能否实现，都要看计划模拟的情景在多大程度上能真正实现，而当计划所依赖的前提环境条件发生变化时，计划可能就不再适用。这就要求在制订计划时就要对前提条件进行尽可能准确的预测。这些前提条件一般包括社会经济环境、政府政策、市场、竞争、资源等因素。

（4）确定备选方案。任何方案的解决几乎都存在多种措施，在选择方案之前要尽可能多地设计备选方案，备选方案的数量和质量直接影响方案的质量。

（5）评价备选方案。确定了备选方案后就要根据计划的目标和前提条件，通过考察、分析来对各种备选方案进行评价。评价备选方案的尺度有两个方面：①评价的标准。②各个标准的相对重要性，即其权数。

（6）选择方案。这是整个计划编制中最关键的一步，方案的选择决定了方向，也决定了计划的内容。

（7）拟订派生计划。完成选择之后，计划工作并没有结束，还必须帮助涉及计划内容的各个下属部门制定支持总计划的派生计划。几乎所有的总计划都需要派生计划的支持保证，完成派生计划是实施总计划的基础。

（8）执行与检查。完整的计划工作过程还包括实施计划，以及观察计划实施过程是否正常，有无障碍出现。为了有效地实施计划，还须制定后续程序和控制机制。这些程序和控制机制能够发现操作中的偏差，有助于采取纠正措施。在计划的每一阶段，都应将实际产出结果与计划进行比较。许多项目和计划失败的原因就在于它们缺少有效的后续程序。

2. 计划的编制方法

（1）滚动计划法。滚动计划法是一种动态、灵活的计划编制方法，如图 1-4 所示。在编制计划时，按照“近细远粗”的原则，制订出一定时期内（如五年期或更长）的计划，而每经过一段固定时间（滚动期，可以是一个季度，也可以是一年等），就根据环境的变化和计划的执行情况，对未来新的一定时期的计划进行修订和调整，每次调整时计划的时间跨度始终保持不变，这样就使得计划不断滚动向前包含新的滚动期，从而把短期计划和长期计划较好地结合在一起。

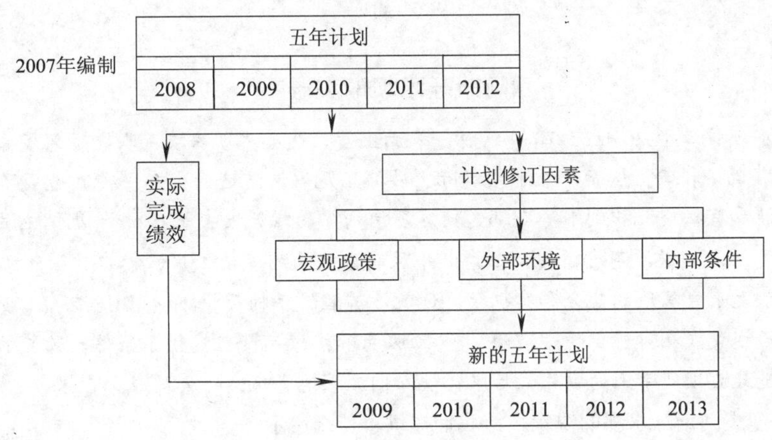

图 1-4　滚动计划法

滚动计划法具有以下优点：①使计划更切合实际，增加了计划的准确性，提高了计划工作的质量。②使长期计划、中期计划和短期计划三者相互衔接，保证了长期计划的指导性。③体现了计划的弹性，特别是在剧烈变化的环境中，提高了组织的应变能力。

（2）网络计划技术。网络计划技术是用于工程项目计划与控制的一项管理技术。1956 年，美国杜邦公司在制订企业不同业务部门的系统规划时，制订了第一套网络计划。网络计划技术的基本原理是：利用网络图表达计划任务的进度安排及各项活动（或工序）间的相互关系；在此基础上进行网络分析，计算网络时间参数，找出关键活动和关键线路；并利用时差不断改善网络计划，求得工期、资源与费用的优化方案。在计划执行过程中，通过信息反馈进行监督与控制，以保证达到预定的计划目标。

网络计划的优化方法根据资源限制条件不同，可分为时间优化、时间—费用优化和时间—资源优化三种类型。时间优化主要是在有条件并且能实现目标的前提下，压缩活动时间；时间—费用优化是指找出一个缩短项目工期的方案，使得项目完成所需总费用最低；时间—资源优化是在资源一定的条件下，寻求最短工期或工期一定的条件下，寻求工期与资源的最佳结合。

（3）目标管理法。目标管理（Management by Objective，MBO）源于美国管理专家彼得 · 德鲁克，他在 1954 年出版的《管理的实践》一书中，首先提出了“目标管理和自我控制”的主张，认为“企业的目的和任务必须转化为目标。企业如果无总目标及与总目标相一致的分目标，来指导职工的生产和管理活动，则企业规模越大，人员越多，发生内耗和浪费的可能性

越大。”概括来说，目标管理是让企业的管理人员和员工亲自参加工作目标的制订，在工作中实行“自我控制”，并努力完成工作目标的一种管理制度。

目标管理法强调的是自我控制、自我管理，不是用目标来控制，而是用它们来激励下级。通过目标设置自上而下与自下而上相结合的过程使目标具有可操作性，这种过程把总目标层层分解落实到组织内的各个单位和个人，整体目标的实现依赖各个分目标的实现，每个人对他所在单位的成果贡献都很关键。同时目标的设置由于有个人的参与，接受程度更高，更具可行性。当然组织还要进行成果评价，向成员反馈绩效。

小案例

阿斯旺水坝的灾难

埃及阿斯旺水坝竣工于20世纪70年代初。表面上看，这座水坝给埃及人民带来了廉价的电力，控制了水旱灾害，灌溉了农田。然而，该水坝实际上破坏了尼罗河流域的生态平衡，造成了一系列灾难：由于尼罗河的泥沙和有机质沉积到水库底部，使尼罗河两岸的绿洲失去肥源——几亿吨淤泥，土壤日益盐渍化；由于尼罗河河口供沙不足，河口三角洲平原向内陆收缩，使工厂、港口、国防工事有跌入地中海的危险；由于缺乏来自陆地的盐分和有机物，致使沙丁鱼的年捕获量减少了18万t；由于大坝阻隔，使尼罗河下游的活水变成相对静止的“湖泊”，为血吸虫和疟蚊的繁殖提供了条件，致使水库区一带血吸虫病流行。埃及造此大坝所带来的灾难性后果，使人们深深地感叹：一失足成千古恨。

请问：埃及建造阿斯旺水坝的决策，给我们提供了什么启示？

资料来源：王凤彬、李东．管理学[M]．北京：中国人民大学出版社，2002．

二、组织职能

1．组织的定义

组织既可以是名词也可以是动词，当组织作为名词时，它是指两个以上的人在一起为实现某个共同目标而协同行动的集合体，是一种权责角色结构；当组织作动词解时，它是指组织结构设计、人员配备、培训、组织变革等活动过程。

2．组织工作的任务

组织工作通常包括组织设计和再设计，组织设计的任务，一个是提供组织结构图；另一个是编制职务说明书。

组织结构图是以树形图的方式简洁、明了地展示组织内的机构组成和主要职权关系，通常方框代表职位或部门，方框的垂直排列位置说明在组织中的层级位置，而连接方框的箭线或直线表明权力指向和隶属关系。

职务说明书也称职位说明书，一般是以文字描述和规定某一职位的工作内容、职责和职权，界定与其他部门的关系以及任职资格等。

3．组织设计的原则

（1）目标至上原则。组织结构的构建是实现组织目标的手段，无论选取何种形式，都必须服从、服务于组织目标实现的需要。组织战略目标、核心职能对组织结构的形成起决定性作用。

（2）管理幅度原则。管理幅度是指主管人员直接有效管理的下属的数目，也称管理跨度或管理宽度。幅度过大，指挥监督力不从心，容易陷入失控，而幅度过小，则造成组织中层

过多，人员配备增加，协调任务加重，效率降低。因此，组织应保持适当的管理幅度。

（3）统一指挥原则。组织中每个下属有且只能有一个直接上级。政出多门，多头领导，一方面会使下属无所适从；另一方面还会给下属推卸责任、逃避责任的借口。

（4）权责对等原则。在组织设计时，部门或职务的职责范围与职权范围要对等，既要赋予完成职责必需的职权，又要明确职权下需要承担的职责。职权过小，职责难以顺利完成；职权过大，导致滥用权力。

（5）因事设职原则。组织设计时，应首先根据组织的要求和工作分析，设置岗位，做到“事事有人做”。在保证组织目标实现的前提下，当然也还要尽量考虑人的特点和人的能力，使“人”与“事”能有机地结合起来，提供机会和条件，使员工在工作中能获得不断的提升和发展。

4. 组织变革

为能更好地适应组织内外环境的变化，组织经常需要进行调整和改变，能否抓住时机推进变革成为衡量管理工作有效性的标志。影响当代企业管理的诸多要素中，有三个主要要素，即顾客（Customer）、竞争（Competition）和变化（Change），哈默和钱皮将其简称为“3C”力量，而其中至关重要的一种力量就是变化，即变革。

组织变革的过程可分为以下三个阶段：

（1）解冻阶段。解冻阶段是实施变革的前奏，主要作用是营造改革势在必行的气氛，广泛宣传发动，明确改革的目标和方向。

（2）改革阶段。这个阶段是按照所拟订变革方案的要求，开展具体的组织变革活动，完成从现有模式向目标模式的转变。这是变革的实质性阶段，通常分为试验和推广两个步骤。

（3）冻结阶段。组织变革行动发生后，个人和组织都有退回原有习惯的倾向，为避免这种情况，管理者须采取措施强化和巩固变革的成果。

三、领导职能

1. 领导的定义

领导是指挥、带领、引导和鼓励下属为实现既定组织目标而努力作出贡献的过程，从事领导工作的人即为领导者。在现实生活中，我们通常认为有头衔的人是领导，从事的就是管理工作，管理者与领导者是一个意思，但在管理学中，两个名词是有区别的，管理者的本质是依赖组织正式赋予的某种合法权力而进行管理，被管理者往往因为追求奖励或害怕受到惩罚，被剥夺某些利益而服从管理，这种服从有时是不得已的；而领导者的本质是追随者的追随和服从，完全取决于追随者的意愿，并不完全取决于领导者的职位和合法权力。

2. 领导的作用

领导的作用有以下三个：

（1）指挥作用。它是指认清形势，指明目标及达到目标的途径。

（2）协调与沟通作用。它是指协调成员的关系和行动，统一行动和方向。

（3）激励作用。它是指调动组织成员积极性，带领成员共同为组织目标而作出贡献。

3. 领导权力的来源

权力通常是指影响他人的能力，在组织中权力的来源分为以下三大类：

（1）职权。它是指组织正式赋予的，与职位有关而与从事该项工作的具体人没有关系的权力。职权具体又分为法定性权力、奖赏性权力、惩罚性权力。

（2）专家权。它是指因为在某一领域有特殊技能或专业知识而对其他人产生的影响力，也称作专长权。

（3）个人影响权。它是指由于拥有吸引别人的个性、品德、作风、经历或社会背景等而产生的对别人的影响力，这种力量也就是通常所说的感召力。

根据领导的实质，领导作用的发挥更多依赖专家权和个人影响权而非强制性的职权，这也是领导与管理本质的区别。

4. 激励理论

激励是重要的领导作用之一，在管理中就是调动员工积极性，使员工的潜力充分发挥出来，激发和鼓励员工做出组织期望的行为。

有关的激励理论有需要层次理论、双因素理论、期望理论、公平理论、强化理论等，主要的激励措施有物质激励、目标激励、尊重激励、参与激励、工作激励、荣誉和提升激励等形式，现在许多公司普遍使用的弹性工作制、员工持股计划就是激励在实际中的应用。

5. 沟通理论

沟通是指信息、思想或情感在两个或两个以上群体间的传递过程。沟通是计划、组织、领导和控制等管理职能得以实施和完成的基础，也是领导重要的日常工作。沟通的参与者包括发送者、接收者两大部分，沟通的过程如图 1-5 所示。

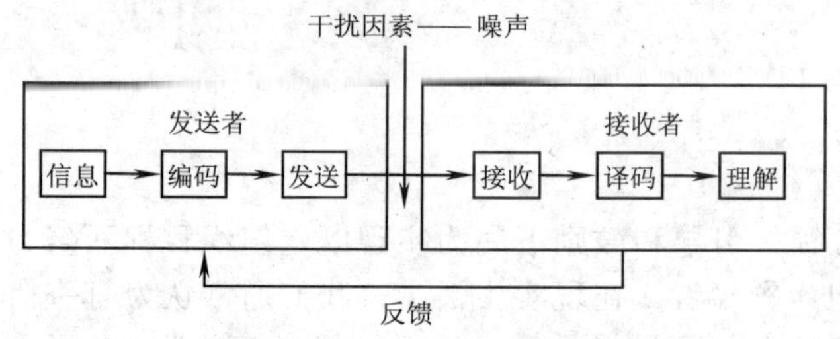

图 1-5　沟通的过程

四、控制职能

1. 控制的含义

控制是管理中最具规范性和技术性的一项工作，是保障计划目标顺利实现的重要环节。所谓控制是指监视组织各方面的活动，保证组织按计划进行并纠正各种重要偏差的过程。

2. 控制与计划的关系

只有计划没有控制，就导致只知道该做什么但不知道做得怎样以及存在哪些问题，今后如何改进等。只有控制而没有计划，就导致不知道要控制什么，怎样控制。

3. 控制的过程

控制是为了限制偏差的积累，防止和纠正重大偏差的产生，所以如何界定偏差，什么情况下需要纠正、如何纠正，成为控制需要解决的问题。控制的过程通常有三个步骤，简单来讲就是要先建立控制标准，然后衡量实际业绩，看是否符合标准的要求，最后是对于偏差采取矫正措施。控制的过程如图 1-6 所示。

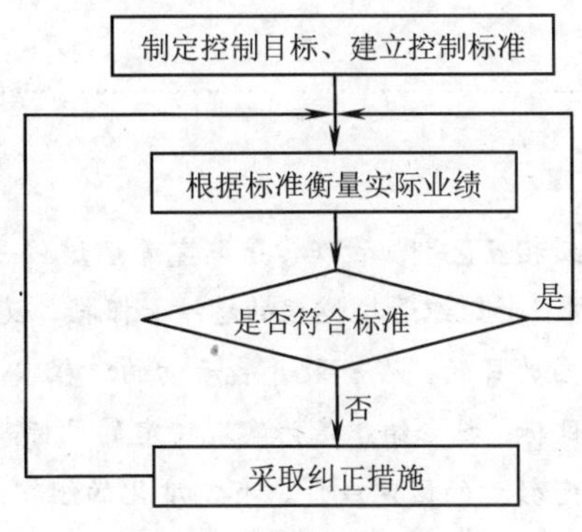

图 1-6　控制的过程

4. 控制的类型

控制的类型主要有以下三种：

（1）前馈控制。前馈控制又称事先控制或预先控制，它是指在工作开始之前对可能出现的偏差进行预测和估计，并采取防范措施，防患于未然。

（2）现场控制。现场控制也称作过程控制，它是指在工作进行中实施的控制，主要是监督和指导。

（3）反馈控制。反馈控制常称作事后控制，它主要集中于对结果的测量、比较和分析，主要作用是经验的总结和对以后工作的借鉴，对于已经发生的损失，不能补救，只能以后避免同类错误。

第三节　企业概述

一、企业的含义及基本特征

1. 企业的含义

企业是依法设立的，从事生产、流通、服务等经济活动，以产品或服务满足社会需要，实行自主经营、自负盈亏的一种以营利为目的的经济组织。

2. 企业的基本特征

企业的基本特征有以下几点：

（1）企业存在社会的必要条件首先就是要为社会提供商品或服务，满足消费者的需要。它所从事的活动具有商品性，为买而卖，为交换而生产，为社会消费而生产经营。

（2）企业存在社会的第二个必要条件就是得实现盈利，企业要自主经营，自负盈亏，体

现权责对等的原则，这也是判断一个经济组织是企业的重要标志。

（3）企业要依法设立，具有独立的法人资格。企业要依法按设立程序成立，具有独立的民事权利能力和民事行为能力，独立享有民事权利和承担民事义务。

（4）企业开展活动还需要人力、财力、物力等各种资源，如生产设备、厂房、原材料、资金、工人、管理人员、信息等，企业活动的过程就是对生产要素资源进行组合和运用的过程。

知识链接

管理学与企业管理既相互联系又相互区别。管理学是研究管理过程一般规律的一门学科，是对企业、政府、学校、医院、社会团体等各种社会组织管理过程的总结和概括，反映的不是“特殊”而是“一般”，不管组织是以营利为目的还是以公益为目的，在有效开展活动的过程中，都要通过计划、组织、领导和控制等职能作用的发挥来实现组织目标。社会组织是为实现特定的目标而有意识地组合起来的社会群体，这些群体是有特定组织目标、有一定数量的固定成员、有制度化的组织结构、有普遍化的行动规范的开放的系统，根据这些群体章程、目的、组成结构的不同，又分为经济组织，政治组织，文化、教育、科研组织，群众组织和宗教组织等，企业管理重点研究的不是公益组织，不是教育科研机构，而是企业这种特殊社会组织类型在进行管理时的基本程序和规律。

二、企业的类型

我国企业的类型主要分为以下三类：

1. 独资企业

1999 年 8 月 30 日第九届全国人民代表大会常务委员会第十一次会议通过的《中华人民共和国个人独资企业法》（以下简称《个人独资企业法》）第二条规定：“个人独资企业，是指依照本法在中国境内设立，由一个自然人投资，财产为投资人个人所有，投资人以其个人财产对企业债务承担无限责任的经营实体。”

个人独资企业的最大特点在于其是一个人出资的企业，出资者和企业在法律人格上并不区分，投资者承担无限责任。因此在《个人独资企业法》中没有对注册企业最低资本金的要求。

关于个人独资企业的优势，主要在于：①投资者独自享受利润。②经营完全自主，所受到的制约因素较之其他企业形式要少得多。③比较容易设立和解散。④企业的目标和个人的目标完全一致。

个人独资企业的劣势主要是：①风险责任大。②容易出现决策失误。③企业的规模有限。④企业存续时间较短。

2. 合伙企业

2006 年 8 月 27 日由中华人民共和国第十届全国人民代表大会常务委员会第二十三次会议修订通过的《中华人民共和国合伙企业法》第一章第二条规定：“合伙企业是指自然人、法人和其他组织依照本法在中国境内设立的普通合伙企业和有限合伙企业。”

普通合伙企业由普通合伙人组成，合伙人对合伙企业债务承担无限连带责任。法律另有特别规定的，从其规定。

有限合伙企业由普通合伙人和有限合伙人组成，普通合伙人对合伙企业债务承担无限连带责任，有限合伙人以其认缴的出资额为限对合伙企业债务承担责任。

第三条规定："国有独资公司、国有企业、上市公司以及公益性的事业单位、社会团体不得成为普通合伙人。"

合伙企业的优势在于：①合伙企业的资本来源比独资企业相对广泛，出资方式多样，可以发挥企业和合伙人的力量，增强经济实力，使企业规模相对扩大。②合伙企业的风险相对于个人独资企业来讲是分散了。③多数国家中合伙企业不缴纳企业所得税，比公司制企业在税收上有一定的优惠。④法律对于合伙的干预比较少，有自主性和灵活性。⑤适合需要资本不大，经营规模不大的企业，但是个人的信誉、能力和责任感对企业来说是非常重要的。

合伙企业的劣势在于：①相对于公司，合伙企业的资金来源和企业信用能力较差。②合伙人的责任比公司股东大得多，合伙人之间的连带责任加重了合伙人的风险。③合伙企业有显著的"人合"性质，比较容易设立和解散，任何一个合伙人破产、死亡或退伙都有可能导致解散，合伙企业存续时间不长。

3. 公司制企业

公司是各国实践中采用最多的企业形式，每一个国家的政治经济制度不同，对于公司的立法也不尽相同，而且公司制度存在了百年的时间，各国形成了各自的公司法律制度，造成了公司形式的多样化。我国 2005 年 10 月 27 日第十届全国人民代表大会第十八次会议通过的新的《中华人民共和国公司法》中规定了公司是企业法人，有独立的法人财产，享有法人财产权。公司以其全部财产对公司的债务承担责任。公司又分有限责任公司和股份有限公司两种类型。有限责任公司，股东以其出资额为限对公司承担责任，公司以其全部资产对公司的债务承担责任。股份有限公司，其全部资本分为等额股份，股东以其所持股份为限对公司承担责任，公司以其全部资产对公司的债务承担责任。

公司制企业的优势在于：①突破单个资本的限制，尽可能地将分散的资金集中，而且这种集中是非常迅速的，从而适应了社会化的大生产。②资本的高度集中经营，使得企业的管理制度化、专门化、科学化。③有限责任可以使得投资者放心大胆地进行投资，保护好投资者的利益。④通过法律拟制形成法人制度，创制了法律上的人格，使得公司能够长时期的存续下去，比较稳定的经营某项事业。

三、企业的组织结构

企业组织结构的形式，受到企业规模、企业管理水平、行业特点、生产技术复杂程度以及市场环境等诸多因素的影响，企业应根据具体情况进行选择。企业的组织结构形式并不是一成不变的，它随着企业经营环境的变化而不断调整。企业基本的组织结构有以下几种：

1. 直线制组织结构

这是最简单的集权式组织结构形式，又称军队式结构，是一种最早也是最简单的组织形式，其职权关系按垂直系统建立，不设专门的职能机构，自上而下形同直线，如图 1-7 所示。

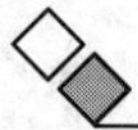

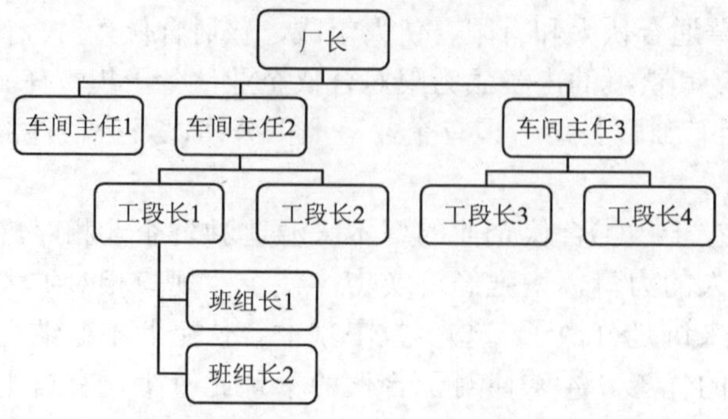

图 1-7　直线制组织结构示意图

直线制组织结构的优点是：结构比较简单，责任分明，命令统一。其缺点是：它要求管理者具备多种知识和技能，日常事务繁重。这在业务比较复杂、企业规模比较大的情况下，把所有管理职能都集中到最高主管一人身上，显然是难以胜任的。因此，直线制组织结构只适用于规模较小，生产技术比较简单的企业，对生产技术和经营管理比较复杂的企业并不适宜。

2. **职能制组织结构**

职能制组织结构又称分职制组织结构或分部制组织结构，它是指在组织内部既设立各专业领域的职能部门又设置各级行政直线部门，直线主管人员在其负责范围内向直线下属下达命令和指示，同时服从上级行政领导的命令和上级职能部门在专业领域内的指挥，因此，主管人员的上级不止一个。职能制组织结构如图 1-8 所示。

职能制组织结构的优点是：①行政组织按职能或业务性质分工管理，有利于发挥专业人才的作用。②专业管理工作可以做得细致、深入。③能充分发挥职能机构的专业管理作用，减轻直线领导人员的工作负担。但职能制组织结构的缺点也很明显：它妨碍了必要的集中领导和统一指挥，形成了多头领导，影响工作的正常进行，容易造成纪律松弛，生产管理秩序混乱，当不同上级命令相互矛盾时，容易导致下属无所适从或推诿责任的现象。由于这种组织结构形式存在明显的缺陷，现代企业一般都不采用职能制组织结构。

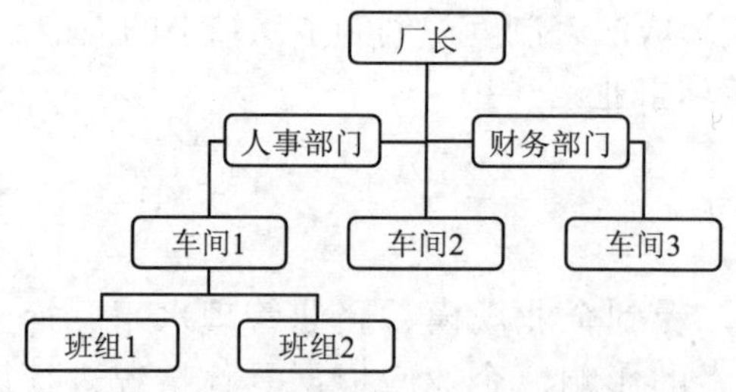

图 1-8　职能制组织结构示意图

3. **直线职能制组织结构**

直线职能制组织结构是现实中运用得最为广泛的一个组织形态，它把直线制与职能制结合起来，以直线制为基础，在保持统一指挥的原则下，还设置了提供建议和谋划的参谋部门，实行主管统一指挥与职能部门参谋指导相结合的组织结构形式，直线职能制组织结构又称直线参谋制组织结构，如图 1-9 所示。

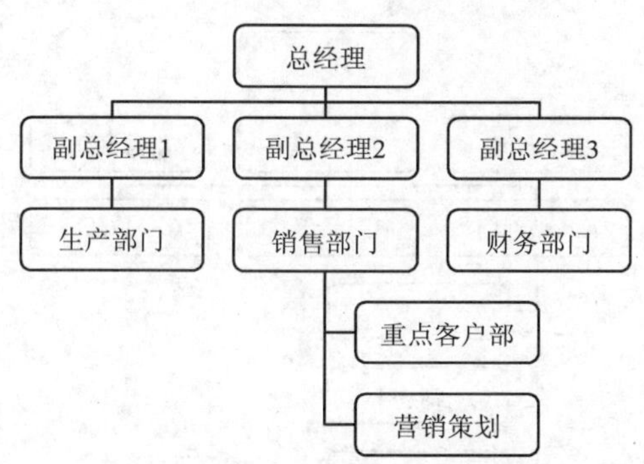

图 1-9 直线职能制组织结构示意图

直线职能制组织结构的特点是：①职能参谋部门拟订的计划、方案以及有关指令，由直线主管批准下达；②职能部门参谋只起业务指导作用，无权直接下达命令，各级行政领导人实行逐级负责，实行高度集权。其优点是：①既能保持统一指挥，又能发挥参谋人员的作用。②符合专业分工的要求，责任清楚。③组织稳定性较高。其缺点是：①部门间缺乏信息交流，直线部门与职能部门（参谋部门）之间容易出现矛盾，上层主管的协调工作量较大。②难以从组织内部培养熟悉全面情况的管理人才等。

4. **事业部制组织结构**

事业部制组织结构是在多个领域或地域从事多种经营的大型企业所普遍采用的一种典型的组织形式，它是以某个产品、地区或顾客为依据，将相关的研究开发、采购、生产、销售等部门结合成一个相对独立的单位组织结构形式，从而表现为在总公司领导下设立多个事业部，各事业部有各自独立的产品或市场，在经营管理上有很强的自主性，实行集中决策，分散经营。

事业部制组织结构最早起源于美国的通用汽车公司。20 世纪 20 年代初，通用汽车公司合并收买了许多小公司，企业规模急剧扩大，产品种类和经营项目增多，而内部管理却很难理顺。当时担任通用汽车公司常务副总经理的 P. 斯隆参考杜邦化学公司的经验，以事业部制组织结构的形式于 1924 年完成了对原有组织的改组，使通用汽车公司的整顿和发展获得了很大的成功，成为实行事业部制组织结构的典型，因而事业部制组织结构又称斯隆模型组织结构。

事业部制组织结构的优点是：①把多种经营业务的专门化管理和总部的集中统一领导结合起来，权责明确。②事业部以利润为核心，既保证企业获得稳定的收益，也利于调动中层管理者的积极性。③各事业部能相对独立地开展生产经营活动，从而有利于培养综合型的高级人才。

其缺点是：①对事业部经理的素质要求较高，当企业缺乏合适人才的时候就会受到限制。②容易造成机构重叠，职能重复，管理费用上升。③各事业部独立的经济利益可能损害整体利益，引发不必要的内耗。④总公司的协调任务较重，管理较为复杂。

有的事业部制组织结构按产品类别来划分，也有的事业部制组织结构按地区分成若干个部门，通常分别称为产品部门化组织结构和区域部门化组织结构。

（1）产品部门化组织结构。它是指按照产品或产品系列组织业务活动，是经营多种产品的大型企业常见的组织结构类型，如图 1-10 所示。产品部门化组织结构主要是以企业所生产的产品为基础，将生产某一产品有关的活动，完全置于同一产品部门内，再在产品部门内细分职能部门，进行生产该产品的工作。

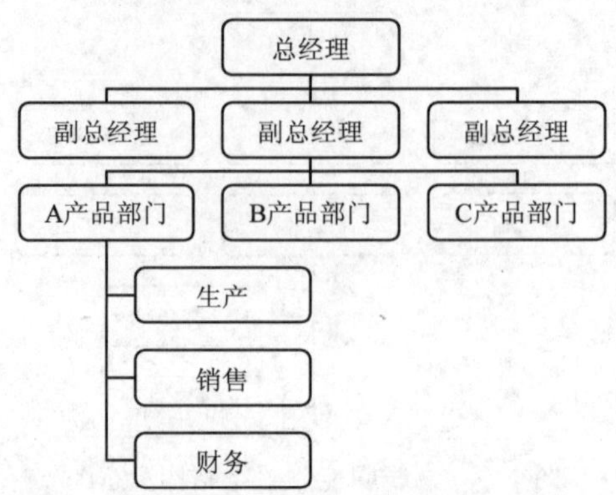

图 1-10 产品部门化组织结构示意图

产品部门化组织结构的优点是：

1）有利于采用专业化设备，并能使个人的技术和专业化知识得到最大限度的发挥。

2）每一个产品部都是一个利润中心，部门经理承担利润责任，这有利于总经理评价各部门的政绩。

3）在同一产品部门内有关的职能活动协调比较容易。

4）容易适应企业的扩展与业务多元化要求。

产品部门化组织结构的缺点是：

1）需要更多的具有全面管理才能的人才。

2）每一个产品分部都有一定的独立权力，高层管理人员有时会难以控制。

3）机构重叠，人员增加，不利于成本的控制。

（2）区域部门化组织结构。对于在地理上分散的企业来说，按地区划分部门是一种比较普遍的方法。其原则是把某个地区或区域内的业务工作集中起来，委派一位经理来主管其事。按地区划分部门，特别适用于规模大的公司，尤其是跨国公司。这种组织结构形态，在设计上往往设有中央服务部门，如采购 、人事、财务、广告等，向各区域提供专业性的服务，如图 1-11 所示。

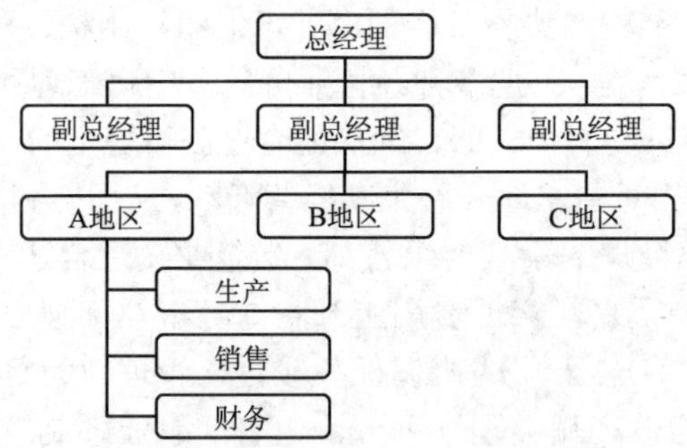

图 1-11 区域部门化组织结构示意图

区域部门化组织结构的优点是：

1）责任到区域，每一个区域都是一个利润中心，责任明确，而且容易调动积极性。

2）放权到区域，每一个区域有其特殊的市场需求与问题，处理措施更符合实际。

3）有利于地区内部协调。

4）对区域内顾客比较了解，有利于服务与沟通。

5）每一个区域主管都要担负一切管理职能的活动，是培养高级综合管理者的基地。

其缺点是：

1）随着地区的增加，需要更多具有全面管理能力的人员，而这类人员往往不易得到。

2）每一个区域都是一个相对独立的单位，加上时间、空间上的限制，总部往往难以控制。

3）不利于集中经济服务工作的开展。

5. **矩阵制组织结构**

在组织结构上，把既有按职能划分的垂直领导系统，又有按产品（项目）划分的横向领导关系的结构，称为矩阵制组织结构，如图 1-12 所示。

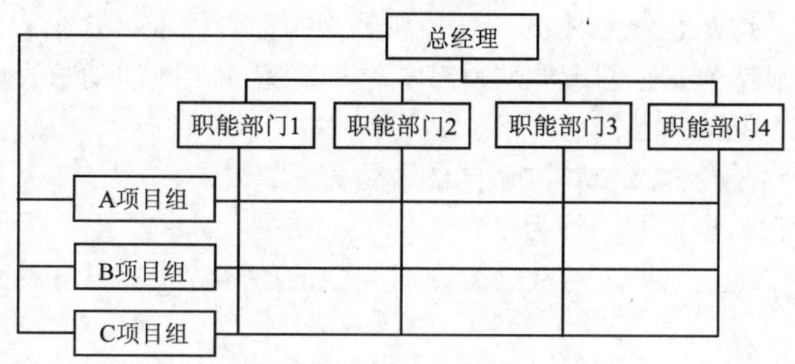

图 1-12　矩阵制组织结构示意图

矩阵制组织结构是为了改进直线职能制结构横向联系差、缺乏弹性的缺点而形成的一种组织形式。它的特点表现在围绕某项专门任务成立跨职能部门的专门机构上。例如，组成一个专门的产品（项目）小组去从事新产品开发工作，在研究、设计、试验、制造各个不同阶段，由有关部门派人参加，力图做到条块结合，以协调有关部门的活动，保证任务的完成。这种组织结构形式是固定的，人员却是变动的，需要谁，谁就来，任务完成后就可以离开。项目小组和负责人也是临时组织和委任的。任务完成后就解散，有关人员回原单位工作。因此，这种组织结构非常适用于横向协作和攻关项目。

矩阵制组织结构的优点是：①机动、灵活，可随项目的开发与结束进行组织或解散。②这种结构是根据项目组织的，任务清楚，目的明确，各方面有专长的人都是有备而来，因此在新的工作小组里，组织内成员能沟通、融合，能把自己的工作同整体工作联系在一起，为攻克难关，解决问题而献计献策，由于从各方面抽调来的人员有信任感、荣誉感，使他们增加了责任感，激发了工作热情，促进了项目的实现。③它还加强了不同部门之间的配合和信息交流，克服了直线职能制组织结构中各部门互相脱节的现象。

矩阵制组织结构的缺点是：①项目负责人的责任大于权力，因为参加项目的人员都来自不同部门，隶属关系仍在原单位，只是为“会战”而来，所以项目负责人对他们管理困难，没有足够的激励手段与惩治手段，这种人员上的双重管理是矩阵制组织结构的先天缺陷。②由于项目组成人员来自各个职能部门，当任务完成以后，仍要回原单位，因而容易产生临时观念，对工作有一定影响。

矩阵制组织结构适用于一些重大攻关项目。企业可用来完成涉及面广、临时性、复杂的重大工程项目或管理改革任务。特别适用于以开发与实验为主的单位，如科学研究，尤其是应用性研究单位等。

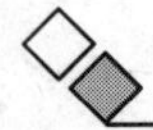

四、企业文化

1. 企业文化的概念

企业文化是指企业在长期生产经营实践中逐步形成的，为全体员工所认同并遵守的、带有本组织特色的群体意识、行为准则、价值观念和思维方式，以及与之相适应的规章制度和组织结构的总和，它与文教、科研、军事等组织的文化性质是不同的。

企业文化是企业的灵魂，是推动企业发展的不竭动力，其核心是企业的精神和价值观，主要内容包括：

（1）企业使命。这是企业发展的宗旨和方向，是企业的宣言。

（2）企业价值观。这是企业全体员工对客观事物的评价标准，是企业文化的核心。

（3）企业哲学。这是企业在创造物质财富和精神财富的实践活动中表现出来的世界观和方法论，是一切行为的逻辑起点。

（4）企业精神。它是全体成员共同认同的群体意识。

（5）企业道德。它是指企业的行为规范。

（6）企业形象。它是企业员工与社会公众对企业的整体评价，良好的企业形象是企业的无形资产。

（7）企业环境。它是指企业赖以生存和发展的各种条件。

（8）企业作风。它是企业成员在工作和组织行为中表现出来的一贯态度和做法。

（9）企业文化氛围。良好的企业文化氛围对企业成员有积极的、健康的、催人向上的影响作用。

2. 企业文化的构成

一般认为，企业文化有三个层次结构，即精神层、制度层和器物层。

（1）精神层。精神层是企业文化的核心和主体，是成员长期沉淀下来的共同的意识形态、价值观念。只有具备精神层，企业文化才算形成。

（2）制度层。制度层在精神层的外层，是体现精神内涵的各种规章制度、行为准则以及组织结构等外在显性的内容。制度层介于精神层与器物层之间，是意识形态向实体文化转化的中介。

（3）器物层。器物层也叫物质层。它是指凝聚企业文化抽象内容的最外在表现，如厂容厂貌、工厂设施、企业标志字、办公室装修、代步工具等，是企业文化最直观的部分，也是最容易被感知的内容。

3. 企业文化的作用

企业文化的作用包括以下六点：

（1）导向作用。企业文化能把员工引导到组织已确定的组织目标上来，保障目标的实现。

（2）约束作用。成员普遍认可的行为规范和准则必将对成员的行为起到约束和规范的作用。

（3）凝聚作用。企业文化是成员共同的意识形态，这种认同感，往往使成员产生较强的归属感和集体观念以及向心力，企业文化把成员微妙地组织在一起。

（4）融合作用。企业文化对成员的思想、性格和作风产生潜移默化的作用，潜在地调整着人们的行为。

（5）激励作用。企业文化能在成员中培养和树立共同理想，增强成员的事业心和责任感，

使个人多方面的需要得到满足。

（6）辐射作用。企业文化一旦形成，文化会渗透到为社会提供的产品品质、功能中，体现到对周围社区的影响中，体现到对社会责任的担当中，对与之联系的群体或个人产生辐射作用。

阅读材料

国内外典型企业文化

麦当劳的企业文化

从“更多选择，更多欢笑”，到“常常欢笑，尝尝麦当劳”，再到如今唱满全球的“我就喜欢”，短短几年，麦当劳的广告音乐不断在人们心目中流行。麦当劳的企业文化由三个部分组成：

（1）“Q、S、C+V”精神，即“放心的质量、周到的服务、清洁的环境、为顾客提供更有价值的食品”。

（2）麦当劳的作风：顾客第一；高效、快速；“苛刻”的管理。

（3）麦当劳的营销策略：麦当劳叔叔；以情感人；连锁经营；知人善任。

微软企业文化八大核心思维

（1）顶尖人才：人是微软真正的最大的财产。

（2）建设性的争锋：直截了当地说出想法，不鼓励玩弄权术和外交辞令。

（3）时刻处于战争状况，牢记对手是谁。

（4）机动而有效率的企业组织架构，小型项目组。

（5）合格的主管和明智的管理模式，没有只管人的主管。

（6）比尔·盖茨是公司的灵魂。比尔·盖茨作为首席设计师，仍然每天艰苦工作。

（7）自我批判和学习系统：尽早识别失败之处，短时间的失败是可原谅的，但延宕失败是不允许的。

（8）以提高生产力为目标的开销方式：给员工大量投入，提供最佳工作环境。

微软企业文化一直在演变：今天和未来，对技术的激情，从不放弃。

海尔的企业文化

海尔理念——海尔只有创业没有守业。

海尔精神——敬业报国，追求卓越。

海尔作风——迅速反应，马上行动。

海尔管理模式——日事日毕，日清日高。

海尔人才观念——人人是才，赛马不相马。

海尔市场观念——市场唯一不变的法则就是永远在变；只有淡季的思想，没有淡季的市场；卖信誉不是卖产品；否定自我，创造市场。

海尔名牌战略——要么不干，要干就要争第一；国门之内无名牌。

海尔质量观念——高标准，精细化，零缺陷；优秀的产品是优秀的人干出来的。

海尔售后服务理念——用户永远是对的。

海尔资本运营理念——东方亮了再亮西方。

海尔国际市场战略——先难后易。

海尔发展方向——创造中国的世界名牌。

【本章关键术语】

管理　管理学　管理者　科学管理　计划
组织　领导　控制　企业　企业管理　现代企业制度
组织结构类型　企业制度　企业文化

【本章小结与本章知识结构图】

管理学是各类组织管理活动的普遍规律和一般方法，在企业这种特殊组织形式中应用时，成为企业管理。企业管理既要遵循管理的一般规律又要兼顾企业自身的特点和具体环境，才能取得良好的管理效果。

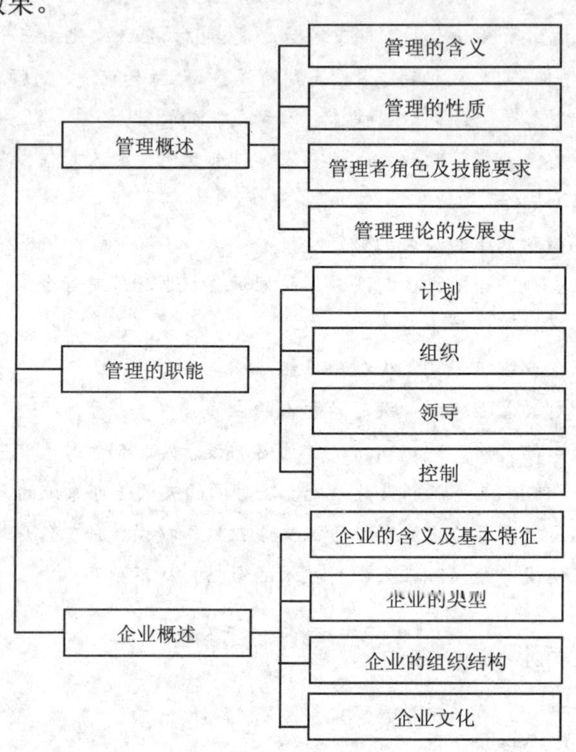

【技能测试题】

一、单项选择题

1．通过厂容厂貌、厂旗厂标、产品造型设计、职工的言谈话语体现出来的企业文化是（　　）。

A．一般企业文化　　B．表层企业文化
C．中层企业文化　　D．深层企业文化

2．在企业组织结构的设计上，既有按职能划分的垂直领导系统，又有按项目划分的横向领导系统，这种组织结构属于（　　）。

A．直线制组织结构　　B．矩阵制组织结构
C．事业部制组织结构　　D．直线职能制组织结构

3．提供工作保障可以满足（　　）。

A．生理需要　　B．安全需要　　C．社会需要　　D．自我实现需要

4．下列不属于科学管理理论阶段代表人的是（　　）。

A．西蒙　　B．泰罗　　C．法约尔　　D．韦伯

5．在车间内张贴安全标语属于（　　）。

A．预先控制　　B．现场控制　　C．反馈控制　　D．间接控制

6．控制的过程依次是：（　　）。

A．采取纠正措施；衡量工作成效；建立控制标准

B．建立控制标准；采取纠正措施；衡量工作成效

C．建立控制标准；衡量工作成效；采取纠正措施

D．衡量工作成效；采取纠正措施；建立控制标准

7．对基层管理人员而言，其管理技能应侧重于（　　）。

A．概念技能　　B．技术技能　　C．人际技能　　D．沟通技能

8．在管理者扮演的决策方面的角色不包括（　　）。

A．发言人　　B．资源分配者　　C．企业家　　D．谈判者

9．梅奥通过霍桑试验得出职工是（　　）的结论。

A．经济人　　B．社会人　　C．自我实现人　D．复杂人

10．企业的类型通常分为（　　）。

A．有限责任公司、无限责任公司

B．合伙制、股份制、私营制

C．独资企业、合伙企业、公司制企业

D．上市企业、非上市企业

二、简答题

1．“大材小用，不如不用；小材大用，可以一用”，在人员配置中许多管理者都信守这个格言，你认为这句格言的合理性在哪里？

2．简述马斯洛需要层次理论的主要内容。

3．简述企业文化的作用。

三、论述题

科学管理对于中国企业的启示有哪些？

四、讨论题

为什么中国许多“明星”企业很快成为“流星”企业？

案例分析

张经理的管理难题

松达公司第三分公司的领导班子刚刚作了调整，公司设备处长张志山调任分公司经理。他刚一上任，一些急迫的问题和难题一股脑儿地压向他。

时间已进入一月中旬，新的一年的计划还没个谱儿；去年的工作总结至今未做，且对考核结果意见纷纷；分公司机构设置与人员思想僵化，群众意见很大；由于通勤车年久失修，接通勤的路上“趴了窝”，许多员工上班晚了近一个小时；由于供气车间的锅炉出了故障，导致几个车间停产；销售部经理赶来汇报，一批刚刚发出的产品由于质量问题已被退货，请示经理如何处置；总公司召集一个紧急会议，要求分公司经理必须参加……

此前，他曾在前任经理的陪同下，用一周时间了解该分公司的情况，发现的大量问题，更是令他头疼：

生产效率低下，有的订货合同不能按时交货，不但造成经济损失，而且也影响了企业信誉；生产产品质量不好，被用户退货时有发生；与此相关的是，生产设备陈旧老化，故障频发；工人们怨声载道，甚至扬言“企业黄了才好，免得咱在这挨累，让当官儿的享清福”；管理干部也抱怨工人没积极性，不好好干活儿；一些工人严重违反操作规程而导致生产事故的事件正在等着新任经理处理……

公司的管理仍是老一套；各种制度都不健全；员工们对奖酬制度很有意见，认为分配不公……

又正赶上受金融危机的影响，企业产品市场销路不好，产品滞销，而且，过去发生的许多欠款至今收不回来……

而总公司又不断对分公司提出更高的目标，以前制订的多个利润计划都落空了，这回，张经理还要提出什么目标吗？

张经理陷入迷茫之中：究竟什么是管理？所面临的这个乱摊子应怎样将其理顺并着手解决？作为经理，其管理工作到底应该抓什么？

问题：

1．你能告诉张经理究竟什么是管理吗？

2．你知道管理者到底应该抓什么？管理职能有哪些？

3．如果把该分公司看做一个系统，请分析是由哪些子系统构成的？

4．请向张经理提出你的建议。

【课后网络资源】

1．国务院发展研究中心信息网 http://www.drcnet.com

2．中国企业家 http://www.cnemag.com

3．中外管理 http://www.zwgl.com.cn

4．中国企业联合网 http://www.cec-ceda.org.cn

5．南风窗 http://www.nfcmag.com

第二章　市场预测与经营决策

学 习 目 标

- 掌握企业经营决策的不同方法。
- 掌握市场调查与市场预测的含义、特点。
- 了解市场调查与市场预测的作用，企业经营决策的内容、作用、类型和原则。

引导案例 2/9

1997 年，一方面由于生产圆柱齿轮投资少，技术含量低，进入障碍低，许多生产圆柱齿轮的小机械加工厂如雨后春笋般地冒了出来，对市场的冲击特别大。特别是当地的最大的国营齿轮厂改制完成，他们充分发挥自己规模大、技术力量雄厚的优势，在市场竞争中的优势越来越明显，逐渐挤占了市场。另一方面配套的摩托车厂家面临着摩托车市场的萎缩，导致企业的订单越来越少。在年底召开的中国齿轮行业协会上，佳驰公司了解到开发重型汽车前后桥的盆角齿有广阔的前景。在经过深入的市场调查以后，公司决定投资研发生产盆角齿。产品在 1998 年试制出来，在 1999 年实现了批量生产。佳驰公司成功地实现了主导产品的转变，产品从生产摩托车圆柱齿轮为主，转向以生产重型货车盆角齿为主，赶上了中国重型货车从 1998 年开始高速发展的时机，之后走上了快速发展的道路，实现了成功的转折。

案例简析：在此过程中，企业能根据市场的变化情况，及时地调整产品品种，并从中受益。从企业管理的角度来看，这就是一个在市场调查和市场预测的基础上，企业制定正确经营决策的典型过程，也正是本章所要学习的内容。

阅读本章内容，并思考下列问题：

1．市场调查和预测对企业经营决策有何重要意义？
2．市场预测有哪些主要内容？
3．企业经营决策应遵循怎样的程序？
4．企业经营决策中，不同的决策方法分别适用解决什么样的问题？

第一节　市场调查与市场预测

市场经济的运行是一个复杂又多变的过程。要认识市场变化的规律性，就必须通过市场调查获得市场的各种信息资料，并加以整理、分析得到有用的市场信息。而获取各种市场信息资料，也只有依靠周密而细致的市场调查，因此，灵活地应用各种市场调查方法获取准确的市场信息，是科学地进行市场预测与经营决策的前提。

一、市场调查

如何理解“市场调查”这一概念，人们存在一定的差异，这主要是因为人们对市场含义的理解不同造成的。狭义的市场调查概念，是把市场理解为商品销售对象，即消费者群体，因此，狭义的市场调查是指对消费者的消费需求、消费水平、购买动机、购买行为等方面资料的收集、记录和分析研究。广义的市场调查概念，是从市场营销活动角度来理解的。它认为市场调查除了对消费者调查外，还对企业的营销环境、营销状况、营销全过程等方面进行全方位的调查。

我们认为，市场调查是运用科学的方法，有目的地系统收集、记录、整理和分析市场信息资料，从而认识市场发展变化的现状和趋势，为市场预测、经营决策提供科学依据。这一定义包含了以下几层意思：

（1）市场调查是一种有目的、有意识的认识市场的活动。任何一项市场调查，都不是盲目进行，而是围绕企业经营活动中存在问题而展开的，有明确的目的性。

（2）市场调查的具体对象是市场体系，即市场主体（家庭个人、政府、企业）、市场客体（消费品和生产要素）、市场媒体（货币、价格、信息）等。其中需要指出的是，市场调查的重点对象是消费者市场。

（3）市场调查需要借助一套科学方法，其中包括观察调查法、询问调查法、问卷设计、实验设计，也包括抽样调查的技术等。

（4）市场调查是为企业的市场预测和经营决策服务的。市场调查是一种认识市场的手段，它本身不是目的，它最终是为企业的经营决策服务的。

（5）市场调查的任务是收集、记录市场信息。市场调查与市场信息有着极为密切的关系。市场信息直接构成市场调查的内容，市场调查是围绕着获取某一方面的市场信息而展开的。

没有深入地开展市场调查，没有充分地掌握市场信息，就无法预测市场发展变化的客观规律性，也就无法为企业经营决策提供科学依据。

阅读资料

日本自行车是如何打进欧美市场的

我国是世界上自行车拥有量最多的国家，但出口数量却不多，进入欧美市场的则更少。欧美是世界自行车的主要消费地区，在剧烈的自行车经销竞争中，日本取得了成功，他们取得成功的关键是通过市场调查，正确掌握了市场的信息资料，并加以应用。例如，调查欧美人的体格特征。欧美人的手与腿比日本人长，于是他们特意设计不同高度与距离的车架坐垫和车把来适应欧美人的需要。又如，调查欧美的流行色彩。1984 年，他们调查到欧美人对颜色的爱好是：蓝色占 27.4%，红色占 25.9%，银灰色占 14%，黑色占 15.3%，奶白色占 11%，其他占 6.3%等。根据这些数据来调整自行车的色彩。再如，调查自行车在欧美的用途。欧美市场上，自行车代步载重等功能早已被汽车或其他交通工具所代替。在欧美等国，自行车的用途主要是旅游、娱乐、运动、健身、妇女短途购物及学生上学。根据这些特点，日本在款式、原料工艺、包装、价格等方面作了相应的变化。通过以上几方面的细致的市场调查，日本的自行车成功地打进欧美市场。

1. **市场调查的特征**

作为企业经营活动的基础，市场调查执行着自己的特殊职能和任务。市场调查的特征如下：

（1）市场调查具有较强的针对性。市场调查的针对性是由企业经营活动的目的性所决定的。市场调查工作不但费时、费力，而且还有费用的支出。因此，市场调查在保证达到市场调查要求的前提下，应尽量节约费用，不能盲目进行，即企业必须根据所要生产或经营的产品（或服务）进行市场调查。

（2）市场调查具有普遍性。在激烈的市场竞争中，市场调查工作不能只停留在生产或经营活动以前的阶段进行，而应该在生产和经营整个过程中，在售前、售中、售后的各个阶段都需要进行市场调查，收集一切可以为企业所用的信息资料，从而对决策随时修正，使企业能够适应市场不断变化的形势。同时，市场调查活动也是发现潜在市场的有效方法，对开拓新的市场领域有积极作用。

（3）市场调查具有科学性。市场调查是为企业决策而进行的重要活动。为减少市场调查的盲目性和人、财、物的浪费，对所需要收集的资料和信息必须经过事先的规划。例如，采用何种调查方式，问卷如何拟订，调查对象该有哪些等。为了使企业能够最准确地获得反映市场情况的资料和信息，而又不增加费用开支，在调查内容的确定上就要考虑那些影响程度最大的因素，并将诸多的因素合理搭配，以最简洁、明了而又易应答的方式呈现给调查对象。

（4）市场调查结果具有某些不确定性。市场调查根据调查内容的不同可采用不同的方式，但被调查者千变万化的心理状态常常会增加对市场调查结果进行分析的难度。如果说市场调查人员只是根据那些可以找到的有关销售方面的统计数字来研究问题，所得出的结果往往会与实际相差甚远，就不能为企业的经营决策提供有价值的资料。即使是考虑到了消费者的心理因素，但因顾客身临购买现场时对商品的选择与被调查时有意识地回答问题时的心理状态有所不同，也会使调查结果与实际有所偏差。

（5）市场调查具有时效性。市场是开放、动态的市场，会随时间的变化而变化，随经济的发展而不断发展。例如，国家经济政策的调整，市场会发生相应的变化。一定时期的流行产品一时会无人问津，而滞销商品有可能在一定时期以后成为新的畅销产品。市场调查是在一定时间范围内进行的，它所反映的只是某一特定时期的信息和情况，在一定时期内具备有效性，但在这一段时间后又会出现新情况、新问题，就会使以前的调查结果滞后于市场的发展。此时如果仍沿用过去市场调查的结论，只会使企业延误大好时机，陷入困难的境地。

2. **市场调查的意义**

市场调查的意义，可以从宏观经济管理与微观经济管理两个层面上看，市场调查是市场预测必不可少的步骤。

（1）从宏观经济管理的角度来看，搞好市场调查，对于加强宏观管理，提高宏观经济管理水平具有重要意义。国民经济是个庞大而复杂的大系统，而各行业、各部门都是与大系统彼此相互联系、相互影响和相互制约的子系统，而成千上万的不同所有制性质、不同规模的企业都是这些子系统中的下一级子系统。母系统、子系统通过市场这个纽带联系在一起，形成整体。母系统必须根据市场经济的运行规律，及时制订各种行政的、经济的、法律的政策措施，以指导、协调和控制国民经济的健康稳定发展。同时，国民经济是否处于健康稳定的发展状态，国家各种政策、措施、决策的运行是否有效，也需要不断地通过市场调查研究，及时发现问题，进一步调整和完善宏观经济的调控措施，不断促进国民经济的发展。所以，

通过市场调查，对于了解国民经济发展状况，分析制约发展的各种因素，实现社会资源的优化配置，提高国民经济宏观管理水平，都具有十分重要的意义。

（2）从微观经济管理的角度来看，搞好市场调查，对于改善企业生产经营，改善服务质量，提高企业管理水平，增加经济效益都具有十分重要的意义。

1）企业是社会的一个细胞，它作为独立的商品生产经营者，是担负着满足市场需求并获取盈利的经济组织，而广大的消费者对市场的需求在不断地发生变化，这对企业而言既是挑战，又充满着发展机会。

2）通过市场调查，企业可以发现消费者需求的变化，把握消费者的消费心理与消费趋向，根据市场的导向，不断推出适销对路的新产品与服务，最大限度地满足消费者需求，增加企业经济效益。

3）通过市场调查，促使企业生产经营符合消费需求变化的、质优价廉的产品，可以节省流通费用，加速流动资金的周转速度，提高资金管理水平。

4）做好市场调查，企业可以获取市场竞争的主动权，在产品、价格、分销、促销、营销组合的决策中，决策才能果断迅速。

5）企业还应该看到，市场调查是企业一项重要的管理基础工作。长期地、坚持不懈地、有计划地、有组织地开展市场调查，是搞好市场预测、加强企业基础管理的重要内容。企业应及时收集、整理、储存、更新和运用市场信息，搞好市场预警、预报工作，以不断增强企业对外部环境的适应能力和提高企业对突发事件的应变能力。

二、市场预测

市场预测是指在掌握市场信息的基础上，运用科学的理论和方法，对市场有关因素未来发展趋势及其可能水平作出估计和测算，为企业决策服务的活动。

企业生产经营活动离不开市场预测。例如，某企业产品主要出口区域为东南亚国家，亚洲金融危机后，该企业管理者预测东南亚国家经济将面临衰退，必然会造成商品进口缩减。基于此种预测结果，该企业管理者果断决策，减少到东南亚国家的产品出口，同时积极开拓其他国际市场和国内市场，从而变被动为主动。

正确理解市场预测概念，应把握以下几层意思：

（1）市场预测的对象是市场有关因素未来发展趋势和可能水平，如对某产品未来三年的销售量或市场占有率进行预测。

（2）市场预测的依据是关于市场的历史资料和现在的市场信息。

（3）市场预测的目的是把握市场未来需求变化的趋势，为企业经营决策服务。

（4）市场预测要应用科学的方法和知识，如定性预测法中的专家意见法，定量预测法中的移动平均法，还有数理统计知识等。

1. 市场预测的特点

市场预测的特点主要有以下四点：

（1）预测工作的超前性。时间是无始无终的，而我们对预测对象的研究却是有限的。对预测对象研究的有限时段包括观察期、预测期和当期。观察期的长短取决于对其历史考察样本数取值的需要以及取得有效历史资料的可能性大小。对观察期做历史考察所获历史资料构成时间数列，作为预测分析的事实依据。对当期作现状分析所取得的现实资料则是预测分析的出发点或基点。预测期的长短取决于预测目标的需要。可见，市场预测工作本质上就是对预测对象作历史考察与现状分析的基础上，对其未来的发展趋势作超前性的分析，并提供准确的信息资料。

（2）预测信息的可测性。通过市场预测得到的关于预测对象的未来信息，通常可视为经营决策的目标，必须是可测度的、可量化的和可分解的。因此，作为市场预测的结果一般均由可量化的指标来明确表达。

（3）预测内容的时空性。市场预测对象都是在一定的时空中发生与发展的，关于预测对象的未来信息只能通过一定的时间与空间特征反映出来并加以测度。市场预测的内容是十分丰富的，都有具体的时空特征。例如，某商品的市场需求量，特指某一时期内某一市场范围内的某商品的市场需求量；某商品的市场容量，就是指在某空间广度范围内和一定的时间内，消费者对某商品的实际购买力；等等。对预测内容时空特性的理解有助于我们对预测方法作科学的划分和正确的选择。

（4）预测结果的近似性。导致预测结果的近似性有以下原因：

1）预测对象未来发展趋势影响因素的复杂性。影响预测对象未来发展趋势的因素是十分复杂的，只要外部条件发生某些变化，预测对象未来发展方向也不可避免地会随之发生某些改变。

2）预测者对预测对象及其所处环境的认识的局限性。这种局限性表现在：①对复杂的影响因素此起彼落、此消彼长不可能完全把握。②对外部条件随机变化引起的预测对象未来运行规律的变动难以控制。③预测对象未来变化趋势的规律是逐渐显示出来的，而且被许多现象所掩盖。

3）预测模型的非精确性。预测模型只考虑影响预测对象未来变化的主要变量，而忽略了若干次要的变量，以此来简化运算。

应当指出，预测结果的近似性丝毫不影响对预测结果的科学评价。市场预测工作要求将预测结果的误差限制在允许的范围之内，这是以后学习各种预测方法时需特别予以关注的。

2. 市场预测的作用

在市场经济条件下，任何经济活动都离不开市场预测。从微观经济的角度来说，企业的一切经营活动都需要建立在市场预测的基础之上。市场预测对企业经营的多重作用表现如下：

（1）市场预测是企业经营决策的基本前提。经营决策是否正确及正确程度的高低，是一个企业成败与兴衰的关键，而正确的决策则要以科学的市场预测为前提。

（2）市场预测是实现资源有效配置的基本依据。科学的市场预测可以帮助企业通过市场调节信号，掌握商品的供求变动与价格趋势，从而正确确定与调整自己的经营方向，制定相应的营销策略，合理安排人、财、物的比例和流向，使资源得到最充分的利用和有效配置。

（3）市场预测是提高管理科学水平的基本条件。一个企业的经营管理水平，不仅表现在决策水平上，而且还表现在经营计划的水平上。企业经营计划不仅离不开企业历史的和现实的状况与轨迹，而且还需要把握企业环境的变化趋势、产品发展的趋势以及市场供需的变化趋势。只有通过科学的市场预测，才能使各项计划指标得以量化并避免主观性和盲目性。

（4）市场预测是提高企业经济效益的重要措施。处于市场条件下的企业，其产品开发、生产、销售直到售后服务，都必须从市场需要出发，实现效益的最大化。然而，同市场的有机结合并实现最佳效益，只有通过市场预测掌握市场供需动向才有可能。一个企业经济效益的好坏，在一定程度上取决于该企业将市场预测纳入其经营活动中的自觉性的高低。

第二节　企业经营决策

一、企业经营决策概述

现代企业经营者必须及时了解市场信息和企业自身实际，制订出科学、合理的经营决策，并有效地付诸实施，才能保证企业长期、稳定地发展。经营决策已成为企业经营管理的核心问题，它决定着企业的兴衰成败。制订科学、合理的经营决策是保证企业长期生存和发展的前提与基础，正确认识经营决策的含义，掌握其基本特征及类型，对企业具有重要意义。

所谓决策，简单地说，是指人们在行动之前作出的决定。20 世纪 30 年代，美国管理学者巴纳德和斯特恩最早将决策的概念引入管理理论。后来，美国的西蒙和马奇等人发展了巴纳德的理论，创立了现代决策理论。决策理论作为现代管理科学的一个分支开始确立起来。

现代决策理论认为，决策是决策者在掌握大量信息和丰富经验的基础上，确定未来行动的目标，并借助一定的计算手段、方法和技巧，对影响决策的诸多要素进行分析、研究后，从两个以上的可行方案中选取一个最优方案的过程。

企业经营决策是对未来行动确定目标，从两个以上可行方案中选取一个满意方案的分析决断过程，是一个提出问题、分析问题、解决问题的系统分析过程。企业对生产经营过程中的每一环节都需要作出科学的决策。

1. 企业经营决策的内容

企业经营决策贯穿于生产经营活动的各个方面和全过程。企业生产经营的各项活动都需要管理，而计划、组织、领导、控制等每一方面职能的发挥，都离不开决策。这正如现代决策理论的代表人物西蒙所言：“管理就是决策”。

企业的基本经营决策可概括为以下六个方面：

（1）经营战略决策。它主要包括诸如经营方针、经营目标、经营策略计划和经营组织等重大问题的决策。

（2）研究发展决策。这包括技术改造与发展计划、产品开发计划的决策，如生产技术改造决策、提高经营管理水平决策、新产品开发决策和老产品改造决策等。

（3）生产技术决策。它主要是指有关部门生产组织、生产计划、工艺技术、产品质量、生产控制的决策，如生产过程组织决策、经济批量生产决策、产品质量保证体系决策等。

（4）市场营销决策。它包括市场与产品定位、价格、销售促进、销售服务、销售计划、销售组织、销售业务、营销人员培训等方面的决策等，如市场细分与目标市场决策、市场营销组合策略决策等。

（5）财务决策。它是指对各个经营方案进行财务评价、安排年度预算、确定资金来源与结构等方面的决策等，如筹资决策、财务收支平衡决策、目标利税决策、财务计划决策等。

（6）人事决策。它包括诸如企业经营者的选择配备决策、人力资源开发决策、企业职工激励与奖惩决策等。

2. 经营决策的类型

由于企业在生产经营过程中所要解决的问题是多种多样的，因而其相应的经营决策也是

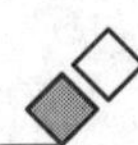

多种多样的。这些决策根据不同的分类标准，有以下类型：

（1）按经营决策的重要性程度划分，经营决策可分为战略决策、管理决策和业务决策。

1）战略决策，也称高层决策。这是事关企业生存和发展的全局性、长期性、决定性的大政方针决策。这种决策旨在提高企业的经营效益，使企业的经营活动与企业的内部条件、外部环境变化经常保持动态协调，如经营目标、经营方针的决策、产品决策、投资决策、市场营销决策以及企业高层领导者的择用等决策。

2）管理决策，也称中层决策。这是指战略决策执行过程中的战术性决策。这种决策旨在提高企业的管理效能，以实现企业内部各环节活动的高度协调及资源的合理利用，如设备更新改造、中层干部任免、组织机构调整等决策。

3）业务决策，也称基层决策。这是日常生产和业务活动中旨在提高工作效率所进行的决策，如生产方案决策、库存决策、成本决策等。企业职能部门和基层领导经常是这种决策的担当者。

（2）按决策发生的重复性划分，经营决策可分为常规决策和非常规决策。

1）常规决策。这是经常重复发生的管理业务决策，因其经常重复发生，有必要也有可能预先把决策过程标准化、程序化，所以又称程序性决策，如生产方案决策、库存决策、设备更新改造决策等。这种决策一般由职能部门进行，高层决策者很少过问。

2）非常规决策。这是对不重复或很少重复发生的经营事务的决策。这种决策由于情况各异，一般无经验可循，难以按固定的标准、模式进行，所以又称为非程序化决策，如应付新的竞争者、企业改变投资方向、技术引进等决策。由于决策过程不能标准化，所以需要高层决策者亲自参与，并依赖他们的知识、经验、智慧和判断能力，同时须民主决策。

（3）按决策所处的条件划分，经营决策可分为确定型决策、风险型决策和不确定型决策。

1）确定型决策。这是指各个方案都只在事先已确定的状态下展开，并且每个方案只有一个结果，决策者的任务是比较各个方案的优劣，选出最优方案，如库存决策、生产任务的最佳分配决策等。

2）风险型决策。这是指每个方案都有两种以上可能的结果，而且对各种结果的可能性可以用概率分布来描述。这时选择方案有一定的风险，如新产品决策、企业投资规模与投资方向决策等。

3）不确定型决策。这是指决策者只知道每个方案都有几种可能结果，但不了解其结果发生的可能性大小，有时甚至对可能结果也难以明确估计出来，只能根据决策者的主观经验进行判断的决策。

（4）按决策目标划分，经营决策可分为单目标决策和多目标决策。

1）单目标决策。它是指只用一个目标来评价和选择方案的决策，一个方案用一个目标来衡量，它所要求达到的目标也只有一个。

2）多目标决策。它是指同时用两个以上的目标来评价和选择方案的决策。例如，评价方案要同时考虑到质量、产量、利润等，成为一系列相互联系的多目标。它具有两个特点：①所做出的决策不是一个，而是一串。②这一串决策不仅彼此相关，而且前一项决策直接影响后一项决策。

此外，还有其他一些分类，如按照决策时间划分，经营决策可分为长期决策（指三年以上）、中期决策（1～3 年）、短期决策（一年或一个经营周期以内）；按决策方法划分，经营决策可分为定性决策和定量决策等。

二、企业经营决策的程序

经营决策的程序，又称为决策过程或决策步骤。现代决策理论认为，决策是从提出问题、分析问题到解决问题、反馈控制的系统工程。为保证决策的科学性、有效性，决策者必须严格遵循科学的决策程序，科学的决策程序如下：

1. 明确经营问题

决策是为了优选和解决问题，所以决策的第一步就是找出经营中存在的问题，企业经营决策是从发现问题开始的。发现问题是企业决策者的重要职责。决策者应根据既定目标收集和整理信息，进行充分的调查研究，搞清企业经营的各项要素，从中发现新问题。在这一阶段，企业决策者要掌握的信息，应该力求全面、动态、系统、准确、有效，这样才能为经营决策提供科学依据，在对信息进行分析研究的基础上，将事物的应有现象与实际情况对比，或将理想状态与现实状态对比，找出差距，发现问题，以便及时决策，如下面公式所示：

决策问题（差距）=理想状态–现实状态

企业决策者找出差距后，还要进一步查明造成差距的原因。查找原因，一般要采用系统分析的方法。例如，利用树枝图对造成经营不善的主要原因进行由表及里的深入分析，找出最直接的原因。

2. 确定决策目标

决策的最终目的，就是要达到既定的目标。目标确定得不明确或不合理，就很容易无的放矢，导致决策失误。所以说，确定决策目标是经营决策的出发点。企业经营问题的差距和原因找到后，就可以着手确定经营决策的目标。企业在经营过程中往往会同时遇到各种问题，于是就同时存在多个目标。例如，企业的竞争力弱，可能是由于产品结构不合理，也可能是工艺落后、产品质量差，还有可能是由于价格过高，于是同时就有更新产品、提高制造工艺、降低成本和售价三个目标。而有些目标是一致的，有些又是相互矛盾的。所以，确定目标要从现实条件出发，既要符合实际需要又要考虑可能性。这里的现实条件，包括企业外部环境和内部条件两个方面。外部环境重点分析与企业经营相关的市场、原材料、设备等，内部条件则考虑人力、物力、财力和技术等方面的保证。

经典案例

1985 年，由马来西亚国营重工业公司和日本三菱汽车公司合资 2.8 亿美元生产的新款汽车“沙格型”隆重推出市场。马来西亚政府视之为马来西亚工业的“光荣产品”，产品在推出后，销售量很快跌至低潮。经济学家们经过研究，认为“沙格型”汽车的一切配件都从日本运来，由于日元升值，使它的生产成本急剧上涨，再加上马来西亚本身的经济不景气，所以汽车的销售量很少。此外，最重要的因素是政府在决定引进这种车型时，主要考虑到满足国内的需要。因此，技术上未达到先进国家的标准，无法出口。由于在目标市场决策中出现失误，“沙格型”汽车为马来西亚工业带来的好梦，只是昙花一现而已。

此例说明：科学经营决策的前提是确定决策目标。它作为评价和监测整个决策行动的准则，不断地影响、调整和控制着决策活动的过程，一旦目标错了，就会导致决策失败。

3. 拟订可行方案

确定目标后，就要制订为实现决策目标而可供选择的各种行动方案。这是决策的基础工作。可行方案应同时满足三个条件：①能够保证经营决策目标的实现。②企业外部环境和内部条件都能保证方案的实施（即可行性）。③方案间具有相互排斥性。

拟订可行方案时的具体要求：①方案必须具备多样性和可行性。多样性是指要拟订两个以上的方案以供备选，可行性是指所拟订的方案都必须是切实可行的。②必须设计和列举所有的可行方案，避免漏掉最好的方案。③不同的备选方案之间必须是相互排斥的。不同方案处于并列关系，不可相互替代。如果甲方案包含乙方案或甲乙方案是相互补充的，这样就会影响方案的优选。所以设计可行方案时，并不是方案越多就越好，而应注意方案之间的相互排斥性。

4. 评价和选择方案

拟订可行方案是决策的基础，而评价和选择方案是决策的关键。为此，应努力解决好以下两个根本问题：

（1）确定合理的评价标准。对于目标可以计量的方案，如企业的产量、产值等，数量化目标本身就是它的评价标准。对于目标无法计量的方案，不能用数量来比较，则通常可用下列标准加以衡量：

1）价值标准，即以方案对实现目标作用效果的大小来评价方案的好坏。这里所指的价值，不仅包括决策方案所带来的以货币计量的价值，还包括决策方案的社会意义，如社会效益、学术价值等。

2）满意标准。在理论上，选择方案应该是选择最优的，即投入最少而收益最大的方案。而实际上，最优往往是一种理想。由于现实条件的限制，决策往往很难达到理想的状态。所以，只有“满意”方案，没有最优方案。

3）期望值标准。对于风险型决策，即一个方案可以产生几种可能结果的情况，可以通过计算期望值的大小来选择方案，期望值大为优。

4）时效标准。决策者要不失时机地进行决策，如果一味追求决策百分之百的成功把握而坐失良机，并不是优秀的决策者。

上述四种标准，应根据实际情况灵活运用。评价方案要从系统观点出发，从全局性、整体性利益出发，既要考虑企业的直接利益，又要考虑社会和消费者的利益，同时还要注意方案之间的具体差异。

（2）确定科学的选优方法。方案评选的科学方法通常有三种：

1）经验判断法。它是依靠决策者的知识、经验、智慧来探索决策因素的规律性，进而通过直觉判断来选择方案。

2）数学分析法。它是运用数学知识对能用各种数学方法和数学模型表达的方案进行评选的方法，如量本利分析法、线性规划法、决策树法等。

3）试验法。当决策的问题关系重大，但缺乏经验而又无法采用数学分析法时，可先选少数几个典型方案为试点，吸取经验后，再作为最后决策的依据。例如，一个新产品在某一市场内进行试销来推测其市场潜力。

5. 决策方案的实施与反馈

决策方案决定后，决策过程并没有结束，还要制订具体的实施措施，并把实现目标的方

案措施公布于众，让广大员工领会和理解。同时要围绕企业的总体目标，制订各部门、各级人员的具体实施方案，使决策目标落到实处，进行目标管理，最终实现决策目标。

经典案例

1962年，英法航空公司开始合作研制“协和”式超音速民航客机，其特点是快速、豪华、舒适。经过十多年的研制，耗资上亿英镑，“协和”式超音速民航客机终于在1975年研制成功。十几年时间的流逝，情况发生了很大变化。能源危机、生态危机威胁着西方各国，乘客和许多航空公司都因此而改变了对民航客机的要求。乘客的要求是票价不要太贵，航空公司的要求是节省能源，多载乘客，噪声小。但“协和”式飞机却不能满足消费者的这些要求。首先是噪声大，飞行时会产生极大的声响，有时甚至会震碎建筑物上的玻璃；其次，由于燃料价格增长快，运行费用也相应大大提高。这些情况表明，消费者对这种飞机需求量不会很大。因此，不应大批量投入生产。但是，由于公司没有决策运行控制计划，也没有重新进行评审，而且，飞机是由两国合作研制的，雇佣了大量人员参加这项工作，如果中途下马，就要大量解雇人员。上述情况使得飞机的研制生产决策不易中断，后来两国对是否要继续协作研制生产这种飞机发生了争论，但由于缺乏决策运行控制机制，只能勉强将决策继续实施下去。结果，飞机生产出来后卖不出去，原来的宠儿变成了弃儿。

此例说明：企业决策运行控制与企业的命运息息相关。一项决策在确定后，能否最后取得成功，除了决策本身性质的优劣外，还要依靠对决策运行的控制与调整，包括在决策执行过程中的控制，以及在决策确定过程中各阶段的控制。

三、企业经营决策的方法

随着决策理论和实践的发展，人们创造了许多决策方法，并不断地得到充实和完善。经营决策方法可分为定性决策方法和定量决策方法。

（一）定性决策方法

定性决策方法是指一种在经营决策过程中充分发挥人们的主观能动性的方法，即通过各种有效的组织形式、方法、步骤和环境气氛，充分依靠决策者的知识、经验和能力，来探索决策事物的规律性，从而作出科学、合理的决策。

由于在企业的经营过程中，多数决策属于战略性的非程序化的问题，这类问题往往涉及社会政治、经济、文化、生态等各个方面，所涉及问题纷繁复杂，很难寻找出特有规律。同时，市场经济的发展，科学技术的日新月异，使得企业在经营决策过程中的不确定因素大大增加，这些都使得很多决策问题难以借助于定量方法解决。因此，定性决策方法在企业经营决策中占有重要的地位。常用的定性决策方法主要有：

1. *经验判断决策法*

经验判断决策法，又称为经理（领导）人员决策法。它是指企业领导层凭借自己的知识、经验和才智，对决策目标和备选方案作出评价、判断和优选的一种决策方法。这种决策方法有利于集中高层管理者的智慧和经验，利用他们在知识素质、实践经验、判断能力等方面的优势，相互启发，比较评议，抓住实际，作出决策。目前，经验判断决策法是企业较为常用的一种决策方法。

经验判断法有如下优点：便于抓住时机，果断决策，灵活性强，由于参与决策的人普遍拥有较高的素质和丰富的决策经验，成功的概率相对较大。这种方法的缺点主要是有一定的主观性和片面性，容易受到领导者个人素质和能力的影响。

2. 专家论证决策法

专家论证决策法是指企业通过不同的形式，招聘有关专家针对决策问题提出决策目标和备选方案，进行可行性讨论，然后根据专家的意见作出决策的一种方法。这种方法充分利用专家，对企业复杂的决策问题能作出正确评价和判断，并可以提高决策的科学性。

（二）定量决策方法

定量决策方法常用于数量化决策，应用数学模型和公式来解决一些决策问题，即运用数学工具建立反映各种因素及其关系的数学模型，并通过对这种数学模型的计算和求解，选择出最佳的决策方案。对决策问题进行定量分析，可以提高常规决策的时效性和决策的准确性。运用定量决策方法进行决策也是决策方法科学化的重要标志。

定量决策的方法主要包括确定型决策、不确定型决策和风险型决策。

1. 确定型决策

确定型决策是指一个方案只有一种确定的结果，只要比较各个方案的结果，即可作出选择一个最佳方案或满意方案的决策。一般采用“最优准则”和“满意准则”。

例 1：某企业为扩大产品的销售额制定了三种方案。三种方案所需的费用与可能得到的结果的预计数见表 2-1。

表 2-1　各方案相关资料

方　案	费用/万元	销售额预计数/万元
1	5	90
2	8	180
3	10	220

解：此例为单一目标决策，即为了扩大产品的销售额。我们可以用价值分析来解决这类问题，可直接用比较各种方案的价值系数（V）来作出决策。价值系数的计算公式为

$$V=\frac{F}{C}$$

式中　V——价值系数；

F——功能（此例为销售额预计数）；

C——费用（或成本）。

这样计算出来的价值系数实质上是一种边际效益，也就是每增加一个单位费用所可能得到的功能。计算的目的就是为了给决策者提供一个不同方案之间可以进行定量分析的数值结构。方案的价值系数（V）越大，说明该方案的价值就越大。因此，比较三个不同方案的 V 值就可以决定方案的优劣。此例的第 1 方案价值系数（V）=90/5=18；第 2 方案的价值系数（V）=180/8=22.5；第 3 方案的价值系数（V）=220/10=22。经比较得出第 2 方案为最优方案。

例 2：某企业拟增加一种新的经营商品，可供选择的有甲、乙、丙三种商品，它们的预计单位变动成本、固定成本、单价和销售量见表 2-2。根据盈利情况来选择最佳的新的经营商品。

表 2-2 各品种相关数据

品 种	固定成本/元	单位变动成本/元	单价/（元/件）	销售量/件
甲	450 000	400	650	2 400
乙	500 000	450	750	2 000
丙	600 000	470	820	1 800

解：此例也为单一目标决策，即按预计盈利额最大作为选择最优方案的标准。根据此例所给的条件，可以用盈亏分析法来解决。三种商品的盈利额计算如下：

甲商品：2 400×（650 −400）−450 000=150 000（元）

乙商品：2 000×（750−450）−500 000=100 000（元）

丙商品：1 800×（820−470）−600 000=30 000（元）

计算表明，选择甲商品作为新增的经营商品为最好，因为甲商品的预计盈利额为 150 000 元，比乙商品预计盈利额 100 000 元和丙商品预计盈利额 30 000 元都高。

2. **不确定型决策**

不确定型决策是指一个方案可能出现几种结果，无法知道其概率，在企业中有许多决策问题常常是出现一次或极少几次的事件。例如，某种新产品是否应当投产，某个工厂或商店是否应当新建，某种机器设备是否应当购买等，我们不可能获得必要的统计资料，因而也无法确定这些事件在未来各种自然状态下发生的概率。在这种情况下，决策主要决定于决策者的经验、素质和决策风格，决策就带有很大的主观随意性。

不确定型决策虽然带有很大的主观随意性，但也有一些公认的决策准则可供选择方案时参考。通过下面的例子来说明不确定型决策方法如何运用不同的决策准则进行决策的。

例 3：某企业为了扩大生产经营，准备生产一种新产品，两年后投放市场，共生产 5～10 年。生产这种新产品的方案有三种：①从国外引进一条高效自动生产线。②改建本企业原有的生产线。③按专业化协作组织“一条龙”生产。由于对未来两年市场需求无法做到比较精确的预测，只能大致估计为需求量较高、需求量一般和需求量很低三种情况，并且不知道这三种情况发生的概率，只知道估算出来的三种方案在未来两年的三种自然状态下的损益额，见表 2-3。问应如何决策？

表 2-3 各方案损益值 （单位：万元）

自然状态	方 案		
	①引进生产线	②改建生产线	③协作化生产
需求量较高	1 000	700	350
需求量一般	−200	250	80
需求量很低	−500	−100	−20

解：第一种方法，按悲观准则来决策，也称“小中取大”准则。首先从每一个方案中选择一个在不同自然状态下的最小收益值（或最大损失值），作为评价方案的基础。实际上是对每个局部方案持悲观态度，从最不利角度考虑，把最小收益值（或最大损失值）作为必然发生的自然状态，将不确定型决策问题变为确定型决策问题来处理。然后，再从这些最小收益值（或最大损失值）的方案中，选择一个收益值最大（或损失值最小）的方案，作为满意的方案。此例中三种方案的最小收益值分别为：−500，−100，−20。选其中第③种方案损失值

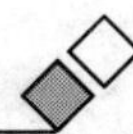

最小（–20）作为满意的方案。因为该方案在需求量很低的情况下，只亏损20万元，比其他方案的损失都少。显然，这是一种非常保险的决策。对于那些把握很小，风险较大的问题，采用这个准则决策是可取的。

第二种方法，按乐观准则来决策，也称“大中取大”准则。首先从每一个方案中选择一个最大收益值（或最小损失值），看做必然发生的自然状态。然后，在这些最大收益值的方案中，再选择一个最大收益值（或最小损失值）的方案作为满意的方案。此例中三种方案的最大收益值分别为：1 000，700，350。选其中第①种方案收益值最大（1 000）作为满意的方案。因为该方案在需求量很高的情况下，可获得1 000万元的收益，比其他方案的收益值都高。显然，这是一种比较冒险的决策。一般对于把握较大，风险较小的问题才采用。

第三种方法，按折中准则来决策，也称乐观系数准则或赫维斯准则。赫维斯认为决策者不应按照某种极端的准则行事，而应在两种极端情况中求得平衡。具体的方法是根据决策者的估计，确定一个乐观系数α，α的取值范围是 $0<\alpha<1$。给最好的结果和最坏的结果分别赋以相应的权数α和（$1-\alpha$），中间结果不予考虑。然后用下式计算各个方案的折中损益值，并按最大的折中损益值选择方案。

折中损益值=α×最大收益值＋（$1-\alpha$）×最小收益值

此例中，如果决策者估计出现需求量较高的情况为40%，出现需求量很低的情况为60%，则乐观系数α=0.4。则各个方案的折中损益值见表2-4。

表2-4　各方案折中损益值计算　（单位：万元）

自然状态	方案		
	①引进生产线	②改建生产线	③协作化生产
需求量较高	1 000×0.4=400	700×0.4=280	350×0.4=140
需求量一般	–200	250	80
需求量很低	–500×（1–0.4）=–300	–100×（1–0.4）=–60	–20×（1–0.4）=–12
折中损益值	400–300=100	280–60=220	140–12=128

从计算结果可以看出，第②方案的折中损益值最大（220），可选第②方案为满意方案。

第四种方法，按等概率准则来决策，也称拉普拉斯准则。在不确定型决策中，各种自然状态发生的概率是未知的，按最好或最坏的结果进行决策，都缺乏依据。因此，拉普拉斯提出了他的决策准则，通过给每种可能的结果赋以相同的权数，然后计算各个方案在各种自然状态下收益的加权平均数（由于权数相同，实际上就是算术平均数）。并选加权平均数最高的方案作为比较满意的方案。如果有n种自然状态，则每种自然状态发生的概率为$P_1=P_2=\cdots=P_n=1/n$。

此例有三种自然状态，每种自然状态发生的概率为1/3。各个方案的损益额加权平均数计算见表2-5。

表2-5　各方案损益值加权平均数计算　（单位：万元）

自然状态	方案		
	①引进生产线	②改建生产线	③协作化生产
需求量较高	1 000×1/3	700×1/3	350×1/3
需求量一般	–200×1/3	250×1/3	80×1/3
需求量很低	–500×1/3	–100×1/3	–20×1/3
加权平均数	100	283.33	136.66

从计算可以看出，第②方案的加权平均数最大（283.33），可选为比较满意的方案。

第五种方法，按后悔值准则来决策，也称沙万奇准则。这种决策方法是以每个方案在不同的自然状态下的最大收益值定为理想目标。如果没有采取这一理想方案，而采取了其他方案从而使取得的收益减少，就会感到“后悔”，这样每个自然状态下的理想最大收益值与它在其他方案的收益值之差所形成的损失值，称为“后悔值”。然后选最大后悔值最小的方案作为比较满意的方案。

根据此例所给的资料，可以计算出各种自然状态下各方案的后悔值，见表2-6。

表2-6 各方案后悔值计算 （单位：万元）

自然状态	方案		
	①引进生产线	②改建生产线	③协作化生产
需求量较高	1 000–1 000=0	1 000–700=300	1 000–350=650
需求量一般	250–（–200）=450	250–250=0	250–80=170
需求量很低	–20–（–500）=480	–20–（–100）=80	–20–（–20）=0

可以看出各个方案的最大后悔值分别是：480，300，650。其中最小的是第②方案的后悔值（300），可选该方案为比较满意的方案。这是一种比较保险的决策。

从上面介绍的五种准则可以看出，同一个问题，按不同的准则来决策，有其不同的特点，有的偏于保守，有的偏于冒险。不管采用哪个准则进行决策，都与决策者的主观意识有很大关系。

3. **风险型决策**

风险型决策是指在明确目标的情况下，依据通过预测得到的几种不同自然状态下的经济效果及其出现的概率进行决策。由于自然状态并非决策人所能控制，所以决策的结果客观上要承担一定的风险，所以称之为风险型决策。

风险型决策通常采用期望值准则。期望值准则也称损益期望准则，即根据不同方案的损益期望值，选取具有期望效益值最大或最小的方案作为决策方案。方案的期望损益值等于一个方案在各种自然状态下，以自然状态的出现概率为权数的加权条件损益值之和。期望值一般为最大盈利，最高产值，最小损失，最少投资，等等。

例4：某企业拟订A、B、C三种经营商品品种方案，市场可能出现需求量大、中、小三种状态，其概率分布及各种方案在不同需求量状态下的收益值见表2-7。问应选择哪一种方案期望收益值最大？

表2-7 各方案收益值

需求状态	概率	收益值/百万元		
		A	B	C
大	0.35	9	18	30
中	0.45	7	9	–5
小	0.20	5	–4	–8

解：用决策矩阵表分析法。根据题目所给的已知条件，计算出每个方案的期望收益值[期望收益值=∑（收益值×概率）]，从中选取期望收益值最大的方案作为比较满意方案。具体计算结果见表2-8。

表 2-8 各方案期望收益值计算结果

需求状态	概率	收益值/百万元			期望收益值/百万元		
		A	B	C	A	B	C
大	0.35	9	18	3	3.15	6.30	10.50
中	0.45	7	9	–5	3.15	4.05	–2.25
小	0.20	5	–4	–8	1.00	–0.80	–1.60
合计					7.30	9.55	6.65

从计算结果可以看出，B 方案的期望收益值（9.55）最大，故选 B 方案为比较满意的方案。

在期望值决策中，期望值是一个方案在不同自然状态下所能产生的不同后果（损益等）的平均值。最大期望值是选择方案的依据，它和最可能实现的值（概率最大的）及真正实现的值（不一定就是概率最大的）都是不同的。

【本章关键术语】

市场调查　　市场预测　　企业经营决策

【本章小结与本章知识结构图】

本章介绍了市场预测与经营决策的基本内容，包括了市场调查的特征、意义，市场预测的特点和作用；企业经营决策的内容和类型，并归纳了企业经营决策的主要程序和方法。

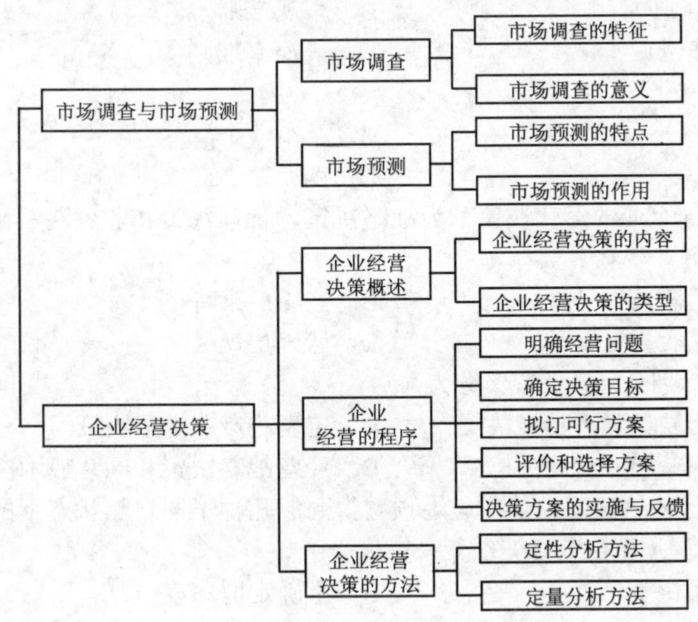

【技能测试题】

一、单项选择题

1. 决策有广义和狭义之分，狭义地说，决策是在几个方案中作出抉择；广义地说，决策是（　　）。

A．决定　　B．选择
C．一个关键环节　　D．一个过程

2．按经营决策发生的重复性来划分，可以划分为（　　）。

A．经营战略决策和经营战术决策
B．确定型决策、风险型决策、不确定型决策
C．高层决策、中层决策和基层决策
D．常规决策和非常规决策

3．一个方案可能出现几种结果，但是这几种结果发生的概率是可知的，决策者可以通过预测得到不同自然状态下的经济效果及其出现的概率，这种决策属于（　　）。

A．确定型决策　　B．风险型决策
C．定性决策　　D．不确定型决策

4．企业经营者的选择配备决策、人力资源开发决策、企业职工激励与奖惩决策属于（　　）。

A．经营战略决策　　B．生产技术决策
C．人事决策　　D．研究发展决策

5．在不确定型决策中从每一个方案中选择一个最大收益值（或最小损失值），看作必然发生的自然状态，然后，在这些最大收益值的方案中，再选择一个最大收益值（或最小损失值）的方案作为比较满意的方案，这是按（　　）决策的。

A．悲观准则　　B．乐观准则
C．后悔值准则　　D．等概率准则

6．决策要求有（　　）备选方案。

A．一个　　B．至少一个
C．三个以上　　D．两个以上

7．将商品流通企业的经营决策分为战略决策、管理决策和业务决策，这是按经营决策的（　　）划分的。

A．重要性程度　　B．产生后果特点
C．问题是否重复出现　　D．管理层次

8．按决策目标划分，经营决策分为（　　）。

A．单目标决策和多目标决策　　B．定性决策和定量决策
C．常规决策和非常规决策　　D．经营战略决策和经营战术决策

9．在明确目标的情况下，依据通过预测得到的几种不同自然状态下的经济效果及其出现的概率进行决策是属于（　　）决策。

A．风险型决策　　B．不确定型决策
C．确定型决策　　D．定性决策

10．企业领导层凭借自己的知识、经验和才智，对决策目标和备选方案作出评价、判断和优选的一种决策方法是（　　）。

A．经验判断决策法　　B．专家论证决策法
C．确定型决策法　　D．定量决策方法

二、简答题

1．简述经营决策的分类。

2．简述市场调查的特征。

3．简述市场预测的特点。

三、计算题

某厂为了生产某种产品，考虑了两个方案：①建设大厂，需投资300万元，建成后如销路好可得利润100万元；如销路差，将亏损20万元。②建设小厂，需投资180万元，建成后销路好可得利润40万元，销路差可得利润30万元。两个方案的使用期都是10年，根据市场预测，这种产品在今后10年内销路好的概率是0.7，销路差的概率是0.3。

1．在这种情况下如何决策？

2．若有人提出为了减少风险，建议采用第三个方案，即先建小厂，试销3年，如销路好再投资100万元，加以扩建，扩建后可使用7年，后7年中每年盈利增至95万元，在这种情况下，又应如何决策？

四、论述题

论述经营决策的程序。

五、讨论题

结合身边的具体事例，探讨市场调查与市场预测对企业经营决策的重要意义。

案例分析

雀巢咖啡在中国

20世纪30年代，巴西政府委托雀巢公司制定一套方案，用来解决咖啡豆的保存方式问题。经过长达7年的调查研究，雀巢公司研制出一种既能保持咖啡原香，又能冲水即饮的速溶咖啡生产工艺。这在当时是一件非常具有挑战性的研究，不要说茶文化深厚的亚洲国家不能接受，就连平日里，素以咖啡风尚自居的欧美消费者，也不能接纳这种不经过烹制就能喝的咖啡。据说，当时，主妇们最大的心理障碍是怕别人说自己不够勤快。有资料表明，20世纪五六十年代，雀巢就一直在欧美等国通过产品广告强调雀巢咖啡是“真正的咖啡”，直到人们认可了“咖啡就是雀巢咖啡”。

雀巢在进入中国后的头10年中，市场推广主打“纯咖啡”的策略并不成功，从2000年开始，经过大量的市场调查，雀巢咖啡作出调整，推广“雀巢”统一形象，加大1+2型速溶咖啡的市场推广力度。通过该系列产品，雀巢咖啡在中国的市场渗透率迅速提高，并带动了纯咖啡和咖啡伴侣的销售。2006年，雀巢进入第三个推广阶段，大力推动专业化咖啡，包括雀巢进入中国市场后第一个本土化产品“云南咖啡”。2009年，在作出深入市场调查后，雀巢首次将目光瞄准二线城市，并为此推出一款杯装咖啡。这也是零售市场上唯一的一种杯装型零售咖啡。雀巢在中国的20年中，第一次尝试开发二、三线市场。

与之相应的，雀巢也启动了对高端用户市场的渗透。北京新光天地五层的奈斯派索（Nespresso）店里，考究的店内装潢令品饮咖啡仿佛成为一种艺术享受。这是雀巢在中国开设的第一家高端体验店，店名是雀巢（Nestle）和意式浓咖啡（Espresso）两个词的组合。据介绍，奈斯派索在全球的选址标准都是择邻而居，永远开在路易·威登和香奈尔的旁边。20世纪末，雀巢的速溶咖啡的启蒙，完成了中国广大消费者对咖啡的认知。现在，凭借奈斯派索，雀巢又率先在中国打出高档咖啡招牌。

问题：

1．咖啡市场在欧美和中国各有什么不同的特点？

2．市场调查与预测在雀巢咖啡的中国企业经营决策过程中起到了什么作用？

【课后网络资源】

1．中国管理学院 http://www.mbanet.com.cn

2．中国 MBA http://www.mba.org.cn

3．市场调查报告网 http://www.164.com.cn/

4．SPSS 中国 http://www.spss.com.cn

5．中国经济信息网 http://www.cei.gov.cn

第三章　现代企业市场营销管理

学 习 目 标

- 重点掌握市场营销管理的内容、任务、目标。
- 掌握目标市场策略和市场营销组合策略的基本内容。
- 了解目标市场策略和市场营销组合策略的基本方法。

引导案例 3/9

1998 年螺旋齿轮产品试制出来后，获得了一汽集团旗下某车桥厂的认可，愿意让其做定点配套厂。随后，佳驰公司的主要产品转向了螺旋齿轮，随后又陆续开发了多家车桥生产商，成为其螺旋齿轮的配套供应商。2002 年开始，佳驰公司开始确定“整机配套及维修市场两线并举”的经营方针，大力开发重型汽车维修市场。为此，他们逐步采取了以下措施：建立自有销售网络，在全国 17 家大型汽车配件市场建立销售部；在全国范围内发展代理商，同时注意在价格、供货周期、付款等各个方面规范代理商的销售行为，建立稳定的代理关系，截至 2006 年已发展代理商 80 多家；利用网络等新兴媒体开展销售活动，建立企业网站，并在多家网络销售平台上建立了销售渠道。截至 2006 年，汽车维修市场的销售额已占佳驰公司总销售额的 40%以上。

案例简析：在此过程中，企业为了扩大产品的销售总量，采取了多种措施，积极拓展多样化的销售渠道，这是企业营销管理中的重要内容。本章将主要介绍企业营销管理的基本内容。

阅读本章内容，并思考下列问题：

1．市场营销管理的内容和步骤有哪些？

2．企业市场定位的依据和步骤有哪些？

3．怎样综合运用市场营销组合策略？

第一节　市场营销管理概述

一、市场营销的含义与发展

市场营销是一种以满足消费者需求为中心的企业经营活动。企业开展经营活动的目的是为了取得盈利，但这种盈利必须以满足消费者的正当需求为前提。满足消费者需求实质上也就是满足市场需求。

市场是个多义的概念，营销学是站在企业的立场上来认识市场的。从企业参与商品交换的活动来看，市场营销大致可以分为两类：一类是采购活动，另一类是销售活动。在采购活动中，企业要购买各种各样的生产资料，包括劳动力在内。在销售活动中，企业要销售自己所生产和经营的各种各样的有形商品和无形服务。在商品十分丰富（供过于求或供求平衡）的条件下，当企业以买方身份参与商品交换活动时，很容易实现自己采购各种商品的愿望。但当企业以卖方身份参与商品交换活动时，要想实现自己的销售愿望是很不容易的，必须花费很大的精力使自己的商品符合买方的愿望才能实现。所以，在企业的眼中，市场就是买方，就是愿意购买并且有钱购买自己商品的人和组织。因此，在营销学中，市场主要是指对某种商品有购买愿望和购买力的购买者。购买者、购买愿望和购买力称为市场三要素。因此，营销学中的市场概念可用下列表达式来表达：

市场=购买者+购买愿望+购买力

市场的这三个因素是相互制约、缺一不可的，只有三者结合起来才能构成现实的市场，才能决定市场的规模和容量。例如，一个国家或地区人口众多，但人们收入很低，购买力有限，则不能构成容量很大的市场；又如，购买力虽然很大，但人口很少，也不能成为很大的市场。只有人口既多，购买力又高，才能成为一个有潜力的大市场。但是，如果产品不适合需要，不能引起人们的购买欲望，对销售者来说，仍然不能成为现实的市场。所以，市场是上述三个因素的统一。这三个因素与市场容量的关系见表 3-1。

表 3-1　影响市场容量的因素关系

市场容量	购买者	购买力	购买意愿
小	多	低	有
有限	少	高	无
有限	多	高	无
大	多	高	有

专家妙论

顾客是企业得以生存的基础，企业的目的是创造顾客，任何组织若没有营销或营销只是其业务的一部分，则不能称之为企业。

——管理大师　彼得·德鲁克

企业的市场营销活动是在一定的理念下进行的。企业的营销观念就是企业从事营销活动的指导思想，它也被人们称为企业营销哲学，它是企业经营活动的一种导向，对企业的生存和发展具有重要意义。

企业营销观念的演变经历了一系列的过程，一般认为包括生产观念、产品观念、推销观念、市场营销观念、生态学营销观念、社会营销观念等阶段。进入 21 世纪以后，随着营销环境的变化，消费热点的转移，迫使企业在竞争中采取新的营销战略。当前，市场营销中的快速营销、体验营销、诚信营销、创新营销、合作营销、绿色营销、网络营销、全球营销等新趋势值得人们关注。

经典案例

美国一家制鞋公司想开拓国外市场，公司总裁派一个推销员到非洲一个国家，让他了解一下能否向该国卖鞋。这个推销员到非洲后发回一封电报：“这里人不穿鞋，没有市场”。于是，总裁又派去另一名推销员。第二个推销员在非洲待了一个星期，然后发回一封电报：“这里人不穿鞋，市场巨大。”总裁还是不满意，又派了第三个推销员去。这个推销员到非洲后待了三个星期，发回一封电报：“这里人不穿鞋，但有脚疾，需要鞋；不过不需要我们生产的鞋，因为我们的鞋太瘦，我们必须生产肥些的鞋。这里的部落首领不让我们做买卖，除非我们搞大市场营销。我们只有向他的金库进一些贡，才能获准在这里经营。我们需要投入大约 1.5 万美元，他们才能开放市场。我们每年能卖大约 2 万双鞋，在这里卖鞋可以赚钱，投资收益率约为 1.5%。”后来，公司重用了这个推销员。

此例说明：第一个推销员肯定不是在做市场营销，而只是一个收取订单的人。没有订单他也就无所事事。第二个人也不是在做市场营销，只是一个推销员。因为第二个人认为：尽管这里的人不穿鞋，但我能让他们穿鞋。只有第三个人才是真正在做营销，他在电报中并没有说 “我能卖鞋”，但是他说明了这里需要什么样的鞋，投资收益如何，怎样通过卖鞋赚钱。

二、市场营销管理的概念

营销管理的发展过程与营销观念的发展过程是一致的。因为“营销管理”实质上就是“营销观念”的应用，将营销观念付诸实施，即是营销管理。具体来说，营销管理就是企业为达到生产经营的目标，履行企业的使命，通过分析、计划、执行、控制等职能，用以建立和保持与目标市场之间的互利的交换关系。从这个定义来看，营销管理是一个分析、计划、执行和控制的过程；其核心是围绕目标顾客的选择、建立与保持开展工作；其目的是实现和目标顾客间的互利交换。

作为交换的一方，企业不仅要发现目标顾客及其需求，而且需要经常对目标市场的交易水平作出预测，以确定如何满足顾客。但实际需求水平却有可能高于、等于或低于预期值，可能是无需求、负需求、充分需求、过量需求或不健康需求等。在这种情况下，营销人员的工作就既包括了刺激和扩大市场需求，又包括了调整、缩减和抵制市场需求。这种为促使交易顺利进行而开展的大量工作就是市场营销管理。简言之，市场营销管理人员就是通过分析、计划、实施和控制等方式来影响市场的需求水平、需求时间和需求构成。因此，市场营销管理实质上是需求管理。

市场营销管理作为企业内部的专业性职能要受到企业目标战略的限制，即企业的目标战略对营销经理在制定和选择营销战略时有一种限定。但这并不表明营销经理对企业目标战略的形成毫无影响。事实上，对大多数公司而言，营销经理的位置都是关键性的。企业中所有的部门都必须认识到以消费者为中心的价值观对企业生存和发展的至关重要的作用，而以消费者为中心的企业其经营价值观的具体执行者就是企业的营销部门，其他部门都必须围绕企业的营销部门来开展工作。也就是说，企业各个部门要通力合作为顾客创造价值，但这种价值的选择和最终传递给消费者的具体执行者的主体是企业的营销部门，消费者对这种价值的感受和评价也是由营销部门来收集的。因而，营销经理对市场的判断和分析决定着企业成长机会的状况、新产品或服务提供的质量以及其他左右市场的要素的配置。

三、市场营销管理的基本任务

企业选定自己的目标市场时，会对目标市场的需求水平进行预测。然而，实际市场的需求可能与组织的预期水平不同。面对不同的市场需求情况，需要营销人员采取不同的方法。菲利普·科特勒将可能的市场需求情况归纳为八种，并针对不同的市场需求情况，为市场营销管理提出了不同的任务。

1. **扭转性营销**

扭转性营销是针对负需求的情况下实行的。所谓负需求，是指市场上的大多数人对某个产品感到讨厌并不惜为躲避该产品付出代价。例如在劳务市场，对有犯罪前科或不良习性者就具有负需求。在这种情况下，市场营销管理的任务是分析产品不受欢迎的原因，是否可以通过重新设计、降低价格和积极促销等方案来改变消费者的信念和态度。

2. **刺激性营销**

刺激性营销是针对无需求的情况下实行的。无需求是指市场对产品毫无兴趣或无动于衷，如人们不熟悉的新产品。此时，市场营销管理的任务就是想方设法将产品的效用与人们的自然需求与兴趣结合起来，引起消费者的注意。

3. **开发性营销**

开发性营销是与潜在需求相联系的一种市场营销。市场上经常会出现这样一种情况：许多消费者对某种产品和某种服务有强烈的需求，而现有的产品和服务又不能很好地满足他们的需求。这就意味着某种产品在市场上存在潜在的需求，如绿色食品、无害香烟和耗油量低的汽车等。在这种市场情况下，市场营销管理的任务是预测潜在市场的规模，开发新的产品和服务来满足市场潜在的需求。

4. **恢复性营销**

恢复性营销是在需求衰退（下降需求）的情况下实行的。下降需求是指市场对某种产品和服务的需求呈下降趋势的状况。许多老产品都会遇到这种情况。这时，市场营销人员就要分析需求下降的原因，研究是否可以通过改变产品性能来延长产品的生命周期，用更为有效的沟通手段来刺激需求，开发新的目标市场来增加需求。市场营销管理的任务就是通过这些创造性的再营销活动，扭转市场需求下滑的局面。

5. **同步性营销**

同步性营销是在不规则需求的情况下实行的。对于某些企业，市场对其产品或服务的需求随季节、月份甚至每日的变化而变化，造成生产能力有时显得不足，有时闲置浪费。例如，饭店在旅游旺季客房爆满，淡季则出现大量空房；公共交通企业在运输高峰期运力紧张，拥挤不堪，在低谷期又出现运输工具闲置；商场在节假日或周末人满为患，平日里却门可罗雀。面对不规则需求，市场营销管理的任务是同步营销，即通过灵活的定价、促销和其他激励方法改变需求模式，使之平均化。

6. **维护性营销**

在需求饱和情况下，应实行维护性营销。需求饱和是指某种产品或服务的需求水平达到满意程度。但是，消费者的偏好会不断变化，竞争会日益激烈。市场营销管理的任务是通过不断改进产品质量，密切关注用户的满意程度，维持现有的需求水平。

7. **降低性营销**

降低性营销是针对过量需求而实施的。过量需求是指市场的需求超过了组织的预期水平。例如，在某一特定时期的交通服务的需求量超过了交通运输企业的供应能力，甚至危及安全。降低营销的目的不是破坏需求，而是降低需求水平。市场营销管理的任务是实施“低营销”，即通过提高价格，合理分销产品，减少服务和促销等手段，暂时或永久地降低市场需求水平。

8. **抵制性营销**

抵制性营销是在有害需求情况下实行的。有害需求是指消费者对某些有害物品或服务的需求，如烟、酒、毒品和淫秽书刊等。市场营销管理的任务是通过宣传其危害、提高价格、减少购买机会、取缔生产和禁止销售等手段促使这类消费者放弃不良爱好和需求。

四、市场营销管理的具体过程

企业市场营销管理的目的是使企业的市场营销活动与复杂多变的市场环境相适应，它直接关系到企业的兴衰与成败。企业市场营销管理过程是企业与其最佳市场机会相适应的过程，如图 3-1 所示。它包括以下四个步骤：

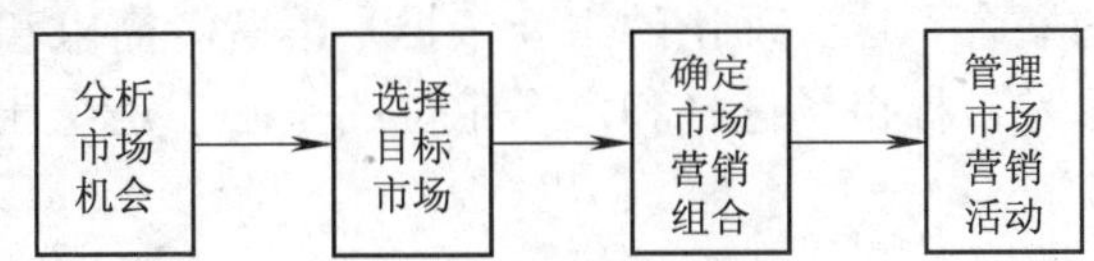

图 3-1　企业市场营销管理过程

1. **分析市场机会**

企业通过市场调研，寻找、分析和评估符合企业目标和资源情况的市场机会。企业的营销活动是在一定的环境下进行的，要受到各种各样环境因素的影响。那些能抓住环境提供的机会的企业往往是市场竞争的胜利者，同样，那些规避了环境所产生的威胁的企业也是市场竞争的胜利者。企业的营销环境不仅决定着企业能做什么和应该做什么，而且还影响到最终消费者和组织购买者的行为模式。企业的营销环境也是不断变化的，这种变化一方面给企业造成新的市场机会；另一方面也给企业带来威胁。因此，企业应该经常监测其周围的营销环境的发展变化，并要善于分析识别由于环境变化而造成的主要机会和威胁，及时采取适当对策，使其经营管理与其营销环境的发展变化迅速适应。

2. **选择目标市场**

本步骤主要由以下三部分内容构成：

（1）市场细分。它是指企业根据顾客所需要的产品和市场营销组合将市场分为若干个不同的顾客群体。企业运用不同方法来细分市场，勾画出市场细分和整体轮廓，并且评定各个细分市场和吸引力。

（2）目标市场选择。它是指企业在细分市场的基础上，根据自身的实力和目标，判断和选定要进入的一个或多个子市场的行为。

（3）市场定位。它是指企业在目标市场上为产品和具体的市场营销组合确定一个富有竞争优势地位的行为。

这三个部分内容不仅在逻辑思维上关联密切，而且在程序上前后不得颠倒。市场细分是

目标市场选择和市场定位的必要前提，而目标市场选择和市场定位是市场细分的必然结果。

3. 确定市场营销组合

企业针对目标市场的需要，对企业可控制的各种营销因素进行合理的组合与搭配，使之与不可控制的环境因素相适应。市场营销组合是指企业为了满足目标市场的需要，有计划地综合运用企业可以控制的各种市场营销手段，以达到销售产品并取得最佳经济效益的策略组合。市场营销组合的内容包括：产品、价格、渠道和促销。

4. 管理市场营销活动

根据企业在市场竞争中所处的地位和与竞争者之间实力对比的变化，制订和调整企业的营销战略和战术；按产品（或品牌）制订市场营销计划；实施市场营销计划，建立营销控制系统，确保企业营销目标的实现。

第二节 目标市场策略

市场细分是由美国市场营销学家温德尔·史密斯在总结了一些企业的市场营销经验后，于20世纪50年代提出的概念。这一理论的主要依据是消费者需求和购买行为的绝对差异性和相对同质性。市场细分是目标市场选择和市场定位的基础，是企业实施相关市场营销组合策略的前提。

一、市场细分

市场细分是指企业通过市场调研，根据顾客对产品不同的需要和欲望、不同的购买行为与购买习惯，把某一产品的整体市场分割成若干个子市场的分类过程，其中任何一个子市场都是一个有相似欲望和需要的顾客群体。不同子市场的顾客对同一产品的需要和欲望则存在明显的差异性。需要强调的是：这种市场细分并不是通过产品本身的分类来细分市场，而是根据顾客对产品的欲望与需要的不同划分不同的顾客群来进行细分市场的，也就是说，市场细分只能以顾客的特征为依据，出发点则是为了辨别和区分不同欲望和需要的购买者群体。市场细分的主要内容是消费者市场细分。

消费者市场的最大特点在于消费者为了个人或家庭的生活需要而非营利性购买。消费者市场细分的立足点是为了识别消费者需求的差异性。细分消费者市场的标准只能依据于消费者自身的不同特性来确定。由于消费者人数众多，每个消费者的需求随其环境和时间的变化而变化。因此，在一般情况下对消费者市场细分只能从静态上进行，难以做到动态地全部把握和彻底细分。同时，由于企业所处市场环境和经营目标与方向不同，因而难以做到用一个绝对方法或固定不变模式进行消费者市场细分。

（一）消费者市场细分标准

消费者市场细分标准是根据影响消费者需求的四大因素即地理、人口、心理和行为来制定的。

1. 地理因素

地理条件不同，消费者的需要和欲望就会显现出明显的差异。

（1）地区。按原行政区划分，我国消费者市场可分为东北、华北、华东、华南、西南、西北等地区；按自然条件划分，消费者市场可分为山区、平原、丘陵、湖泊、草原等地区。例如，

南方人通常喜食大米、北方人爱吃面食；又如华北和东北人爱饮花茶，华东人爱饮绿茶。

（2）城镇。按是否是城镇划分，消费者市场可分为城镇市场和农村市场；按城镇规模划分，消费者市场可分为特大型城市、大城市、中小型城市、县城与乡镇等。例如，城市居民喜欢小巧轻便的自行车，而农村顾客则喜欢结实耐用的加重型自行车。

（3）人口密度。我国人口密度差异甚大，东部沿海地区人口密度高，每平方公里 100 人以上，而西部地区每平方公里 10 人左右，甚至有些地方不到 1 人。人口密度不同，消费者需求的质和量就有很大差异，商业网点的布局就有很大不同。

（4）气候条件。干燥地区与潮湿地区、严寒地区与温暖地区在防潮用品和御寒用品的要求上有很大的不同。

2. **人口因素**

根据地理因素细分消费者市场简单易行，但很粗略，不能说明处于同一地理条件的人们的需求差异，因此，还必须从人口及其他因素进一步分析。

（1）年龄。不同年龄阶段的人（如婴儿、少年、青年、中年、老年）对玩具、学习用品、服装、健身用品的需求差异甚大。

（2）性别。性别不同对服装、鞋帽、化妆品、杂志等市场的细分一直具有特别的意义。不仅如此，性别差异还会对某些无性别差异的产品的需求层次、购买行为和购买动机产生影响。

（3）家庭人口及生命周期。家庭人口的多少反映家庭规模的大小，家庭规模的大小对彩色电视机、冰箱的规格大小的需求影响较大。另外，家庭规模的大小对生活用品的需求量也有直接影响。

（4）收入。收入是反映消费者购买力的重要指标。收入水平高、中、低对商品质量档次的高、中、低的需求具有很大关联性。

（5）职业。职业不同的消费者其需求偏好、购买行为往往有所不同。

（6）教育。消费者受教育程度不同对商品的文化要求也不一样。

（7）宗教与种族。宗教可分为佛教、道教、基督教、天主教等，不同的宗教有不同的清规戒律。不同种族有不同的文化。因此，宗教与种族不同的消费者，其购买动机与行为差异极大。

（8）民族与国籍。我国是一个由 56 个民族组成的国家。各民族都有自己的生活习俗。在服装、饮食、文化用品诸方面的需求差异很大。国籍不同的人，生活习惯和购买力也不一样，导致需求不同。

3. **心理因素**

心理因素主要是指以下三个方面：

（1）社会阶层。每个人都客观地生活在不同的社会阶层中。一个人所处的社会阶层通常是其职业、教育、收入和价值观诸因素共同作用的结果。不同的社会阶层具有不同的价值观念，不同的生活方式及不同兴趣爱好，因而具有不同的购买心理和购买行为。例如，高阶层的消费者在衣着穿戴上注重品牌，讲究身份价值。

（2）生活方式。生活方式是一个人在生活中所表现出来的活动、兴趣和看法的整个模式。追求现代、激进的生活方式的人和那些维护传统、保守的生活方式的人，在交际、休闲、娱乐、体育、购物等方面，对新产品、新品牌、新式样的兴趣以及对时间、金钱的看法有着很大差别。

（3）个性。它是指个人特性的组合，通过自信、支配、自主、顺从、交际、保守和适应等性格特征来表现出一个人对其所处的环境相对持续稳定的反应。例如，“外向”顾客和“内向”顾客的特点就有差异。前者购买商品时着眼于它的外观和别人对它的看法；后者购买商品是为了内在的需要和个人的自我表现。这种个性模式导致消费者在生活中力求捍卫和保护他们的自我形象。他的举止、衣着和购买商品必须符合他自认为那种虚幻的形象。

4. 行为因素

由于受到地理、人口及心理等因素共同作用，消费者的反应和行为具有差异性，而这种差异性是细分市场至关重要的出发点。

（1）时机。消费者产生需要、购买或使用产品的时机不同，对季节性产品、节假日产品的市场细分具有特殊影响。

（2）追求利益。不同消费者对同一产品所要求的效果有很大不同。例如同样买牙膏，有的追求药物性，有的则追求洁齿性，有的强调经济性，还有的讲究香味。

（3）使用者情况。这可分为从未使用者、曾经使用者、潜在使用者、首次使用者和经常使用者。对于不同的使用者，企业要采用不同的市场营销组合，吸引新顾客，稳定老顾客，挖掘潜在顾客。

（4）使用量。依据产品购买、使用或消费的数量将顾客分为少量使用者、中量使用者和大量使用者。大量使用者人数往往比较少，但购买、消费某种产品的比重却很大，而少量使用者的情况恰恰颠倒过来。这种细分对于企业市场营销组合策略的制定具有积极意义。

（5）品牌忠诚度。消费者对某一品牌的忠诚度可分为始终不渝地支持某品牌的坚定忠诚者，经常在几种固定的品牌中选择的不忠诚者，由偏好某一品牌转向偏好另一品牌的转移爱好者以及对任何品牌都不忠诚的多变者。每个企业都拥有比例不同的这样四类顾客，企业要做好市场营销工作，善于发现并尽量采取市场营销组合对策来吸引顾客。提高顾客品牌的忠诚度就是提高顾客的重复购买率，尽量让顾客满意。

（6）购买准备阶段。消费者总是处于购买某种产品的不同准备阶段，有的对该产品本已知道，有的已产生兴趣，有的正打算购买。处于不同准备阶段的顾客对产品价格及信息和服务的需要就不一样。

（7）态度。它是指对企业市场营销组合的反应性和热情度，一般可分为热情、肯定、无所谓、否定和敌视五类。人们的态度是产生购买行为的一个重要因素，特别在信息交流组合中影响重大，因此企业要善于区分并做好有针对性的市场营销工作。

（二）消费者市场细分的方法

消费者市场细分的方法通常有单一因素法、综合因素法和系列因素法。企业应根据其经营方向和具体产品来选择市场细分方法。

1. 单一因素法

它是指只选用一个因素来细分市场。例如，根据年龄层次把儿童玩具市场划分为若干子市场。

2. 综合因素法

它是指选用两个或两个以上的因素，同时从多个角度进行市场细分。例如，一家企业依据顾客年龄、家庭规模及收入水平三个因素将家具市场细分为 36 个明显的子市场。

3. **系列因素法**

它是指运用两个或两个以上的因素由粗到细逐次进行细分市场。例如，汽车生产厂可以根据地理位置（城市、农村 、山区）、性别（男性、女性）、收入（高、中、低）、主要用途（家用、商务用）、购买动机（求新、经济耐用、节能环保）等变量细分市场。

（三）有效市场细分的必备条件

一个成功的有效市场细分必须具备以下条件：

1. **可衡量性**

这主要有以下几方面内容：

（1）细分市场的顾客特征信息不仅能通过市场调研及时获得，而且还具有可衡量性，否则，特征资料就不能成为细分市场的标准。例如，男女性别人数、各个年龄层次人数、各个收入组的家庭户数等都是可测量的。然而，也有些因素是不易测量的，如消费者购买动机因素。

（2）细分出来的各子市场不仅范围界定明晰，而且各个子市场的规模大小以及购买能够被测量，否则，各子市场将会无法界定和衡量，难以描述与说明，也就失去了市场细分的意义。

2. **可进入性**

可进入性是指企业的资源条件与市场营销能力必须足以影响所选定的子市场，并有所作为，而不是可望而不可即的。

3. **可盈利性**

细分后的子市场的规模与购买力潜量足以使企业实现盈利目标。如果细分后的子市场的顾客数量、购买力以及产品的使用频率等指标不高，则说明该子市场的潜量不大，难以补偿企业为此付出的生产与销售成本，更谈不上盈利。这样的子市场对企业来说就无实际的经济价值。因此，有效的市场细分必须具有足够的需求规模与潜量，保证企业可盈利，使企业的市场经营不断发展和壮大。

4. **反应的可差异性**

经典案例

中国补血品市场细分与较量

阿胶的教训：阿胶是国药精粹，具有 2000 多年历史，山东东阿阿胶股份有限公司曾在中国补血市场独霸天下。但由于阿胶具有复合功效，如补血、止血、养颜、调节免疫力、促进睡眠等，使阿胶在产品定位与市场细分上一直处在模糊不清的状态。直到 2000 年，东阿阿胶股份有限公司才最终将市场定位在补血市场。

红桃 K 的成功：1994 年，红桃 K 生血剂杀入补血市场，其定位清晰，明确产品卖点是补血快，消费者主要是贫血者，市场主战场是农村市场，不到两年市场销售额突破亿元，1998 年突破 10 亿元大关，以辉煌的业绩打破了中国保健品行业富不过五载的怪圈，红桃 K 生血剂面对传统阿胶产品的强大压力，举起市场细分的大旗，成功地从阿胶已有的市场份额中抢走一份，并培育与壮大了中国的补血品市场。

血尔的挑战：香港康富来国际企业有限公司是国内有名的企业，曾于 1996 年、1998 年先后推出康富

来洋参含片及脑轻松健脑产品，均获成功。2000 年，康富来看好国内补血市场。避开红桃 K 涵盖所有人群的“大而全”的做法，主攻城市白领女性；避开红桃 K 的主战场农村市场，主攻城市市场，一跃成为中国补血市场行业老二。

此例说明：市场细分和目标营销对企业改善经营，提高效益，更好地为顾客服务，具有重要作用。

市场细分后的范围界定明晰，各子市场对企业市场营销组合中的任何一项因素的变动应能迅速作出差异性的反应。例如，有的子市场对价格较敏感，有的子市场对质量要求较敏感，有的子市场对包装作出更大的反应，有的子市场对服务有特殊要求等，这就要求企业对不同的子市场制定不同的相适应的市场营销组合。只有这样，市场细分才具有有效性，否则，如果各个子市场对企业市场营销组合因素变化均作出相似的反应，那么各子市场的差异性的特点就消失了，市场细分的意义也就没有了。

二、目标市场选择

目标市场是指在市场细分的基础上，企业选择的作为主要服务对象的特定消费者群或子市场。现代企业的一切营销活动都是围绕目标市场进行的。选择和确定目标市场，明确企业具体服务对象，是企业制定营销战略的首要内容和基本出发点。只有正确地选定目标市场，企业才能设计有效的市场营销组合，才能更好地满足消费者的需求，才能取得市场竞争的胜利，才能取得良好的经济效益。

（一）目标市场应具备的条件

进行市场细分以后，并不是每一个细分市场都值得进入的，企业必须对其进行评估以便正确选定目标市场。一般来讲，目标市场应具备以下条件：

1. **有市场机会**

企业选定目标市场应考虑的首要因素就是细分市场具有市场机会。市场机会是指市场上存在的没有得到满足的需求。它表现为三种情况：①消费者需要的具有某种功能或特点的商品，现实的市场上还没有。②消费者需要的某种商品市场上虽然已经有了，但存在着消费者不满意的方面。③消费者需要的某种商品市场上虽然已经有了，但供应量还不足。只有具有市场机会的细分市场，才能作为企业的目标市场。

2. **有适度规模**

企业选定目标市场应考虑的第二个重要因素就是细分市场是否具有适度规模。“适度规模”是个相对的概念，大企业往往重视规模大的细分市场；小企业则往往要避免进入规模大的细分市场，而重视规模小的细分市场。衡量细分市场规模适度与否的基本标准应是细分市场现实需求量符合企业规模和营销目标的要求。这就要求企业首先要调查评估细分市场的现实需求量及购买力水平，是否能够实现企业预期的营销目标。

3. **有发展潜力**

评估一个细分市场值不值得开发经营，不仅要看它现有规模这一静态方面，而且还要看到它可能发展变化的动态方面。这就要求企业调查评估细分市场潜在消费者的数量及购买力水平。有的细分市场目前的规模虽然不大，但从长远来看，可能会迅速增长，有一定发展潜力，这样的细分市场就值得开发经营。例如，柳州五菱汽车制造厂在 20 世纪 80 年代初刚转产微型汽车时，当时微型汽车市场很小，但他们根据国际上微型汽车的普遍发展趋势，预测到微型汽车具有广阔的前景。于是，柳州五菱汽车制造厂投入巨资进行技术改造，进入 20 世纪 90 年代以后，其微型汽车销售量迅速增长，获得了快速发展和良好的经济效益。

4. *有竞争优势*

企业要进入某个细分市场，必须考虑能否通过产品开发等营销组合，在市场上站稳脚跟或居于优势地位。因此，企业应首先尽量选择那些没有竞争者或竞争者较少，竞争者实力较弱的细分市场作为自己的目标市场。其次，要考虑企业的资源条件和经营能力是否能够充分满足细分市场的需求，是否能够提供与竞争者相比有明显特色的产品。再次，对于竞争者已经控制的市场，如果企业有条件有能力超过竞争对手，也可设法挤进这一市场，但要付出较大的代价。

（二）目标市场营销策略

企业通过对不同细分市场评估后，就可以选定一个或几个细分市场作为目标市场，同时还要从总体上确定企业的市场营销策略。也就是说，目标市场营销策略要解决两大问题：①选择几个细分市场作为目标市场。②对选定的目标市场怎样设计营销组合方案，以便更好地占领目标市场。因此，目标市场营销策略也被称为进入目标市场的营销策略。通常有以下三种不同的目标市场营销策略供企业选择：

1. *无差异市场营销策略*

无差异市场营销策略是指企业不考虑细分市场的差异性，把整体市场作为目标市场，针对消费者对某种产品的共性需求，提供一种产品，设计一种市场营销组合的营销策略。从产品角度来看，无差异市场营销策略适用于：①消费者需求同质的产品。②消费者需求广泛、能够大量生产、大量销售的产品。③以探求消费者购买情况的新产品。④某些具有特殊专利的产品。从企业角度来看，采用无差异市场营销策略的企业一般具有大规模、单一、连续的生产线，拥有广泛或大众化的分销渠道，并能开展强有力的促销活动，投放大量的广告和进行统一的宣传。

无差异市场营销策略的优点是：①有利于标准化和大规模生产，因为只设计一种产品，产品容易标准化，能够大批量的生产和储运，可以节省产品生产、储存、运输、广告宣传等费用。②有利于降低单位产品的成本费用，获得较好的规模效益。不搞市场细分，也相应减少了市场调研、制定多种市场营销组合策略所要消耗的费用。

无差异市场营销策略的缺点是：①不能满足消费者需求的多样性。②不能满足其他较小的细分市场的消费者需求。③不能适应多变的市场形势。因此，在现代市场营销实践中，无差异市场营销策略只有少数企业才采用，而且对于一个企业来说，一般也不宜长期采用。

2. *差异性市场营销策略*

差异性市场营销策略是在市场细分的基础上，企业选择两个或两个以上细分市场为目标市场，分别为之设计不同产品，采取不同的市场营销组合，满足不同消费者需求的目标市场营销策略。

差异性市场营销策略的优点是：①能扩大销售，因为多品种的生产能分别满足不同消费者群的需求，扩大产品销售。②减少经营风险。某种产品经营不善的风险可以由其他产品经营所弥补。③提高市场占有率。如果企业在数个细分市场都能取得较好的经营效果，就能树立企业良好的市场形象，提高市场占有率。

差异性市场营销策略的缺点是：①要求企业有较高的适应能力和应变能力。由于产品品种的增加，销售渠道的多样性，市场调查研究和广告宣传等营销活动的扩大和复杂化，生产成本和管理费用、销售费用等会大幅度增加。②受到企业资源力量的制约，相当一部分企业，尤其是中小企业无力采用此策略。

3. **集中性市场营销策略**

集中性市场营销策略是指企业选择一个或少数细分市场为目标市场，开发相应的市场营销组合，集中力量满足一个细分市场需求的市场营销策略。集中性市场营销策略适用于资源有限的中小企业，或是初次进入新市场的大企业。中小企业由于资源有限，无力在整体市场或多个细分市场上与大企业展开竞争，而在大企业未注意或不愿顾及而自己又力所能及的某个细分市场上全力以赴，则往往容易取得成功。实行集中性市场营销策略是中小企业变劣势为优势的最佳选择。

集中性市场营销策略的优点是：①目标市场集中，有助于企业更深入地了解目标市场的消费者需求，使产品适销对路。②有助于提高企业和产品在市场上的知名度。③有利于企业集中资源、节约生产成本和各种费用，增加盈利，取得良好的经济效益。

集中性市场营销的缺点是企业潜伏着较大的经营风险。由于目标市场集中，一旦市场出现诸如较强大的竞争者加入、消费者需求的突然变化等，企业就有可能因承受不了短时间的竞争压力而立即陷入困境。因此，采用集中性市场营销策略的企业，要随时密切关注市场动向，充分考虑企业对未来可能出现意外情况下的各种对策和应急措施。

经典案例

SAS航空公司界定自己的目标市场

20世纪80年代中叶，当扬·卡尔松成为斯堪的那维亚联合航空公司（SAS）的CEO时，他对公司的目标市场进行了重新定义：集中发展欧洲民航运输产业中的一个特定市场——经理阶层，即产品——民航运输；需求——商务旅行；客户——经理；地域——欧洲。这意味着SAS减少了对其他市场领域的注意，包括飞机租赁、经济舱座位的提供、货运、旅游航班、低关税航运市场部门等。

这一市场的特定需要是：在陆地上和空中的准点、安全、个性化和舒适。为此，SAS开发了许多服务项目来适应。例如，为实现在陆地上提供舒适服务的目标，SAS保证在欧洲和美洲城市的SAS宾馆可以直接订座；SAS拥有一支供租用的车队，由豪华轿车和普通轿车组成，用于接送旅客；在一些城市SAS还提供一种将旅客的行李从办公室或SAS宾馆运送到机场的特殊服务；在机场备有适当装饰、供旅客使用的特殊房间；更换了服务人员的旧制服；职员重新培训，以改进服务水平和提高处理突发事件的能力；等等。简而言之，即向目标顾客提供门对门的服务。

此例说明：在进行市场细分的基础上，企业必须首先正确地选择目标市场，然后明确企业具体的服务对象，这是企业制定营销策略的首要内容和基本出发点。

三、市场定位

市场定位，又称产品定位，它是指企业根据消费者（或用户）对于产品某种属性的重视程度，给本企业的产品规定一定的市场地位。例如，佳洁士牙膏总是宣传它的防龋齿功能；

奔驰汽车总是宣传其良好的发动机性能。如果企业能在其中某一属性上击败竞争者，并能令人信服地宣传这一优势，企业就会非常出名。也就是说，企业从各个方面为产品创造特定的市场形象，使之与竞争对手的产品显示出不同的特色，以求在目标顾客心目中形成一种特殊的偏爱。这种产品形象和特色，可以从产品实质和产品形式上表现出来，如产品的性能、成分、形状、构造等；也可以从消费者心理和消费时尚方面表现出来，如豪华、朴素、典雅、时髦、舒适等；或者两方面共同作用而表现出来，如技术先进、物美价廉、服务周到等。

市场定位是一个企业明确其潜在的竞争优势，选择相对的竞争优势以及显示独特竞争优势的过程，其步骤如下：

1. **明确潜在的竞争优势**

明确潜在的竞争优势，要求一个企业从以下三个方面寻找明确的答案。首先，目标市场上的竞争者做了什么，做得如何？包括对竞争者的成本和经营情况，要作出确切的估计。其次，目标市场上足够数量的顾客确实需要什么，他们的欲望满足得如何？必须认定目标顾客认为能够满足需要的最重要的特征。因为市场定位能否成功的关键在于，企业能否比竞争者更好地了解顾客，对市场需求与其服务（包括产品、价格、渠道与促销各个方面）之间的关系有更为深刻和更为独到的认识。第三，本企业能够为此做些什么？同样必须从成本和经营方面进行考察。

2. **选择相对的竞争优势**

相对的竞争优势是指一个企业能够战胜竞争者的能力。有的是现有的，有的是具备发展潜力的，还有的是可以通过努力创造的。简而言之，相对的竞争优势是一家企业能够比竞争者做得更好的工作。

3. **显示独特的竞争优势**

选定的相对竞争优势不会自动地在市场上显示出来。企业要进行一系列活动，使其独特的竞争优势进入目标顾客的脑海。它应通过自己的一言一行，表明自己的市场定位，要让目标顾客知道、了解和熟悉企业的市场定位；同时，使目标顾客对企业的市场定位认同、喜欢和偏爱。认同是目标市场对企业有关市场定位的信息的接受和认可，是顾客对这一市场定位的意义和合理性的承认。喜欢则是一种更为积极的情绪，是在认同的基础上产生的一种心理上的愉悦感。偏爱则是建立在喜欢的基础之上的一种特别的感情。

4. **巩固与市场定位相一致的形象**

印象来源于认识。顾客对企业的市场定位及其形象的认识，是一个持续的过程，即不断地由浅入深、由表及里和由偏到全的深化过程，有明显的阶段性。这就使得增进顾客认识，强化其对企业的印象，显得十分必要。一个企业必须有较强的应变能力，始终保持与相关环境之间的动态平衡。只有促使顾客的认识与这些变化同步发展，始终保持他们对企业及其市场定位的了解，其形象才能巩固。与市场定位相一致的形象建立之后，企业还应不断地向顾客提供新论据、新观点，证实其原有的认识和看法的正确性，支持企业的市场定位，防止顾客的态度向中间或反向转化。企业还需要引导顾客的感情倾向，增加其感情的浓度，并提高顾客感情的效能，才会大大有利于企业市场定位及相应形象的巩固。

5. **矫正与市场定位不一致的形象**

许多时候，目标市场对企业及其市场定位的理解会出现偏差，如定位过低或过高，定位模糊与混乱，易造成误会。企业在显示其独特的竞争优势的过程中，必须对这种与市场定位不一致的形象加以矫正。

第三节　市场营销组合策略

市场营销组合是营销管理理论中一个十分重要的概念。这个术语是 1964 年由美国哈佛大学教授尼尔·恩·博登最先提出的。他认为，一个企业要运用系统工程的方法进行营销管理，管理者应当针对不同的内外环境，把各种市场营销手段，包括产品设计、定价、分销渠道、人员推销、广告宣传和其他促销手段等，进行最佳的组合，使它们互相配合起来，综合地发挥作用。基于这种认识，他提出了市场营销组合这个新概念。

市场营销组合是指企业为了满足目标市场的需要，有计划地综合运用企业可以控制的各种市场营销手段，以达到销售产品并取得最佳经济效益的策略组合。也可以认为，市场营销组合是一种市场营销策略的“配方”或综合运用。

市场营销组合这个概念与现代市场营销观念是一脉相承的，它强调从市场的整体营销出发，以目标市场的现实需求与潜在需求为中心，运用系统工程的方法，把影响市场营销的各种因素与开拓市场的各种手段进行恰当的组合，使之最佳地发挥综合作用。这样，企业的市场营销管理者，就应当承担起协调企业内部各部门市场营销分工以及调节各种市场营销手段的责任，充分发挥市场营销“组合者”、“决策者”或“设计师”的作用。

一、产品策略

产品策略是市场营销组合策略的一个重要组成部分，它主要解决企业如何进行产品组合的问题，即企业如何树立产品整体形象，如何开发新产品，如何延长产品市场寿命周期，如何制定产品的商标和包装策略，以及如何经营企业产品等问题。

（一）产品的概念

企业为了制定正确的产品决策，首先要明确产品整体概念。产品是指能提供给市场，可满足市场上某些欲望和需要的任何东西，包括实物、劳务、组织和意识。例如，运输、储存、安装、修配、设计、通信、咨询、保险、金融、家政服务等。这一产品的概念拓展了传统的产品概念，形成了产品的整体概念，如图 3-2 所示。

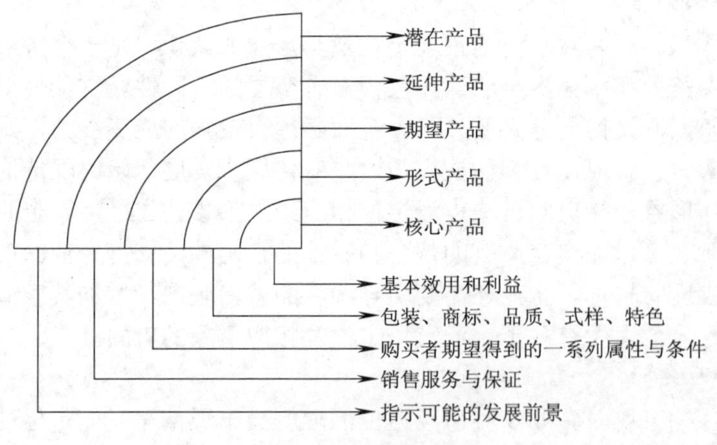

图 3-2　产品的概念

1. 核心产品

核心产品是指向顾客提供基本效用和利益，是顾客真正要购买的东西。顾客购买某产品，并不是为了占有或获得产品的本身，而是为了获得能满足某种需要的效用。例如，人们购买洗衣机是为了代替人力洗衣服，从而满足减轻家务劳动的需要。这是产品的核心内容，购买者之所以付出代价，就是为了获得产品的效用和利益。企业应该认识到这一点，善于发现顾客所追求的效用和利益，及时提供，满足需要。

2. 形式产品

形式产品是指企业向市场提供的产品的外观。任何物质产品都具有确定的外观，通过产品的质量、款式、特色、品牌和包装等特征表现出来。一些产品虽然能满足顾客所追求的某种利益，但在形式产品方面的差异极大地影响顾客的购买决策。

3. 期望产品

期望产品是指购买者购买某种产品通常所希望和默认的一组产品属性和条件。一般情况下，顾客在购买某种产品时，往往会根据以往的消费经验和企业的营销宣传，对所欲购买的产品形成一种期望。例如对于旅店的客人，期望的是干净的床、香皂、毛巾、热水、电话和相对安静的环境等。顾客所得到的，是购买产品所应该得到的，也是企业在提供产品时应该提供给顾客的。对于顾客来讲，在得到这些产品基本属性时，并没有太多的其他商品特性偏好，但是如果顾客没有得到这些，就会非常不满意，因为顾客没有得到他应该得到的东西，即顾客所期望的一整套产品属性和条件。

4. 延伸产品

延伸产品是指顾客购买企业产品时所获得的全部附加服务和附加利益，如提供信贷、免费送货、质量保证、售后服务等。现代营销学的奠基人之一西奥多·莱维特指出，附加产品在企业竞争中的重要作用："现代竞争并不在于各家工厂在其工厂中生产什么，而在于他们能为产品增加些什么内容——诸如包装、服务、广告、客户咨询、融资、送货、仓储，以及人们所重视的其他价值。"企业应注重开发有特色的附加产品，才能有效地进一步增强竞争能力。

5. 潜在产品

潜在产品是指一个产品最终可能实现的全部附加部分和新增加的功能。许多企业通过对现有产品的附加与扩展，不断提供潜在产品。潜在产品指出了产品可能的演变，也使顾客对于产品的期望越来越高。潜在产品要求企业不断寻求满足顾客的新方法，不断将潜在产品变成现实的产品，这样才能使顾客得到更多的意外惊喜，更好地满足顾客的需要。

课堂研讨

产品的整体概念对指导企业营销管理有何启示？

（二）产品组合策略

产品组合是指一个企业生产经营的全部产品的有机组成方式，即企业全部产品的结构。一个企业的产品组合通常包括若干产品线，每一条产品线又包括若干产品项目。产品线是指在技术上和结构上密切相关，具有同类功能而规格档次、款式不同，能满足同类需求的一组

产品。产品项目是指产品线内不同品种、规格、质量和价格的具体产品。一个产品项目通常具有一个特定的名称、型号或编号。

现代企业生产经营的产品往往不止一种，如何根据市场需求和自身情况对产品进行组合、调整和优化，对于企业的兴衰有着重要的意义，一般有以下几种策略可供选择：

1. 扩大产品组合策略

扩大产品组合策略包括以下两个内容：

（1）拓展产品组合，即增加产品线的数目。当企业预测现有产品线的销售与盈利在未来有可能下降时，就可以考虑增加产品线，扩大企业经营范围。

（2）加强产品组合深度，即在原有的产品线内增加新的产品项目。

扩大产品组合策略具有许多优点：首先，可以充分利用企业现有资源，提高投资效益；其次，可以分散经营风险，增强企业竞争能力；最后，可以满足消费者多样化的需求，提高市场占有率。

2. 延伸产品线策略

延伸产品线策略是指部分或全部地改变企业原有产品线的市场地位。如果企业超出其现有的产品线范围来增加它的产品线长度，就称为产品线延伸策略。延伸产品线可分为向上延伸、向下延伸和双向延伸三种类型。

（1）向上延伸策略。向上延伸策略又称为高档产品策略，它是指原来定位于低档产品市场的企业，现决定在原有的产品线内增加高档产品项目，使企业进入高档产品市场。

（2）向下延伸策略。向下延伸策略又称为低档产品策略，它是指企业将原来定位于高档产品的产品线向下延伸，在高档产品线中增加低档产品项目。

（3）双向延伸策略。双向延伸策略是指企业将原来定位于中档产品的产品线向上、下两个方向延伸，既生产高档产品，又生产低档产品。

3. 缩减产品线策略

当产品线中的某些产品获利很少或者没有什么发展前途时，企业可以采用缩减产品线策略。采用这一策略时要慎重权衡眼前利益和长远利益，以免给企业造成不应有的损失。

4. 产品线现代化策略

有时，企业产品线的长度已经比较合适，但还需要采用新技术、新工艺等来改变产品线面貌，使之现代化。

（三）产品生命周期策略

任何产品在市场营销过程中，都有一个发生、发展到被淘汰的过程，就像任何生物都有其出生、成长到衰亡的生命过程一样。在市场上，同一种用途的新产品问世并取代了旧产品以后，旧产品的市场生命也就结束了。一般来讲，新产品一旦投入市场，就开始了它的市场生命。产品生命周期是指产品从进入市场销售到最后被淘汰的全过程，也就是产品的市场生命周期。产品进入市场销售，其市场生命周期开始，产品退出市场，其市场生命周期结束。

1. 产品生命周期

典型的产品生命周期一般可分为四个阶段：介绍期（又称引入期）、成长期、成熟期和衰退期，如图 3-3 所示。

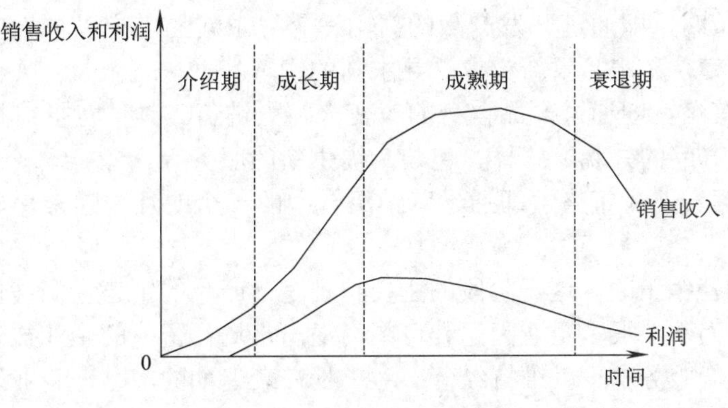

图 3-3　产品的生命周期

（1）介绍（引入）期。介绍期是指某种产品刚刚投入市场的试销阶段。在此阶段，产品销售呈缓慢增长状态，销售量有限。企业由于投入大量的新产品研制、开发费用和产品推销费用，几乎无利可赚。

（2）成长期。成长期是指某种产品在市场上已打开销路后的销售增长阶段。在此阶段，产品在市场上已被消费者所接受，销售额迅速上升，成本大幅度下降，企业利润得到明显的改善。

（3）成熟期。成熟期是指某种产品在市场上普遍销售以后的饱和阶段。在此阶段，大多数购买者已经拥有这种产品，市场销售额从显著上升逐步趋于缓慢下降的阶段。

（4）衰退期。衰退期是指某种产品在市场上已经滞销而被迫退出市场的衰亡阶段，在此阶段，销售额迅速下降，企业利润逐渐趋于零或呈负数。

课堂研讨

手表、机械手表与“上海”牌机械表，请问谁的生命周期更长？

2. 产品生命周期各阶段的营销策略

（1）介绍期的营销策略。在这个阶段，新产品刚刚投放市场，其主要特征是：销售量小，市场占有率低且不稳定；生产成本高，损耗较大；销售渠道不畅，销售增长缓慢；利润较少甚至亏损，企业承担风险较大；竞争不激烈等。根据介绍期的特点，企业应努力使投入市场的产品有针对性，把握好进入市场的时机，设法把销售力量直接投向潜在购买者，使市场尽快接受该产品，以缩短介绍期，顺利地进入成长期。

（2）成长期的营销策略。成长期的市场特征包括：产品已被消费者所熟悉和接受，分销渠道已经建立，竞争者相继加入，市场竞争加剧。针对这些市场特征，企业可以采取以下策略：

1）不断提高产品质量，增加产品新的型号、款式、种类和用途。

2）改变广告宣传重点，在这一阶段应以树立产品形象为中心，争创名牌产品，在赢得老顾客的基础上，进一步吸引和发展新顾客。

3）开拓新的产品细分市场，进一步扩大销售。

4）适时降价，选择适当时机降低产品价格，以吸引那些对价格敏感的消费者。

（3）成熟期的营销策略。成熟期的市场特征是：销售量逐步达到顶峰后缓慢下降，利润也呈下降趋势；生产成本逐渐降到最低点，但销售费用增加；生产同类产品的企业较多，竞争十分激烈。在这个阶段，企业应采取积极的对策，尽量延长成熟期。企业可以采取以下策略：

1）市场改良策略，即通过开发产品的新用途来寻求新的客户以扩大产品销售，刺激消费者，提高使用频率，为产品重新定位，寻求新的顾客。

2）产品改良策略，即通过产品自身的改变来扩大销售。具体包括：提高产品质量、增加产品功能；改变产品的外观、式样、包装，提供新的服务等。

3）市场营销组合改良策略，即通过营销组合中的一个或几个因素来延长产品的市场成熟阶段。

（4）衰退期的营销策略。这一阶段的主要特征是：产品的销售量由缓慢下滑变为迅速下降；利润降低甚至为零，很多企业因无利可图而退出市场；留下的企业被迫减少销售网点、削减促销预算、降低服务水平以维持经营。对于处在衰退期的产品，企业通常采取以下几种策略：

1）维持经营策略，即企业继续采用以前的营销组合策略，保留原有的细分市场，直到产品从市场完全退出为止。

2）集中力量策略，即企业将资源集中使用在最有利的细分市场和最畅销的产品上，从而缩短战线，获得最大的利益。

3）榨取利润策略，即企业通过减少销售费用，降低促销水平来增加当前利润。

阅读材料

杜邦公司延长尼龙袜生命周期的战略

（1）频加使用。尼龙袜的销售曲线日趋平坦后，杜邦公司便潜力研究，发现那时女人已趋向于“露腿”，人们的生活不定，青年女性对于穿袜子的“社交需要”的感觉也日渐淡薄。由于这些发现，杜邦管理层认为要使销售曲线回升，有一个直接的方法就是重复强调社交必须穿袜子；这种方法显然颇为困难，宣传的成本也很高，不过它却能在现有的使用者之间，促使她们时常穿着袜子，达到延长产品生命的目的。

（2）变化使用。对杜邦来说，这种策略主要是要使女性消费者更普遍地购用尼龙丝袜。首先，杜邦公司推出一种淡色的丝袜，当做时髦标致的装饰；让大家普通购用后，又推出一些带有花样的高级丝袜，取代以前那种花色单调的丝袜，女性消费者因受新花样的吸引，则趋之若鹜，纷纷换旧购新，货色的变化换新，使人觉得年年有新花样可买、可穿。此外，女性消费者购用五颜六色、花样百出的丝袜后，男性的注意力便集中到她们的美腿上。

（3）创造新顾客。它是指促使人们公认少女穿尼龙丝袜是种正当的需要，而增加少女这一阶层的顾客。此时，企业必须用广告，公共关系来支持这种宣传。

（4）寻求新用途。从变化袜子的形态（如松紧长丝袜、松紧短袜）到寻求新的用途（如地毯、轮胎等）。

（四）新产品开发策略

科技进步日新月异，各种新知识、新产品、新技术不断产生，一些传统的旧观念、方法和技术，不是被淘汰，就是被大幅度地改进。产品生命周期迅速缩短已成为当代企业不可回避的现实。正是这种现实迫使每个企业不得不把开发新产品，作为关系企业生存兴亡的战略重点。

在现代市场营销学中，新产品是一个内涵很广泛的概念，它与科技领域对新产品的解释并不完全相同。从市场营销的角度来看，只要整体产品中任何一部分的创新和改革使产

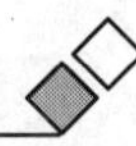

品有了新功能、新特点、新结构，或者增加了新品种、新服务，能满足消费者新需求的产品，都可视为新产品。具体地说，可将新产品分为全新产品、换代新产品、改进新产品、仿制新产品。

不同行业的生产条件和产品项目不同，新产品开发具体过程也有所差异，但企业开发新产品的过程一般由八个阶段构成，即构思、筛选创意、形成产品概念、商业分析、市场分析、产品试制、市场试销、批量上市（商业性投产），如图 3-4 所示。

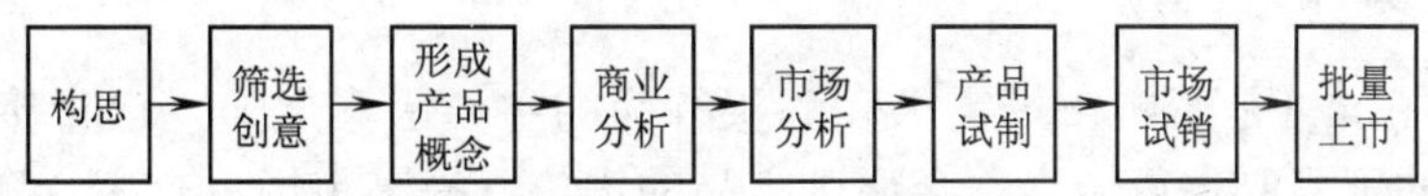

图 3-4　企业开发新产品的过程

1. **构思**

新产品开发过程是从寻求创意开始的。现代企业都非常重视创意的开发。新产品创意的主要来源有：顾客、科学家、竞争对手、企业推销人员和经销商、企业高层管理人员、市场研究公司、广告代理商等。此外，企业还可以从大学、咨询公司、同行业的团体协会、有关报刊媒体那里寻求有用的新产品创意。

2. **筛选创意**

取得足够创意之后，要对这些创意加以评估，研究其可行性，并挑选出可行性较强的创意，这就是筛选创意。筛选创意的目的就是淘汰那些不可行或可行性较低的创意，使企业有限的资源集中于成功机会较大的创意上。

3. **形成产品概念**

经过筛选后保留下来的产品创意还要进一步发展成为产品概念。在这里，应当明确产品创意、产品概念和产品形象之间的区别。企业必须根据消费者的要求把产品创意发展为产品概念。企业在确定最佳产品概念，进行产品和品牌的市场定位后，就应当对产品概念进行试验。

4. **商业分析**

在这一阶段，企业市场营销管理者要复查新产品将来的销售额、成本和利润的估计，看看它们是否符合企业的目标。

5. **市场分析**

形成产品概念之后，需要制定市场营销策略，企业的有关人员要拟订一个将新产品投放市场的初步的市场营销策略报告书。

6. **产品研制**

如果产品概念通过了商业分析，研究与开发部门及工程技术部门就可以把这种产品概念转变成为产品，进入试制阶段。这一阶段应当搞清楚的问题是，产品概念能否变为技术上和商业上可行的产品。

7. **市场试销**

如果企业的高层管理者对某种新产品开发试验结果感到满意，就着手用品牌名称、包装和初步市场营销方案把这种新产品装扮起来，把产品推向市场进行试销。这是新产品开发的第七阶段。其目的在于了解消费者和经销商对于经营、使用和再购买这种新产品的实际情况以及市场的大小，然后再酌情采取适当对策。

8. **批量上市**（商业性投产）

新产品试销证明是成功的，就可以正式大批量投产。企业在这一阶段应作出如下决策：①投放的时间。②投放的地区范围、目标市场。企业应根据目标顾客接受新产品的规律，有效地运用目标市场营销策略和市场营销组合，根据主次轻重有计划地安排各种营销活动，加快新产品的市场扩散。

二、定价策略

企业产品的价格是影响市场需求和购买行为的主要因素之一，也直接关系到企业的收益。企业产品的价格制定得恰当，会促进产品的销售，提高市场占有率，增加企业的盈利。而价格定得过高，会制约需求，影响销售；定得过低，会影响企业的经济效益。因此，定价策略是企业市场营销组合策略的一个重要组成部分。

（一）定价目标

定价目标是指企业通过制定特定水平的价格以实现其预期目的。定价目标的确定必须服从于企业营销总目标，并且与其他营销目标相协调。一般来说，企业的定价目标大致有如下几种：

1. **维持企业生存**

当企业遇到生产力过剩、产品积压、竞争激烈或者要改变消费者需求时，往往把维持企业生存作为它们定价的主要目标。为避免倒闭，企业必须制定一个低的价格，借助于大规模的价格折扣，以保本价格，甚至以低于成本的价格出售产品，以期迅速收回资金，维持营业，争取研制新产品的时间，重求生机。这种定价目标毕竟只是企业处于不利环境中实行的一种缓兵之计，一旦企业出现转机，企业应该以其他目标作为主要定价目标。

2. **追求市场份额领先**

追求市场份额领先是企业普遍采用的定价目标。较高的市场份额可以保证企业产品的销路，便于企业掌握消费需求变化，易于形成企业控制市场和价格的能力。拥有最大的市场份额后，企业将享有最低的成本和最高的长期利润。为争取市场份额领先，企业需要制定一个尽可能低的价格，广开销路。

3. **追求产品质量领先**

有些企业以追求产品质量领先为定价目标。为此，企业需要制定一个高的价格来保证高的产品质量，弥补高额的研究及开发费用。

4. **追求当期利润最大化**

许多企业都想制定一个能达到最大当期利润的价格。但企业定价追求当期利润最大化，并不等于制定最高售价。一般来说，定价越高，需求就会减少；需求量越小，单位产品成本就越高，从而影响利润最大化的实现。定价越低，需求就会增加；需求量越大，单位产品成本就越低；但由于单位产品利润也低，就不一定能实现当期利润最大化。所以当期利润最大化，往往更多地取决于合理价格所推动产生的需求量和销售规模。

5. **追求企业形象最佳化**

良好的企业形象是企业的无形资产。企业形象好，能够得到消费者的长期信赖，获得较好的长期利益。以企业形象最佳化为定价目标的企业应该注重制定出来的价格与企业整体定

位相一致，与目标市场顾客的需求相一致。同时，企业定价时也要顾及中间商的利益，维护企业在中间商中的形象，以求得它们的合作与支持。另外，企业定价时还要注意企业在社会公众中的形象，遵循社会和行业的道德规范。

（二）企业的定价策略

企业的定价策略就是把产品定价与企业市场营销组合的其他要素巧妙地结合起来，定出最有利的商品价格，实现企业的营销目的。定价策略的全部奥妙就是在一定的营销组合条件下，如何把产品价格定得既能为消费者易于接受，又能为企业带来比较多的收益。价格策略是多种多样、灵活多变的，一般可分为新产品定价策略、折价策略、心理定价策略、价格调整策略等。

1. *新产品定价策略*

新产品定价策略是企业营销中一个十分重要的问题，关系到新产品的开发和发展。目前有以下三种策略：

（1）高价高利策略。这种策略就是企业在追求最大利润的定价目标指导下，将产品价格定得较高，要求在产品市场寿命初期就获得比较多的利润，尽快收回成本并取得比较大的收益。此种策略在国际市场上较为普遍采用。当然，采取高价高利策略也有其弊端：①定价远高于价值，会损害消费者的利益，不利于市场开拓，反过来又会影响新产品的发展。②容易诱发盲目竞争，造成不必要的浪费。所以，采取高价策略也要掌握一定的限度。

（2）低价低利策略。它是指把产品上市初期价格定得低于预期价格。采取此策略，有利于迅速打开市场，扩大销路，从而企业也可因产销量的扩大而降低成本。采取低价策略的好处是明显的，但在营销上也有其弊端：①由于新产品一开始就实行低价，会影响同类旧产品的销路，从而缩短同类产品的寿命周期。②以后倘若因成本变化等原因想要提高价格，又会影响销路。低价低利策略，需要企业拥有比较雄厚的资金，否则难于扩大销路。

（3）温和价格策略。实行高价和低价策略各有其利弊，都比较极端。有的企业虽然处于优势地位，可通过定高价获得最大利润，但为了获得顾客的良好印象，就采取温和定价，既吸引购买，又赢得各方的尊敬。采取这一策略的具体定价一般是采用反向定价法，通过调查或征询分销商意见，先拟订出消费者易于接受的零售价格，然后反向推算出厂价格。但此种策略过于关注多方利益，反而缺乏开拓市场的勇气，仅适用于产销较为稳定的产品，而不适应需求多变，竞争激烈的市场环境。

2. *心理定价策略*

这是针对顾客心理制定价格的一种定价技巧。主要有以下六种形式：

（1）尾数定价。一般来讲，价格较低的商品，采用尾数定价，特别是奇数结尾，给人以便宜感；同时，因标价精确给人以信赖感，而易于扩大销售。例如，将价格定为 19.97 元而不是 20 元，销售情况就比较好。

（2）整数定价。一般来讲，价格较贵的商品，则要特别取消尾数，而采用整数定价法，使顾客产生“一分钱一分货”的认识，满足其高消费心理。

（3）分档定价。分档定价是指把同类商品比较简单地分成几档，每档定一个价格，以简化交易手续，节省顾客时间。服装业、水果业、蔬菜业等行业，也普遍采用这种定价技巧。

分档定价，既体现了商品质或量上的差别，又提高了营销效率，顾客还会感到卖方认真负责，提高了满意感。

（4）声望定价。价格档次时常被当做商品质量最直观的反映，特别是在顾客识别名优产品时，这种心理意识尤为强烈。因此，对那些在顾客心目中享有声望、具有信誉的产品制定较高价格，可以扩大销路。这种定价技巧，既补偿了提供优质产品或劳务的企业的必要耗费，也有利于满足不同层次的消费需求。

（5）习惯定价。习惯定价是指按照顾客的要求习惯和价格习惯定价的技巧。日常消费品的价格，一般易于在顾客心目中形成一种习惯性标准，符合其标准的价格容易被顾客所接受，偏离其标准的价格则易引起顾客的怀疑。高于习惯价格常被认为是变相涨价；若低于习惯价格又会使顾客怀疑是否质量有问题。因此，这类商品定价要力求稳定，避免价格波动带来不必要的损失。在不得不变价时（如原材料涨价），企业应采取改换包装或品牌等措施，减少抵触心理，并引导消费者逐步形成新的习惯价格。

（6）招徕定价。招徕定价是指低于一般市价，个别的甚至低于营业成本，以招徕顾客的定价技巧。例如，有的零售商店在其商品组成中，特别设置几种低价畅销商品，有的则把一些商品用处理价、大减价来销售以招徕顾客。顾客多了，不仅卖出了低价商品，也带动和扩大了一般商品和高价商品的销售。

3. 地区定价策略

由于商品产地与销售地之间的地理差距，在经营中就要花费运输、搬运、装卸、仓储、保险等多种费用。为了补偿这些费用，就要在价格上有所反映，并有不同的定价技巧。

（1）生产地点价格。这种价格规定卖方在生产地点交货，卖方只负担货物装上运输工具之前的有关费用，交货后的货物所有权即归买方所有。因而，这是由买方负担运输、保险等一切费用和责任的价格形式。

（2）统一运送价格。这种价格规定卖方负担运输、保险等全部费用和责任，直到把货物送到买方所在地为止。这种价格，实际上就是生产者的全部成本价格，虽然卖方的风险较大，但是包含的利润也大。这种价格一般规定，不论买方在何处，售价都相同，运送则是一种附加服务，所以又称“邮票定价法”。这种定价方法，一般适用于运费在全部成本中所占比重较小的商品。企业如此制定价格，既可以方便交易，又可利用价格作为扩大利润的一种手段。

（3）成本加运费价格。成本加运费价格的内容与上述的统一运送价格基本相同，只是卖方不负担保险费用。

（4）运费补贴价格。对距离很远的地区或国家，卖方在采用上述两种价格时，可同买方协商，在价格中适当增加运费补贴。

4. 折扣定价策略

价格有基本价格（又称样本价格）和成交价格之分。基本价格是指价目表中标明的价格；成交价格是根据不同交易方式、数量、时间、条件等，在基本价格的基础上加入适当折扣而形成的实际售价。灵活运用折扣定价技巧，是企业争取顾客，扩大销售的重要方法。

（1）数量折扣。它是指根据购买数量或金额总数的差异而给予不同的价格折扣，分为非累计数量折扣和累计数量折扣两种形式。前者是对一次购买超过规定数量或金额给予的价格优惠，目的在于鼓励买方增大一次的购买总量或每份订单订货量，便于卖方企业组织大批量产销。后者一般适用于长期性的交易活动，是按照同一顾客在一定期限内所购买的商品数量

或金额总数，而给予一定的价格折扣。这样做，对于稳住顾客，建立长期的商业关系，减少卖方企业的经营风险，是比较有利的。数量折扣的关键在于合理确定给予折扣的起点、折扣档次及每个档次的折扣率。

（2）现金折扣。现金折扣又称付款期限折扣，它是指鼓励买方在规定期限内早日付款，而按原价格给予一定的折扣。为此，交易条件应包括：折扣期限、折扣率、付清全部货款时间等规定。这种做法，有利于鼓励顾客按期或提前支付欠款，加快企业的资金周转，减少企业的利率风险。折扣的大小一般根据付款期间的利息和风险成本等因素确定。

（3）业务折扣。业务折扣又称交易折扣、职能折扣或进销差价，它主要是指生产商或产地批发商为了鼓励其他中间商为主大力推销，而按其不同的交易职能所给予不同的价格折扣。

（4）季节折扣。季节折扣又称季节差价。它主要适用于具有明显淡旺季的行业和商品。实行季节折扣，有利于鼓励买主早期进货或在商业淡季进货，也有利于企业扩大经营，降低成本，并减少企业和社会的损失。季节折扣在蔬菜、果品、食品、季节性使用的日用工业品、节日商品，以及旅游、运输等服务性行业中，应用较多。它对刺激生产，调节供求，扩大商品流通，促进第三产业发展等方面，均有一定的作用。

（5）其他折扣。其他折扣包括各种佣金、推销折扣、促销津贴等，都是运用折扣手段，对买主或中间商的价格鼓励措施。

经典案例

家乐福的价格策略

家乐福北京分店是1995年12月5日在中国内地开设的第一家分店。北京家乐福卖场营业面积7 500m^2，员工近700人，开业以来，最高日营业额达430万元，年销售额4亿元。家乐福的成功很大程度上取决于它的价格策略。

随着市场经济的发展，非价格因素对顾客选购的影响越来越大，但是就目前我们的消费市场及水平来看，价格仍是影响顾客选购的最主要因素。一项对超市的调查显示，人们最喜欢去超市的原因，价格便宜排在第一位，占65%，最不喜欢去的超市的原因是价格高排在第一，占63%。家乐福作为一家全球性的零售企业，其价格的制定具有很强的科学性和目的性。这首先表现在其定价目标上。开业初期的定价目标：开业初期，家乐福主要目标是维持企业生存。20世纪90年代以来，北京的零售业发生了翻天覆地的变化，虽然当时还没有很成功的超市，但如贵友大厦、蓝岛大厦、赛特购物中心、燕莎商城等新型大商场取得了骄人的业绩，原有的具有悠久历史的零售企业，如王府井百货大楼、西单商场等也发展很快。面对激烈竞争的市场环境，为在市场站稳脚跟，家乐福首先采用了低价策略，即其商品价格普遍低于正常价格10%～20%（这也正体现了其超低售价的经营理念）。通过低价策略，打开了市场。

目前的定价目标：当消费者正津津乐道地议论着家乐福的低廉价格时，家乐福却悄悄地提高了商品的售价，然而此时人们都已在心理上认定了家乐福的价格便宜，养成了来家乐福购物的习惯。在保证市场最大占有率的情况下，家乐福开始通过提高销售量来实现最大利润。通过北京家乐福部分主要日用品价格的比较可以看出，家乐福的价格相对来说已不再具有太大的优势。人们之所以在发现家乐福的价格并不比其他商店便宜后仍然来此购物，其实不仅仅是一种习惯的问题。据调查显示，现在来家乐福购物的顾客中，有 60%的人是因为这里的商品品种齐全。确实，家乐福的商品从家电、汽配到油盐、针线，

还有农贸市场上的蔬菜、水果、鲜肉、活鱼，共计2万多种商品，从而奠定了目标定价策略的基础。

此例说明：确定正确的定价方法和价格策略对于企业的生存和发展至关重要，它贯彻于企业发展的始终。只有正确、恰当地运用和执行良好的价格策略，企业才能有长足的发展。

三、分销渠道策略

企业生产出来的产品，只有通过一定的市场营销渠道才能在适当的时间、地点以适当的价格供应给广大消费者或用户，从而满足市场需要，实现企业的市场营销目标。

分销渠道是指某种商品和服务从生产者向消费者转移过程中，取得这种商品和服务的所有权或帮助所有权转移的所有企业和个人。因此，分销渠道包括商人中间商（他们取得所有权）和代理中间商（他们帮助转移所有权），此外，还包括处于渠道起点和终点的生产者和最终消费者或用户。

面对不同类型的分销渠道（见图3-5，图3-6），生产企业会在经营目标指导下，根据实际情况设计一种有利于企业发展的渠道模式，在设计渠道的过程中主要应该考虑以下几方面的因素：企业特性，产品特性，市场特性，生产特性，消费者特性，竞争特性，政策特性等。

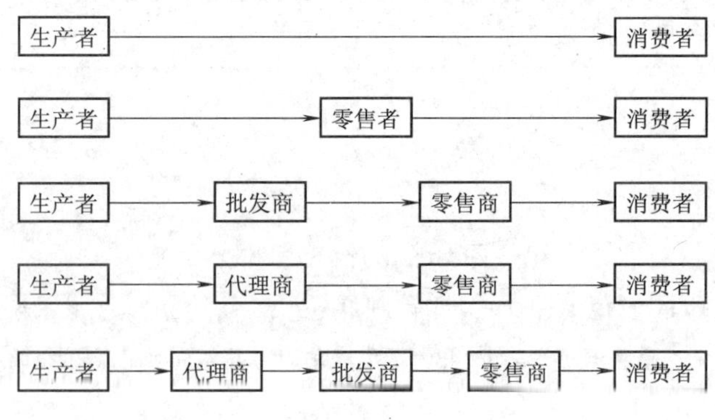

图3-5　消费品分销渠道的模式

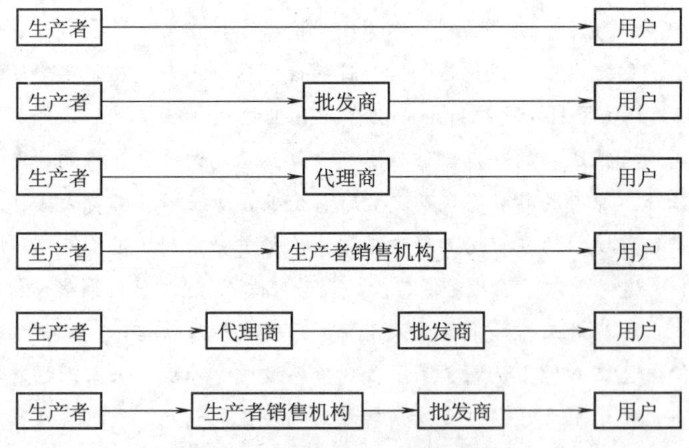

图3-6　工业品分销渠道的模式

在选定分销渠道方案后，企业还需要完成一系列管理工作，包括对各类中间商的具体选

择、激励、评估，以及根据情况的变化调整营销渠道方案和协调营销渠道成员间的矛盾。

（一）选择营销渠道成员

为选定的营销渠道招募合适的中间商时必须明确中间商应具备的条件和特点。企业可以综合考评他们的开业年限，产品经营范围，盈利及发展状况，财务支付能力，协作愿望，能力和信誉等级等。如果是招募销售代理商，企业则还要进一步考核其经营其他产品种类、性质以及售货员的规模和素质。对于要求独家经销的大型零售商，如百货公司，则需要侧重评估其销售地点的位置、布局，将来发展的潜力和顾客类型。

（二）激励营销渠道成员

各营销渠道成员的结合是他们根据各自利益和条件互相选择，并以合同形式规定各自应有权利与义务的结果。一般地说，他们会根据共同利益要求努力工作。但是，由于中间商是独立实体，在处理同供应商与顾客之间的关系时，往往偏向于自己的顾客一方，认为自己是顾客的采购代表。因此，想要使中间商的分销工作达到最佳状态，制造商应对其进行持续不断地激励。激励中间商的基本点是了解中间商的需要与愿望，并据此采取有效的激励手段。

（三）评估营销渠道成员

对中间商的工作绩效要定期评估。评估标准一般包括：销售定额完成情况，平均存货水平，送货时间，对次品和丢失品的处理情况，促销和培训计划的合作情况，货款返回状况，以及对顾客提供的服务等。

一定时期内各经销商实现的销售额是一项重要的评估指标。制造商可将各中间商的销售业绩分期列表排名，目的是促进落后者力争上游，领先者努力保持绩效。但是，由于中间商面临的环境有很大差异，各自规模、实力、商品经营结构和不同时期的策略重点不同，有时销售额列表排名评估往往不够客观。正确评估中间商业绩，应在作横向比较的同时，辅之以另外两种比较方法：①将中间商的销售业绩与其前期比较。②根据每一中间商所处的市场环境和它的销售实力，分别规定出其可能实现的销售定额，再将其销售实绩与定额进行比较。正确评估渠道成员的目的是及时了解情况、发现存在问题，以便更有针对性地对不同类型的中间商实施激励和推动工作。企业要建立一定的制度，对完成协议任务者支付一定的奖励报酬；对长期表现不佳，实在不能有效工作者的应果断中止关系。

（四）调整分销渠道

为了适应市场环境变化，现有分销渠道经过一段时间运作后，往往需要加以修改和调整。促使企业调整分销渠道的主要原因是消费者购买方式的变化，市场的扩大或缩小，新分销渠道的出现等。另外，现有渠道结构通常不可能总是在既定的成本下带来最高效的服务产出，随着渠道成本的递增，需要根据理想的渠道结构加以调整。

（五）营销渠道成员间的矛盾协调

营销渠道成员之间常会出现冲突和竞争，需要加以协调和解决。导致营销渠道冲突的原因主要有四种：①目标不同，如制造商希望以低价政策获得高速成长，而零售商则希望获取短期高利润。②没有明确的授权，如销售区域、权限和责任界线不明确。③预期不同，如对经济形势的看法不同，有的制造商看好，希望经销商经营高档产品，但经销商却看淡。④中间商对制造商过分依赖，如特许经销商的经营状况往往决定于制造商的产品设计和定价政策，

由此会产生一系列冲突。

营销渠道冲突有些是结构性的，需要通过调整营销渠道方法来解决；有些则是功能性的，可以通过管理手段来加以控制。管理控制的主要方法有以下几种：

（1）确立和强化共同目标。不管职能有何差异，营销渠道成员有其共同目标，如生存目标及市场份额、高品质、消费者满意度等目标。特别是在受到外部竞争威胁时，营销渠道成员会更深地体会到实现这些共同目标的重要性。管理者要有意识地激发营销渠道成员的共同目标意识，引导他们紧密合作，战胜威胁，追求共同的最终目标价值。

（2）在两个或两个以上营销渠道成员之间交换人员。具体办法是互相派员到对方相关部门工作一段时间，促进彼此之间的了解，更好地从对方角度考虑问题。

（3）合作。这是指一个组织为赢得另一组织的领导者支持所作的努力，包括邀请对方参加咨询会议、董事会等，使他们感到其建议受到重视；表示合作诚意及根据对方意见合理修订本方政策，以有效减少冲突等。

（4）发挥行业组织的作用，加强营销渠道成员之间的业务沟通。例如，通过商会、工商联合会组织专题研讨会，对商贸工作中的一些热点问题广泛交换意见，促进各方做好工作。当经常发生冲突，或冲突激烈时，有关各方可以采取谈判、调解和仲裁办法根据法律程序解决冲突，以保证继续合作，避免冲突升级。

四、促销策略

现代市场营销不仅要求开发新产品，制定具有竞争力的价格，选择合理的分销渠道，而且还需要有效地与顾客进行沟通。因此，企业需根据实际情况制定促销策略，这是市场营销组合的一个重要部分。

（一）促销及其作用

1. 促销的含义

促销（Promotion）是企业通过人员和非人员的方式，沟通企业与消费者之间的信息，引发、刺激消费者的消费欲望和兴趣，使其产生购买行为的活动。

促销有以下几层含义：

（1）促销的核心是沟通信息。

（2）促销的目的是引发、刺激消费者产生购买行为。

（3）促销的方式有人员促销和非人员促销两大类。

2. 促销的作用

促销活动对企业的生存和发展有着举足轻重的作用。促销投入不能看做是一种单纯的“费用”，而应当看做是一项“投资”。促销的作用表现在以下几方面：

（1）提供商品信息。通过促销宣传，向顾客传递产品特点、购买地点、购买条件等信息，引起顾客的兴趣，激发购买欲望。

（2）突出产品特点，提高竞争能力。企业通过各种促销活动，宣传企业产品特点（如时尚、质量等），促使顾客加深对本企业产品的了解和喜爱，增强竞争力。

（3）刺激需求，开拓市场。通过促销可引起顾客兴趣或偏好的改变，诱导需求，开拓新市场。

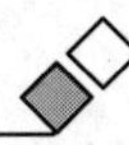

（4）强化企业形象。通过促销活动对企业先进技术、社会义务等方面进行良好的宣传，有助于提高企业的知名度和信誉度，培养顾客对企业品牌的忠诚，起到巩固和扩大市场的作用。

（二）促销组合策略

促销组合是指市场营销沟通组合，从广义的角度来考察，营销组合中的各个因素都可进入促销组合。比如，产品的式样、包装的颜色与外观、价格等都传播了某些信息。从狭义的角度来考察，促销组合只包括具有沟通性质的促销工具。这里主要从狭义的角度对促销进行分析。

促销主要有四种方式，即人员推销、广告、营业推广和公共关系，这几种方式各有千秋、各具特色，各有其特殊性和复杂性，需要进行专业化管理，企业的促销组合就是由四种促销工具所构成的有机组合。

1. **人员推销**

人员推销是企业通过推销人员与顾客的口头交谈来传递信息，说服顾客购买的一种营销活动。在沟通过程中，人员推销在建立消费者对产品的偏好、增强信任感及促成行为方面卓有成效。因为是面对面的交谈，推销人员与顾客之间进行双向沟通，保持密切联系，可以对顾客的意见作出及时的反应。但是人员推销的成本比较昂贵，而且优秀的推销人员比较缺少。人员推销的目的与其他推销方式是相同的，但是在作用上，人员推销具有独特的优点：

1）人员推销能够对产品进行详细的讲解和演示，可以根据不同的顾客，采取不同的讲解方式及推荐不同的商品，以满足顾客的需要。对于顾客提出的各种意见，也可以当场回答，有利于市场信息的反馈。

2）人员推销的效率比较高，这是因为人员推销一般都对潜在顾客进行了事先的研究和选择，也确定了适宜的沟通方式，所以在实际推销时比较容易获得成功。而其他促销形式，相对而言，盲目性比较大，效率比较低。

3）人员推销在大多数情况下可以促成即时的购买行为。由于当场讲解，能够激发消费欲望，使得顾客立即产生购买冲动和购买行为。

4）人员推销的方式，除了进行商品推销以外，还可以同时进行市场调查和其他服务工作，这样既方便了消费者，又加强了售后服务。

当然，人员推销也存在着不足：

1）人员推销的面不是很宽，因为推销人员只是面对个别用户和顾客，而且推销的基本上是工业品。

2）推销的费用比较大，这样会增加商品成本，使价格提高，在激烈的市场竞争中，会影响企业的市场占有率和市场竞争力。

3）培训高质量的推销人员不是件容易的事情，高素质的推销人员在市场上难觅。

2. **广告**

广告主要是通过付费的方式，由广告承办单位所进行的一种信息传播活动。广告是一种非人力的传播信息手段，它通过各种宣传媒介，如电视、广播、网络杂志和报纸等将产品或服务信息传递给接受者。由于广告的信息散布范围广，可以多次重复，在树立企业产品的长期形象方面有比较好的效果。几乎所有销售商品或提供服务的企业都使用某种形式的广告。

广告最主要的优点是它能在同一时间内向很多人传递信息。因此，单位接触成本通常很低。但总成本一般都很高。这使得有能力向全国发布广告信息的企业仅限于少数大公司。但是广告往往只是一种单向传递，缺乏与消费者的双向沟通，很难说服消费者进行即时的购买活动。同时，广告媒体的费用十分昂贵。

3. 营业推广

营业推广是指在短期内采取一些刺激性的手段来鼓励消费者购买的一种营销活动。营业推广可以使消费者产生强烈的、即时的反应，从而提高产品的销售量。营业推广的目的主要是为了吸引顾客，特别是在推出新产品或者在吸引新顾客方面，由于营业推广的刺激性比较强，比较容易吸引顾客的眼球，使得顾客在了解产品的基础上采取购买行动，也可能使顾客体验到产品的实际效用而进行购买。营业推广还起到了奖励品牌忠诚者的作用。因为营业推广的很多手段，如销售奖励、赠送等都附带价格上的让步，其直接受惠者大多是经常使用本品牌产品的顾客，从而使他们更加愿意购买和使用企业的产品，以稳定和扩大市场占有率。当然，营业推广没有广告和人员推销那样持久，它在市场中是暂时性、无规则地运用，其促销效果速度快而明显，但是其作用具有短期性，如果时机选择不当，各种促销行动过急，反而会引起购买者的反感，甚至会破坏企业形象和信誉。所以企业使用营业推广要有度，尽可能扬长避短，为企业发挥更大的作用。

4. 公共关系

公共关系是企业利用各种公共媒体来传播有关信息的营销活动。企业开展公共关系，一般是通过不付费用的媒体报道来传播，由于传播的信息带有新闻性，因而消费者一般认为该信息是有权威的、公正可靠的，比较容易相信和接受。但这种方式不如其他方式见效快，而且信息发布权掌握在公共媒体手中，企业也不容易进行控制。公共关系是评估公众态度、识别公众感兴趣的领域、执行意在赢得公众理解和认可的活动计划的营销职能。公共关系有助于企业与消费者、供应商、股东、政府官员、职员以及所在的社区进行沟通。企业通过公关活动，可以保持良好的企业形象，让公众了解企业近期目标和远期目标，介绍新产品以及对销售活动提供支持。良好的公关计划可以产生有利的宣传报道。宣传报道是大众媒体中以新闻形式出现的介绍企业、商品或服务的公共信息，一般不将组织作为报道信息的来源。

随着促销理论的不断创新，促销的方式和手段也层出不穷，变化多端。例如，企业赞助就在企业促销中起着越来越重要的作用，企业的赞助范围也越来越广泛。其中，对体育赛事的赞助是企业赞助的一个重要方面，大型赛事如“世界杯”足球、“奥林匹克”运动会等，始终是跨国大企业的争夺焦点。实际上，企业赞助的作用对促销的影响远远超过其他的促销方式。

【本章关键术语】

市场　　市场营销管理　　市场细分　　市场定位　　市场营销组合策略

【本章小结与本章知识结构图】

本章主要介绍了市场营销管理的概念、发展、任务和基本过程，对其中的目标市场策略和市场营销组合策略的初步内容重点进行了介绍。

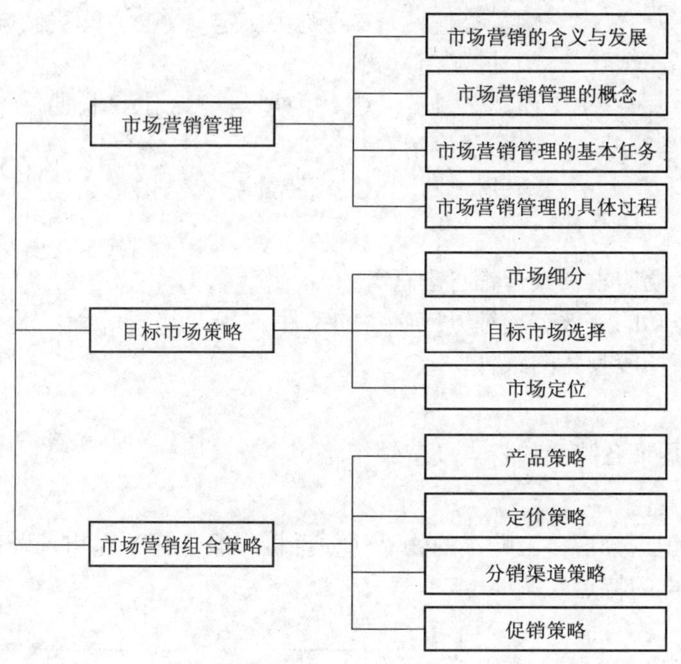

【技能测试题】

一、单项选择题

1．（　　）是实现市场定位目标的一种手段。

A．产品差异化　B．市场集中化　C．市场细分化　D．无差异营销

2．同质性较高的产品，宜采用（　　）。

A．产品专业化　B．市场专业化　C．无差异营销　D．差异性营销

3．市场营销管理的实质是（　　）。

A．刺激需求　B．生产管理　C．销售管理　D．需求管理

4．对于充分需求市场，市场营销管理的任务是（　　）。

A．刺激市场营销　B．改变市场营销

C．维持市场营销　D．恢复市场营销

5．企业在考虑市场营销组合策略时，首先需要确定生产经营什么产品来满足（　　）的需要。

A．消费者　B．顾客　C 社会　D．目标市场

6．企业利用消费者具有仰慕名牌商品或名店声望所产生的某种心理，对质量不易鉴别的商品的定价最适宜用（　　）法。

A．尾数定价　B．招徕定价　C．声望定价　D．分档定价

7．促销工作的核心是（　　）。

A．出售商品　B．沟通信息

C．建立良好关系　D．寻找顾客

8．促销的目的是引发刺激消费者产生（　　）。

A．购买行为　　B．购买兴趣　　C．购买决定　　D．购买倾向

9．公共关系是一项（　　）的促销方式。

A．一次性　　B．偶然　　C．短期　　D．长期

10．营业推广是一种（　　）的促销方式。

A．常规性　　B．辅助性　　C．经常性　　D．连续性

二、简答题

1．简述八种市场需求及其营销管理任务。

2．简述一个成功的有效市场细分应必备的条件。

3．简述目标市场应具备的条件？

三、论述题

论述产品生命周期各阶段的特点及营销策略。

四、讨论

应用本章的知识，分析自己购买的物品（如手机、服装等）在市场营销管理中应用了哪些方法？又有什么样的特点？

案例分析

海尔小神螺洗衣机

海尔集团总裁带队到某地考察业务情况时，当地维修人员反映，由于当地常有人用洗衣机来洗地瓜，经常碰到下水管堵塞问题。总裁回去后，多次谈起这件事，并要求技术部门对销往当地的洗衣机进行改造，以解决排沙问题。随后，海尔的动植物洗衣机正式立项，并成立了专门的课题组。新产品——小神螺大地瓜洗衣机（除具备一般洗衣机的全部功能外，还可以洗地瓜、土豆、水果、海产品等）开发成功后，并投入批量生产，销售情况很好，深受消费者的欢迎。

根据以上资料，请回答以下问题：

1．该企业应采取何种目标市场营销策略？

2．该企业所采取的市场定位策略是什么？

3．该企业所采用的开发新产品的基本方式是什么？

【课后网络资源】

1．中国营销传播网 http://www.emkt.com.cn

2．国际市场网 http://www.wldmkt.com

3．网上营销新观察 http://www.marketingman.net

4．中国广告人网 http://www.chinaadren.com

5．中国服务营销网 http://www.surprising.cn

第四章　现代企业生产管理

学 习 目 标

- 重点掌握生产管理的内容、任务、类型的划分。
- 掌握生产管理的日常运行和维护内容及措施。
- 了解生产管理的发展历史、趋势和企业资源计划。

引导案例 4/9

佳驰公司主要产品是重型货车的 495、457、435 系列螺旋盆角齿。该产品重量大，重的有 50 多 kg，轻的也有 30 多 kg，平均在 40 多 kg。该产品一套两件，即配套的盆齿和角齿各一。该产品的技术特点是对盆齿和角齿的啮合度要求很高，每一对盆角齿都要在配对机上配对合格后，才可以进行磷化清洗和包装。各配对好后的盆角齿不能混装，盆齿和角齿是一一对应的，一般来说，甲包装箱的盆齿和乙包装箱的角齿是不能配成对的。螺旋盆角齿的生产工序多，一件产品从下料到成品，要经过二十多个工序，除锻压和粗车工序外包外，其余工序全部在本厂进行。企业生产模式基本上属于中小批量多品种生产，不同型号的规格产品有数百种，生产管理较复杂，如对在制品的管理、生产计划及过程组织等。由于公司发展很快，开发的客户也较多，主机厂的车型也在不断改变，因此，公司接的订单不少是属于本厂从未生产过的新产品，都面临着工艺流程和技术参数的重新确定，对员工的要求也不断提高。同时，不断的新产品开发也打乱了生产部门的生产安排，造成交货期延误，质量下滑。生产计划是由老板李强每月下达的，但是直到每月的中旬才能见到正式生产计划，平时都是口头通知。而且，李强往往只考虑销售情况，觉得公司设备生产能力够了，没有考虑公司的实际生产情况，就盲目接订单，经常插队安排急件生产，造成生产管理混乱，成本居高不下。到了月底，由于生产部门没有完成产值计划，又要被考核。生产部门因此怨声载道，生产积极性很差。

案例简析：多品种、小批量的生产方式满足了消费者多样化的需求，但与大批量生产方式相比，降低了生产效率并给生产管理的组织带来了难度。要保证生产过程的有序、均衡并保持适应性，需要在统筹考虑生产设备、生产人员、生产物料、市场需求预测与订单数量等因素的情况下，制定合理的生产计划和生产作业计划。

阅读本章内容，并思考下列问题：

1. 生产管理部门的主要工作内容有哪些？

2．影响生产效率的因素有哪些？
3．如何运行生产系统？
4．生产管理发展趋势是什么？

第一节 现代企业生产管理概述

生产管理是现代企业管理中的一个核心管理职能，只有高效、低耗、安全、及时地生产出满足顾客所需要的产品，企业才能在激烈的市场竞争中立于不败之地。从基于工作过程和生命周期的角度来看，生产管理包括生产系统的设计、生产系统的运行和生产系统的维护三个阶段。

一、生产管理的含义

生产是自有人类社会以来最基本的实践活动。在人类历史长河中，人类就是通过生产创造了一切社会财富，求得了生存和发展，生产的概念也随着社会生产力的提高而不断延伸和扩展。从最初的第一产业（农业）生产概念，到后期的包括第一、第二产业的生产，即工农业生产，再扩展到如今包括第一、第二、第三产业的生产概念。也就是说，现在的生产概念不仅包括有形产品的制造（如第一、第二产业），而且包括了无形产品的提供（第三产业）。

生产是一切社会组织将它的输入转化为输出的过程。例如，通过工厂内部一系列的加工制造过程，就能将输入的原材料转化成产品输出。而生产管理是指为了实现企业经营目标，有效地利用生产资源，对生产活动进行计划、组织、控制等一系列管理工作的总称。在市场经济条件下，企业必须围绕市场需求去组织生产。所以，生产管理必然要围绕企业的经营目标、经营方针而进行，而经营目标和经营方针要紧紧围绕市场进行，这就要求生产管理立足于市场。为了适应市场需求，生产管理要合理利用生产资源（包括人力、物力、财力、信息、知识等），及时生产或提供高质量的产品或服务，并不断地降低成本、提高效益，使企业充满生机和活力。和企业管理中其他职能管理一样，生产管理的基本职能也是组织、计划和控制。

二、生产管理的任务和目标

生产管理的任务就是运用组织、计划、控制的职能，把投入生产过程的各要素有效地组织起来，形成有机的整体，按最经济的方式，生产出满足社会需要的产品（服务）。

生产管理作为一个系统，有它本身的运动规律，如图 4-1 所示。首先是各生产要素（人力、财力、物力、信息、能源等）的投入，经过生产过程中的转换（包括反馈控制），最终输出价廉物美的产品（服务）。

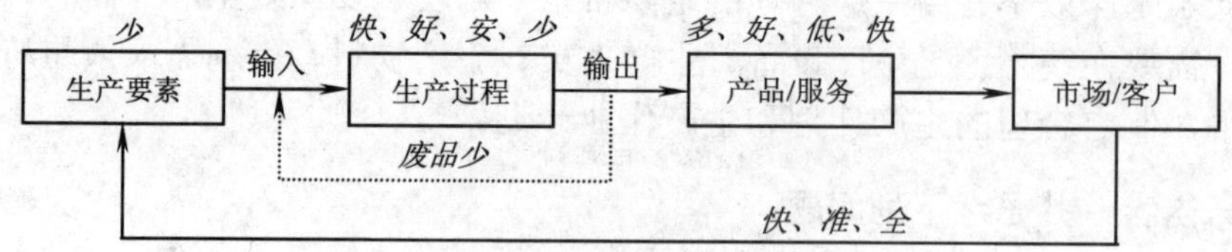

图 4-1　生产系统功能示意图

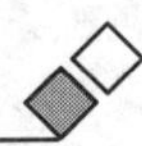

图 4-1 显示了生产管理系统的动态结构，图中加粗斜体字表示相应环节要达到的目标。作为投入的生产要素（人力、原材料、设备、资金、能源、时间等）应越少越好。生产过程中：①要达到快，即缩短生产周期，按期交货。②要质量好。③生产过程要保证安全可靠。④能源消耗要少。输出的产品：①要多，满足市场需求。②要质量好，品质优良。③价格低廉，产品才有竞争力。市场反馈信息：①能准确地反映情况，及时采集、处理和提供，做到快。②要准确、全面地反映市场和顾客的意见，不可以以点带面。

课程实训

请登录国内两个著名公司的网站，阅读它们的招聘广告，总结一份有关生产管理职位的招聘广告。

三、生产管理部门和其他职能部门之间的关系

典型的企业组织有三个基本职能：生产、营销与财务。生产主内，负责将生产资源转换成产品和服务；市场营销负责开拓市场，进行产品销售；而财务则负责资金的筹措、运用和核算。这三个职能和其他辅助职能（如人事、研发等）分别完成不同但又相互联系的活动，这些活动对组织的经营来说都是必不可少的。企业的职能分布关系如图 4-2 所示。

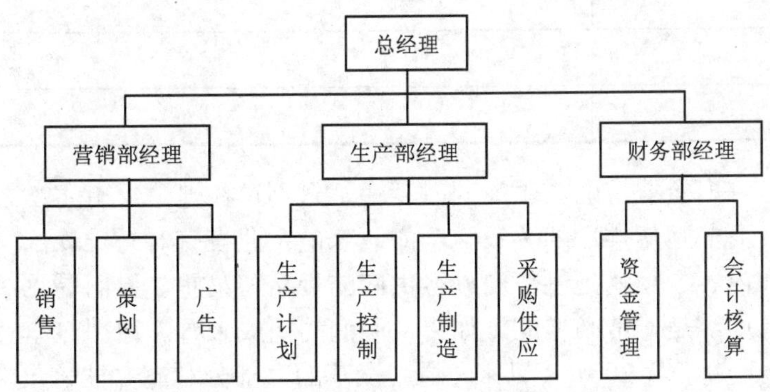

图 4-2　企业的职能分步关系示意图

企业组织的这些职能具有相互依赖性，必须相互配合才能实现组织的目标，并且每个职能都起着重要的作用。例如，除非生产部门与营销部门相互配合，否则营销部门推销的可能是那些非盈利的产品或服务，或者生产部门正在创造的是那些本无市场需求的产品或服务。同样，若无财务部门与生产部门的密切配合，当组织需扩大规模或购买新设备时，可能会因资金无着落而难以实现。事实上，企业在实际运作过程中，由于部门主管没有意识到这种依赖性或狭隘的部门本位主义导致职能部门之间常有冲突发生。例如，生产部门认为销售部门没有较好的销售计划和过多的紧急订单而抱怨，营销部门以生产部门不能快速地满足客户需求而丧失很多订单而埋怨。这就需要加强职能部门之间的横向联系和沟通，增强部门的整体大局意识，促使各职能部门齐心协力地为实现组织目标而共同努力。

四、生产类型的划分

企业生产的产品和服务千差万别，而且即使提供相同的产品或服务，也由于生产产量大小相差悬殊，导致生产过程各式各样，组织生产各不相同。为了便于选择和建立合适的生产

组织形式和编制、实施生产计划等，要按一定的标志对各种企业的生产进行分类，以把握各种生产过程的特点和规律，这是进行生产管理的基本前提。

1. **按生产性质划分**

按生产性质划分，生产可分为加工制造型生产和服务型生产两类。

加工制造型生产主要是对输入的物品通过物理或化学的、机械的作用，形成一种新的物品的生产形式，其基本特征是输出有形产品。例如，汽车、石油、化工、啤酒、钢铁、服装的生产等都属于加工制造型生产。服务型生产是一种非制造性生产，也是将输入转化成输出的过程，其基本特征是输出的不是有形产品，而是无形产品的“服务”，如管理咨询、法庭辩护、教育培训、金融保险、维修保养等。

服务型生产和加工制造型生产有很大不同，不能把加工制造型生产的管理方法简单地搬到服务业。两者的基本特点比较，见表 4-1。

表 4-1　加工制造型生产与服务型生产的区别

比 较 项 目	加工制造型生产	服务型生产
产出	有形、可储存的实体产品	无形、不可储存的劳务
生产率测定	易	难
顾客参与度	低	高
产品质量评价	易	难

需要指出，在许多企业，两类生产同时存在，只不过在地位上有主次之分，而且两者呈有益的互相补充，而非互相排斥的关系。例如，家电企业设有对外维修部门；饭店设有餐饮部门，其重要工作内容之一就是制作向顾客供应的食品和菜肴。显而易见，这种补充将有助于提高用户的满意度，是非常必要的。如果从利润的构成来看，通用汽车目前更像是一家银行，而不是汽车制造商。从 2001 年以来，通用汽车的大部分利润并非来自汽车销售，而是其金融子公司——通用汽车金融服务公司。

2. **按加工工艺过程划分**

按加工工艺过程划分，生产可分为加工装配型生产和流程型生产两类。

加工装配型生产是指将离散的零部件按一定的工艺顺序移动，并在移动中不断改变形态和性能，最后形成产品的生产。例如，机床、家具、汽车、计算机、服装、家电等产品的制造。加工装配型生产也称离散型生产，产品是由一个个离散的零部件装配组合而成。这种特点使得构成产品的零部件可以在不同地区甚至在不同国家制造，再加上零件种类多，加工的工艺多样化，涉及不同的加工单位、人员和设备，导致生产协作任务相当重，生产的计划、组织、控制有一定难度，这也是生产管理研究的重点。

流程型生产是物料连续、均匀地按一定工艺顺序不断进行加工的生产形式。例如，炼油、化工、冶金等都是典型的流程型生产。流程型生产地理位置相对集中，生产过程自动化程度高，加工连续性强，生产协调任务较少。一般只要把加工设备、工艺参数控制好，生产就会顺利地进行。

加工装配型生产与流程型生产的区别见表 4-2。

表 4-2　加工装配型生产与流程型生产的区别

比较项目	加工装配型生产	流程型生产
产品品种数	多	少
资本/劳动力	劳动力密集	资本密集
自动化程度	低	高
原材料品种数	多	少
在制品库存数	多	少
维修性质	局部修理	停产检修
能源消耗	少	多

3. **按组织生产的特点划分**

按组织生产的特点划分，生产可分为订货型生产、备货型生产和混合型生产三类。

订货型生产（Make To Order，MTO）是指按用户的订单组织生产。备货型生产（Make To Stock，MTS）是指不依据客户订单，而是依据市场调查与预测结果来确定生产产品的品种、数量，并组织生产，其直接目的是补充成品库存，通过维持一定量的成品库存来满足用户的需求。混合型生产是指在一个企业中，既有订货型生产，又有备货型生产。一些大型、综合型企业都采用混合型生产方式。采用订货型生产方式的产品大多是资金占用量大，生产周期长，如不采取订货生产方式，生产了的产品卖不出去，会对企业造成重大损失。这类产品质量要求高，交货期要求严格，要严格按合同办事，如大型船舶、飞机、锅炉等。采用备货型生产的产品一般是标准产品，单价较低，即使卖不出去，对企业的影响也不是很大，而且需求一般是可以预测的，如日用百货、家用电器、轴承等。

4. **按生产的专业化程度划分**

按生产的专业化程度划分，生产可分为大量大批生产、成批生产、单件小批生产三类。

大量大批生产中，产品是一种或少数几种结构相似、工艺路线相同的同类产品，产品的结构与工艺方法都比较先进，有稳定的销售量和长期稳定的销售市场。所以，每一品种产量大，生产稳定地重复进行。工作地有较高的专业化程度，可以配备高效率的专用设备及工艺装备，以至建立流水生产线和自动线。因此，一般来说，在市场需求充分大的条件下，大量生产的企业生产效率高，经济效益好。例如，汽车、自行车、电视机、电冰箱等的生产。

成批生产中，产品多为结构相似的系列产品，品种较多，有一定批量，销售量能长期稳定、进行轮番重复生产。成批生产的生产条件有一定的稳定性及重复性，但较大量生产的专业化程度低，工作地轮流担负若干道工序，因此不能全部或大量采用高效的自动化设备，只能根据加工对象的特点，部分地采用专用设备及工艺装备。生产效率和经济性都比大量生产低，管理工作也相对复杂。例如，机床、电机、各种专用机械产品的制造等。

单件小批生产中，产品品种繁多且不固定，有些产品只生产一次，且多是根据使用单位（用户）的要求设计的，产品的产量较少，有的仅有一件，产品复杂，零部件多，重复性小，大多数设备或工作地需要担负很多道工序。所以，通常采用通用设备和工艺装备。对工人的技术水平要求也比较高，以适应多品种生产的要求。一般地讲，单件生产的生产效率和经济性都较低，管理工作没有规律性，对计划的要求有较大的灵活性。属于这类生产的产品有发电设备（汽轮机、水轮机）、锅炉，以及采矿设备、船舶等。

小案例

某公司生产主管的工作职责

1. 综合协调销货计划
2. 综合协调生产各车间产能
3. 生产计划的制定与审查
4. 对生产计划的各项进度加以检查
5. 对生产计划及生产进度的适当调整
6. 物料进度的督促检查
7. 统计数据的分析
8. 部门间的沟通与协调
9. 部门员工的培训

第二节　生产系统的设计

生产系统的设计包括产品的选择与设计、生产设施的选址、生产设备的布置和工作设计。生产系统的设计对其运行有先天性的影响，设计质量的好坏直接影响生产系统的运行。

一、产品或服务的选择与设计

任何组织存在的基础是它向社会所提供的产品或服务，那些通过提供有使用价值的高质量产品或服务，来满足消费者需求的企业将赢得顾客，做不到这一点的企业则生命期不会太长久，对产品的选择和设计就成为企业一项重要的任务。产品和服务是多种多样的，产品选择和设计的目标是以一定的竞争优势满足市场的需求。在进行产品的选择与设计时，必须考虑到企业实际的生产能力。生产能力本身要求有一定的管理能力、技术能力、财务资源以及人力资源等。当这种能力和资源不能支持一种产品时，这种产品就不应该生产或提供。

（一）产品的开发与设计

如果通过市场调研发现开发新产品有潜在机会，就要把这个潜在的机会转化为现实。这包括一系列复杂的涉及多项职能的活动，如目标市场的选择、期望的性能水平、技术可行性、生产需求信息、财务影响等。

在产品开发方案通过后，就要转入详细设计阶段。这一阶段的主要任务是产品原型的设计与构造，以及生产工艺设计和生产中使用的工具与设备的开发。通过实物加工或通过计算机模拟形成产品样机之后，应该对产品样机进行模拟测试，如果测试结果不能实现期望的性能水平，设计人员应寻求改进来达到期望的目标。在样机通过鉴定后，一般可以进入小规模生产阶段。在该阶段中，在生产设备上加工与测试的单个零件已经装配在一起，并且作为一个系统在工厂内接受测试。而且所有工具和设备都必须到位，所有零部件的供应商都必须准备好进行批量生产。正是在这一阶段，企业将开发过程的各个系统（包括设计、工具与设备、零部件、装配、

生产监控、操作工、技术员）组合在一起。在小规模的生产运行一段时间后，企业对自己连续生产的能力以及销售产品的能力的信心增强时，产量就可以增加，进入到正式生产阶段。

（二）优化产品开发与设计的方法

1. 并行工程

企业的产品设计传统上一直采用串行的方法，即首先由熟悉顾客需要的市场人员提出产品构想，再由产品设计人员完成精确定义后，交制造工程师确定工艺计划、产品总费用和生产周期，质量控制人员作出相应的质量保证计划。这种方法使得各下游开发部门难以加入早期设计。而越是设计的早期阶段，降低费用的机会就越大；而发现问题的时间越晚，修改费用就越大。并且各部门对其他部门的需求和能力缺乏理解，降低了产品开发过程的整体效率。

为解决串行设计方法的弊端，提高产品质量，降低产品成本，缩短开发周期，人们提出了采用并行工程（Concurrent Engineering，CE）的产品设计方法。它是一种强调各阶段领域专家共同参加的系统化产品设计方法，其目的在于将产品的设计和产品的可制造性、可维护性、质量控制等问题同时加以考虑，以减少产品早期设计阶段的盲目性，尽可能早地避免因产品设计阶段因素对产品生命周期后续阶段的影响，缩短研制周期。

并行工程计划的实施需要组建一个团队来协调落实各项设计任务，团队成员有营销人员、设计人员、制造人员、装配人员、质量人员以及供应商和顾客等。由于产品的设计是一项创造性劳动，需要依赖多人的智慧，所以团队成员之间的大量而广泛地沟通协作是不可缺少的。当然，在产品设计的不同阶段，团队成员之间的主次关系是变化的。例如，在开始的概念形成阶段，以营销人员和顾客为主，其他人员为辅；在设计阶段，以设计人员为主，其他人员为辅；在制造阶段，以制造人员为主，其他人员为辅等。

2. 价值工程

价值工程（Value Engineering，VE）是通过分析研究对象的功能、成本，寻求用最经济的寿命周期费用来实现产品必要功能的有组织的活动。其目的是在满足顾客要求的同时，以更低的成本达到相同或更好的水平，它通过确定并消除不必要的成本来达到目标。价值工程中的价值可用下列公式表示：

$$\text{价值（}V\text{）}=\frac{\text{功能（}F\text{）}}{\text{成本（}C\text{）}}$$

这里的功能（Function）是指能满足顾客要求的必要功能，成本（Cost）是指产品寿命周期成本，它不仅包括生产成本，还包括使用成本。衡量价值的大小主要看价值与成本的比值如何。从公式可以看出，提高产品价值的途径有以下五种：

（1）成本不变，功能提高。

（2）功能不变，成本降低。

（3）成本降低，功能提高

（4）成本提高，功能显著提高。

（5）功能降低，成本显著降低。

企业通过提高价值来寻求产品设计优化时，前三种途径是顺向思维，一是思考如何降低成本，二是思考如何提高功能。但有时这两种顺向思路可行性都不大时，需要企业运用后两种提高价值途径的逆向思维。当企业降低成本或提高功能难度比较大或效果不明显时，可

以反过来思考能否通过提高成本或降低成本来达到增加价值的目的。

3. **经济分析优化工艺方案**

产品的生产可能有不同的实现途径，即有多种工艺方案来完成产品的加工。这就遇到工艺方案的评价选择问题，最常用的方法就是工艺成本分析法。该种方法就是通过分析比较和工艺过程相关的由两种成本（一是不随产量变化而变化的固定成本；二是随产量变化而变化的变动成本）所构成的工艺总成本高低来评价和选择生产工艺。

年工艺总成本的计算可用下式表示：

$$C=VQ+F$$

式中 C——年工艺总成本；

V——单位可变成本；

Q——产量；

F——固定成本。

假设有两种工艺方案，分别是方案一和方案二，则工艺总成本分别可表示为：

$$C_1=V_1Q+F_1$$

$$C_2=V_2Q+F_2$$

（1）如果 $F_1<F_2$，$V_1<V_2$，则 $C_1<C_2$，所以选择方案一作为优选方案。

（2）如果 $F_1<F_2$，$V_1>V_2$，则需要作进一步比较分析，两种工艺方案的成本如图 4-3 所示。

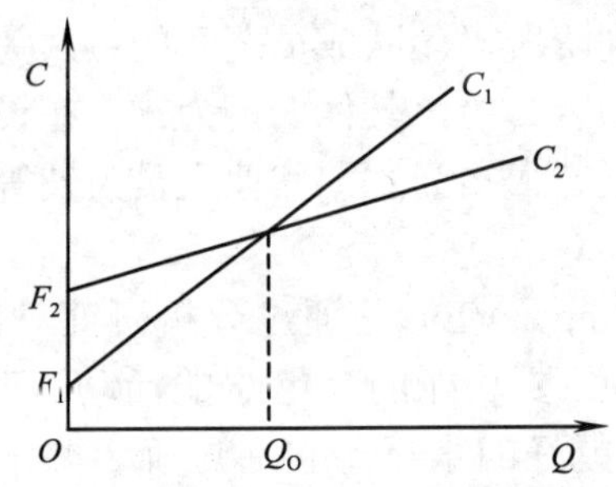

图 4-3 两种工艺方案的成本

图中，当年产量为 Q_0 时，两种方案的工艺总成本相等。此时：

$$C_1=C_2$$

$$V_1Q_0+F_1=V_2Q_0+F_2$$

$$Q_0=\frac{F_1-F_2}{V_2-V_1}$$

所以，由图 4-3 可知：当 $Q>Q_0$ 时，$C_1>C_2$，应选择方案二；当 $Q<Q_0$ 时，$C_1<C_2$，应选择方案一。即当产量大于临界产量（Q_0）时，选择固定成本高而可变成本低的方案；当产量小于临界产量时，选择固定成本低而可变成本高的方案。

二、生产设施的选址

厂房或生产设施应该建在哪里，对于企业而言，这是一个具有战略地位的问题。当新组建一个企业，或企业由于各种原因需要迁出原址，在一个新的地方建立企业时，或企业扩张需再建

一个分厂时，都会面临生产设施选址的问题。选择好的生产设施位置，会给企业带来许多有利的条件，使以后的生产经营活动十分便利，使企业产生良好的效益。相反，生产设施选址不当，形成先天性不足，以致后患无穷。因此，把厂址选择工作做好，意义十分重大。

（一）影响生产设施选址的因素

生产设施选址应该用系统的观念来考虑，因为选址时不仅要考虑企业内部因素，还要考虑输入方的供应商因素，也要考虑输出方的顾客因素。所以影响生产设施选址的因素很多，需要在各因素之间进行权衡比较，最后综合得出最有利于企业发展的选址决策。主要的生产设施影响因素有：

1. 国家和地方政策

国家和地方政策的稳定、法律的健全关系到企业的权益能否得到保障。国家政策和地方政策的不同也直接影响到企业的发展。例如，有的政策是通过提供税收减免、贷款低息等优惠措施鼓励企业在当地落户；相反有的政策是通过高额税收、贸易壁垒等手段限制企业在当地落户。

2. 总成本

选址的一个重要目标就是寻求总成本最小的地址。总成本包括运输、土地、劳动力、建筑、税收、能源消耗等成本。

3. 接近顾客

许多企业在扩张时，纷纷在外地建立生产基地，如海尔家电、青岛啤酒、洽洽瓜子等在全国设立多个生产基地，有的甚至面向全球建立生产基地。选择的原因固然有成本的因素，但其中一个非常重要的因素就是能够尽量接近顾客，从而缩短交货期，快速响应目标顾客的需求，从而提高竞争力。

4. 基础设施

充足的公路、铁路、航空和水运能力是至关重要的。还有完善的能源设施（供水、供电、燃气等）、便利的通信网络设施可以使企业快捷高效地为顾客服务，而且可以降低运营成本。例如，各城市设立开发区招商时，首先是做好开发区的基础设施，为吸引企业来开发区投资办厂提供基本条件。

5. 劳动力素质和成本

当地劳动力的教育和技术水平必须和企业的需求相匹配。同时也要考虑劳动力的使用成本，一些外国企业到中国设立生产基地，原材料不在中国采购，成品不在中国销售，就是典型的利用中国廉价的劳动力来降低产品成本的例子。

6. 供应商

一个合适的选址应该考虑到当地的供应商情况，当地有高质量的供应商不仅可以降低企业的物流成本，缩短采购时间，进而缩短交货时间，也是企业实行精益生产方式的需要。换个角度来讲，中小企业发展好的地方，更容易吸引大企业前来投资办厂，因为众多质量好的中小企业可以为大企业提供很好的配套设施，让大企业选择供应商更容易、更有效。

除了上述因素之外，影响生产设施选址的因素还有环境保护、自然气候、宗教文化等。制造业和服务业在选址时，侧重的因素有很大差异，制造业主要侧重于生产成本；服务业选址主要侧重于销售收入。另外，在当今全球经济一体化的背景下，各企业在选址时具有更大的灵活性，用全球的视角来选择厂址，不再局限于国内。通常考虑两点：①因为缩短交货期

和运输费用而在目标顾客较近地区生产。②为降低制造成本而选择有合适廉价劳动力和熟练产业工人密集的地区生产。

（二）生产设施选址的常用方法

1. 因素加权评分法

因素加权评分法是首先选取影响设施选址的主要因素；其次，分析比较确定各因素对选址影响的大小，用权重表示；然后，比较每个因素在各方案中的优劣性程度，并一一打分；最后，计算出每种方案的各选址因素权重与因素在该方案中的得分的乘积之和，取乘积和最高的方案为选择方案。

例 4-1：一家化工厂要在四个备选方案中作出选择，各主要影响因素和分值计算见表 4-3。

表 4-3 厂址选择各影响因素得分计算表

因素	权重①	方案A		方案B		方案C		方案D	
		评分②	得分①×②	评分③	得分①×③	评分④	得分①×④	评分⑤	得分①×⑤
运输	0.10	60	6	70	7	50	5	70	7
劳动力	0.15	80	12	70	10.5	60	9	70	10.5
生活条件	0.05	40	2	100	5	70	3.5	80	4
本地区原料供应	0.25	90	22.5	80	20	70	17.5	80	20
能源供应	0.20	80	16	60	12	70	14	70	14
税收	0.15	70	10.5	80	12	70	10.5	70	10.5
气候	0.10	80	8	60	6	80	8	70	7
总计	1	/	77	/	72.5	/	67.5	/	73

表中各因素权重和应为 1，各因素分值在 0～100 分之间，100 分为最优。表中数据清楚地表明，应选方案 A。

2. 重心法

重心法主要是对原材料的运输费用和产品由工厂送往各地的运输费用进行核算，取最合适的地点选择地址的方法。这种方法要考虑现有设施之间的距离和所要运输的货物量。其计算公式如下：

$$C_X=\frac{\sum D_iV_i}{\sum V_i}$$

$$Cy=\frac{\sum D_{iy}V_i}{\sum V_i}$$

式中 C_X、C_Y——重心的 X、Y 坐标；

D_{iX}、D_{iY}——第 i 个地点的 X、Y 坐标；

V_i——运入第 i 个地点或从第 i 个地点运出的货物量。

重心法首先要建立坐标系并在其中标出所涉及的各个地点位置，目的在于确定各点的相对距离。

例 4-2：E 为汽车制造厂，A、B、C、D 为四家汽车销售分店，它们的坐标和每月的销售量的资料见表 4-4。根据资料绘制的坐标图如图 4-4 所示。现在该汽车制造厂准备设一个中转站，设在何处比较合适？

表 4-4　汽车制造厂与销售分店的坐标及销量资料

位　置	X 坐　标	Y 坐　标	销　售　量
A	25	450	450
B	350	400	350
C	450	350	450
D	400	150	250
E	325	75	1 500

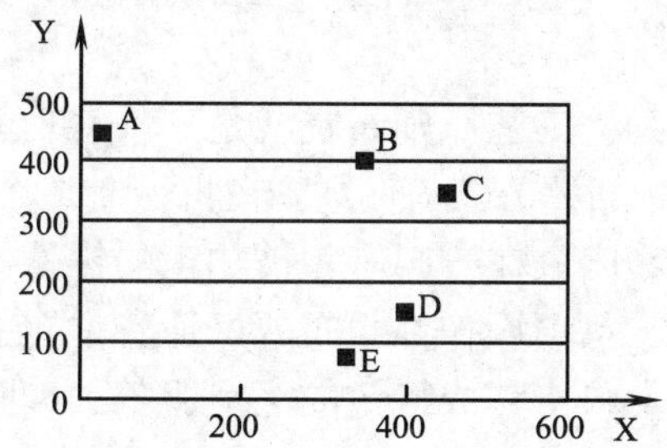

图 4-4　汽车制造厂与销售分店的坐标图

解：根据上述信息，我们可以计算出重心的坐标为

$$C_X=\frac{\sum D_i V_i}{\sum V_i}=\frac{325\times1500+400\times250+450\times450+350\times350+25\times450}{1500+250+450+350+450}=308$$

$$C_y=\frac{\sum D_{iy} V_i}{\sum V_i}=\frac{75\times1500+150\times250+350\times450+400\times350+450\times450}{1500+250+450+350+450}=217$$

通过计算，得出该中转站应设在（308，217）处比较合适。

重心法经常用于中转仓库或分销仓库的选址。它假设运入成本和运出成本是相等的，并且没有考虑在非满载的情况下运输成本会增加的特殊情况。

在进行生产设施选址时，除了以上两种方法外，还有投资费用比较法、线性规划法等方法。

阅读资料

店铺选择中的 1/3 效应

如果有一条商业街，或路边有一排大排档有铺位出租，你想租一个铺位开店，那么，租哪段位置的铺位最好呢？

或者许多想当老板的人有这样的心理：租路口的或者进口的第一间，截住顾客，生意一定最好！

如果你这样选择，那就错了！因为老板的心理不同顾客的心理，老板想多赚钱而顾客却想少花钱，两者的心理恰恰相反，你想生意好，必须从顾客的心理去考虑。

当顾客走进一条商业街的时候，通常是不可能在第一家店铺成交的，他总认为前方有更合适的。通常也不会是最后一家，因为一旦前方没有了可供选择的店铺，顾客会产生一种后悔心理，觉得前边看过的似乎更好一些。如果这条街是一眼看到头的，通常情况下，分别处于街道两头 1/3 位置的店铺最好。而价格几乎一律相同的日用小摊档如青菜摊、凉茶摊之类情况与此相反，那是顾客越方便的摊位越好。这里说的是一般情况，如果经营得特好或特差，在熟客中造成了很大的声誉差距，情况就会发生变化。

三、生产设施的布置

生产设施选址一旦确定后，就要考虑各生产设施设备的平面布置，要决定各部门的位置、部门内工作组、机器的位置以及在制品的储存位置。许多设施、设备的布置一旦确定下来，其影响是长远的。当生产系统投入运行后才发现问题，再想改正就十分困难了。因此，企业必须重视生产设施设备的布置，寻求设施设备布置的优化方案。

设施布置一般有四种类型：工艺原则布置、产品原则布置、固定位置布置和成组技术布置。

1. **工艺原则布置**

工艺原则即工艺专业化原则，工艺原则布置就是一种将功能相同或相似的设备集中放在一起，完成相同工艺功能的一种布置方式。例如，在机械制造企业中，所有的车床放在一起，所有的铣床放在一起，所有的磨床放在一起等，被加工的零件，按预先设定好的流程顺序，从一个地方移动到另一个地方，每项操作都由布置好适宜位置的机器来完成。同样，医院一般也是按工艺原则布置，在每个科室完成特定的医疗服务，如眼科、骨科等。

2. **产品原则布置**

产品原则即对象专业化，产品原则布置也称流水线布置或装配线布置，是一种根据产品制造的步骤来安排设备或工作过程的方式。例如，鞋、汽车、家电等的生产基本上都是按产品原则来布置的。

假定某产品的加工工艺流程为：车→磨→铣→钻，分别需在相应的车床、磨床、铣床和钻床上加工，现有这四种机床各三台。其设备布置如图 4-5 所示。

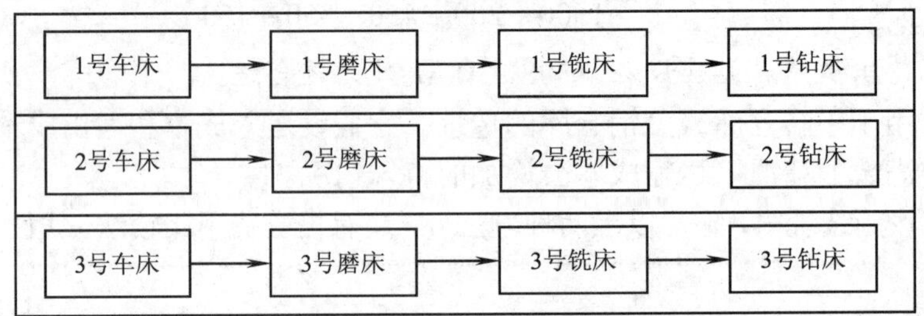

图 4-5　设备布置示意图

图 4-5 中，把工作地分成了 1 号机工作地、2 号机工作地以及 3 号机工作地，按产品的加工工艺顺序组成了三条流水线，这是按产品布置的示意图。我们可以设想一下，如果把工作地分成车床组、磨床组、铣床组以及钻床组四个工作地，每个工作地由三台相同功能的设备组成，产品加工时先在车床组工作地加工，再分别到磨床组、铣床组和钻床组工作地加工，则这样的设备布置是一种工艺布置。工艺布置情况下，产品在某个工作地加工时，并不在某台特定设备上加工，可以在三台同种功能的设备之间进行选择，所以工艺布置生产柔性大，但同时也带来了生产周期长、物料搬运距离长、生产组织复杂等缺点。相反，产品原则布置具有生产周期短、效率高，物料搬运距离短，生产组织简单等优点；其缺点也很突出，就是生产柔性低，一旦流水线上某台设备出现故障，该设备所在的整条流水线都要停车。

3. **固定位置布置**

固定位置布置是指加工的产品固定在一个地方，生产工人和设备都围绕产品所在位置而移动。这种布置方式主要是由于要加工的产品体积太大或重量太重，不得不将产品位置固定。例

如，大型船舶、飞机、锅炉等生产，医院的手术室（病人固定在手术台上，医生和手术器材围绕病人移动布置）也是这种布置方式。工艺原则布置和产品原则布置使生产工人和加工设备位置固定，被加工的产品按工艺流程而移动，工艺原则布置和产品原则布置的移动对象和固定位置布置的完全相反。

4. **成组技术布置**

成组技术布置（也称按生产单元布置）是将不同的机器组成生产单元来对形状和工艺要求相似的零件进行加工。按工艺原则布置生产设施，容易造成被加工产品在生产单位之间交叉往返运输，引起费用上升，生产周期延长。而通过成组技术布置就可以避免这样的缺点。其基本原理是，首先依据一定的标准将结构和工艺相似的零件编组，确定出零件组的典型的工艺流程，再根据典型工艺流程的加工内容选择设备和工人，由这些设备和工人组成一个生产单元，如图 4-6 所示。成组技术布置很类似产品原则布置，所以具有产品原则布置的优点，物料搬运距离短、生产周期短，而且成组技术布置还具有工艺原则布置的优点，具有比产品原则布置更高的生产柔性，适合多品种小批量生产。不过，和工艺原则布置相比，成组技术布置生产的产品种类有限。

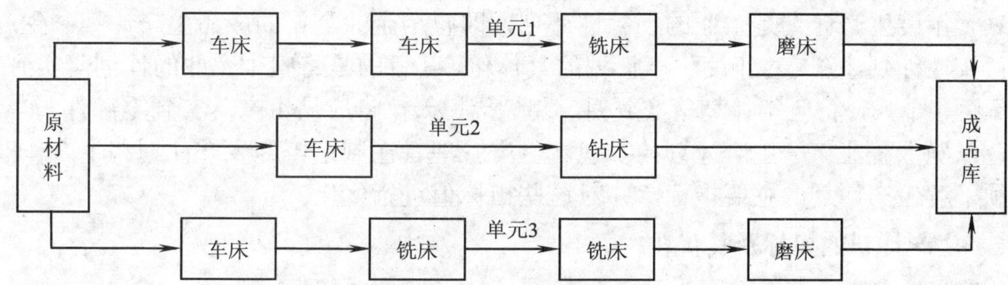

图 4-6　成组技术布置示意图

在实际生产中，一般都综合运用上述几种生产设施布置形式。例如，某一给定区域可能采用工艺原则布置，而另一区域则可以采用产品原则布置。人们也会经常发现总体上是按产品原则布置的工厂，它先是一个零件制造区域，然后是局部装配区域，工艺的最后一步是总装阶段。在每一个区域可以使用不同类型的布置方式，在制造阶段采用工艺原则布置，在局部装配阶段采用成组技术布置，在最后的总装阶段采用产品原则布置。

四、工作设计

在完成产品的设计和开发、生产设施的选址以及生产设施的布置后，可以说生产系统的物质准备基本就完成了，但是如何让这些物质资源有效地运转起来，需要进行工作设计。工作设计是指为有效组织生产过程，确定某一个人或某一群人工作活动内容，来实现工作的协调和任务的完成。

在确定工作内容后，需要进一步确定标准工作方法和标准工作时间，这就涉及科学管理中的一项基础性内容，即工作研究，同时它也是现代工业工程（Industrial Engineering，IE）中非常重要的一个组成部分。

工作研究是以作业系统为研究对象，是在既定工作条件下，运用系统分析的方法研究资源的更合理利用，排除作业中不合理、不经济和混乱的因素，寻求一种更佳、更经济的工作方法，以提高系统的生产率，降低系统的运营成本。工作研究分为方法研究和时间研究。方

法研究是通过生产过程分析和动作分析来确定标准工作方法；时间研究是把工人所进行的工作细分为若干单元，分别加以观测并记录其时间值，然后通过分析研究，建立标准工作时间，即工人完成某项工作所需的时间。有了标准工作方法和标准工作时间，生产管理者就可以知道在规定时间内应给工人安排多少的工作量，就可以指导工人怎样做可以实现高效生产。

第三节　生产系统的运行

在生产系统设计好，并按设计的要求为生产系统配备必要的物质基础后，下一步就需要让生产系统运行起来，使其运行高效、优质、低成本，企业首先就要制定科学的生产计划，确定企业在计划期内的总体工作目标。

一、生产计划

生产计划是指企业未来生产活动的安排，从性质上可以将其划分为年度生产计划和生产作业计划。年度生产计划是企业的纲领性计划，即整个企业全年的成品生产计划；生产作业计划是落实性计划，它是对年度生产计划的具体化，其目的是将整个企业的计划落实到车间、工段、班组、个人，将全年计划落实到月、旬、周、天，将成品生产落实到零部件、半成品、在制品，以确保企业年度生产计划的实现。生产管理者在制定年度生产计划和生产作业计划时，必须了解生产计划的主要指标，并对这些指标值进行优化。

（一）生产计划的指标及其优化

1. 产品品种指标

产品品种指标是关于“生产什么”的决策。产品品种指标是企业在计划期内出产的产品品名、型号、规格和种类。这一指标不仅反映企业在产品品种方面满足市场需要的程度，也反映了企业的生产技术水平和管理水平。

在确定产品品种指标时，可以利用产品品种系列平衡法和销售收入与利润排序法。产品品种系列平衡法是对每种产品的市场引力和企业实力作出判断，然后进行决策的方法。销售收入与利润排序法是把企业生产的每种产品的销售收入及获取利润按大小排序，然后将排序结果填入预先绘制好的销售收入与利润坐标图上，针对产品所处位置加以分析。

2. 质量指标

质量指标是关于“生产什么质量的产品”的决策。质量指标是指生产部门在计划期内产品质量应达到的指标。产品质量指标包括两大类：①反映产品本身内在质量的指标，主要是产品技术性能等。②反映产品生产过程中工作质量的指标，如质量损失率、废品率、返修率等。质量指标既反映了企业生产的产品满足用户使用要求的程度，也反映了企业的生产技术水平和管理水平。

从经济学的角度分析，质量指标并不是越高越好。质量指标过高，会造成质量成本显著增加，使带来的收入的提高幅度赶不上成本的增加幅度，得不偿失。当然，质量指标过低也不行，所以质量指标存在一个最优值。产品合格率与质量成本的变化关系如图 4-7 所示。由图可见，当产品合格率较低时，随着合格率的提高，产品质量总成本也随之下降；当产品

合格率提高到 P^* 时，这时质量总成本是最优的；当合格率超过 P^* 时，随产品合格率的提高，产品质量总成本也随之增加，而且增加的幅度比较大。P^* 就是最佳质量水平点。

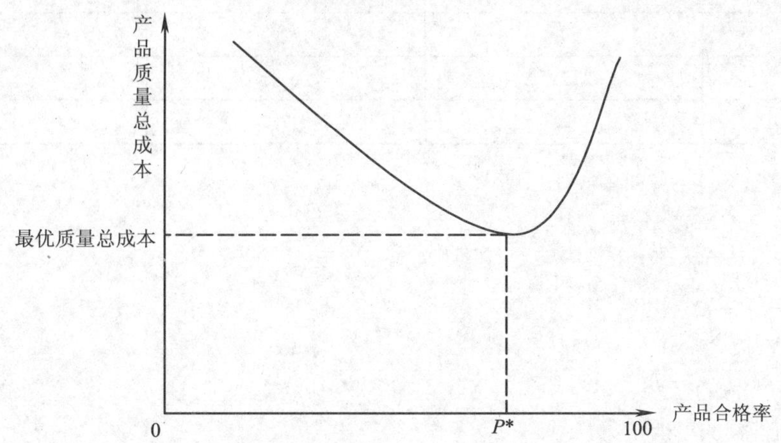

图 4-7　产品合格率与质量总成本的变化关系示意图

3. **产量指标**

产量指标是关于“生产多少”的决策。产量指标是指企业在计划期内出产的符合产品质量要求的产品数量。产量指标通常用实物单位计量，如汽车用“辆”表示、轴承用“套”表示、机床用“台”表示。产品产量包括成品以及用来出售的半成品的数量，不包括不合格品、未经本厂加工而转售的产品的数量。产量指标反映了企业生产发展的水平，关系到企业能获得多少利润，也是制定采购计划、销售计划、成本和利润计划以及员工计划等的主要依据。

优化产量指标的方法主要有两种：

（1）盈亏平衡分析法。盈亏平衡法，又称量本利分析法或保本法。我们把产品生产总成本分为固定成本和变动成本两类。固定成本是指不随产量变化而变化的成本，如固定资产折旧费、管理费用、基础工资等。变动成本是指随产量变化而变化的成本，如原材料成本、能源消耗成本、计件工资等。在应用盈亏平衡分析法确定产量指标时，我们需掌握以下基本等式：

利润=销售收入–产品生产总成本=产量×单价–（固定成本+单位可变成本×产量）

用符号表示为

$$P=S-C=QW-(F+V)=QW-(F+C_VQ)$$

其中，保本点（即利润 $P=0$）时，产量 $Q_0=(F+V)/W$；目标利润 P_0 一定时，产量 $Q=(P_0+F+V)/W$。

（2）线性规划法。企业生产的产品品种通常不是单一的，所以在确定产量指标时就需要确定各产品品种的产量。那么，如何在总资源一定情况下，通过对资源在各产品品种之间的合理分配，以取得生产总成本最低或经济效益最大化，进而实现产量指标的优化呢？线性规划法就可以解决这个问题，从而可以确定各产品品种的产量指标。

例 4-3：某玩具厂生产 A、B 两种玩具，需经过制造车间和装配车间加工。产品所需的工时及车间可提供的工时、两种产品的利润见表 4-5。试求最大利润的生产计划安排（各生产 A、B 两种玩具多少台）。（只需列出线性规划模型）

表 4-5　某玩具厂生产 A、B 两种玩具的相关资料

车　　间	A 产 品	B 产 品	限 制 条 件
制造	4	2	100
装配	2	4	80
利润/千元	12	7	

解：（1）建立线性规划模型。

目标函数：$Z_{max}=12X+7Y$

约束条件：$4X+2Y\leqslant 100$

$2X+4Y\leqslant 80$

决策变量：X，$Y\geqslant 0$

式中　X——A 产品的产量；

Y——B 产品的产量。

（2）求解。可以利用线性规划软件工具求解。本题中用 Excel 中“工具”-“规划求解”功能，解得：X=20，Y=10，Z=310，如图 4-8 所示。即在现有资源一定条件下，安排分产品生产计划时，当安排生产 A 产品 20 件，B 产品 10 件时，会获得最大利润 310 千元。

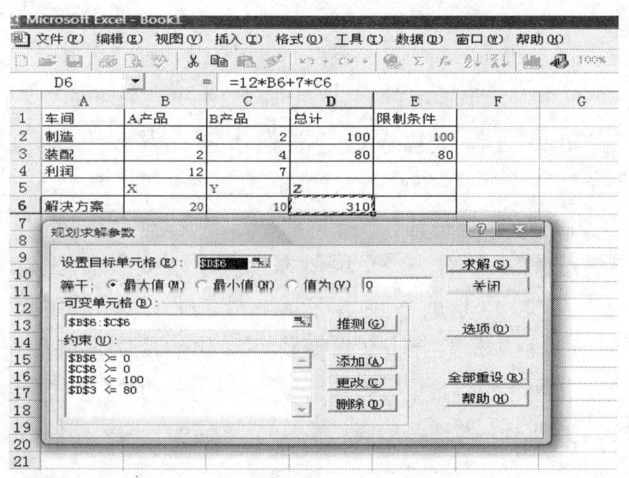

图 4-8　Excel 规划求解示意图

4. **产值指标**

产值指标是指使用货币表示的产量指标。为了能综合反映企业生产的总成果，便于与不同行业比较，有必要采用货币形式来表示产品产量。产值指标可以分为产品产值、总产值以及净产值三种。

产品产值是企业在计划期内出产的用来销售的产品价值。它包括：本企业自备原料生产的成品、半成品价值；订货者来料加工的产品加工价值；对外承做的工业性作业价值（不包括作业对象本身价值）等。总产值是指以货币形式表示的企业在计划期内完成的生产活动总成果的数量。它包括：本企业的全部产品产值、外单位来料加工产品的材料价值以及企业的在制品、自制工具等期末与期初结存量差额的价值。净产值是指企业在计划期内生产活动新创造的价值，是从总产值中扣除各种物资消耗费用后的产值。

5. **出产期指标**

出产期指标是关于“何时出产”的决策。它是指为了保证按期交货而确定的产品出产期限。正确地确定出产期非常重要，因为出产期过松，不利于生产资源的充分利用，而且降低了交货速度；出产期过紧，可能保证不了按期交货，给企业带来信誉和经济上的损失，同时也可能为了赶进度降低了产品质量。

上述各项生产计划中的指标是相互联系的统一整体。前三个指标，即产品品种指标、质量指标、数量指标是生产计划中最重要的指标。随着竞争的激烈，客户对交货的速度要求越来越高，出产期指标也越来越重要，对于按“期”组织生产的订货型企业尤为重要。

（二）生产计划的编制

企业在编制生产计划时，应遵循以下步骤：

1. **调查研究，收集资料**

收集的资料包括：国内外市场的经济技术情报及市场预测资料；企业的长远发展规划，长期经济协议；计划期产品销售量、订单、上期合同执行情况及成品库存量；上期生产计划的完成情况；计划的生产能力；产品工时定额、物资供应、设备检修、劳动力调配等。

2. **统筹安排，初步提出生产计划指标**

在对上述资料收集整理分析后，根据满足市场需要、充分利用各种资源和提高经济效益的原则，对全年的生产任务作出统筹安排。其中包括：产量指标的优化和确定；产品出产进度的合理安排；各品种的合理搭配生产；将企业的生产指标分解为各个分厂、车间的生产指标等工作。

3. **综合平衡，确定生产计划指标**

综合平衡，确定生产计划指标是指把初步提出的生产计划指标同各方面的条件进行平衡，使生产任务得到落实。综合平衡工作的内容主要包括：

（1）生产任务与生产能力之间的平衡，测算企业设备、生产面积对生产任务的保证程度。

（2）生产任务与劳动力之间的平衡，测算劳动力的工种、数量以及检查劳动生产率水平与生产任务是否适应。

（3）生产任务与物资供应之间的平衡，测算主要原材料、动力、工具、外协件对生产任务的保证程度及生产任务同材料消耗水平的适应程度。

（4）生产任务与生产技术准备的平衡，测算产品试制、工艺准备、设备维修、技术措施等与生产任务的适应和衔接程度。

（5）生产任务与资金占用之间的平衡，测算流动资金对生产任务的保证程度和合理性等。

4. **制订生产计划**

在综合平衡基础上，就可以制定综合生产计划表和产品出产进度计划。综合生产计划示例见表 4-6。

表 4-6　综合生产计划表示例

	1 季 度	2 季 度	3 季 度	4 季 度
A 系列产品/台	10000	9000	10000	12000
B 系列产品/台	6000	7000	7000	7000
总工时/min	90000	95000	105000	125000

编制生产计划，不仅要对全年生产任务作出总量安排，而且要进一步将全年生产任务按照每一种具体的产品品种分配到各季、各月、各周，这就是编制产品出产进度计划。根据表4-6综合生产计划制定的产品出产进度计划示例见表4-7

表4-7 产品出产进度计划表

周次	1月				2月				3月			
产品	1	2	3	4	5	6	7	8	9	10	11	12
B_1	200	200	200	200	200	200	200	200	210	210	210	210
B_2		150		150		200		200		250		250
B_3	350		350		400		400		430		430	
月产量/台	1 800				2 000				2 200			

（三）生产作业计划的编制

生产作业计划是年度生产计划的具体执行计划。它具体规定了各车间、工段、班组、个人在较短时间内（月、旬、周、日、小时）的生产任务。制定生产作业计划的中心就是要制定期量标准。

1. **期量标准**

期量标准是指为加工对象（包括零部件）在生产期限和生产数量方面所确定的标准数据。它是制定生产作业计划的重要依据，合理的期量标准保证了生产过程各环节之间的有机衔接，保证了生产过程的连续性和均衡性。企业的生产类型和生产组织形式不同，期量标准也不同。

大量大批生产类型的期量标准主要有节拍、流水线标准工作指示图表、在制品定额。成批生产类型的期量标准主要有批量、生产间隔期、生产周期、生产提前期、在制品定额。单件小批生产类型的期量标准主要有产品生产周期、生产提前期。

（1）批量和生产间隔期。批量就是相同产品或零件一次投入和出产的数量，即花费一次从准备到结束时间所连续生产的同种产品或零件数量。准备时间是指在生产一批产品之前，用于熟悉图样、领取工具、调整设备、安装调整模具、准备原料等所花的时间。生产间隔期是指相邻两批产品或零件的投入的时间间隔或出产的时间间隔。批量和生产间隔期的关系可用下式表示

$$批量=生产间隔期\times平均日产量$$

可见，批量与生产间隔期成正比。当计划期任务一定，则平均日产量是一个常量，只要确定了生产间隔期和批量中的一个，另一个就可根据上式求出。下面介绍一种合理确定生产批量和生产间隔期的常用方法——经济批量法。

经济批量法也称最小费用法，是根据生产总费用最小的原理来确定批量。与批量有关的费用主要包括设备调整费用和在制品存储费用两类，前者随批量的增大而减少，后者随批量的增大而增大，则两者之和——总费用最小时所对应的批量就是所求的经济批量。其计算公式如下

$$Q=\sqrt{\frac{2NA}{C}}$$

式中　Q——批量；

N——年产量；

A——一次设备调整费用；

C——单位产品（或零件）的年平均存储费用。

（2）生产周期。产品的生产周期是指一批产品从原材料投入生产起一直到成品出产为止的全部工作天数。它是由各个零部件的生产周期组成。零部件的生产周期由该零部件的各工艺阶段或工序的生产周期组成。缩短生产周期，对于提高劳动生产率、加速资金周转、减少在制品以及提高交货速度等有着重要的作用。

确定生产周期，一般根据生产流程确定各工艺阶段的生产周期，然后以此为基础确定产品的生产周期。以机械产品生产周期为例，它由毛坯生产周期、机械加工生产周期、装配生产周期以及保险期构成，如图 4-9 所示。

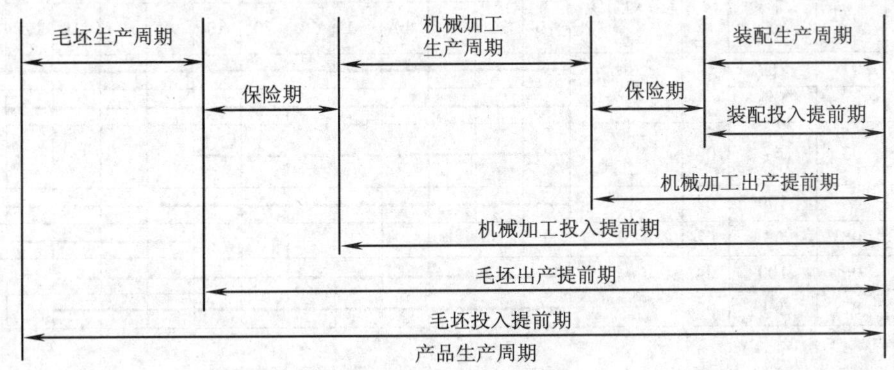

图 4-9　机械产品生产周期示意图

（3）生产提前期。生产提前期是指产品（或零部件）在各工艺阶段投入和出产的日期和成品出产日期相比应提前的天数，前者称投入提前期，后者称出产提前期。生产提前期是以产品出产时间为基准，按反工艺顺序确定各工艺阶段的生产提前期（见图 4-9）。有了生产提前期标准，就可以根据生产计划或合同规定的产品交货期限，合理地确定一批产品的毛坯、零部件投入和出产的日期，以保证产品按时完成交货。

（4）节拍和节奏。节拍是指流水线上两件相同产品投入或出产的时间间隔。节奏是指流水线上相邻两批相同产品投入或出产的时间间隔。节奏等于节拍与批量的乘积。节拍是大量流水生产期量标准中最基本的期量标准，它反映了流水线的生产率。节拍的计算公式如下：

$$r = \frac{F}{Q}$$

式中　r——流水线平均节拍；

F——计划期有效工作时间；

Q——计划期产量，包括预计产量和废品量。

（5）流水线标准工作指示图表。由于流水线的生产对象是固定的，生产任务比较稳定，流水线基本上可以按照标准计划进行工作。车间只需根据当月产量要求，适当调整流水线的工作班次和工作时间，所以流水线生产作业计划的核心问题是编好流水线的标准计划。对于不同的流水线，其标准计划的内容和形式不同。

1）连续流水线标准工作指示图表。这种作业指示图比较简单，因为工序同期化程度高，各道工序的生产率十分稳定，只需规定整条流水线的工作时间、中断时间和工作程序（制度）即可。

2）间断流水线标准工作指示图表。由于间断流水线的工序同期化程度低，各道工序的加工时间不与流水线节拍相等或成整数倍关系，各道工序的生产率不相等，造成工序间有停歇等待现象，因此间断流水线标准工作指示图表编制比较复杂，具体形式如图 4-10 所示。编制时需确定以下内容：确定流水线的看管期；看管期内各工作地的产量及工作地（设备）的负荷率；各工作地的工作时间长度及工作的起止时间；各工作地的工人人数及劳动组织形式。

<table>
<tr><td colspan="3">流水线名称</td><td colspan="2">工作班数</td><td>日产/件</td><td colspan="3">节拍/(分/件)</td><td colspan="4">运输批量/件</td><td colspan="2">节奏/min</td><td colspan="3">看管期/h</td><td>看管期内产量/件</td></tr>
<tr><td colspan="3">轴加工流水线</td><td colspan="2">2</td><td>320</td><td colspan="3">3</td><td colspan="4">1</td><td colspan="2">3</td><td colspan="3">2</td><td>40</td></tr>
<tr><td rowspan="2">工序号</td><td rowspan="2">工时定额/min</td><td rowspan="2">工作地号</td><td rowspan="2">设备负荷率（%）</td><td rowspan="2">工人号</td><td rowspan="2">劳动组织</td><td colspan="12">看管周期内（2h）的工作指示图表</td><td rowspan="2">看管期内产量/件</td></tr>
<tr><td>10</td><td>20</td><td>30</td><td>40</td><td>50</td><td>60</td><td>70</td><td>80</td><td>90</td><td>100</td><td>110</td><td>120</td></tr>
<tr><td rowspan="2">1</td><td rowspan="2">6</td><td>01</td><td>100</td><td rowspan="2">01</td><td rowspan="2">多机床看管</td><td></td><td></td><td></td><td></td><td></td><td></td><td></td><td></td><td></td><td></td><td></td><td></td><td>20</td></tr>
<tr><td>02</td><td>100</td><td></td><td></td><td></td><td></td><td></td><td></td><td></td><td></td><td></td><td></td><td></td><td></td><td>20</td></tr>
<tr><td>2</td><td>2</td><td>03</td><td>67</td><td>02</td><td>转 05 号工作地</td><td></td><td></td><td></td><td></td><td></td><td></td><td></td><td></td><td></td><td></td><td></td><td></td><td>40</td></tr>
<tr><td rowspan="2">3</td><td rowspan="2">4</td><td>04</td><td>100</td><td>03</td><td rowspan="2"></td><td></td><td></td><td></td><td></td><td></td><td></td><td></td><td></td><td></td><td></td><td></td><td></td><td>30</td></tr>
<tr><td>05</td><td>33</td><td>02</td><td></td><td></td><td></td><td></td><td></td><td></td><td></td><td></td><td></td><td></td><td></td><td></td><td>10</td></tr>
<tr><td>4</td><td>3</td><td>06</td><td>100</td><td>04</td><td></td><td></td><td></td><td></td><td></td><td></td><td></td><td></td><td></td><td></td><td></td><td></td><td></td><td>40</td></tr>
<tr><td>5</td><td>2.7</td><td>07</td><td>90</td><td>05</td><td></td><td></td><td></td><td></td><td></td><td></td><td></td><td></td><td></td><td></td><td></td><td></td><td></td><td>40</td></tr>
</table>

图 4-10　间断流水线标准工作指示图表

（6）在制品定额。在制品是指正在制造途中的产品，即在生产过程中尚未完工的所有零部件、产品的总称。在制品定额是指在一定的组织技术条件下，为保证生产正常进行，生产过程各个环节所需占用的最低限度的在制品数量。

2. 编制方法

确定了期量标准后，就可以编制生产作业计划了。对加工装配型企业，分厂级和车间两级编写。厂级生产作业计划的对象是原材料、毛坯、零部件，它要给出零部件的投入产出计划，把企业的生产任务落实到车间；车间生产作业计划的对象是加工工序，它要解决零件加工的先后顺序问题，把车间任务分解到各班组、各工作地。车间生产作业计划的编制比较简单，本章不作介绍。下面介绍厂级生产作业计划的编制。

安排和确定车间的生产任务首先取决于车间的专业化形式和生产类型。如果是对象专业化的车间，厂级生产作业计划的编制比较简单，基本上按照各车间的工艺分工来分配生产任务，再结合各车间的生产能力进行调整即可。如果是工艺专业化的车间，编制作业计划比较复杂。它要保证各个车间之间在生产数量和期限上的衔接平衡，这就要求从企业的成品生产任务出发，按照反工艺顺序，逐个确定各车间的生产作业计划。同时，企业生产类型不同，编制方法也不同。

（1）大量大批生产类型。大量大批生产类型生产作业计划编制的常用方法是在制品定额法。在制品定额法是利用预先制定的在制品定额，结合在制品实际库存量的变化，按产品反工艺顺序，从成品出厂的最后一个车间算起，逐个往前计算各车间的投入和出产任务。该方法的基本思路是：根据大量大批生产的在制品占用量的相对稳定性，以计划期末在制品数量

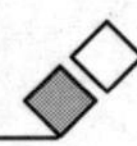

保持在规定的定额水平为目标，按反工艺顺序来确定各车间的投入量和出产量，以保证各车间之间的衔接平衡。表 4-8 为在制品定额法用于确定某汽车厂各车间生产任务的例子。

表 4-8 某汽车厂各车间月计划计算表

车间	编号	项目	数量
装配车间	1	产出量	12 000
	2	计划允许的废品数	0
	3	在制品定额	1 000
	4	期初预计在制品占用量	500
	5	投入量（=1+2+3−4）	12 500
零件库	6	半成品外销量	700
	7	库存在制品定额	800
	8	期初在制品预计结存量	600
加工车间	9	产出量（=5+6+7−8）	13 400
	10	计划允许的废品数	100
	11	在制品定额	1 800
	12	期初预计在制品占用量	600
	13	投入量（=9+10+11−12）	14 700
毛坯库	14	半成品外销量	700
	15	库存在制品定额	2 000
	16	期初在制品预计结存量	2 500
毛坯车间	17	产出量（=13+14+15−16）	14 900
	18	计划允许的废品数	400
	19	在制品定额	500
	20	期初预计在制品占用量	200
	21	投入量（=17+18+19−20）	15 600

（2）成批生产类型。成批生产类型的主要特点是品种规格多，且各产品产量大小不一，各品种生产周期不同，同一时间内各加工阶段大都在平行地生产，每种产品生产或间断或连续进行。因此编制成批生产类型生产作业计划比较复杂，需要做好各车间、各环节在品种、数量、时间方面的衔接平衡。适合成批生产类型的生产作业计划的编制方法主要有累计编号法和物料需求计划法（Material Requirements Planning，MRP）。其中，MRP 法更符合信息时代下的多品种、小批量生产类型的特点，得到了越来越广泛地应用。

MRP 法是按反工艺顺序，围绕物料的转化过程，借助计算机强大的计算功能来及时确定在需要的时间、需要的地点生产必需的物料的一种生产计划方法。运用 MRP 法需要输入计算机四种信息：①主生产计划，即何时要生产多少成品的成品出产计划（Master Production Schedule，MPS）。②物料清单（Bill Of Material，BOM），即产品结构文件。③期量标准，如生产周期、生产批量等。④各种物料的存货信息。有了这四种信息后，计算机就可以编制生产作业计划了，回答需要什么、需要多少以及何时需要这三个问题。

例 4-4：已知产品 A，其产品层次结构图如图 4-11 所示。

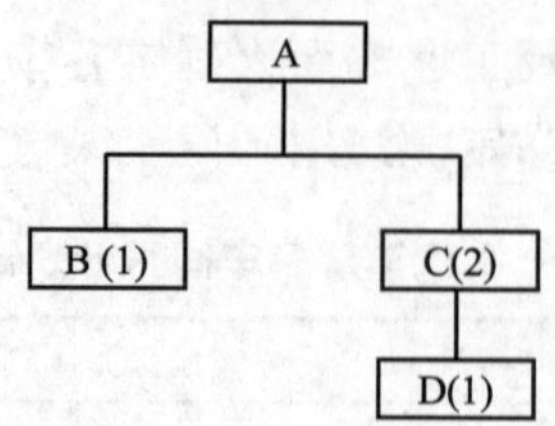

图 4-11　某产品层次结构示意图

为了将以上信息输入计算机，我们需要把图 4-11 改写成表格文件的形式，见表 4-9。

表 4-9　某产品相关资料

零　件	批　量	生产周期	安全储备	上层零件	件　数
A	20	2 周	0	–	1
B	25	3 周	8	A	1
C	40	2 周	8	A	2
D	40	2 周	8	C	1

给出产品 A 的出产进度计划以及各种物料的期初库存信息，再利用上表提供的期量标准信息就可以编制生产作业计划表，具体编制结果见表 4-10～表 4-13。

表 4-10　产品 A 的进度安排

进度/周	0	1	2	3	4	5	6	7	8
毛需求量		20	10	0	10	15	5	0	20
计划到货量		0	15	0	0	0	0	0	0
现有库存量	30	**10**	**15**	**15**	**5**	**10**	**5**	**5**	**5**
出产量						**20**			**20**
投入量				**20**			**20**		

表 4-11　零件 B 的进度安排

进度/周	0	1	2	3	4	5	6	7	8
毛需求量				**20**			**20**		
计划到货量		0	15	0	0	0	0	0	0
现有库存量	30	**30**	**45**	**25**	**25**	**25**	**30**	**30**	**30**
出产量							**25**		
投入量				**25**					

表 4-12　零件 C 的进度安排

进度/周	0	1	2	3	4	5	6	7	8
毛需求量				**40**			**40**		
计划到货量		0	30	0	0	0	0	0	0
现有库存量	20	**20**	**50**	**10**	**10**	**10**	**10**	**10**	**10**
出产量							**40**		
投入量					**40**				

表 4-13　零件 D 的进度安排

进度/周	0	1	2	3	4	5	6	7	8
毛需求量					**40**				
计划到货量		0	0	0	0	0	0	0	0
现有库存量	30	**30**	**30**	**30**	**30**	**30**	**30**	**30**	**30**
出产量					**40**				
投入量			**40**						

注：表中加粗数字为通过计算填写的数字。

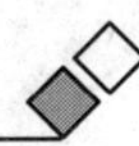

（3）单件小批生产类型。由于单件小批生产的特点是品种多、产量少，而且根据订货组织生产，很少重复生产，因此编制单件小批生产类型的生产作业计划要解决两个方面的问题：一是保证交货期；二是保证企业各车间之间衔接平衡。单件小批生产作业计划的编制主要是生产周期法。

生产周期法是根据预先制定的生产周期标准和订单规定的交货期限，按反工艺顺序绘制生产周期图表，依次确定产品或零件在各生产环节上的投入和产出时间，明确各种产品的生产周期。在此基础上进行汇总和协调平衡，形成各种产品投入和产出综合进度计划。安排车间任务时，只要将在综合进度计划中属于该车间当月应当投入和出产的任务，再加上上月结转的任务，即得出当月该车间的生产任务。

二、生产组织

生产计划编制好后，就需要落实生产计划。要做到有效落实生产计划，就需要对生产过程进行合理地组织。生产过程是企业将投入转化为产出的过程，是维持企业生存和发展的基础。生产过程组织是否合理，对企业的经营效率和经济效益有着巨大的影响。生产过程组织包括生产过程的空间组织、时间组织和劳动组织，目的是在空间上、时间上、人员上紧密配合，形成一个有机协调的生产系统，力争用最短的时间、最小的耗费安全地生产出符合计划要求的品种、质量、数量、交货期等指标的产品，以期获得最大的经济效益。

（一）生产过程的组成

生产过程的组成按其所经过的各个阶段的作用不同可以分成四个部分。

1. 生产技术准备过程

生产技术准备过程是指产品在投入生产前所进行的各种生产技术准备工作过程，具体工作包括产品设计、工艺设计、定额制定等。

2. 基本生产过程

基本生产过程是对构成产品实体的劳动对象进行加工的过程，加工的产品用于对外销售。例如，钢铁企业的炼铁、炼钢、轧钢等工艺过程。

3. 辅助生产过程

辅助生产过程是为了保证基本生产过程正常进行而从事的各种辅助性生产活动的过程，生产的产品不以对外销售为目的。例如，企业所需的各种动力生产、工具制造、设备维修等。

4. 生产服务过程

生产服务过程是为保证基本生产过程和辅助生产过程正常进行所从事的各种服务活动的过程。例如，原材料和半成品的供应、保管、运输、检验等过程。

上述四个过程中，基本生产过程是核心，其他过程都围绕基本生产过程进行的。研究生产过程的组织主要就是研究基本生产过程的组织。

（二）合理组织生产过程的基本要求

合理组织生产过程是指把生产过程从时间、空间、劳动上很好地结合起来，使企业的人力、物力、财力得到充分的利用，达到高产、优质、低耗。要达到此目的，组织生产过程应满足以下几个基本要求：

1. **连续性**

连续性是指产品在整个生产过程的各工艺阶段、各工序之间的流动在时间上紧密衔接、连续不断，使生产始终处于连续运作状态，尽可能减少停顿、等待等无价值的时间。保持生产过程的连续性，可以缩短产品的生产周期，加速资金的周转，提高生产效率和效益。

2. **比例性**

比例性是指生产过程的各组成部分和各要素之间在生产能力上保持一定的比例关系。包括人员、设备、物料、工具、动力等供应应保持合理的比例关系，使之平衡协调生产。生产过程的比例性是保证生产顺利进行的前提条件，也能消除瓶颈环节，保证生产过程的连续性，进而提高生产效率。

3. **均衡性**

均衡性也称节奏性。它是指产品在从投料到完工出产的生产过程中，相同时间内加工的产品数量大致相等或稳定递增。从而避免时紧时松的现象，保证企业生产负荷均衡，有节奏地生产。均衡地进行生产，能够充分利用企业的人力、物力等资源，缩短生产周期，降低成本，提高生产效益。

4. **适应性**

适应性也称柔性。它是指企业能根据市场需求的变化，灵活地进行多品种小批量生产的适应能力。它包括设备加工能力、制造工艺、生产（作业）计划、生产（管理）人员等都应具备适应性，以达到市场需要什么，企业就生产什么，市场需要多少，企业就生产多少，市场什么时间需要，企业就什么时间提供的要求，确保企业的经济效益。

（三）生产过程的空间组织

生产过程的空间组织包括企业厂址的选择、厂区生产车间的平面布置以及车间内部的设施布置等内容，这些内容在第二节已介绍，这里不再阐述。

（四）生产过程的时间组织

合理组织生产过程，不仅要求生产单位在空间上进行合理组织，而且要求劳动对象在车间之间、班组之间、工作地之间的流转在时间上紧密衔接，以实现有节奏地连续生产。生产过程的时间组织主要针对生产工序在时间上的结合方式，即零件在各道工序间的移动方式。不同行业和企业在工序与时间上的结合方式是不同的。例如造船业，加工对象是固定的，这里的工序在时间上的结合方式主要表现为工人顺序移动；再如，化工类型的流程型企业，加工对象即原材料被整批投入进行加工后，它是整批地按加工顺序进行工序间的移动。但在机械等加工装配型企业里，由于零件多、工艺方法多、加工路线和设备千差万别，因而零件在工序间的移动方式是比较复杂的。这类企业当一次加工的零件只有一个时，零件只能顺序地经过各道工序，当一次投入加工的零件超过两个时，工序间就有三种不同的移动方式，即顺序移动、平行移动以及平行顺序移动方式。

1. **顺序移动方式**

顺序移动方式是指一批产品（或零件）在上道工序全部加工完毕后才能整批地移到下道工序继续加工。

例 4-5：某零件生产批量 n 为 4 件，经过 4 道加工工序，每道加工工序的单件加工时间分别为 10min，5min，15min，5min，则其顺序移动方式如图 4-12 所示。

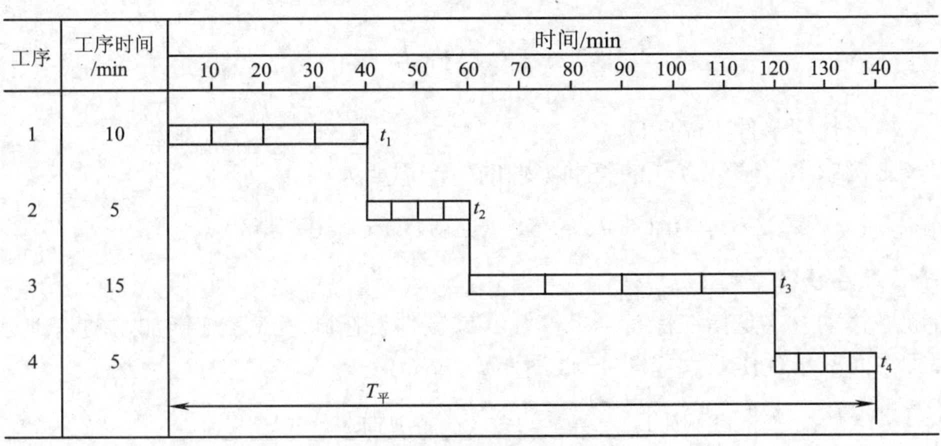

图 4-12　顺序移动方式示意图

顺序移动方式的生产周期计算公式如下

$$T_{顺} = n\sum_{i=1}^{m} t_i$$

式中　$T_{顺}$——顺序移动方式下产品的生产周期；

n——产品生产批量；

m——加工工序的道数；

t_i——第 i 道加工工序的单件工时。

所以，本例中顺序移动方式下整批零件的生产周期为

$$T_{顺} = n\sum_{i=1}^{m} t_i = 4\times(10+5+15+5) = 140\text{（min）}$$

2. **平行移动方式**

平行移动方式是指一批产品（或零件）中的每个产品（或零件）在某道工序加工完成后，不用等待同批中的其他产品完成加工，就立即转到下道工序进行加工，形成各个产品（或零件）在各道工序上平行地加工，如图 4-13 所示。

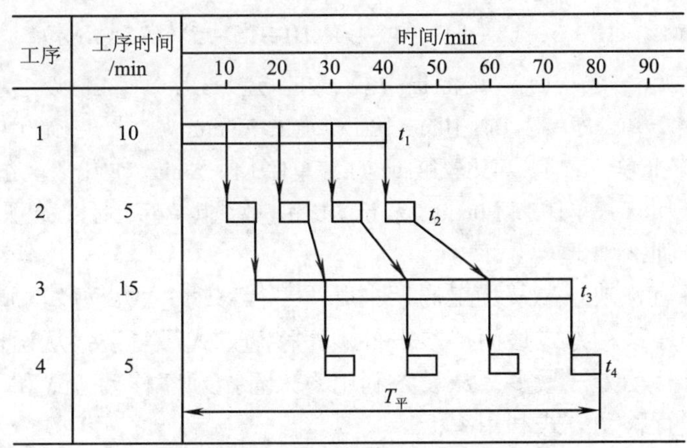

图 4-13　平行移动方式示意图

平行移动方式的生产周期计算公式如下

$$T_{平}=\sum_{i=1}^{m}t_i+(n-1)\ t_{长}$$

式中　$t_{长}$——最长的单件工序时间。

所以，上例中平行移动方式的整批零件的生产周期为

$$T_{平}=(10+5+15+5)+(4-1)\times15=80\text{（min）}$$

3. **平行顺序移动方式**

平行顺序移动方式是指在保持一批产品（或零件）在同道工序连续加工的基础上，尽量实现相邻工序间的平行作业，如图 4-14 所示。

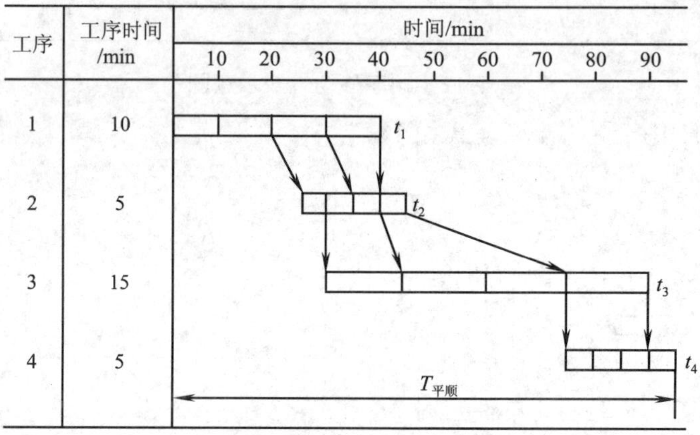

工序	工序时间/min	时间/min：10 20 30 40 50 60 70 80 90
1	10	t_1
2	5	t_2
3	15	t_3
4	5	t_4
		$T_{平顺}$

图 4-14　平行移动方式示意图

平行顺序移动方式的生产周期计算公式如下

$$T_{平顺}=\sum_{i=1}^{m}t_i+(n-1)\quad\left(\sum t_{较长}-\sum t_{较短}\right)$$

式中　$t_{较长}$——和相邻工序单件工时相比都较大的单件工序时间；

$t_{较短}$——和相邻工序单件工时相比都较短的单件工序时间。

所以，上例中平行顺序移动方式的整批零件的生产周期为

$$T_{平顺}=(10+5+15+5)+(4-1)\times(10+15-5)=95\text{（min）}$$

注：若无上一道（或下一道）工序，则将上一道（或下一道）工序单件工时设定为 0；如本例中第一道工序无上一道工序，则第一道工序单件工时 10min 比上一道工序 0min 大，比下一道工序 5min 也大，所以第一道工序单件工时属于较长单件工时。再比较第四道工序单件工时 5min，它比上一道工序（第三工序）单件工时 15min 小，比下一道工序单件工时 0min（无下道工序，故令其单件工时为 0）大，所以第四道工序单件工时既不属于较长时间也不属于较短时间。

三种移动方式各有优缺点。从加工周期来看，平行移动方式最好，顺序移动方式最长；从组织工作来看，顺序移动方式最简单，平行顺序移动方式最复杂；从运输次数来看，顺序移动方式最少，平行移动方式最多；从设备利用率来看，顺序移动方式和平行顺序移动方式的设备利用率高，平行移动方式利用率低。

选择产品（或零件）移动方式时，企业应结合自身的生产条件，考虑企业的生产批量大小、零件重量，生产单位专业化形式、任务的紧急程度等因素。一般来说，批量小、重量轻、

工艺专业化布置时，采用顺序移动方式为宜；批量大、重量重、对象专业化布置时，采用平行移动方式或平行顺序移动方式为宜。加工任务若紧迫，采用平行移动方式为好。总之，零件移动方式的采用受到多种因素的影响，我们要根据企业生产的特点，加以分析比较后，再从中选择最适宜的零件移动方式。

（五）生产过程的劳动组织

生产过程的劳动组织是指在生产过程中合理地组织劳动者进行劳动，把劳动者、劳动对象、劳动工具有机地结合起来，使劳动者之间协调地进行工作。劳动组织是人员的组织，是生产过程组织的重要组织部分。科学、合理的劳动组织是保证企业生产过程顺利进行的前提，是节约人力、充分利用劳动时间和劳动资料的重要措施，也是不断提高劳动生产率进而提高经济效益的重要保证。

劳动组织的内容主要包括：劳动力的配备、工作组的组织、工作轮班的组织、工作地的组织、劳动定额与定员的编制等。

1. **劳动力的配备**

合理配备劳动力，就是根据生产的实际情况需要，在合理分工与协作的基础上，为不同工作岗位配备相应工种和能力的职工，做到事得其人，人尽其才。在配备时应遵循这样几个原则：①使每个人所承担的工作，尽可能地适合本人的专业和技术特长。②使每个人有足够的工作量，同时兼顾每个人工作量之间的均衡。③每个人有明确的工作目标和工作职责，做到事事有人管、人人有事干。

劳动力的配备是建立在合理分工与协作的基础上的，劳动分工通常是按照生产过程的不同工艺阶段进行划分不同工种或操作岗位的。在劳动分工基础上，还要加强劳动者在空间和时间上的协作配合。这种协作配合是通过合理地组织工作组、工作地、轮班等组织形式实现的。

2. **工作组的组织**

工作组的组织是企业基本的劳动组织形式。它是在劳动分工基础上，为完成某项工作，把相互协作的有关工人组织在一起的劳动集体。在工作组内，每个人都有明确的职责和分工，并由组长负责组织全组的工作，保证全组工作的相互协调。工作组和行政上的生产班组基本上是一致的，但通常工作组规模要比生产班组小。下面几种情况下，通常需要组织工作组：

（1）生产工作任务需要几个人密切配合共同完成的，如维修组。

（2）生产工作任务也可以直接分配给个人，但为了便于互相帮助、交流经验，提高工作效率和加强领导的，如车工组。

（3）工人的工作成果彼此相互影响、密切联系的，如流水线上的作业组。

（4）某些项目型的工作任务，需要成立综合性的由不同工种或岗位人员组成的工作小组。

3. **工作轮班的组织**

工作轮班是指企业把相互协作的有关工人，从时间上分成几个班次的劳动集体。工作组是劳动分工在空间上的联系，工作轮班则是劳动分工在时间上的联系。合理组织工作轮班，可以保证生产的连续性，维护员工的身心健康，提高生产效率。不同的企业，有不同的轮班制度，这主要根据企业的工艺特点、生产任务、人员情况、经济效益等条件来选择不同的轮班制度。

企业的轮班制度一般分为单班制和多班制。

（1）单班制。单班制是每天只组织一个班次进行生产。组织工作比较简单，主要是组织

好不同工种之间的相互配合，充分利用工作班时间。实行单班制有利于职工的身体健康，也有利于利用班前班后时间对设备进行维护保养，但不利于设备和厂房等资源的充分利用。

（2）多班制。多班制是指每天组织两班或两班以上的班次进行轮流生产。多班制的组织工作要比单班制复杂些，要考虑的问题有：

1）合理安排工人的倒班。由于多班制需要安排工人上夜班，而夜班生产打乱了工人的正常生活规律，上夜班容易使人产生疲劳，对员工的身体健康有影响。因此，不能固定地安排一些工人长期上夜班，应实行定期轮换工人上夜班。

2）合理配备各班人员质量。各班人员在数量和素质方面应尽量平衡，以保持各班生产连续稳定。

3）加强夜班生产的组织领导。企业的主要生产技术人员和管理人员一般都集中在白天上班，夜班力量较弱，夜间遇到的问题往往难以得到有效、及时地解决，通常要拖到第二天白天来处理，这不仅影响了夜班的生产能力，对白班的生产能力也带来了一定的影响。因此，企业应加强夜班的组织领导，必须建立夜间的技术人员和管理人员的值班制度。

4）要建立健全交接班制度，并严格执行。为了加强各班次之间的衔接和协作，企业要规定交接班时间和具体交接事项和交接方法，以分清责任，保证各班生产连续进行。各班组要做好各项生产记录，如完成任务情况、设备运转情况、产品质量情况、异常情况处理、各种物料和工具消耗使用情况、上级安排和指示等。

多班制的形式通常有以下三种：

1）两班制。每天组织早、中两个班次轮流生产。

2）三班制。每天组织早、中、夜三个班次轮流生产。通常采用反倒班轮班制，如有甲、乙、丙三个班次都按早、中、夜班反顺序倒班。即由原来的夜班倒中班、中班倒早班、早班倒夜班。这样倒班时，各班次至少有一个班次的休息时间，每倒三次为一个循环，见表 4-14。

表 4 14　二班制的反倒班轮班表

班　次	第 一 周	第 二 周	第 三 周	第 四 周
早	甲	乙	丙	甲
中	乙	丙	甲	乙
夜	丙	甲	乙	丙

3）四班三运转制。四班三运转制，即组织四个班次的工人从事生产，每天安排三个班次轮流生产，一个班次工人休息，工人每两天倒一次班，连续工作六天后休息两天，每八天一个循环，见表 4-15。

表 4-15　四班三运转轮班表

班次日期	1	2	3	4	5	6	7	8	9	10
早（7:00-15:00）	甲	甲	丁	丁	丙	丙	乙	乙	甲	甲
中（15:00-23:00）	乙	乙	甲	甲	丁	丁	丙	丙	乙	乙
夜（23:00-次日 7:00）	丙	丙	乙	乙	甲	甲	丁	丁	丙	丙
休息	丁	丁	丙	丙	乙	乙	甲	甲	丁	丁

在连续性生产类型的企业里，由于没有公休日，需要对照常白班人员工作时间计算月加班时间，并计算相应加班报酬给予倒班员工相应的劳动报酬补偿和夜班津贴。

4. 工作地的组织

工作地是工人进行生产活动的场地。劳动者、劳动工具和劳动对象三者的有机结合是通过工作地来实现的。工作地的组织工作，就是要在一个工作地上，合理安排三者之间的关系，使人、机、物之间有合理的布局和安排，以方便工人操作，降低劳动强度，节约劳动时间，充分利用设备能力，减少场地占用，保证安全生产，提高劳动生产率。

工作地组织的内容主要包括：合理装配和布置工作地，如布置合适的设备、工具、仪器等；保持工作地良好的工作秩序和工作环境，如合适的温度、照明度、卫生清洁等；组织好工作地的物资供应和服务工作，保证工作地各项工作的顺利进行。

5. 劳动定额与定员的编制

（1）劳动定额。劳动定额是指在一定的生产组织技术条件下，为生产一定量的合格产品或完成一定量的符合要求的工作所规定的劳动消耗量的标准。劳动定额是企业管理的一项重要的基础性工作，是编制生产计划的基础，是合理确定员工数量的依据，同时也是衡量劳动者绩效的依据。劳动定额有两种基本形式：

1）工时定额。它是指工人生产单位合格产品所需的时间，也称时间定额。

2）产量定额。它是指工人在单位时间内应该完成的合格产品数量。工时定额和产量定额在数值上互成倒数，可以相互换算。另外，看管定额是指一个工人或一组工人同时看管设备的数量。

（2）劳动定员。劳动定员是指企业在一定的生产技术组织条件下，为保证生产经营活动正常进行，而规定的在一定时期内劳动力的数量。劳动定员的依据是工作量和工作效率，常见的劳动定员方法有：

1）按劳动效率定员。它是指根据生产任务、工人劳动效率和出勤率计算。其计算公式如下

$$定员人数=\frac{每一轮班应完成的工作任务}{工人班产量定额\times定额完成率\times出勤率}$$

或

$$定员人数=\frac{每一轮班应完成的工作任务\times工时定额}{工作班时间\times定额完成率\times出勤率}$$

2）按设备定员。它是指根据机器设备需要开动的数量、工人的看管定额和设备的开动班次、出勤率计算。其计算公式如下

$$定员人数=\frac{需要开动的设备台数\times每台设备开动班次}{工人看管定额\times出勤率}$$

3）按岗位定员。根据工作岗位的数量和每个岗位的工作量、工人的劳动效率和岗位数量、出勤率等因素计算。

4）按比例定员。根据职工总数或某一类人员总数的一定比例来计算定员人数。适用于计算辅助生产人员和服务人员的确定。

5）按组织机构、职责范围和业务分工定员。根据职能科室的职责范围、业务分工和工作量来确定，主要用于管理人员和工程技术人员的确定。

三、生产控制

生产控制是实现生产计划和生产作业计划的重要手段[㊀]，是对生产活动的检查、监督和调节。虽然生产计划和生产作业计划对日常生产活动已经作了比较周密且具体的安排，但随着时间的推移，市场需求发生变化、生产准备工作不周全、生产现场的偶然因素等原因会使得实际和计划发生差距。因此，必须及时监督和检查，发现偏差，及时处理，这就是生产控制。

（一）生产控制的基本目的和基本手段

1. 生产控制的基本目的

生产控制的基本目的是按照进度计划进行生产。具体来讲，生产控制的基本目的就是缩小计划与实际的差距，保证产品交货期。比如，发现生产进度慢时，就要采取提高生产速度的措施，并消除造成速度慢的原因。进一步来讲，还要找出拖延作业时间的因素，防止和减少拖延作业时间现象的发生，进行早期预防。另外，还要根据实际进度情况，灵活安排人员，防止作业人员和设备的等待。

2. 生产控制的基本手段

生产控制的基本手段主要有生产调度和生产作业核算。

（1）生产调度。生产调度是组织执行生产作业计划的工作，其任务是在企业日常生产活动中，对生产系统进行有效的控制和指挥，即按照生产作业计划的要求和实际情况，监督和控制生产进程，积极预防和处理生产中出现的各种问题，协调生产过程的各个环节，以及生产与供应、销售、外协之间的关系，保证生产作业计划的完成。为了做好生产调度工作，企业应建立一个强有力的生产调度系统。大型企业可设厂部、车间、工段三级调度组织，中小型企业可设厂部、车间二级调度组织。企业要做好调度工作，还应建立一系列的制度，主要有：

1）调度值班制度。严格调度值班制度，必须做到有生产就有调度值班，并填好调度日志。

2）调度报告制度。定期或不定期逐级向上报告。厂一级的生产调度部门，要把每日的生产情况、库存情况、产品配套情况、生产中存在问题和处理情况等汇编成生产日报，报送厂领导和相关科室、车间。

3）调度会议。这是集思广益、统一指挥的好形式。会议内容主要有：汇报上次调度会议决议执行情况和本期生产任务完成情况；讨论研究本期生产中存在的问题；作出会议决定，由有关部门分别执行，调度部门负责检查督促。

4）现场调度。由领导人员亲自到现场，会同调度人员、技术人员和员工，研究生产中亟须解决的重大问题，提出解决的办法。

5）班前会和班后会。这是工段或小组进行生产调度的重要方法，也是实行民主管理的好形式。班前会主要布置本班应当完成的生产任务或注意事项，班后会主要检查生产任务完成情况，总结本班的工作经验和教训。

（2）生产作业核算。要搞好生产调度，进行生产控制，企业管理层必须掌握生产作业计划的实际执行情况。这除了要靠有关人员深入生产一线实际调查了解外，还应有经常的、完善的生产作业核算。生产作业核算内容主要是对产品、零件的实际投入量和出产量、投入期和出产期、在制品数量、各部门和个人完成的工作任务等所进行的核算。通过生产作业核算，不仅可以为生产调度反馈信息，为检查、考核作业计划执行情况提供依据，而且还可以为编制生产作业计划和

㊀ 其实，生产计划和生产作业计划也是一种控制的手段。

进行会计、统计核算提供原始资料，是进行生产控制，加强管理的基础性工作。

（二）生产控制的一般方法和内容

1. 生产控制的一般方法

生产控制活动，一般按下列顺序展开：

（1）掌握情况。用工票或生产日报等来记录生产情况、听取生产报告、确认生产情况等，以便掌握生产的现状。

（2）预测差距。用生产计划（标准）同生产实际情况相比较，看两者之间有否差距，若有，立即进行下一步查找原因工作。

（3）查找原因。

（4）采取措施。

（5）验收结果。根据查找的原因，采取措施进行调整，对调整后的效果进行验收确认。

2. 生产控制的内容

生产控制的内容主要包括控制作业的进展情况（进度控制）、控制在制品流动（在制品控制）、控制人与设备的余力（余力控制）以及记录和汇总生产实际情况并把它编写成将来有用的管理资料（即为了向各部门提供生产情报而进行的资料管理）。

（三）生产进度控制的方法

生产进度控制是按照预先制定的作业计划，检查各种零部件的投入和产出时间、数量和配套性，保证产品能准时成套出产。进度控制是生产控制的中心任务之一，其目的是为了保证交货期、减少在制品。生产进度控制的主要内容有以下几个方面：

1. 投入进度控制

投入进度控制是指产品或零部件开始投入的日期、数量、品种是否按计划进行。投入不及时或投入数量不足，会造成产品不能按期出产，甚至造成生产中断；投入过早、过多，又会造成积压。

2. 出产进度控制

出产进度控制是对产品的出产日期、出产提前期、出产量、出产成套性和均衡性的控制。它是保证各个生产环节之间紧密衔接、实现成套均衡生产，按时按量完成生产作业计划的有效手段。如果前道工序不能按计划出产相应数量和品种的零部件，后续工序就会出现停工待料情况；如果前道工序的产量超过计划要求的出产产量，后续工序就可能因加工能力的约束不能及时加工完成，造成工序间在制品积压。

3. 工序进度控制

工序进度控制是对产品在生产过程中所经过的各道工序进度所进行的控制。在大量大批生产条件下，品种少，工序固定，只控制在制品数量就可以，不必按工序进行控制。在成批和单件生产条件下，品种多，工序不固定，各品种或零部件加工所用设备常常冲突，即使作业计划已安排好了，由于投产后在执行中出现的许多变化打乱了原计划，造成各品种、零部件加工时挤碰在同一工序，不能按时加工。所以，对成批和单件生产只控制投入进度和出产进度是不够的，还必须加强工序进度控制。

投入进度、出产进度和工序进度三者之间是互相联系的。投入进度控制和工序进度控制决定了出产进度控制，但又要根据出产进度控制反馈的信息来追踪调整投入进度控制和工序进度控制。

生产进度控制流程图及说明如图 4-15 所示。

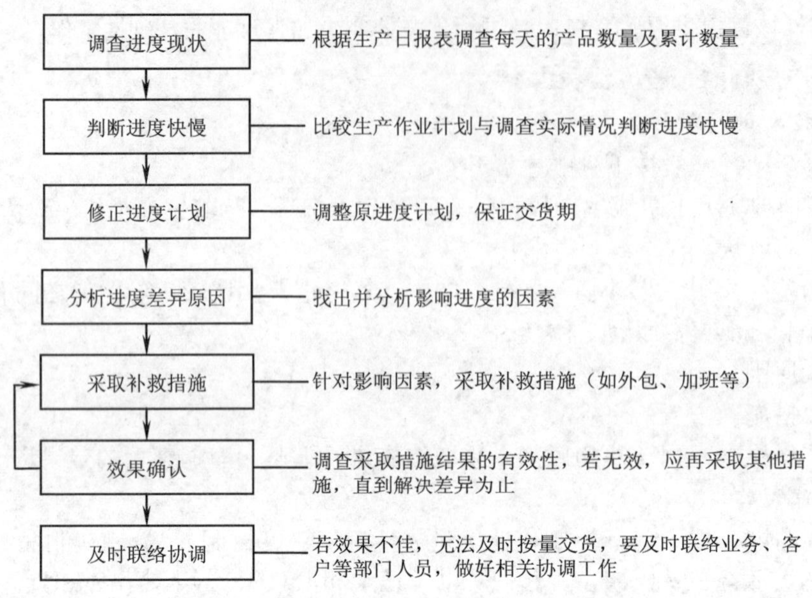

图 4-15　生产进度控制流程图及说明

（四）生产余力控制的方法

生产余力就是生产能力与生产负荷之差。当负荷大于能力时，能力不足，为负余力，交货期就会拖延；当负荷小于能力时，能力过剩，为正余力，作业人员或设备就会出现等待闲置现象。生产余力控制的目的：①要保证实现计划规定的进度。②要通过作业分配和调整，谋求生产能力与负荷的平衡，做到既不出现工作量过多，也不发生窝工现象。

生产有余力，即正余力时，要采取提前计划进度、支援其他生产单位、安排外购件生产计划等调整措施，减少窝工现象；生产出现超负荷运转，即负余力时，可能导致生产计划进度的延迟，要采取调整班次、重新分配任务、利用外协等措施。

生产余力控制流程图如图 4-16 所示。

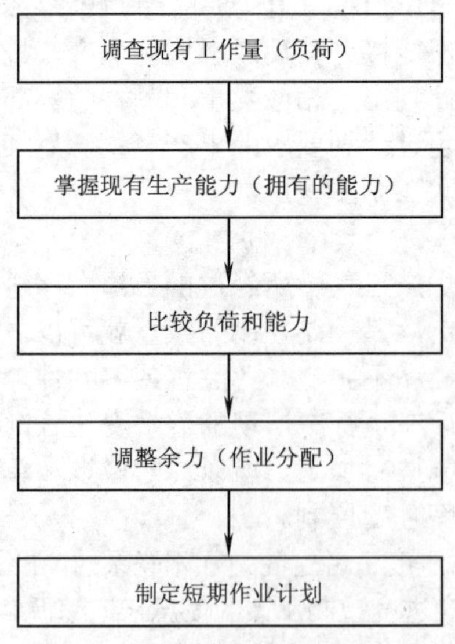

图 4-16　生产余力控制流程图

（五）生产在制品控制的方法

从原材料、外购件投入生产起，到成品出产并经检验合格入库之前，存在于生产过程的各个环节的零部件都被称为在制品。企业中各生产环节之间的联系，表现为在制品的供求关系。为了使生产过程的各个环节都能按计划有节奏地生产，应该储备一定数量的在制品。但是，在制品的储备数量过多，会造成储存费用上升，资金占用过多，给企业带来经济损失；储备数量过小，会造成生产中断，影响生产的连续进行。因此，合理控制好在制品，具有重要的意义，是生产控制的一项重要内容。

在大量大批生产条件下，由于在制品数量比较稳定，事先制定了在制品定额，它们在生产中的流转是按照一定的顺序，沿着一定的路线进行的。因此通常采用轮班任务报告，并结合统计台账来控制在制品的数量和移动。轮班任务报告也叫轮班生产作业计划，是规定各工作地、工作班以及个人的生产任务的文件。零件投产后，根据每道工序的完工情况，由检验人员填写检查结果。它可以把统计、核算和检查计划完成情况结合起来，有效地加强了生产的计划性和严肃性。

在单件小批生产条件下，由于产品品种和批量经常变化，进行轮番生产，在制品数量稳定性差，通常采用加工路线单或单工序工票，结合统计台账来控制在制品数量。加工路线单是记录每批零件从投料开始，经过各道工序的加工、检验直到入库为止的全部生产过程的原始凭证。其格式见表4-16。加工路线单有利于控制在制品的流转，加强了上下工序的衔接。其缺点是一票到底，流转时间长，容易污损和丢失。单工序工票是一个工序一张票。它记录内容和加工路线单基本相同，只是一道工序完工，零件送检，检验员在工票上记录有关事项后，工票返回到计调员手中，再为下道工序开出新的工票。

表4-16　加工路线单示例

加工路线单

产品：　　　　　　　　编号：　　　　　　　　年　月　日

零件名称	规格	发出数	发出人	用料部门	领料人

日期		工序		操作工		检验结果				检验员签字
月	日	序号	名称	完成数	签字	合格	返修	工废	料废	

月	日	合格入库数	不合格数	检验员签字	入库日期	备注

课堂研讨

生产混乱的原因有哪些？

第四节　生产系统的维护与改进

生产系统只有通过持续的维护和改进，才能适应市场环境的变化，才能持续地为用户提供合格的产品和服务。

一、设备管理概述

设备是企业生产系统的重要组成部分，设备技术状态的好坏，直接影响到产品生产的效率和质量。加强设备管理，对合理组织生产过程，保证企业生产的正常秩序，提高企业经济效益有十分重要的作用。

（一）设备管理的主要内容和任务

设备管理是对设备寿命周期内的全过程的综合管理，包括设备的选择与购置、安装与调试、使用与保养、检修与维护、改造更新直至退出生产领域的整个过程。设备管理还涉及设备档案及设备信息管理和设备的备品备件管理。

设备管理的任务是通过对设备整个寿命周期进行管理，以延长设备使用寿命，降低设备使用费用，提高设备运作效率，从而保证企业的生产经营效益。

（二）生产设备的使用评价

生产设备的使用评价是指对设备的使用情况及其费用的评价，目的是评价使用设备部门和个人在利用设备及发挥设备效益方面的绩效。设备的使用评价结果也可作为衡量设备自身质量的一个依据。

1. 使用情况评价

设备的使用情况评价主要指标有设备完好率和设备故障率。

设备完好率是指企业中技术性能完好设备台数占全部设备的百分率。其计算公式如下

$$设备完好率=\frac{主要设备的完好台数}{全部设备的完好台数}\times 100\%$$

公式中的设备总台数包括在用、停用、封存的设备。在计算设备完好率时，除按全部设备计算外，还应分别计算各类（如 A 类、B 类等）设备的完好率。为了更好地表征设备使用情况，计算设备完好率时一般只统计重要的设备，对低值设备或不重要的设备的完好情况不列入计算设备完好率的统计范围。

知识拓展

所谓完好设备一般标准是：①设备性能良好，如机械加工设备的精度达到工艺要求。②设备运转正

常，如零部件磨损、腐蚀程度不超过技术规定标准，润滑系统正常、设备运转无超温、超压现象。③原料、燃料、油料等消耗正常，没有油、水、汽、电的泄漏现象。对于各种不同类型的设备，还要规定具体标准。例如，传动系统的变速要齐全、滑动部分要灵敏、油路系统要畅通等。

设备故障率是指在一段时间内设备的故障停机时间与同期内实际开动时间的百分比。其计算公式如下

$$设备故障率=\frac{故障停机时间}{设备开动时间}\times 100\%$$

2. **费用评价**

设备的费用评价在一定程度上反映了设备故障对生产的影响。主要指标有单位产品维修费用、维修费用率等。单位产品维修费用反映了维修消耗水平，是将维修与生产相结合的一个指标，它反映了维修成果。维修费用率是反映维修效率的一个指标。相关的计算公式如下

$$单位产品维修费用=\frac{维修费用总额}{产品总产量}\times 100\%$$

$$维修费用率=\frac{维修费用总额}{总生产费用}\times 100\%$$

（三）设备的磨损规律

设备在使用过程中，零部件会发生磨损、松动，以至会产生故障。为了延长设备的使用寿命，做好设备的维护保养，就必须了解设备的磨损规律。

设备的磨损大致经过三个阶段，设备的磨损规律曲线如图 4-17 所示。

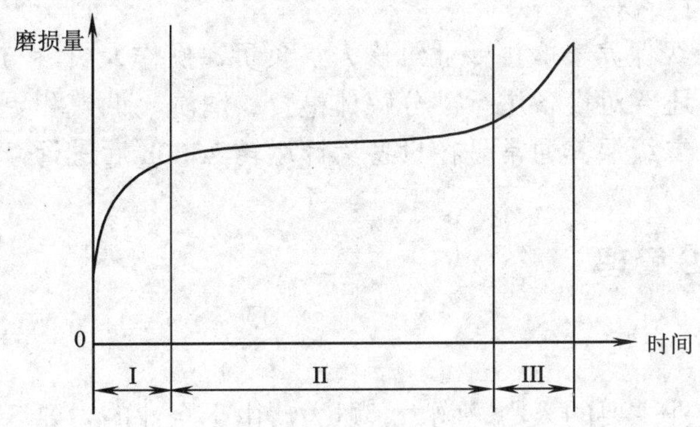

图 4-17 设备的磨损规律曲线

图 4-17 中横坐标为设备的使用时间，纵坐标为磨损量。第Ⅰ阶段称为初期磨损阶段。这一阶段零件表面上的高低不平处以及氧化层，由于零件的运转，互相摩擦力的作用很快被磨平。这一阶段时间较短。第Ⅱ阶段称为正常磨损阶段。这一阶段磨损基本上均匀进行，磨

损速度缓慢。处于这一阶段的设备有很高的生产效率和加工质量。这一阶段延续时间较长。第Ⅲ阶段称为剧烈磨损阶段。此时，正常磨损关系已被破坏，使得磨损剧烈增加，有的零件甚至发生断裂现象，导致零件损坏、设备停车。这一阶段设备加工精度、加工效率快速降低，一般不允许零件使用到剧烈磨损阶段。此阶段时间也较短。

（四）设备的合理使用和维护保养

1. 设备的合理使用

为了使设备经常处于良好的状态，就必须做到合理使用，经常维护，以延长设备的正常磨损阶段。要做到设备的合理使用，应做到以下几点：

（1）为设备配备合格的操作人员，防止由于操作工人不合格而使设备遭受意外损坏。

（2）为设备合理安排生产任务，避免“大机小用”、“小机大用”、“精机粗用”或超负荷运转所带来的生产能力浪费、设备损坏的现象。

（3）建立健全设备使用的规章制度。设备管理规章制度是指导工人操作维护和检修设备的技术法规，要正确地制定和贯彻执行，这是合理使用设备的重要保证。

（4）为设备创造良好的运转环境。做好温度、湿度、尘埃、震动等环境控制，有利于设备精度和性能的保持。

2. 设备的维护保养

生产设备能否良好地运转，除了合理使用外，还取决于设备的维护保养。设备的维护保养是指为了保持设备正常的技术状态，对设备进行清扫、检查、清洗、润滑、紧固和防腐等一系列日常工作的总称。目前，我国多数企业采用“三级保养制”，即日常保养、一级保养和二级保养。

（1）日常保养。日常保养通常由操作人员负责完成，主要工作是对设备进行清扫、润滑、紧固和调整等。

（2）一级保养。一级保养一般由操作人员在专业维修人员指导下定期进行，其工作时根据设备使用情况，对设备的局部进行解体检查、清洗、疏通、更换等。一级保养通常是在设备累计运转 500h 后进行一次。

（3）二级保养。二级保养一般由专业维修人员负责，操作人员参与，其保养内容除完成一级保养工作内容外，还要对设备进行部分解体检查、清洗、调整和更换，及时修复某些已磨损或老化的零件等。二级保养通常是在设备累计运转 2500h 后进行一次。

二、生产现场 5S 管理

（一）生产现场

生产现场集中了企业主要的人力、物力、财力，由于企业的主要活动都是在生产现场完成的，因此从生产现场的状况就可以了解到该企业的经营状况。

生产现场能直接创造效益，企业的竞争优势很大程度上取决于成本和质量，而成本和质量在很大程度上取决于生产现场管理水平。

生产现场能提供大量信息，在生产现场，汇集了人和人、人和物、物和物的信息，通过

对这些信息的分析，能预先知道现在应该干什么，还需要做什么。

生产现场能及时发现管理中的许多问题。问题产生时，现场所发生的变化也许是缓慢的，有时看起来暂时无碍大局，但它确实是在向着某一个方向发展。若发现不了这些变化的苗头，不了解产生这些变化的背景和原因，等到问题堆积起来时再设法解决，恐怕为时已晚了。

生产现场能掌握员工思想动态。譬如员工心情不好可能反映到工作上表现为：对设备出现一些小毛病但没有成为故障，也没及时排除或及时通知有关人员解决；零部件有一些小毛病可以通过简单地作业予以消除的也无心去做，从而直接影响质量和生产效率。因此通过生产现场，要随时掌握下属的思想情绪，主动与其沟通和交流，适时帮助和引导。

（二）生产现场5S管理的概念

生产现场管理是对生产现场的各种生产要素进行合理配置和优化组合，以保证生产系统目标的实现。生产现场管理的方法主要有 5S 管理、目视管理、定置管理等。本文主要介绍生产现场 5S 管理。

5S 起源于日本，对于第二次世界大战后日本产品品质的提升起到了重要作用。5S 指的是整理、整顿、清扫、清洁、素养，这 5 个词在日语中的前面发音都是“S”，所以统称为“5S”。有的企业加了“Safety”，称为 6S，如海尔集团推行的就是 6S 管理。有的又加上“Save”、“Service”、“Satisfactory”、“Smile”等，称为“7S”“8S”等。但万变不离其宗，无论是 7S、8S 都是从 5S 衍生出来的。

生产现场 5S 管理是指在生产现场中对人员、机器、材料、方法、环境等生产要素进行有效的管理。

（三）生产现场5S管理的内容

1. 整理

整理是指将必需品和非必需品区分开，在岗位上只放置必需品，现场不放置非必需品。目的是腾出空间，防止误用。通过整理，可以使现场无杂物，行道通畅，增大作业空间；可以减少碰撞，保障生产安全，提高产品质量；可以消除混料差错；可以减少库存，节约资金。通过整理，还可以使员工心情舒畅、工作热情高涨。

开展整理工作步骤：

（1）现场检查。它是指对工作现场全面检查，包括看得见和看不见的地方，如设备内部、文件柜顶部、桌子底部等。

（2）区分必需品和非必需品。它是指以使用频度来区分必需品和非必需品，并制定“必需”与“非必需”的判别标准。例如，每天、每周使用的物品可以判定为必需品，每月、每季度使用的物品判定为非必需品。

（3）清理非必需品。它是指将非必需品从现场移走，如将长期不用或已经不能使用的设备、工具、原料、半成品从现场移走。

（4）非必需品处理。它是指对无使用价值的非必需品，可以折价变卖或另作他用；对有使用价值的非必需品，涉及机密、污染有毒废弃物等要进行特别处理，对普通废弃物分类出售。

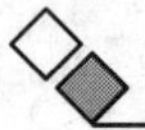

（5）每天循环整理。整理是永无止境的工作，因为现场每天都会产生新的非必需品。整理贵在日日做，偶尔突击一下做做样子，就失去了整理的意义。

2. ***整顿***

整顿是指将整理后留下的物品进行科学、合理的布置摆放，使人们能方便地取到。通过整顿不仅可以节省寻找物品的时间，提高工作效率，而且使工作场所一目了然，培养出井井有条的工作秩序。通过整顿，要使得物品放置有固定的场所，不需要花费时间寻找；物品摆放地点科学、合理，如常用的放近一些，偶尔用的则应放远一些。

开展整顿工作步骤：

（1）调查分析现状，找出问题。要调查日常工作中的必需品管理状况，如名称、分类、放置方法等，并找出存在的问题，对症下药。

（2）对必需品进行分类。可根据物品各自特征，把具有相同特点或性质的物品划为一个类别，并制定标准和规范，为物品正确命名和标志。

（3）决定物品储存方法。决定物品储存方法是采用固定位置储存，还是自由位置储存。固定位置储存，即场所固定、物品存放位置固定、物品标志固定，适用于周期性地回归原处，在下一生产活动中重复使用的物品，如搬运工具、设备附件、量具等。自由位置储存，即相对地固定一个存放物品的区域，适用于不回归、不重复使用的物品，如原材料、零部件、半成品等。

（4）实施。它是指按决定的储存方法把物品放在它该放的地方。

1）工作场所定置要求：制定标准比例的定置图。生产场地、通道、检查区、物品存放区都要进行规划和显示。

2）生产现场各工序、工位、机台要有定置图。

3）工具箱定置要求：制定工具摆放定置图，不准随便放。

4）仓库定置要求：制定库房定置总图，有储存期限要求的，要有特定标志。

5）要制定检查现场的定置图，并将检查现场划分为不同的区域，如半成品待检查区、成品待检查区、合格品区、废品区、返修品区、待处理品区等，并进行相应标志。

3. ***清扫***

清扫是指把生产现场打扫干净，包括机器、工具、地面、墙壁、天花板等工作场所。生产现场会产生灰尘、油污、垃圾等，从而使设备精度降低，影响产品质量，还会影响员工的工作情绪和身体健康。通过整理、整顿后，必需品处于立即能取到的状态，再通过清扫，可以稳定取出物品的品质。

开展清扫工作的步骤：

（1）准备工作。对员工做好清扫的安全教育，对可能发生的触电、刮伤碰伤、坠落砸伤等不安全因素进行警示和预防；对清扫设备的基本常识教育，明确清扫工具、清扫位置、加油润滑基本要求等。

（2）从工作岗位扫除一切垃圾灰尘。

（3）清扫点检机器设备。容易发生跑冒滴漏的部位要重点确认。边清扫边改善设备状况，把设备清扫与点检、保养、润滑结合起来。通过清扫，把设备表面的灰尘、油渍、原材料加工剩余物清除掉，这样磨损、瑕疵、漏油、松动、裂纹、变形等设备问题就会暴露出来。

（4）整修在清扫中发现的问题。例如，紧固清扫中发现了松动的螺钉、螺母，更换老化或破裂的水管、气管等。

（5）查明污垢的发生源，从根本上解决问题。例如，每天清扫，油渍、碎屑、灰尘还是满地都是，就要查找源头，从根本上解决。

（6）实施区域责任制。制定卫生责任区域分布图，责任到人，不存在没人管的卫生死角。

（7）制定相关清扫基准。明确清扫对象、清扫方法、重点、周期、使用工具、清扫时间、责任者等，保证清扫质量。

4. 清洁

清洁就是指将整理、整顿、清扫以后的生产现场状态进行保持，这就需要持续进行前3个S，即整理、整顿、清扫，并且形成标准化、制度化。5S一旦开始，如果不能贯彻到底，就很可能半途而废。必须通过各种形式（如5S新闻、领导巡视、宣传画、标语、5S活动日等）向员工贯彻5S意识，连续、反复不断地进行整理、整顿、清扫活动，彻底贯彻3S。

开展清洁工作的主要内容有：

（1）彻底落实前3S的各种活动。

（2）制订目视管理的基准。清洁的状态除了维持前3S的效果外，更要通过各种目视化的措施，来点检工作，使异常现象一目了然而立刻加以消除，让工作现场保持在正常的状态。例如，借整顿的定位、画线、标志，彻底塑造一个地、物明朗化的现场，而达到目视管理的要求；再如，将螺母和螺钉拧紧后，在侧面画一条线，如果以后线的上下未对齐，则可发现螺钉已松，以防止设备故障。

（3）制订稽核方法。建立清洁稽核表；作业人员或责任者应认真执行，逐一点检工作；主管人员作不定期的复查。

（4）制订奖惩制度。依照5S竞赛办法，对在5S活动中表现优良和执行不力的部门及人员予以奖惩。

（5）维持5S意识。通过期刊、海报、标语等各种形式，不断向员工灌输5S意识，明确5S对企业的作用，并将推行5S前后情况及时进行对比，让员工感受到实行5S给企业带来的变化。

（6）高层主管应经常带头巡查，带动各级员工对5S的重视。只有上级关心，下级才有责任心。

5. 素养

素养是指对于规定了的事情，大家都按要求去执行，并养成一种习惯。它是5S的最终目标。目的是让员工遵守规章制度，养成工作规范认真的习惯。这些习惯可具体表现为强烈的时间观念，遵守出勤、会议时间；工作保持良好状态（如不随意聊天说笑、离开工作岗位、吃零食、上网玩游戏等）；着装整齐；待人接物诚恳有礼貌等。在5S活动中，主管要不厌其烦地指导员工做整理、整顿、清扫、清洁工作，其目的不仅仅在于希望员工将东西摆好，设备擦拭干净而已，更主要的在于透过琐细的、简单的动作，潜移默化，改变员工气质，养成良好习惯。

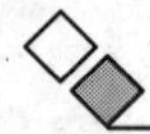

开展素养工作主要内容有：

（1）持续推动前 4S 至习惯化。

（2）制定相关的规章制度。规章制度是员工的行为准则，是让人们达成共识、形成企业文化的基础。这些制度有《作业要点》、《安全卫生守则》、《语言礼仪》、《电话礼仪》、《行为礼仪》等。

（3）教育培训。对员工，尤其是新进员工，及时进行 5S 强化教育。

（4）培养员工的责任感。采取措施消除员工的“各人自扫门前雪”的利己消极思想，培养员工对企业对同事的热情和责任感。

知识拓展

5S 之间的关系

5个 S 并不是各自独立、互不相关的。它们之间是相辅相成、缺一不可的。整理是整顿的基础，整顿是整理的巩固，清扫显现整理、整顿的效果，而通过清洁和素养，则在企业形成整体的改善氛围。5个 S 之间关系可用以下口诀来说明：只有整理没整顿，物品真难找得到；只有整顿没整理，无法取舍乱糟糟；整理整顿没清扫，物品使用不可靠；3S 效果怎保证？清洁出来献一招；标准作业练修养，公司管理水平高。

三、企业资源计划

计算机信息技术的迅速发展加快了现代企业管理技术的形成。现代企业管理技术就是通过计算机管理信息系统与现代管理模式的结合，使企业系统合理地管理经营与生产，充分发挥现有技术、设备、人等各种资源的作用，最大限度地提升企业经济效益。物料需求计划、制造资源计划与企业资源计划等，就是计算机技术与企业管理技术结合的杰作。近年来，越来越多的企业采用企业资源计划等先进技术，以便提高企业的整体效率和快速响应不断变化的市场。

（一）企业资源计划的发展

企业资源计划的发展大致经历了四个阶段：物料需求计划阶段，闭环物料需求计划阶段、制造资源计划阶段以及企业资源计划阶段。

20 世纪 60 年代左右，人们提出了物料需求计划（Material Requirements Planning，MRP）的概念，其基本原理是：根据最终产品的层次结构和期量标准，由产品的出产日期反工艺顺序倒排，自动地计算出构成这些产品的相关物料（原材料、零部件等）的需求量和需求时间，从而把主生产计划细化为零部件生产进度计划，原材料、外购件的采购计划。

这一阶段的 MRP 局限在物料需求方面，而 MRP 仅仅是生产管理的一部分，而且要通过车间作业管理和采购作业管理来实现，同时还受到生产能力的约束，所以仅仅计算物料需求是不够的。于是，在 MRP 的基础上，20 世纪 70 年代，人们又提出了闭环 MRP 的概念。它把生产能力计划纳入到 MRP 系统计算，进行能力与负荷的平衡，确保计划的可行性；同时在计划执行过程中，根据来自车间、供应商和计划人员等的反馈信息调整能力数据，进行计

划调整平衡，从而保证生产计划的各个子系统协调统一。

MRP 虽然解决了企业物料供需信息集成的问题，但是还不能说明企业的经营效益。于是，20 世纪 80 年代，物料需求计划经过不断发展和扩充逐步形成了制造资源计划（Manufacturing Resource Planning，MRP）。它把一切制造资源，包括物料、设备、能源、市场、资金、空间、人力等，都考虑进来。把生产、财务、销售、采购等各个子系统集成为一个一体化的系统，称为制造资源计划，英文缩写为“MRP”，为了和物料需求计划（MRP）区别，记为“MRPⅡ”。它用货币形式说明了执行“物料计划”所带来的效益，实现了物料信息与资金信息的集成。

20 世纪 90 年代以来，MRPⅡ在经济全球化和市场国际化的发展趋势背景下，不断发展完善，形成了目前的企业资源计划（Enterprise Resource Planning，ERP）。ERP 是一个高度集成的信息系统，它除了包括 MRPⅡ系统的制造、财务、供销功能外，更加面向全球市场，面向供应链管理，功能更加强大，增加了支持物料流通体系的运输管理、仓库管理功能，支持在线分析处理功能，支持混合型制造企业功能，支持电子数据交换、电子商务等功能。ERP 所采用的计算机技术也更加先进，形成了集成化的企业管理软件系统。

（二）企业资源计划的应用软件简介

1. 国外 SAP R/3 软件

SAP 是一家在 ERP 软件领域世界领先的德国公司，它的标志产品就是 R/3，许多世界级的大企业都在使用它，软件巨人微软（Microsoft）也在使用它。R/3 是建立在一整套综合模块上的系统，其应用模块主要有：财务与会计模块、销售与分销模块、物料计划模块、生产计划模块、质量管理模块、工厂维护模块、人力资源模块等。这些模块可用于支持公司内跨职能部门的业务流程。由于这些模块是一体化的，并且使用同一个数据库，所以在一个领域内发生的交易会立刻更新所有领域内的数据。例如，如果系统通过互联网接到了一个订单，会计、生产计划和采购部门立刻会知道这个订单以及这个订单对他们工作的影响。

2. 国内用友 ERP-U8 软件

用友公司起初是做财务软件的，后来开始做 ERP 软件，目前已发展为国内最大的 ERP 软件供应商。用友 ERP-U8 是面向制造企业的全面 ERP 解决方案。系统以 MRP 为核心，将企业的资料管理、规划、营销、供应、生产、财务六大管理职能融合为一个有机的整体。ERP-U8 由 30 多个模块构成，各模块高度集成为一个完整的 ERP 系统，其功能包括：共用资料子系统、规划子系统、营销子系统、供应子系统、财务子系统。

共用资料模块是所有模块的基础，它包括企业共用资料、财务共用资料、料品共用资料、营销共用资料以及厂商共用资料。这些共用资料是生产规划、供需管理、营销业务、财务核算的基本前提设置。

规划子系统包括产销排程（Master Production Scheduling，MPS）和物料需求规划（MRP）两个模块。MPS 是产销协调的依据和所有作业计划的根据。MRP 是 ERP-U8 生产制造系统的核心功能。

营销子系统包括报价管理、销售订单、出货管理、销售分析等模块。本系统为营销部门提供报价等营销相关信息，以有效掌握和控制报价；主动追踪查核未关闭的客户销

售订单，控制交货期以提高客户服务水平；进行出货或退货有关的客户信用控制、付款条件、出货内容、出口贸易等业务处理；对销售订单资料、出货资料、退货资料进行汇总分析。

供应子系统包括采购子系统、库存子系统、生产子系统三大模块。其中，生产子系统包含物料清单、生产订单、委外管理、工序委外、车间管理、产能管理、设计变更管理和业务流程八个模块。

财务子系统包含总账、应收款管理、应付款管理、票据现金管理、成本会计等模块。

阅读资料

ERP 生动的比喻

一天中午，丈夫在外给家里打电话："亲爱的老婆，晚上我想带几个同事回家吃饭可以吗？"（订货意向）

妻子："当然可以，来几个人，几点来，想吃什么菜？"

丈夫："6 个人，我们晚上 7 点左右回来，准备些酒、烤鸭、西红柿炒鸡蛋、凉菜、蛋花汤……，你看可以吗？"（商务沟通）

妻子："没问题，我会准备好的，"（订单确认）

妻子记录下需要做的菜单（MPS 计划），具体要准备的菜：鸭、酒、西红柿、鸡蛋……（BOM 物料清单），发现需要：1 只鸭，5 瓶酒，4 个西红柿……（BOM 展开），炒蛋需要 6 个鸡蛋，蛋花汤需要 4 个鸡蛋（共享物料）。打开冰箱一看（库房），只剩下 2 个鸡蛋（缺料）。

来到自由市场，妻子："请问鸡蛋怎么卖？"（采购询价）

小贩："1 个 1 元，半打 5 元，1 打 9.5 元。"

妻子："我只需要 8 个，但这次买 1 打。"（经济批量采购）

妻子："这有一个坏的，换一个。"（验收、退料、换料）

回到家中，准备洗菜、切菜、炒菜……（工艺路线），厨房中有燃气灶、微波炉、电饭煲……（工作中心）。妻子发现拔鸭毛最费时间（瓶颈工序，关键工艺路线），用微波炉自己做烤鸭可能就来不及（产能不足），于是决定在楼下的餐厅里买现成的（产品委托外包）。下午 4 点，电话铃又响："妈妈，晚上几个同学想来家里吃饭，你帮准备一下。"（紧急订单）"好的，儿子，你们想吃什么，爸爸晚上也有客人，你愿意和他们一起吃吗？"

"菜你看着办吧，但一定要有西红柿炒鸡蛋。我们不和大人一起吃，晚上 6:30 左右回来。"（不能并单处理）

"好的，肯定让你们满意。"（订单确认）

鸡蛋又不够了，打电话叫小贩送来。（紧急采购）

晚上 6:30，一切准备就绪，可烤鸭还没送来，急忙打电话询问："我是李太太，怎么订的烤鸭还没送来。"（采购委外单跟催）

"不好意思，送货的人已经走了，可能是堵车吧，马上就会到的。"门铃响了，"李太太，这是您要的烤鸭。请在单上签一个字。"（验收、入库、转应付账款）

晚上 6:45，女儿的电话："妈妈，我想现在带几个朋友回家吃饭可以吗？"（又是紧急订购意向，

要求现货）

“不行呀，女儿，今天妈妈已经需要准备两桌饭了，时间实在是来不及，真的非常抱歉，下次早点说，一定给你们准备好。”（这就是 ERP 的使用局限，要有稳定的外部环境，要有一个起码的提前期）

送走了所有客人，疲惫的妻子坐在沙发上对丈夫说：“现在咱们家请客的频率非常高，应该要买些厨房用品了（设备采购），最好能再雇个小保姆（连人力资源系统也有接口了）。”

丈夫：“家里你做主，需要什么你就去办吧。”（通过审核）

妻子：“还有，最近家里花销太大，用你的私房钱来补贴一下，好吗？”（最后就是应收货款的催要）

资料来源：wenku.baidu.com

（三）企业实施 ERP 的好处

实施 ERP 系统可以为企业提供一个统一共享的管理框架和数据库共享平台，便于企业内部各个不同职能部门之间的交流和协调，便于支持企业与顾客和供应商之间的相互交流和合作。在实施 ERP 系统之前，企业内各职能部门常常拥有各自不同的数据库和管理软件，而这些软件相互之间通常是不兼容的，造成了部门之间交流不畅的现状，可以说各部门是独立运行的，不成系统，造成了企业运行效率低下。通过 ERP 系统的实施能够将各部门有机地结合起来（见图 4-18），能够将企业内部的各个不同职能部门的管理信息集成到统一的数据库中，且能为各部门及时提供各自特殊的需求信息服务，从而大大提高了企业的运营效率。

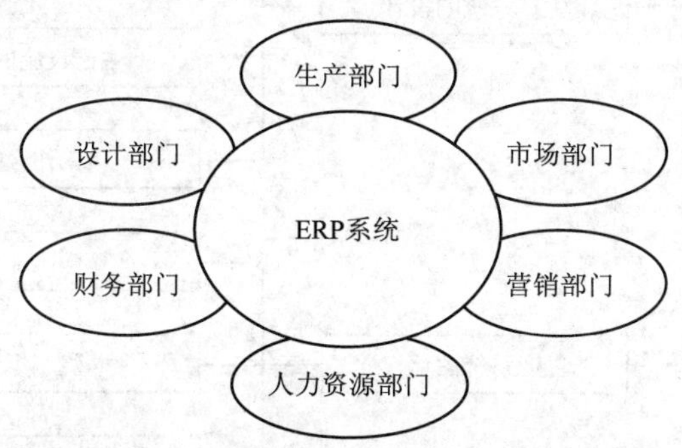

图 4-18 ERP 系统作用示意图

同时，ERP 系统能很好地为企业解决多变的市场和均衡生产之间的矛盾。ERP 系统计划生产时，通过预测和客户订单管理，可以得到一份相对稳定的主生产计划，进而得到的各种物料计划也是稳定和均衡的。ERP 系统还可以保证对客户的供货承诺，提高交货速度。ERP 系统将计划、市场、生产、销售等部门紧密地结合起来，实现了信息的及时和准确传递，缩短了订货提前期、生产周期，使生产具有更高的柔性，进而提高了交货速度，提高了顾客满意度。

总之，企业实施 ERP 可以提高企业运营的效率，实现对需求的快速反应，提高了交货速度，能更好地为客户服务，能提供综合信息更好地支持决策，从而增加企业利润。此外，实施 ERP 也为企业带来了优化的业务流程，使企业具备了全新的竞争力，不仅提高了运营效率，同时也能吸引更好的合作伙伴。

【本章关键术语】

生产管理　价值工程　对象专业化　工艺专业化　生产计划　生产作业计划　期量标准　生产调度　生产进度控制　企业资源计划　生产现场 5S 管理

【本章小结与本章知识结构图】

本章主要介绍了现代企业生产管理的含义、任务和生产类型的划分，并从生产系统的设计、运行以及生产系统维护与改进三个方面对现代企业生产管理运作系统进行了介绍。

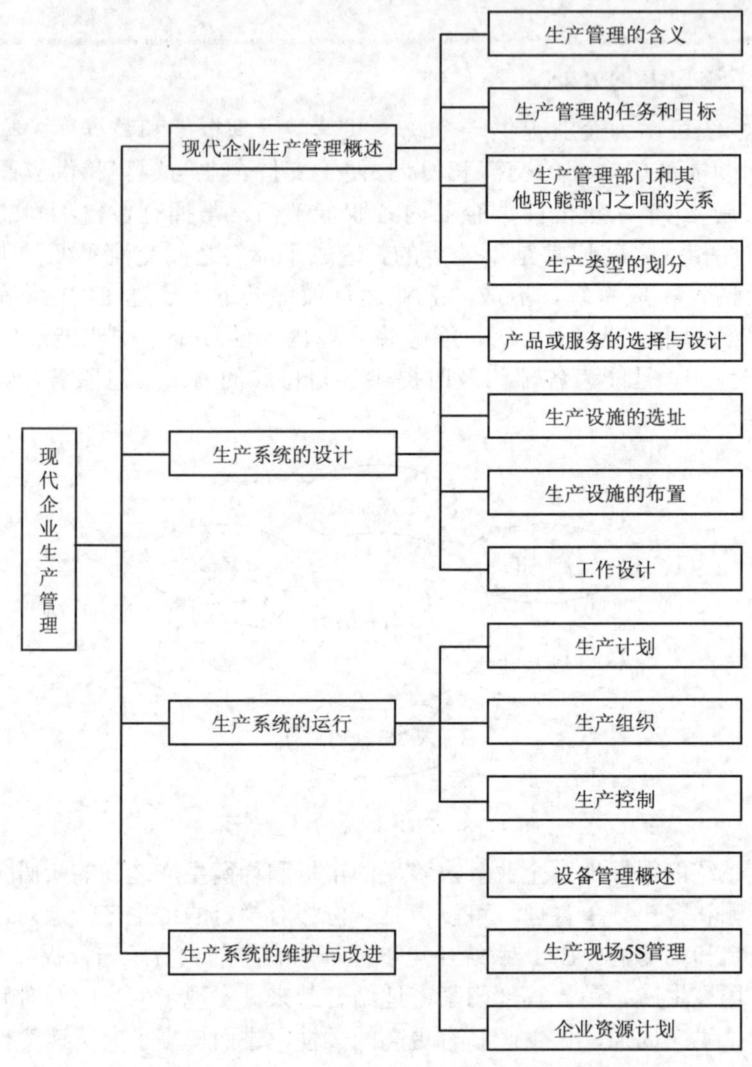

【技能测试题】

一、单项选择题

1．生产管理的基本内容不包括（　　）。

A．生产准备和组织　　　　B．生产计划

C．生产控制　　　　　　　　　　D．生产服务

2．下列企业中适宜采用流程型生产的是（　　）。

A．汽车、机床　　　　　　　　　B．造纸、化工

C．电子设备　　　　　　　　　　D．家具

3．从生产效率和自动化方面考虑，（　　）生产最为有利。

A．连续流水　　　　　　　　　　B．单一品种

C．批量　　　　　　　　　　　　D．单件小批量

4．以平行顺序方式移动的零件，在前道工序的单件作业时间（　　）后道工序的单件作业时间时，并不立即转移到后道工序，而是积存到足够数量才全部转移到后道工序。

A．大于　　　　　　　　　　　　B．等于

C．小于　　　　　　　　　　　　D．随时可以转移

5．选择产品在生产过程中的移动方式时，如果交货期要求很紧，可以选择（　　）。

A．顺序移动方式　　　　　　　　B．平行移动方式

C．间接移动方式　　　　　　　　D．直接移动方式

6．下列最好、最有效地提高价值的途径一般是（　　）。

A．产品功能不变，成本降低　　　B．产品功能提高，成本不变

C．产品功能提高，成本降低　　　D．产品功能提高，成本提高

7．上班时间与前后岗位闲谈，属于（　　）范围。

A．整理　　　　　　　　　　　　B．整顿

C．清扫　　　　　　　　　　　　D．素养

8．期量标准就是为制造对象在生产期限和生产数量方面所规定的标准数据，不同生产类型和生产组织形式的企业有不同的期量标准，以下选项中不属于大量流水生产的期量标准的是（　　）。

A．节拍　　　　　　　　　　　　B．流水线工作指示图表

C．在制品定额　　　　　　　　　D．提前期

9．企业从原料、外购件等投入生产起到经检验合格办完入库手续之前，存在于生产过程各个环节的零部件都称为（　　）。

A．产品　　　　　　　　　　　　B．产成品

C．在制品　　　　　　　　　　　D．制品

10．运用MRP计算企业生产过程各阶段的计划任务时，是按照（　　）原理进行的。

A．原工艺路线　　　　　　　　　B．次工艺路线

C．反工艺路线　　　　　　　　　D．随机工艺路线

二、简答题

1．如何划分企业的生产类型？

2．生产过程由哪几个部分组成？

3．生产过程的基本要求有哪些？

三、计算题

1．某零件的批量为4件，需顺序经过4道工序加工，各工序的单件加工时间分别为16min、

8min、32min、24min，试求三种移动方式下的加工周期。

2．冷空气是一家生产汽车空调的制造厂，现在它的三个不同地方的工厂（工厂 A、B、C）生产 XB－300 型产品。最近管理人员决定在一个新地点（工厂 D）为 A、B、C 三个工厂生产配套的压缩机（产品的一个主要元件）。已知：三个工厂的位置为 A（150，75），B（100，300），C（275，380）。每家工厂的压缩机需求量分别为 6 000，8 200，7 000，求新建工厂 D 的位置。

四、讨论题

假如你是一家中小型企业的生产主管，你应该怎样做好生产调度工作？应建立什么样的制度和采取什么样的方法？

案例分析

商家设计产品　海尔按需制造

2000 年 7 月 16 日，山东银座商城定制的 892 台海尔 BCD-199（内置温度显示器）冰箱在海尔冰箱事业部下线。按照山东银座商城的要求，这一批定制冰箱在签约后 48h 内送达了商场。山东银座商城成为海尔新近推出的“商家设计、海尔制造”营销模式的第一个受益商场。

为了满足用户的个性化需求，海尔集团于 2000 年 7 月 11 日在青岛召开了为期两天的“2000 年海尔集团 B2B 商务合作暨产品定制开发研讨会”。来自全国各地商业系统 10 大连锁店、80 家大商场、10 大专卖店的近 300 名优秀经销商，在海尔集团经历了一次别开生面的“订货会”：集团以计算机投影演示的形式对冰箱、空调、洗衣机、彩电等九大门类家电产品的基本产品进行推介和演示，由商家在现场根据所在市场消费习惯和地域特点的需求来设计产品，包括冰箱采用什么制冷方式、储物抽屉是否透明，门把手的形状甚至价格等可提出设计与要求，海尔根据商家的设计与要求来组织制造生产。这种全新的营销模式引起了与会商家的极大兴趣，这些家电经销商在现场会上变成了家电产品的设计者，他们根据本地区消费者的习惯与特点提出了许多个性化设计方案。对这些个性化的设计要求，海尔集团均以签约的方式进行确认，仅半天时间，海尔集团与商家就签订了 218 万台（套）各类海尔家电的产品定制协议。

北京西单商厦的代表兴奋地说：“海尔推出这种商家设计、厂家制造的营销新模式反映了海尔对自己开发设计能力和柔性制造能力的信心，同时由于这些产品都是我们根据北京消费者的消费水平和区域特点定制的，所以我对我们定制的海尔产品的销售更是充满信心。”

海尔集团副总裁兼海尔集团商流推进部部长周云杰在接受记者采访时说：“在新经济时代，只有满足用户的个性化需求才能赢得市场竞争的优势，我们的‘商家设计、海尔制造’模式就是在这种情况下推出的，这种全新的营销模式能更好地满足用户乃至商家的需求，但对制造商也提出了更高的要求，换句话说，制造商必须具备三个条件：一是能满足用户个性化需求的开发设计系统；二是柔性制造系统；三是能使信息增值的信息平台。”

海尔集团推出全新营销模式首先是建立在海尔业务流程再造的基础之上。海尔早在 1999 年 8 月就全面实施了以追求用户满意度的最大化为目标的业务流程再造，成立了物流、商流（国内商流、国外商流）、资金流，进一步整合国内外市场资源，提高满足用户个性化需求的竞争能力，从业务流程上与国际接轨。

海尔集团能够实现“商家设计、海尔制造”还基于能够使信息增值的海尔电子商务平台。海尔集团于2000年3月10日在家电企业中率先推出电子商务开放式交易平台；2000年4月18日，B2B采购、B2C系统对外试运行；并于2000年6月正式运行。海尔利用“一名两网”（名牌、配送网络、支付网络）的优势开展的B2C业务，首先推出13个种类和456产品在网上直接销售；电子商务对海尔而言，意味着与用户的零距离。在海尔的网站上，除了推出产品的在线订购销售之外，最大的特色就是面对用户的四大模块：个性化定制，产品智能导购，新产品在线预定，用户设计建议。这些模块为用户提供了独到的信息服务，并使网站真正成为海尔与用户保持零距离的平台。海尔与商家进行的B2B电子商务合作，通过电子商务的手段使新经济下的新型供应链的关系得到完美地体现，把海尔与分销商更紧密地结合在一起，共同创造更大的价值。

（资料来源：www.people.com.cn）

问题：你认为海尔的哪些理念和做法体现了现代生产和生产管理的发展趋势？海尔的做法有哪些启示？

【课后网络资源】

1．开商网 www.kesum.cn
2．中国零售企业网 www.lingshou.com
3．中国制造业信息化门户 www.e-works.net.cn
4．上海宝钢集团 www.baosteel.com
5．栖息谷—管理人的网上家园 www.21manager.com

第五章　现代企业质量管理

学习目标

- 掌握质量的基本概念，确立正确的质量观。
- 了解全面质量管理的重要意义。
- 了解质量管理体系的内容。
- 掌握简单的质量管理统计分析办法。

引导案例 5/9

在激烈的市场竞争中，客户对质量的要求也日趋提高，许多客户将是否通过 ISO9001 认证作为评价选择供应商的一个重要条件。为了进一步开拓市场，也为了更好地进行质量管理，佳驰公司于 2000 年开始策划在企业内建立符合 ISO9001 要求的质量管理体系。其过程如下：

（1）2000 年 8 月，公司开始策划导入 ISO9001 体系，并派员工参加 ISO9000 标准理解与实施的培训。

（2）2000 年 10 月，公司成立 9000 办，负责 ISO9001 质量管理体系的建立；随后与杭州信达有限公司签订合约，由信达公司进行 ISO9001 辅导，保证质量管理体系建立的完善性。

（3）2000 年 10 月 9 日，公司召开"佳驰公司 ISO 9001:2000 启动仪式"。

（4）2000 年 11 月，由信达公司进行 ISO9001 基本知识、标准条款、质量管理体系文件编写的培训，并于 2001 年 1 月完成体系文件编写与打印。

（5）2001 年 2 月 2 日，佳驰公司召开"质量手册、程序文件发布会"，体系正式运行，体系文件正式实施。

（6）2001 年 3 月～4 月，信达公司顾问对各部门进行辅导，各部门积极配合，并针对不符合项，积极整改。

（7）2001 年 5 月 9 日～10 日，佳驰公司第一次内部审核，各部门针对不符合项，积极整改。

（8）2001 年 5 月 15 日，管理者代表代表总经理主持管理评审会议。

（9）2001 年 5 月 26 日～27 日，认证机构预审核。

（10）2001 年 6 月 5 日，佳驰公司采取一个部门一个内审员负责的方法，制订关于质量体系的奖惩规定，加大贯标力度，做到有人负责、有人监督、有章可循、有据可查。

（11）2001 年 6 月 19 日，总经理主持召开第二次管理评审会议。

（12）2001 年 7 月 5 日～6 日，佳驰公司正式认证，并于年底顺利获得 ISO9001:2000 质量管理体系证书。

案例简析：ISO9000 国际标准是全球公认的系统化和程序化的管理模式，推行 ISO9000 标准有利于规范企业的管理行为，提高综合质量管理水平，更好地与国际管理接轨。推行 ISO9000 的过程就是一个全员普及质量教育、提高全员质量意识的过程。根据 ISO9001 标准制定并不断完善起来的企业质量管理体系，必将保证企业质量水平的不断提高，进而不断提高企业的竞争能力。

阅读本章内容，并思考下列问题：

1．什么是质量？

2．为什么要树立正确的质量观？

3．企业应该如何进行全面质量管理？

第一节　质量管理概述

质量问题一直是人们关注的主要问题之一。质量的内容十分丰富，随着社会经济和科学技术的发展，质量的内容也在不断充实、完善和深化。

一、质量

（一）质量的概念

与其他概念一样，人们站在不同的角度会对质量进行不同的定义。目前，通用的是国际标准化组织在 ISO9000 标准中对质量所下的定义:“质量是指一组固有特性满足要求的程度”。

这里的“特性”指的是固有特性而不是被赋予的特性，并且是可区分的特性。例如，物理方面的特征、感官上的特征、组织或行为特征、功能性的特征等。这里的“要求”是指“明示的、通常隐含的或必须履行的需求或期望”。其中“通常隐含”是指组织、顾客和其他相关方的惯例或一般习惯。

（二）与质量相关的概念

1．*产品质量*

产品是质量的载体。ISO9000 标准对产品的定义是：“产品是过程的结果，包括硬件、软件、服务和流程性材料。”其中，硬件（如电视机显示器、汽车发动机等）和流程性材料（如水泥、饮料等）通常是有形产品，区别仅在于量的特性，前者具有计数的特性，后者有连续的特性；服务通常是无形的，并且是在供方和顾客接触面上至少需要完成一项活动的结果，如餐馆为顾客创造就餐气氛；软件由信息组成，通常是无形产品，并可以方法、论文或程序的形式存在，如各种办公软件。许多产品由不同类别的产品构成。例如，外供产品“冰箱”是由硬件（如冰箱门）、流程性材料（如制冷剂、表面漆）、软件（如使用手册、保养指南）和服务（如销售人员所做的操作说明、售后所做的维修服务）所组成。

产品质量是指产品的一组固有特性满足用户需求的程度。用户需求往往随时间变化而变化，与科学技术的不断进步有着密切的关系。这些质量要求可以转化成具有具体指标的特征和特性，通常包括使用性能、安全、可用性、可靠性、可维修性、经济性和环境等几个方面。

2．*过程质量*

现代企业的经营管理讲究按过程来组织管理。ISO9000 标准对过程定义为：“一组将输入

转化为输出的相互关联或相互作用的活动”。所以过程质量可以理解为：过程的一组特性满足要求的程度。它包括：规划过程质量、设计过程质量、制造过程质量、使用过程质量，报废处理过程质量等。

3. *工作质量*

工作质量一般是指企业生产经营中各项工作对过程、产品和服务质量的保证程度。企业的工作质量是指同产品质量直接有关的各项工作的好坏，如经营管理工作、技术工作和组织工作等。工作质量主要取决于人的素质，包括质量意识、责任心、业务水平等，还与机器设备、工艺水平有关。因此，要提高劳动者的工作质量，企业要大力投入培训劳动者的资源，并且要不断更新先进的设备，以利于提高工作质量。

二、质量管理

质量管理是企业管理的重要组成部分，其结果对企业的产品和服务质量具有决定性的影响。

（一）质量管理的含义

ISO9000 标准将质量管理定义为：“质量管理是指为了实现质量目标，而在质量方面进行的指挥和控制活动，通常包括制定质量方针和质量目标以及质量策划、质量控制、质量保证和质量改进。”我们可以对其进行如下理解：

（1）质量管理是各级管理者的职责。质量管理的实施涉及组织中的所有成员。

（2）在质量管理中要考虑到经济性因素。

（3）质量管理是企业管理的重要组成部分，是企业管理职能中的重要职能。在企业的生产、技术、质量、供应、销售、成本财务等管理部门中，质量管理部门处于重要的地位。在企业管理中需要以质量管理带动、推动和联系其他部门完成企业生产经营活动的任务。

（二）与质量管理相关的概念

1. *质量方针与质量目标*

ISO9000 标准中对质量方针进行如下定义：“由组织的最高管理者正式发布的该组织总的质量宗旨和方向”。例如，某服务业给自己确定的质量方针为：“宾客至上，服务第一；食宿游乐，尽善尽美”。质量目标的定义是：“在质量方面所追求的目的”。

质量方针是组织的声明和承诺，是组织向顾客和社会打出的一面旗帜。而质量目标则表明的是组织在质量方面所追求的目的，即要达到的质量指标，是针对于具体的产品、服务而言的，要求与质量方针一致，并且可衡量。

小案例

某制造企业质量方针与质量目标

质量方针：坚持两个承诺（持续改进、顾客至上），创优质品牌。

质量目标：产品合格率 100%；
顾客满意度 100%；
质量损失 1 ‰；
技术创新不少于 2 项/年。

2. 质量策划

ISO9000 标准将质量策划定义为："质量策划是质量管理的一部分，它致力于设定质量目标并规定必要的运行过程和相关资源以实现其质量目标"。质量策划包括产品策划、管理和作业策划、编制质量计划。

3. 质量控制

ISO9000 标准对质量控制的定义是："质量控制是质量管理的一部分，是致力于满足质量要求的活动"。质量控制的范围涉及产品质量形成的全过程。它通过一系列作业技术和活动对全过程影响质量的人、机、料、法、环（Man、Machine、Material、Method、Environment，简称 4M1E）诸因素来进行控制。

4. 质量改进

ISO9000 标准对质量改进下的定义是："质量改进是质量管理的一部分，它致力于增强满足质量要求的能力"。企业开展质量改进应关注以下几点：

（1）质量改进通过改进过程来实现，要按照一定的规则进行，否则会影响改进的成效，甚至会徒劳无功。任何一个质量改进活动都要遵循的基本过程是 PDCA 循环过程，即：策划（Plan）、实施（Do）、检查（Check）、处置（Action）四个阶段。

（2）质量改进致力于经常寻求改进机会，而不是等待问题暴露后再去捕捉机会。美国质量管理专家朱兰（J. M. Juran）认为：质量改进的最终效果是按照比原计划目标高得多的质量水平进行工作，也就是说，质量改进是为了"明天"的需要。

（3）对质量损失的考虑依据三个方面的分析结果：顾客满意度、过程效率和社会损失。

朱兰认为：质量策划、质量控制和质量改进，可以用来反映产品质量形成的客观规律和指导质量管理全过程的实施，通常将其称之为"朱兰三部曲"。

5. 质量保证

ISO9000 标准对质量保证下的定义是："质量保证是质量管理的一部分，它致力于提供质量要求会得到满足的信任"。企业的质量保证分为内部质量保证和外部质量保证两类。内部质量保证的目的是向企业最高管理者提供信任；外部质量保证的目的是向顾客或第三方提供信任。

质量保证与质量控制又是相互关联的。质量保证以质量控制为基础，进一步达到提供"信任"的目的。

（三）质量管理的重要意义

1. 质量是人们生活的保障

在信息化的今天，产品质量与人们的工作和生活密切相关，一旦产品质量出现问题，轻则造成经济损失，重则会导致人员的伤亡。人类的生活只有依托质量才能得以提升。人们要想安居乐业就必须全面更新质量，不断提高质量水平，形成全社会关注质量的风气，才能推进质量工作的全面加强和质量成果的极大涌现，才能从根本上保障人们的生活。

2. 质量是企业生存和发展的根本

在企业发展过程中，企业的经济效益决定着企业的生存和发展。而要想获得高的经济效益就必须关注产品质量和服务质量。比如，当年如果没有"砸冰箱"事件就不会有今天的海尔。一个企业没有合格的产品和服务，就如"无源之水，无本之木"，一切经营活动必将停止。产品只有具备高质量、高服务水平才能销售得出去，才能转化为货币，才能保障企业的生存和发展。

3. 质量是一个民族、一个国家综合素质、科技水平和经济水平的综合反映

高质量的产品需要严格、科学的管理，需要认真的工作，需要高水平的工艺和装备来实现，但最根本的是要靠劳动者的素质。所以，能否生产出优质产品并提供优良服务，是一个民族、一个国家是否成熟的重要标志。世界上能够提供优质产品和服务的国家，没有一个不是具有社会责任心、充满生机和具有积极进取民族精神的国家。高的产品质量也是一个国家科技水平和经济水平的体现。杨振宁曾经说过："质量也是一种财富的生产力，20世纪80年代日本产品具有很高价值的精神结构，这是日本经济的成功之道。"这个精神结构就是对质量精益求精的精神。日本工业之所以在第二次世界大战后能很快地从战争的废墟中重新振作，其发展成就令人震惊，很大的一个原因就是日本企业界非常重视产品的质量，在美国专家的指导下，自己摸索出了一套高效的质量管理方法。2001年，中国质量管理协会与有关部委，借鉴国际标准，重新恢复了于1991年停止的"全国质量管理奖"，面向全行业各类企业，以质量管理、经营水平和社会贡献等综合实力为衡量标准，不设名额，由行业、院校和企业权威专家，通过资料审查、现场审核与投票表决等严格程序产生，代表着中国质量管理的最高荣誉。其作出的努力就是为了提高中国质量的水平，提高国家的影响力。

阅读资料

保护人民的"胃"

"食品仓库里垃圾遍地，污水横流。坏了的猪肉被搓上苏打粉去除酸臭味，毒死的老鼠被一同铲进香肠搅拌机。有些肉就乱丢在地板上，和垃圾、锯末混在一起，任工人们在上面践踏，吐痰，留下成亿的肺结核细菌"。据说，有一天，罗斯福总统在白宫边吃早点边读这本叫《屠场》的小说。读到这些令人作呕的段落的那一刻，总统已下定决心，要尽快整顿美国食品加工业和药品市场的质量。美国政府通过对食品安全的强力管理，进一步树立了强势政府的形象。此后，美国人更加重视质量管理，涌现了许多全球知名品牌。

（资料来源：《南方周末》中《美国"食毒时代"如何由乱而治》）

三、质量管理体系的概念

实现质量管理的方针目标，有效地开展各项质量管理活动，必须建立相应的管理体系，这个体系就叫质量管理体系。ISO9000标准中对质量管理体系进行了如下定义："质量管理体系是指在质量方面指挥和控制组织的管理体系"。它通常包括制定质量的方针、目标以及质量策划、质量控制、质量保证和质量改进等活动。

企业应该根据顾客的需要并结合自己的生产和经营特点、产品类型、技术以及设备能力等具体情况按ISO9001建议的质量管理体系要求，建立健全一个完善的企业质量管理体系。

四、质量职能与质量职责

（一）质量螺旋

产品质量是经过生产的全过程而产生、形成和实现的。从一般意义上来说，产品质量的形成由市场研究、产品开发、设计、制定产品计划、制定工艺、采购、仪器仪表以及设备装置、生产、工序控制、检验、测试、销售、服务 13 个环节组成，同时又在这个全过程的不断循环中螺旋式提高，为了表述产品形成的这种规律性，美国质量管理专家朱兰（J.M.Juran）提出了一个质量螺旋模型，如图 5-1 所示。

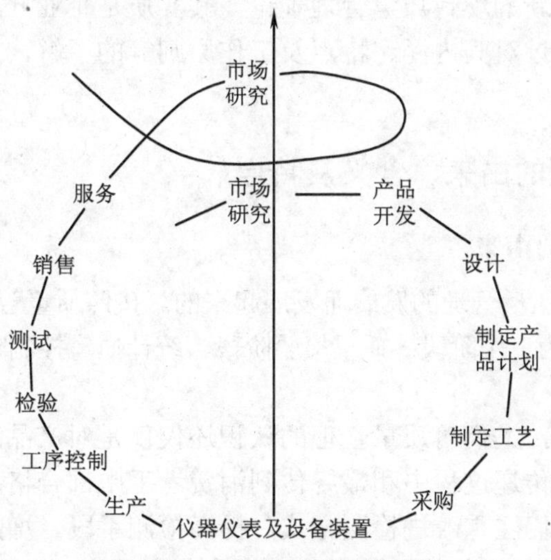

图 5-1　朱兰的质量螺旋模型

所谓质量螺旋是一条螺旋式上升的曲线，该曲线把全过程中各质量职能按照逻辑顺序串联起来，用以表征产品质量形成的整个过程及其规律性，通常称之为“朱兰质量螺旋”。从图 5-1 中可以看到，产品质量在产生、形成和实现的过程中，各个环节之间存在着相互依存、相互制约、相互促进的关系，并不断循环，周而复始。每经过一次循环，产品质量就提高一步。

（二）质量职能与质量职责的概念及关系

1. 质量职能与质量职责的相关概念

质量职能是指在质量形成的全过程中，为实现质量目标所必须发挥的质量管理功能及其相应的质量活动。也就是说，质量职能是对在产品质量产生、形成和实现过程中各部门应发挥的作用或应承担的任务和职责的一种概括，一般包括：市场研究，产品实现的策划、设计和开发，采购、生产和服务提供，营销、服务、测量分析和改进等。质量职责是指职务上应尽的责任。所以质量职责应该是质量管理职务所应尽的责任。

2. 质量职能与质量职责的关系

质量职能与质量职责既有联系又有区别。质量职能是制定质量职责的依据，质量职责是落实质量职能的方式或手段。质量职能是针对全过程控制需要提出来的质量活动属性与功能，是质量形成客观规律的反映，具有科学性和相对稳定性；而质量职责则是为了实现质量职能，对部门、岗位与个人提出的具体质量工作分工，其任务通过责、权、利予以落实，因而具有人为规定性。

组织职能部门的设置与组织性质、产品的特点以及市场环境有关，质量职能与职能部门及其承担的质量职责并非简单的对应关系。一个职能部门可以承担几项职能部门中的质量职能活动。例如，某钢厂的质量检验部门可以分别承担锻造车间、铸造车间的质量检验。质量管理的主要任务就是要把散布在各个职能部门中的质量职能通过质量职责有机地连接起来，协同一致地实现组织的质量目标，组织的质量管理是通过对质量形成全过程所有质量职能的管理来实现的。

第二节 全面质量管理

全面质量管理是一种新的现代质量管理理论，其实质是企业开展一切生产经营活动的根本指导思想。我们可以通过对其内涵、特点及工作原则等的了解，加强对企业全面质量管理的认识和理解。

一、全面质量管理的由来、含义及特点

（一）全面质量管理的由来

全面质量管理是随着质量管理的发展而发展起来的。按照质量管理所依据的手段和方式，可以将质量管理的发展分为三个阶段：质量检验阶段、统计质量控制阶段和全面质量管理阶段。

1. 质量检验阶段

第二次世界大战之前，人们对质量管理的认识还仅仅是对产品质量的检验，通过严格检验来保证产品在每道工序传递过程中和最终传到消费者手中都合格。因此，质量管理工作的核心就是检验。为此，人们注重改进检测方式，提高检测手段，增加检测次数（甚至全数检测）。随着时间的推移，进行质量检测的主体在逐步发生变化。在20世纪之前，工人对自己的产品进行自检，也称之为“操作者的管理”。到了20世纪初，随着泰罗“工长制”的提出，由工长行使对产品质量的检验，即工长检验阶段。后来随着科技进步和生产力的发展，在管理分工概念的影响下，企业中逐步产生了专职的质量检验岗位、专职的质量检验员和专门的质量检验部门，进入了检验员检验阶段。

2. 统计质量控制阶段

质量检验阶段存在的“事后检验”、“全数检验”等不足引起了人们的关注，一些质量管理专家、数学家开始设法运用数理统计的原理来解决这些问题。1924年美国电报电话公司的贝尔实验室以休哈特博士为首的学者们提出“事先控制，预防废品”的观念，发明具有可操作性的“质量控制图”，并于20世纪40年代将这种工具开始应用于军工产品的质量控制上，把质量检验从“事后把关”变为预先控制，并很好地解决了全数检验和破坏性检验的问题。但是，由于它过多地强调了统计方法的作用，忽视了其他方法和组织管理对质量的影响，使人们误认为质量管理就是统计方法，限制了质量的控制和管理的发展。

3. 全面质量管理阶段

第二次世界大战之后，随着经济的增长，人们对产品质量的要求从单纯的使用性能发展为对耐用性、美观性、安全性、可靠性及经济性的全面关注。许多国家发起了“保护消费者权益”运动，这就迫使企业更加强化质量管理，关注社会责任。企业管理中的系统思想被广泛使用，以人为本的观念被充分强调，于是调动人的积极因素、组织员工广泛参与成为质量管理中被广泛接受的理念。同时，随着经济一体化，市场竞争异常激烈，质量已成为企业竞争的核心要素，各国企业都十分重视产品责任和质量保证问题，强化质量管理。

基于此，美国通用电气（GE）公司质量总经理费根堡姆和著名的质量管理专家朱兰等人在20世纪60年代先后提出了“全面质量管理”的概念，开创了质量管理的一个新的时代。1961年，费根堡姆在《全面质量控制》一书中首次提出全面质量管理的概念。他指出“全面质量管理是为了能够在最经济的水平上并考虑充分满足用户要求的条件下进行市场研究、设

计、生产和服务，把企业各部门的研制质量、维持质量和提高质量的活动构成一体的有效体系。”朱兰提出全面质量管理有三个环节：质量策划、质量控制和质量改进，并于1951年首次出版了《质量控制手册》，成为质量管理领域的权威著作。

日本在推进全面质量管理实践过程中作出了创新探索，它结合自身的特点和本国的实际，创造性地提出开展质量管理（Quality Control，QC）小组活动，并且提出了“质量改进七种工具”，使全面质量管理在日本国内遍地开花。20世纪80年代，美国人反思了自身在质量上的失误，在戴明博士的推动下，把质量管理置于企业管理的核心地位，并努力付诸实施，到了90年代，美国的钢铁、汽车等质量又超过了日本，并从全面质量控制（Total Quality Control，TQC）发展为全面质量管理（Total Quality Management，TQM），使管理的概念更全面、更人性化、更具有竞争性。

（二）全面质量管理的含义

国际标准化组织在ISO8402中曾经对全面质量管理作了如下的定义：“全面质量管理是指一个组织以质量为中心，以全员参与为基础的一种管理途径，目的是通过顾客满意和本组织所有成员及社会受益而达到长期成功”。全面质量管理是一种由顾客的需要和期望驱动的管理哲学。它是以质量为中心，建立在全员参与基础上的一种管理方法，其目的在于长期获得顾客满意、组织成员和社会的利益。

全面质量管理集中体现了现代质量管理的理论体系和工作方法。企业只有认真贯彻全面质量管理的思想，按照全面质量管理的工作方式进行质量管理，即必须以质量作为一切工作的核心，通过全员参与的质量管理和控制，才能以最经济的方式、以高质量的产品和优质的服务使顾客得到满意。

（三）全面质量管理的特点

全面质量管理的重要特点就在于它的全面性，即它是全面的质量管理、全员参与的质量管理、全过程的质量管理。

1. 全面的质量管理

全面的质量管理包含两个层次的含义：①质量管理对象的全面性。②管理方法的全面性。

（1）质量管理对象的全面性。全面质量管理的对象——“质量”的含义是全面的。这里的质量不仅要包括最终的产品质量，还要包括产品质量赖以形成的过程质量。产品质量并非越高越好，只有让顾客的需要被充分满足的质量水平才是最经济的。另外，质量的形成过程是由许多工作环节有机组合后完成的，提高产品质量要从过程质量入手并把它作为质量管理的主要内容和工作重点。

（2）管理方法的全面性。全面质量管理用以管理质量的方法是全面的，是综合数理统计、抽样技术和组织管理技术等方法形成的完善的质量管理的方法体系。全面质量管理方法有：定性分析的鱼刺图法，数理统计的排列图法，静态分析的直方图法，动态控制的控制图法，工作思路的PDCA循环法，指导实践的“5S”运动法等。

2. 全员参与的质量管理

全面质量管理主张：质量管理，人人有责。所以，全面质量管理是依靠企业全体职工参加的质量管理，质量管理的全员性、群众性是科学质量管理的客观要求。

产品质量是企业全体职工工作质量及产品设计制造过程各环节和各项管理工作的综合反映，与企业职工素质、技术素质、管理素质和领导素质密切相关。企业要提高产品质量，

需要企业各个岗位上的全体职工共同努力，使企业的每一个职工都参与到质量管理中来。全面质量管理要求在企业的集中统一领导下，把各部门的工作有机地组织起来，不仅要求质检人员、质量控制人员、质量管理人员参与，还要求所有管理人员、生产服务人员和相关的消费者共同参与。在全员参与的同时还要注意培养参与人员质量管理意识，人人关心产品质量，个个对质量负责，建立健全质量责任制。只有人人关心产品质量，都对质量高度负责，企业的质量管理才能搞好，生产优质产品才有坚实的基础和可靠的保证。

同时，实行全员性的质量管理，企业可以开展以质量为中心的各种群众性活动，如开展质量竞赛，建立群众质量管理小组（QC 小组）等。

3. *全过程的质量管理*

产品质量不是靠检验得到的，而是在企业生产经营过程中逐步形成的，是各个环节和各个方面工作的综合结果。“全过程”是指产品质量的产生、形成和实现的整个过程，包括市场调研、产品开发和设计、生产制造、检验、包装、储运、销售和售后服务等过程。产品的质量始于设计，成于制造，终于使用。因此，全面质量管理不能局限于产品制造过程的质量管理，其要求对产品质量形成的全过程进行有效管理，杜绝不合格品产生，做到防检结合，以防为主。

质量管理向全过程管理的发展，有效地控制了各项质量的影响因素。它不仅充分体现了以预防为主的思想，保证质量标准的实现，而且着眼于工作质量和产品质量的提高，争取实现新的质量突破。

二、全面质量管理的原则和工作程序

（一）全面质量管理的八大原则

1. *以顾客为关注焦点*

“组织依存于顾客。因此，企业应当理解顾客当前和未来的需求，满足顾客要求并争取超越顾客期望。”

顾客是指“接受产品的组织或个人”。这说明顾客既指企业外部的消费者、购物者、最终使用者、零售商、受益者和采购方，也指企业内部的生产、服务和活动中接受前一个过程输出的部门、岗位或个人。如果企业失去了顾客，就无法生存下去，所以企业应把满足顾客的需求和期望放在第一位，并将其转化成企业的质量要求，采取措施使其实现；同时还应处理好与顾客的关系，通过采取改进措施，以使顾客和其他相关方满意。而且，由于顾客的需求和期望是不断变化的，全面质量管理应以顾客为中心，不断通过 PDCA 循环进行持续的质量改进来满足顾客的需求。企业应及时调整自己的经营策略和采取必要的措施，以适应市场的变化，满足并应超越顾客的需求和期望，使自己的产品与服务处于领先的地位。

2. *领导作用*

“领导者确立企业统一的宗旨及方向。他们应当创造并保持使员工能充分参与实现企业目标的内部环境。”

最高管理者是：“在最高层指挥和控制企业的一个人或一组人”。全面质量管理的第二大原则是领导的作用。首先，最高管理者应建立体现企业总的质量宗旨和方向的质量方针和质量目标，还应将质量方针、目标落实到企业的各职能部门和相关层次，让全体员工理解和执行；其次，企业的最高管理者应身体力行，建立、实施和保持一个有效的质量管理体系；另

外，在领导方式上，最高管理者还要做到透明、务实和以身作则。为了使建立的质量管理体系保持其持续的适宜性、充分性和有效性，最高管理者应亲自主持对质量管理体系的评审，并确定持续改进和实现质量方针、目标的各项措施。

3. **全员参与**

“各级人员都是企业之本，只有他们的充分参与，才能使他们的才干为企业带来收益。”

全员参与是全面质量管理思想的核心。全体员工是每个企业的根本，企业的成功不仅取决于正确的领导，还有赖于全体人员的积极参与。所以，企业首先应赋予各部门、各岗位人员应有的职责和权限，为全体员工制造一个良好的工作环境，激励他们的创造性和积极性；其次，必须对员工进行质量意识、职业道德、以顾客为关注焦点的意识和敬业精神的教育，要激发他们的积极性和责任感；最后，员工还应具备足够的知识、技能和经验，才能胜任工作，实现充分参与，所以企业要通过教育和培训，增长他们的才干和能力，发挥员工的革新和创新精神，只有这样才会给企业带来最大的收益。

4. **过程方法**

“将活动和相关的资源作为过程进行管理，可以更高效地得到期望的结果。”

任何使用资源将输入转化为输出的活动即认为是过程。系统地识别管理组织所应用的过程，特别是这些过程之间的相互作用，就是“过程方法”。该原则指导下，企业必须将全面质量管理所涉及的相关资源和活动都作为一个过程来进行管理。

在建立质量管理体系或制定质量方针和目标时，企业应识别和确定所需要的过程，确定可预测的结果，识别并测量过程的输入和输出，识别过程与组织职能之间的接口和联系，明确规定管理过程的职责和权限，识别过程的内部和外部顾客，在设计过程时还应考虑过程的步骤、活动、流程、控制措施、投入资源、培训、方法、信息、材料和其他资源等。只有这样，企业才能充分利用资源，缩短周期，以较低的成本实现预期的结果。

5. **管理的系统方法**

“将相互关联的过程作为系统加以识别、理解和管理，有助于企业提高实现目标的有效性和效率。”

所谓系统，就是“相互关联或相互作用的一组要素”。系统的特点之一就是通过各分系统协同作用，互相促进，使总体的作用往往大于各分系统作用之和。在全面质量管理中采用系统方法，就是要把质量管理体系作为一个大系统，对组成质量管理体系的各个过程加以识别、理解和管理，以达到实现质量方针和质量目标。

全面质量管理的系统方法包括了确定顾客的需求和期望，建立组织的质量方针和目标，确定过程及过程的相互关系和作用，并明确职责和资源需求，确立过程有效性的测量方法并用以测量现行过程的有效性，防止不合格，寻找改进机会，确立改进方向，实施改进，监控改进效果，评价结果，评审改进措施和确定后续措施等。这种建立和实施质量管理体系的方法，既可用于建立新体系，也可用于改进现行的体系。这种方法不仅可以提高过程能力及产品质量，还可为持续改进打好基础，最终导致顾客满意和使组织获得成功。

6. **持续改进**

“持续改进总体业绩应当是企业的一个永恒目标。”

企业所处的环境是在不断变化的，科学技术在进步，生产力在发展，人们对物质和精神的需求在不断提高，市场竞争日趋激烈，顾客的要求越来越高。因此企业应不断调整自己的

经营战略和策略，制定适应形势变化的策略和目标，提高企业的管理水平，才能适应这样的竞争和生存环境。所以持续改进是企业自身生存和发展的需要。

持续改进应包括：了解现状，建立目标，寻找、实施和评价解决办法，测量、验证和分析结果，把它纳入文件等活动。其实质也是一种 PDCA 的循环，从策划、计划开始，执行和检查效果，直至采取纠正和预防措施，将它纳入改进成果加以巩固。

7. *基于事实的决策方法*

“有效决策是建立在数据和信息分析的基础上。”

决策就是针对预定目标，在一定约束条件下，从诸方案中选出最佳的一个付诸实施。正确的决策需要领导者用科学的态度，以事实或正确的信息为基础，通过合乎逻辑的分析，作出正确的决断。

企业应用基于事实的决策方法，应对信息和数据的来源进行识别，确保获得充分、有效的数据和信息，并能将得到的数据正确、方便地传递给使用者，做到信息共享，利用信息和数据进行决策并采取措施。用数据说话，以事实为依据，有助于提高决策的有效性，减少失误并有能力评估和改变判断和决策。

8. *与供方互利的关系*

“企业与供方是相互依存的，互利的关系可增强双方创造价值的能力。”

供方提供的产品对企业向顾客提供满意的产品可以产生重要的影响。因此把供方、协作方、合作方都看做是企业经营战略同盟中的合作伙伴，形成共同的竞争优势，可以优化成本和资源，有利于企业和供方共同得到利益。

企业识别、评价和选择供方，处理好与供方或合作伙伴的关系，与供方共享技术和资源，加强与供方的联系和沟通，采取联合改进活动，并对其改进成果进行肯定和鼓励，都有助于增强供需双方创造价值的能力和对变化的市场作出灵活和迅速反应的能力，从而达到优化成本和资源的目的。

（二）全面质量管理的工作程序

全面质量管理采用一套科学的、合乎逻辑的工作程序，即 PDCA 循环法。PDCA 循环法又叫戴明环，它同数理统计方法结合在一起，使质量管理更加系统化、条理化。

1. *PDCA 循环的含义*

PDCA 循环代表是英文单词“Plan”（计划）、“Do”（执行）、“Check”（检查）、“Action”（处理）四个词的首字母。它表示质量管理中任何工作都要分为四个阶段（即计划、执行、检查、处理），每循环一次，产品质量、工作质量将会提高一步，不断循环，质量管理工作就会不停顿地前进和提高，如图 5-2 所示。

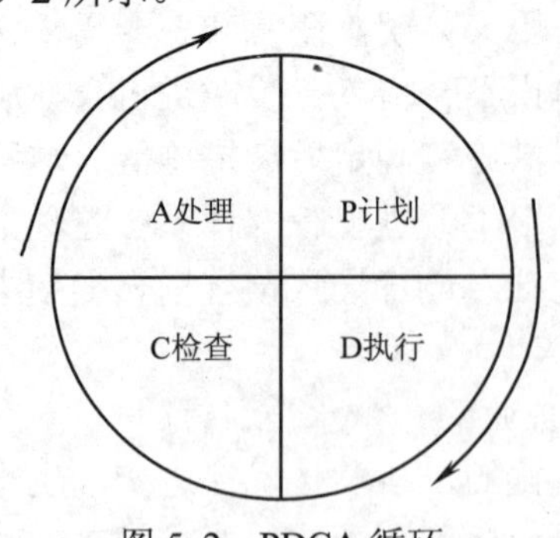

图 5-2　PDCA 循环

第一阶段是计划（Plan）阶段。计划阶段就是制定质量目标、质量计划、管理项目和措施方案。它包括四个步骤：①分析现状，找出问题。②分析产生问题的原因。③找出影响问题的主要原因。④制定措施、计划或对策表。

第二阶段是执行（Do）阶段。执行阶段就是要按照所制定的计划和措施去实施。

第三阶段是检查（Check）阶段。检查阶段就是对照计划与目标，检查计划执行的情况和效果，及时发现和总结计划实施过程中的经验和问题，并找出原因。

第四阶段为处理（Action）阶段。处理阶段就是根据检查的结果所采取的措施，巩固成绩，吸取教训，把经验、教训变为标准，成功的坚持下来，失败的变为措施防止再发生，没有解决的问题，留待下一个循环去完成。

2. **PDCA 循环的特点**

PDCA 循环有以下四个特点：

（1）大环套小环，一环扣一环，小环保大环，推动大循环。根据企业总的方针目标，各级、各部门都要有自己的目标和自己的 PDCA 循环。这样就形成了大环套小环，小环里边又套有更小的环的情况，如图 5-3 所示。整个企业就是一个大 PDCA 循环，各部门又都有各自的 PDCA 循环，依次又有更小的 PDCA 循环。

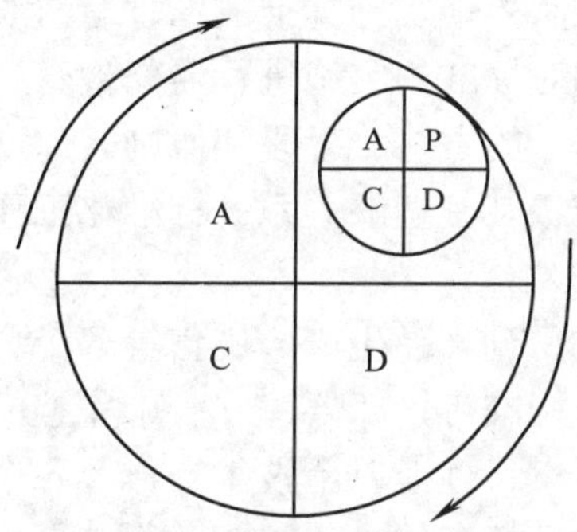

图 5-3 PDCA 循环的大环套小环

（2）不断循环，阶梯式或螺旋式上升。PDCA 循环不是停留在一个水平上的循环，而是每一次循环都会解决一批问题，取得一部分成果，因而就会前进一步，水平就上升一个台阶，接着又产生了新问题，制定新的目标，又经过 PDCA 循环后，质量水平就会有新的提高。就如上楼梯一样，每经过一次循环，就登上一级新台阶，这样一步一步地不断上升提高，如图 5-4 所示。

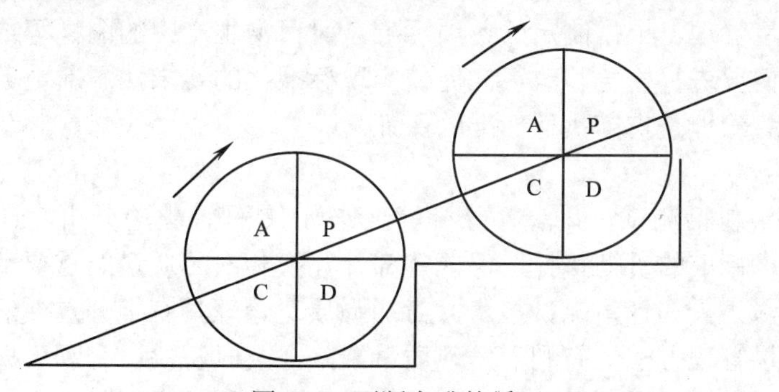

图 5-4 不断上升的循环

（3）PDCA 循环转动不是自发的，而是靠组织推动的，是各方面工作努力的结果。如果将整个企业的工作比喻为一个大的PDCA循环，那么，各个车间、小组或职能部门则都有各自的PDCA小循环。因此，管理循环的转动，不是个人的力量，而是组织的力量，是整个企业全员推动的结果。上一级的PDCA循环是下一级PDCA循环的依据，下一级PDCA循环又是上一级PDCA循环的贯彻落实和具体化。通过循环把企业各项工作有机地联系起来，彼此协同，互相促进。

（4）四个阶段一个都不能少。四个阶段是一个有机的整体，任何阶段都不能少，这是PDCA循环之所以能上升、前进的关键。如果缺少任何一个阶段，就不能推动PDCA循环。

三、全面质量管理的基础工作

企业开展全面质量管理，必须做好涉及质量管理方面的一系列基础工作。这些质量管理基础工作是否扎实牢靠，关系到质量管理以至整个企业管理水平的提高。全面质量管理的基础工作内容比较广泛，这里主要介绍最基本的基础工作，包括标准化工作、计量管理工作、质量信息工作、质量教育工作和质量责任制等。

1. 标准化工作

标准化是指人们制定标准并有效地实施标准的一种有组织的活动过程。标准化工作主要是指制定标准、组织实施标准和对标准的实施进行监督检查。它的本质是为了寻求各方面的良好效益（或效果）而采取的统一的方法、手段和原则。

标准化工作和质量管理有着极其密切的关系。标准化工作是质量管理的基础，质量管理是贯彻执行标准的保证。

对于企业来说，从原材料进厂到产品生产、销售等各个环节都要有标准，不仅有技术标准，而且还要有管理标准，工作标准等，即要建立一个完整的标准化体系。在企业中实行标准化，就是要对产品的尺寸、质量、性能以至技术操作等各个方面，全部制定出标准。根据这些标准来组织生产和技术活动，把全体员工的行动都纳入执行标准的轨道上来，严格遵守和达到这个标准，并为提高和超过标准而努力。加强质量管理，企业必须自始至终都以标准化为工作依据，抓好标准化工作。

同时，标准化工作的贯彻实施一步也离不开质量管理。因为包括产品技术标准在内的各方面标准的贯彻，都必须通过全面的质量管理来实现。例如，通过对设计过程的质量管理，对图样、工艺规程等进行标准化审查，使全部设计符合标准化要求；通过对生产技术准备过程和制造过程的质量管理，根据制定的各项标准，对日常生产中的图样等技术文件、材料、设备等方面的执行情况进行检查和改正，促使实现标准化的要求，不断地巩固和扩大标准化的成果。因此，质量管理是贯彻执行标准的保证。

2. 计量管理工作

计量管理工作（包括测试、化验、分析等工作），是保证化验分析、计量测试的量值准确和统一，确保技术标准的贯彻执行，保证零部件互换和产品质量的重要手段。

改革落后的计量工具和计量测试技术，对加强质量管理具有十分重要的意义。它有利于采用先进的科学质量管理方法，有利于发现质量缺陷，及时解决；有利于质量管理人员集中精力，在提高产品质量上下工夫；有利于加强为客户服务的技术工作。

为了做好计量工作，企业必须设置专门的计量管理机构，配备专职或兼职的计量工作人员。

3. 质量信息工作

质量信息是指反映产品质量和企业生产经营活动各个环节工作质量的信息、基本数据、原始记录。它是企业进行产品质量管理的极为重要的资料。质量信息，可以及时地反映影响产品质量的各种因素和生产技术经营活动的状态，反映产品的使用情况以及国内外产品质量的发展动向。企业通过对质量信息的分析研究，可以正确认识影响产品质量诸因素的变化同产品质量波动的内在联系，从而认识和掌握提高产品质量的规律性。

为了充分发挥质量信息的作用，企业的质量信息必须准确、及时、全面、系统和完整。只有这样，企业才能切实掌握产品质量运动发展的规律性，才能充分发挥它在质量信息反馈和积极预防质量缺陷方面的作用。也只有这样，质量信息工作才能真正成为认识质量规律的耳目，成为全面质量管理可靠的基础。

4. 质量教育工作

产品质量的形成，不只是依靠机器设备、工艺和工具设备、原材料等物的因素，更重要的是人的因素。只有广大员工牢固地树立了“质量第一”的思想和强烈的质量意识，对全面质量管理的重要性有了充分的认识，具备了一定的质量管理知识和技能，并且能熟练地操作和掌握先进技术，才能保证和提高产品质量。因此，为了动员和组织企业全体成员都能积极自觉地参加全面质量管理活动，关心和提高产品质量，应从企业领导到每个班组员工，都必须接受全面质量管理的教育和训练。

5. 质量责任制

质量责任制是为了保证产品或服务质量，而明确规定企业每个人在质量工作上的责任、权限与物质利益的制度。建立质量责任制是企业搞好质量管理的一项基础性工作，也是企业建立质量体系中不可缺少的内容。建立质量责任制就是要明确规定企业中的每个部门、每个职工的具体任务、应承担的责任和权力范围，做到“事事有人管，人人有专责，办事有标准，考核有依据”。把与质量有关的各项工作同广大职工的积极性和责任心结合起来，在企业内部形成一个严密的质量管理工作系统。

第三节　质量管理体系

欲有效开展质量管理，企业必须设计、建立、实施和保持质量管理体系。企业质量管理体系对提高质量管理水平能起到重要作用。

一、ISO9000 族标准

作为国际上通用的质量标准，ISO9000 族标准反映了质量管理体系的基本思想和过程要求，适用于以企业为代表的各类组织的管理和运作，也为企业质量管理提供了依据和工具。

ISO9000 族标准是由国际标准化组织（ISO）的质量管理和质量保证技术委员会（ISO/TC176）制定的一组国际标准。ISO9000 族标准并不是产品的技术标准，而是针对组织的管理结构、人员、技术能力、各项规章制度、技术文件和内部监督机制等一系列体现组织保证产品及服务质量的管理措施的标准。该标准族可以帮助企业实施并有效运行质量管理体系，是质量管理体系通用的要求和指南。它不受具体的行业或经济部门的限制，可广泛适用于各种类型和规模的组织。

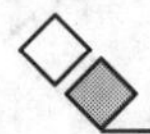

（一）ISO9000 标准的产生背景

20 世纪后半叶，由于科学技术的迅速发展，产品更新的速度日益加快，新材料、新设计和新结构的产品不断涌现，但是某些产品的质量缺陷常常给用户造成巨大损失，有的甚至影响到国家的安全、生态环境和人类的生存。随着社会经济和生产力的发展，用户对质量提出了越来越严格的要求，各企业都把提供高质量的产品，提高顾客的满意度作为企业经营的主要内容和市场竞争的有力手段。随着经济的一体化发展，国际交往日益增多，产品超出了国界，出现产品国际化，其结果必然出现产品责任国际化问题。所以，许多国家和地区性组织陆续发布了一系列质量保证标准，作为贸易往来供需双方认证的依据和评价的规范，但由于缺乏国际统一的标准，给不同国家之间在技术合作、质量认证和贸易往来带来困难。在这样的背景下，为保证国际贸易的迅速发展，制定质量管理和质量保证方面的国际标准已势在必行。

（二）ISO9000 族标准的发展

自 1986～1987 年，国际标准化组织首次发布 ISO9000 标准以来，共发布了四个版本的标准，目前现行标准为 2008 版。

1. 1987 版的 ISO9000 系列标准

1986 年发布的 ISO8402 标准与 1987 年发布的 ISO9000—ISO9004 标准构成了 1987 版的 ISO9000 系列标准，这套标准对规范质量管理活动，促进国际间的贸易发展起到了积极的作用。

2. 1994 版的 ISO9000 族标准

ISO/TC176 在维持 ISO9000 标准总体结构和思路不变的前提下，对 ISO9000 系列标准进行了局部修改，并补充制定了 ISO10000 系列标准，对质量体系的一些要素活动作出具体的规定，形成了 1994 版的 ISO9000 族标准。

3. 2000 版的 ISO9000 族标准

2000 版的 ISO9000 族标准相对于 94 版的 ISO9000 族标准作了大幅度的调整，只保留了五项标准，对原有的其他标准，除进行合并、转出外，或以技术报告（Technical Report，TR）、技术规范（Technical Specification，TS）的形式发布，或以小册子的形式出版发行。技术报告和小册子属于对质量管理体系建立和运行的指导性文件，也是 ISO9000 族标准的支持性文件，见表 5-1。

表 5-1　2000 版 ISO 9000 族标准文件结构

核心标准	其他标准	技术报告	小册子
ISO9000 ISO9001 ISO9004 ISO19011	ISO10012	ISO/TS10006 ISO/TS10007 ISO/TR10013 ISO/TR10014 ISO/TR10017 ISO/TR10018 ISO/TS21095	①质量管理原理——选择和使用指南 ②小企业的应用

2000 版的 ISO9000 族标准明确指出了 ISO9000（质量管理体系—基础和术语）、ISO9001（质量管理体系—要求）、ISO9004（质量管理体系—业绩和改进指南）和 ISO19011 [质量和（或）环境管理体系审核指南] 四个标准共同构成了一组密切相关的质量管理体系标准，可以帮助各种类型和规模的组织实施并运行有效的质量管理体系。

4. 2008 版的 ISO9000 族标准

新版 ISO9000、ISO9001 标准于 2008 年 11 月 15 日正式发布。我国于同年 12 月 30 日正式发布，自 2009 年 3 月 1 日起实施等同采用上述标准。与 2000 版的 ISO9000 族标准对 94 版的 ISO9000 族标准的大幅度改动相比，2008 版的 ISO9000 族标准对 2000 版的 ISO9000 族标准改动幅度很小，总体结构和思路没有改变，核心标准仍然为 ISO9000、ISO9001、ISO9004、ISO19011 四项，仅对其中个别用词和要求作了更具有时代气息的调整。

二、ISO9000《质量管理体系—基础和术语》标准

术语是指对某一专业领域内所应用的一般概念所作的准确和统一的描述，以便使人们在该领域中对某些概念具有统一的认识，并奠定相互交流和理解的基础。许多国家、许多专家和学者都为质量术语的标准化做出了贡献。

在本标准中表述了质量管理体系的基础，并确定了相关的术语。标准明确了质量管理的八项原则是组织改进其业绩的框架，能帮助组织获得持续成功，也是 ISO9000 族质量管理体系标准的基础。标准表述了建立和运行质量管理体系应遵循的 12 个方面的质量管理体系基础知识。

三、ISO9001《质量管理体系—要求》标准

ISO9000 中规定“质量管理体系是在质量方面指挥和控制组织的管理体系”。质量管理体系是质量管理的核心。那么组织应如何建立一个有效的质量管理体系来支持其持续改进业绩呢？ISO9001《质量管理体系—要求》标准就是 ISO9000 族标准中规定质量管理体系要求的标准。它从管理职责、资源提供、产品实现和测量分析与改进四个方面对组织的质量管理体系提出了最低要求，其目的是通过满足顾客的要求和适用的法律法规要求而达到顾客满意。标准给出的质量管理体系要求是通用的，适用于所有的行业和经济领域，也适用于任何类型的产品。但它本身不规定产品要求，它是对产品技术要求的补充而不是取代。标准采用了以过程为基础的质量管理体系模式，要求组织按下列过程建立和实施质量管理体系并改进其有效性，通过满足顾客要求，增强顾客满意度。

（一）质量管理体系

1. 总要求

标准中规定体系总要求，组织应：

（1）识别质量管理体系所需要的过程及其在组织中的应用。

（2）确定这些过程的顺序和相互关系。

（3）确定为确保这些过程的有效运行和控制所需要的准则和方法。

（4）确保可以获得必要的资源和信息，以支持这些过程的运行和对这些过程的监视。

（5）监视、测量和分析这些过程。

（6）实施必要的措施，以实现对这些过程策划的结果和对这些过程的持续改进。

这里主要描述了如何管理一个组织所涉及的质量管理体系所需的过程（包括外包过程），提出了建立、实施、保持和持续改进质量管理体系有效性的总的要求，给出了建立质量管理体系，形成文件、实施、保持和持续改进质量管理体系有效性的思路。

2. 文件要求

组织应以灵活的方式将其质量管理体系形成文件。质量管理体系文件可以与组织的全部活动或部分活动有关。文件的多少、详略程度与组织的规模、活动特点、过程的复杂程度、员工素质有关。质量管理体系要求的文件是经批准、发布的质量方针、质量目标、质量手册、规定的程序文件、规定的记录及其他文件。

此外，根据需要，质量管理体系文件还可包括（但不要求）：组织结构图、过程图或流程图、作业指导书、生产计划、内部沟通的文件、批准的供方清单、质量计划、检验和试验计划、规范、表格和外来文件等内容。

（二）管理职责

标准在管理职责中对质量管理体系高层活动提出了要求，强调领导作用的共有6个条款，1个承诺，1个指定，7个确保，11项要求。归纳起来主要有以下几点：

（1）通过向组织及时传达并强调满足顾客和法律法规要求的重要性、制定质量方针和质量目标、进行管理评审、确保资源的获得等活动，对建立、实施质量管理体系并持续改进其有效性所作出的承诺提供证据。

（2）应以顾客满意为目标，以顾客为中心，确保顾客的要求得到确定并予以满足。

（3）应确保质量方针与组织的宗旨相适应，并确保发布的质量方针能在组织内得到沟通和理解以及在质量方针持续的适宜性方面得到评审。质量方针中应包括对满足要求和持续改进质量管理体系有效性的承诺，还应提供制定和评审质量目标的框架。

（4）应确保建立质量目标，质量目标应包括满足产品要求所需的内容，并且应该是可测量的，与质量方针保持一致。

（5）应确保质量管理体系的策划能满足质量目标以及质量管理体系的总要求，在策划和实施质量管理体系更改时，应注意保持质量管理体系的完整性。

（6）应确保组织内质量职责、权限及其相关关系得到规定和沟通。

（7）应指定一名管理者代表，并赋予相应的职责和权限，包括确保质量管理体系所需的过程得到建立、实施和保持；向最高管理者报告质量管理体系的业绩和任何改进的需求；确保在整个组织内提高对满足顾客要求的意识。

（8）应确保在组织内建立适当的沟通过程，并确保对质量管理体系的有效性进行沟通。

（9）应按计划的时间间隔评审组织的质量管理体系，以确保其持续的适宜性、充分性和有效性。评审工作包括评价质量管理体系改进的机会和变更的需要。

（三）资源管理

资源是质量管理体系的物质基础，为确保质量管理体系的有效性，ISO9001要求组织应识别为实现质量目标所需的资源并能及时地提供所需的资源。资源应包括人力资源、基础设施和工作环境三个方面。

（1）人力资源方面。组织应首先确定所有质量相关人员必须能胜任本职工作；其次，对不合格人员通过各种培训使其符合要求，并对教育培训的有效性进行评价，特别是要确保所有员工都能认识到所从事活动的重要意义，使其应明白其岗位职责和组织目标的关系，以及如何为实现质量目标做出贡献；最后，要做好并保存有关记录。

（2）基础设施方面。不同的组织对基础设施有不同的要求，最高管理者在考虑相关方需

求和期望的同时，根据组织特点确定所需的基础设施。基础设施主要包括建筑物、设备和服务设施三个方面。

（3）工作环境方面。最高管理者应根据组织特点确定合适的工作环境，维持管理环境和氛围，应确保组织的工作环境对人员的能动性、满意程度和业绩产生积极的影响，以提高组织的业绩。

（四）产品和服务实现

产品和服务的实现过程是组织增值的重要过程。组织应对生产产品和提供服务所需的所有过程都相应地策划和开发，以确保产品实现过程以及相关的过程网络有效和高效地运行，从而最终实现产品增值的目标。

1. 产品实现的策划

组织应策划和开发产品实现所需的过程。产品实现过程的质量策划应与组织质量管理体系的其他要求相一致，并以适于组织运作的方式形成文件。首先，在产品实现策划一开始就要规定质量目标；其次，要识别产品实现所需的过程、文件和资源；然后，确定生产控制以及产品验收标准，同时需要确定产品实现活动所需的记录。

2. 与顾客有关的过程

为满足顾客对产品的需求和期望，组织应通过与顾客的积极沟通，确定以下方面的信息：

（1）与产品有关的各方面要求。比如，顾客规定的要求，如产品质量、技术指标、产品性能等；惯例、通常做法、产品使用所必需的要求以及组织自身具有的特点；法律法规、强制性标准等要求；组织自身规定的附加要求。

（2）在组织承诺之前对产品的要求进行评审，以确保所有要求均能满足。

（3）开发并实施与顾客沟通的过程，对沟通内容、方式、时间、协调、处理等要有规定。

3. 设计和开发

设计和开发是指将要求转换为产品、过程或体系的规定的特性或规范的一组过程，是产品实现过程中的关键过程。组织应对产品的设计和开发过程进行策划和控制，确定与产品要求有关的输入，并保持记录；设计和开发的输出应以能够针对设计和开发的输入进行验证的方式提出，并在放行前得到批准；在适宜的阶段，应依据策划的安排，对设计和开发进行系统的评审，以便评价设计和开发的结果满足要求的程度，识别存在的问题并提出必要的措施；为确保设计和开发输出能满足输入的要求，组织应依据策划的安排对设计和开发进行验证；为确保产品能够满足规定的或已知预期使用的要求，应根据策划的安排对设计和开发进行确认。此外，组织还应识别设计和开发的更改及更改后的沟通。

4. 采购

为确保采购的产品符合要求，组织有必要对采购过程进行适当的控制。为此，组织应对供方按组织的要求提供产品的能力进行评价和选择供方；应与供方共同制定对供方过程的要求和产品规范，以利用供方的知识使组织获益；应明确规定采购的要求，确保提供充分的采购信息；应建立并实施检验或其他必要的活动，以确保采购的产品满足规定的采购要求。

5. 生产和服务提供

本过程直接影响向顾客提供的产品或服务的符合性质量，因此应根据产品或服务的特点

及过程的特点予以恰当、充分的控制。

（1）组织必须根据产品的特点对生产和服务提供进行策划，使生产和服务提供过程处于受控条件下。

（2）当生产和服务提供过程的输出不能有后续的监视或测量加以验证时，以及只有在产品使用或服务已交付之后缺陷才会变得明显时，组织应对任何这样的过程实施确认，以证实这些过程实现所策划的结果的能力。

（3）组织应在产品实现的全过程中使用适宜的方法标志产品，在有追溯性要求的场合，应控制并记录产品的唯一性标志。

（4）组织应爱护在组织控制下或组织使用的顾客财产，应识别、验证、保护和维护其使用或构成产品一部分的顾客财产，若发现顾客财产发生丢失、损坏或不适用时，应报告顾客并保持记录。

（5）产品在内部流转和交付到预定的地点期间，组织应针对产品的符合性提供防护。

（6）组织还应确定需实施的监视和测量以及所需的监视和测量装置，为产品符合确定的要求提供证据。

（五）测量、分析和改进

一个运行良好的质量管理体系应具有有效的自我完善机制，以便及时识别和发现产品实现和体系中存在的问题，并采取得力措施加以解决。这种机制还应发挥持续改进效能，为本组织和顾客创造更高价值。为了证实产品的符合性，确保质量管理体系的符合性和持续改进质量管理体系的有效性，组织应策划并实施所需的监视、测量、分析和改进过程。

四、质量管理体系认证

（一）质量管理体系认证的概念

质量管理体系认证，又称质量体系评价与注册，它是指由权威的、公正的、具有独立第三方法人资格的认证机构（由国家管理机构认可并授权的）派出合格审核员组成的检查组，对申请方质量体系的质量保证能力依据 ISO9001 标准进行检查和评价，对符合标准要求者授予合格证书并予以注册的全部活动。

（二）质量管理体系认证的程序

1. 申请

（1）认证申请的提出。申请者（如企业）按照规定的内容和格式向体系认证机构提出书面申请，并提交质量手册和其他必要的信息。

（2）认证机构的审查与批准。根据申请者的情况，质量体系认证机构作出受理、不受理或申请者改进后再受理的决定。

2. 检查与评定

（1）文件审查。文件审查的目的主要是审查受审方提交的质量手册的规定是否满足所申请的质量体系标准的要求，如果不能满足，审核组需向受审方提出，由申请者澄清、补充或修改。

（2）现场检查前的准备。在进行现场检查前，双方协商确定审核日期及现场审核实施计

划。审核组根据对受审方提供的质量手册和有关资料进行审查，了解现场实况及特殊要求。对在初访中发现的问题，受审方应及时采取措施，加以整改。

（3）现场检查与评定。现场审核的主要目的是通过收集客观证据检查评定质量体系的运行与质量手册的规定是否一致，证实其符合质量体系标准要求的程度，做出审核结论。

（4）提出检查报告。由项目审核组组长负责，在审核组离开后一周内，把审核报告提交质量体系认证机构技术委员会审议、批准。经审批后的审核报告书正本送受审方（或委托方），副本及有关资料送质量体系认证机构办公室存档备案。

3. 审批与注册发证

经技术委员会审议批准，向受审方颁发国家质量体系认证主管部门统一制定的并印有质量体系认证机构认证标志的质量体系认证证书。

4. 获准认证后的监督管理

对获准认证后的监督管理包括标志的使用、通报、监督审核及监督后的处置等。

五、质量管理体系文件的编写

建立质量管理体系文件的价值是便于沟通意图、统一行动，有利于质量管理体系的实施、保持和改进。质量管理体系文件可用于：满足顾客需求和质量改进；提供适宜的培训；重复性（或再现性）和可追溯性；提供客观证据；评价质量管理体系的有效性和持续适宜性等方面。

（一）质量体系文件的类型及其编写

1. 质量手册

质量手册，即规定组织质量管理体系的文件，它向组织内、外部提供关于质量管理体系的一致信息。其主要内容包括：质量管理体系的范围，包括任何删减的细节与合理性；为质量管理体系编制的形成文件的程序或对其引用；质量管理体系过程之间的相互作用的表述。

在质量手册前言（或概述）一般表述组织的概况、地址、产品类别、所服务的顾客群体等。质量方针可以在手册中描述，也可不在手册中描述。标准对组织的质量手册没有提出统一格式的要求，组织可以按照最适合自己的方式表达，但是，必须包括对过程删减的详细表述。

2. 质量计划

质量计划，即对特定的项目、产品、过程和合同，规定由谁及何时应使用哪些程序和相关资源的文件。例如，检验计划可以明确哪些环节需要通过测量进行控制。

质量计划仅需涉及与特定产品、项目等有关的那些活动，对一般要求可直接采用或引用现行的质量文件，应保持与现行质量文件要求的一致性。产品结构简单、品种单一或形成系列产品时，一个质量计划可包容时，可不必针对每个产品都制订质量计划。质量计划可高于但不能低于通用质量体系文件的要求。组织应明确质量计划所涉及的质量活动，并对其责任和权限进行分配；质量计划应由技术负责人主持，相关部门及人员参加制订。组织应考虑质量计划相互间的协调性和可操作性，当现行产品技术状态发生显著变化时，应考虑编制新的质量计划。

3. 程序文件

程序文件，即提供如何一致地完成活动和过程的信息的文件。程序通常规定某项活动的目的、内容和范围，规定做什么，由谁做，何时、何地和如何做，使用何种材料、设备和文

件，如何对其控制和记录。ISO 9001 标准对质量管理体系的管理方面规定了六个基本程序文件（文件控制、记录控制、内部审核、不合格品控制、纠正措施、预防措施）。这是所有建立质量管理体系的组织必须形成的程序文件。组织应根据自己的特点，决定程序文件的数量和繁简程度。也就是说，并不是所有的程序都必须形成文件，如果所有的相关人员都能说明并能证明他们用同样的方法做同样的事，就不一定需要文件。

4. **记录**

记录是文件的一种，它更多用于提供产品符合要求和体系有效运行的证据，记录不是证据的唯一形式。在质量管理体系文件中，记录是最基础的文件，为了便于管理和提高工作效率，记录一般应设计固定的格式。记录的管理按标准要求，制订专门的控制程序，控制记录的标志、储存、检索、保护、保存期限和处置办法。

（二）质量体系文件编制的注意事项

质量体系文件编制的注意事项如下：

（1）编制质量管理体系文件不是目的，而是手段，通过文件可使质量管理体系的过程增值，是质量管理体系的一种资源。

（2）组织质量管理体系文件的方式和程度必须结合组织的规模、产品的复杂程度和人员的能力等综合考虑，不能找个模式照抄照搬，也不必抄标准的条款。

（3）文件是对体系的描述，必须与体系的要求一致。

第四节　质量管理统计分析方法

在质量管理中强调一切用数据说话，通过有目的地收集数据，运用数理统计的方法处理所得的原始数据，提炼出有关产品质量、生产过程的信息，再恰当地利用质量管理的统计分析方法，分析具体情况，作出决策，从而达到提高产品质量的目的。

一、传统的质量统计分析方法

传统的质量统计分析方法包括排列图、因果图、分层法、直方图、调查表、散布图与控制图。

（一）排列图

1. **排列图的概念**

排列图又叫帕累托图，它是将质量改进因素从最重要到最次要进行排列而采用的一种图示技术。1897 年，意大利经济学家帕累托在对 19 世纪英国社会各阶层的财富和收益统计分析时发现：80%的社会财富集中在 20%的人手里，而 80%的人只拥有社会财富的 20%，这即著名的“关键的少数和次要的多数”。运用排列图，就是根据这种“关键的少数和次要的多数”的原理，对有关产品质量的数据进行分类排列，找到对质量影响最大的因素，为改善质量提供指导。

2. **排列图的做法**

排列图由两个纵坐标、一个横坐标、几个直方块和一条折线组成。如图 5-5 所示，左边的纵坐标表示频数（如件数、工时等），右边的纵坐标表示累计百分比，横坐标表示影响产品

质量的各个因素，按影响程度的大小，从左至右排列；直方块的高度表示某个因素影响的大小；折线表示各影响因素大小的累计百分数，是由左到右逐渐上升的，这条折线就称为帕累托曲线。通常将累计百分数分为三个等级，累计百分数在 0～80%的因素为 A 类，是主要因素；在 80%～90%的因素为 B 类，是次要因素；在 90%～100%的因素为 C 类，是一般因素。

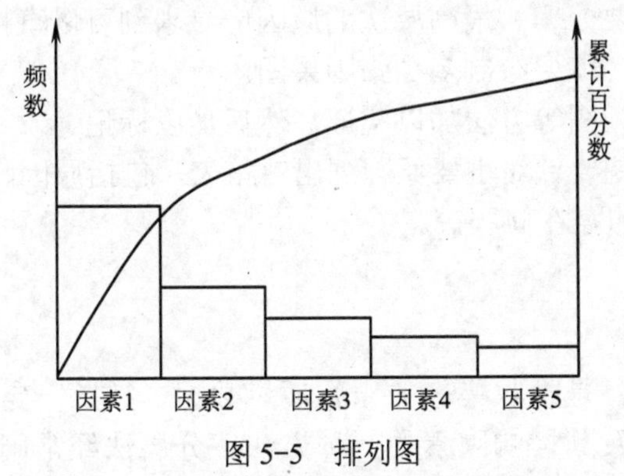

图 5-5　排列图

排列图不仅可以用来分析产品质量问题的主次原因，也可以用来分析产品的主要缺陷形式，进行成本分析时确定经济损失的主次关系等。也就是说，它适用于各行各业以及各个方面的工作改进活动。

（二）因果图

1. 因果图的概念

因果图又称为鱼刺图、树枝图、特性因素图，是用来分析影响产品质量各种原因的一种有效的定性分析方法（见图 5-6）。它以结果为特性，以原因作为因素，在它们之间用箭头联系起来，通过对影响质量（结果）的各因素有条理地逐层分析，可以清楚地看出产生质量问题的脉络。

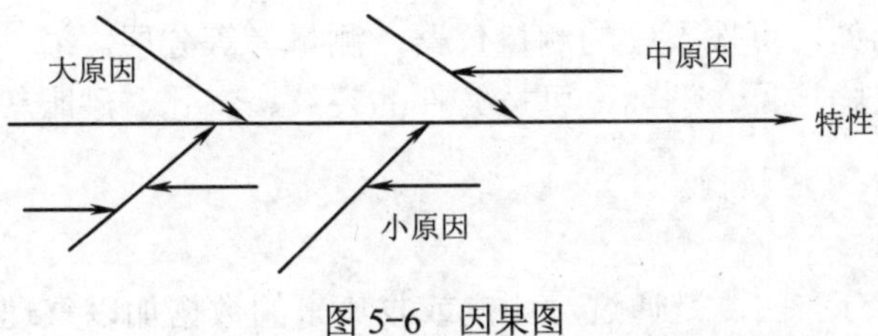

图 5-6　因果图

2. 因果图的做法

因果图基本由特性枝、原因枝、枝干三部分构成。因果图的做法如下：

（1）确定分析对象。把要分析的质量特性问题，填入主干线箭头指向的方块中。

（2）记录分析意见。利用头脑风暴法的原理，寻找影响质量、时间、成本等问题的潜在因素，把大家针对质量特性问题所提出的各种原因，用长短不等的箭线排列在主干线的两侧。属于大原因的，用较长的箭线指向主干线；属于某大原因内次一级的中原因，用略短的箭线指向该大原因的箭线；属于小原因的箭线指向与它关联的中原因的箭线。

（3）对所分析的种种原因再检查有无遗漏。

（4）注明绘图者、参加讨论分析人员、时间等可供参考事项。

3. 画因果图应注意的事项

画因果图应注意的事项如下：

（1）充分发扬民主，集思广益。

（2）确定要分析的主要质量问题（特性）尽量具体、明确、有针对性。

（3）因果关系的层次要分明。最高层次的原因应寻求到可以直接采取措施为止。

（4）有多少质量特性，就要绘制多少张因果图。

（5）主要原因可用排列图等方法加以验证，然后加以标记。

（6）画出因果图后，就要针对主要原因列出对策表，包括原因、改进项目、措施、负责人、进度要求、效果检查和存在问题等。

（三）分层法

1. 分层法的概念

分层法，又称分类法，是把收集来的原始质量数据，按照一定的目的和要求加以分类整理，以便分析质量问题及其影响因素的一种方法。分层法经常同质量管理中的其他方法一起使用，如将数据分层之后再进行加工整理成分层排列图、分层直方图、分层控制图和分层散布图等。

2. 常用的分层方法

分层时，应使同一层的数据波动幅度尽可能小，而层间的差别尽可能大，分层的目的不同，分层的标志也不一样。一般来说，分层可采用以下标志：

（1）操作者。例如，可按工龄、工级、性别、操作技术水平等分层。

（2）机器。例如，可按不同的工艺设备型号、新旧程度、不同的生产线等进行分层。

（3）材料。例如，可按产地、批号、不同的生产环境等分层。

（4）操作方法。例如，可按不同的工艺要求、操作参数、操作方法和生产速度等进行分层。

（5）时间。例如，可按不同的班次、日期等分层。

（6）检验手段。例如，可按不同的测量仪器、测量者等分层。

（7）生产废品的缺陷项目。例如，可按铸件的裂纹、气孔、砂眼等缺陷分层。

（四）直方图

1. 直方图的概念

直方图，又称质量分布图，是通过对测定或收集来的数据加以整理，找出其统计规律，根据数据分布的形态，来判断和预测生产过程质量和不合格品率的一种常用工具。

直方图由一系列在直角坐标系下若干依照顺序排列的矩形组成。它将一批数据按取值大小划分为若干组，在横坐标上将各组为底作矩形，成为数据区间，以落入该组的数据的频数或频率为矩形的高。通过直方图可以观测并研究这批数据的取值范围、集中及分散等分布情况，进而可以了解到产品质量的分布状况、平均水平和分散程度，这将有助于我们判断生产过程是否稳定正常，分析产生产品质量问题的原因，预测产品的不合格品率，提出提高质量的改进措施。

2. 直方图的作图步骤

（1）收集数据。它是指随机抽取 50 个以上的质量特性数据，数据越多作直方图效果越好，最少不少于 30 个。

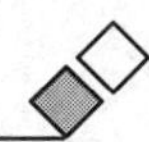

（2）在原始数据中找出最大值（x_{max}）和最小值（x_{min}），计算二者的差即为极差（R），即 $R=x_{max}-x_{min}$。

（3）确定组数（k）和组距（h）。根据数据的个数进行分组，组数确定的一般原则是数据在 50 以内的分 5～7 组，50～100 分 7～12 组，100～250 分 12～20 组。

组距就是组与组之间的间隔，等于极差除以组数，即

$$h=\frac{x_{max}-x_{min}}{k}$$

（4）确定各组界限。分组界应该能够包括最大值和最小值。先取测量值单位的 1/2。第一组的、下限值为最小值减测量单位的 1/2。第一组的下限值加上组距就是第一组的上界限值，也就是第二组的下界限值，第二组的下界限值加上组距就是第二组的上界限值，也就是第三组的下界限值，依次类推，可定出各组的组界。

（5）计算各组的组中值。组中值就是处于各组中心位置的数值，为各组数据的代表值。其计算公式如下：

$$组中值=\frac{组下限+组上限}{2}$$

（6）制作频数分布表。频数就是实测数据中处在各组中的个数，频率就是各组频数占样本大小的比重。各组频数填好以后检查一下总数是否与数据总数相符，避免重复或遗漏。

（7）画直方图。以横坐标表示质量特性（如上表中的中心值），纵坐标为频数，在横轴上标明各组组界，以组距为底，频数为高，画出一系列的直方柱，即可得到直方图。在直方图的空白区域，记上有关的数据的资料，如样本数、平均值、标准差等，如图 5-7 所示。

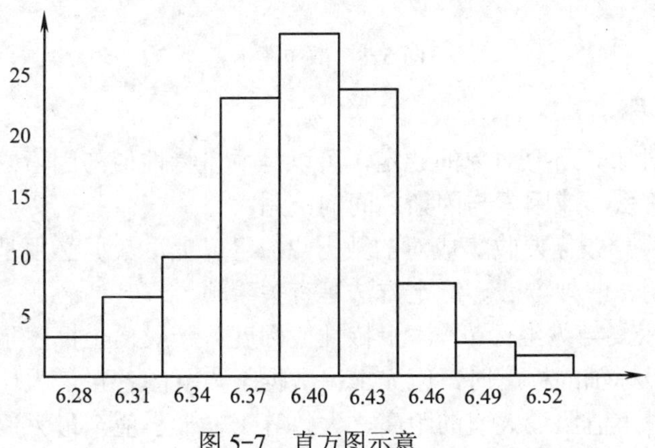

图 5-7　直方图示意

（五）调查表

1. 调查表的概念

调查表，又称检查表、统计分析表，它是利用统计表来进行数据整理和粗略原因分析的一种方法。该方法是把产品可能出现的情况及其分类预先列成统计调查表，在检查产品时只需在相应分类中进行统计，并可从调查表中进行粗略的整理和简单的原因分析，为下一步的统计分析与判断质量状况创造良好条件。调查表法是最为基本的质量原因分析方法，在实际工作中，经常将其与分层法结合起来使用。

2. 调查表的常用类型

（1）缺陷位置调查表。若要对产品各个部位的缺陷情况进行调查，可将产品的草图或展开图画在调查表上，当某种缺陷发生时，可采用不同的符号或颜色在发生缺陷的部位上标出。若在草图上划分缺陷分布情况区域，可进行分层研究。

（2）不良项目调查表。不合格品统计调查表用于调查产品质量发生了哪些不良情况及其各种不良情况的比率大小。

（3）不良原因调查表。若要弄清楚各种不良品发生的原因，就需要按设备、操作者、时间等标志进行分层调查，填写不良原因调查表。

（六）散布图

1. 散布图的概念

散布图，又称相关图，它是通过分析研究两种因素的数据的相关关系，来控制影响产品质量的相关因素的一种有效方法。该种方法可以应用相关系数、回归分析等进行定量的分析处理，确定各种因素对产品质量影响程度的大小，如图 5-8 所示。

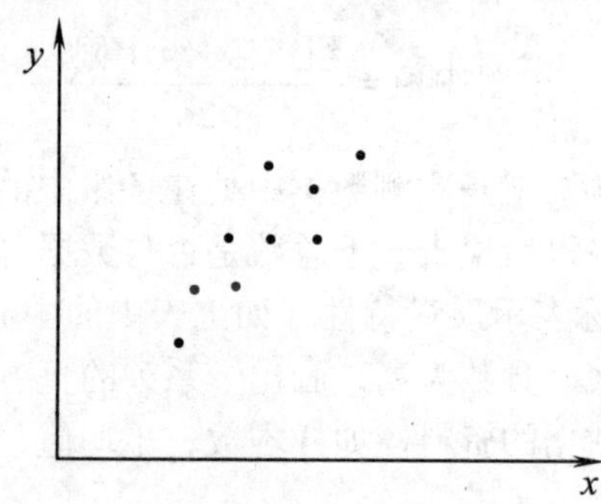

图 5-8 散布图示意

2. 作图步骤

（1）确定研究对象。研究对象的选定，可以是质量特性值与因素之间的关系，也可以是质量特性值之间的关系，或因素与因素之间的关系。

（2）收集数据。一般需要收集成对的数据 30 组以上，数据必须是一一对应的，同时要记录收集数据的日期、取样方法、测定方法等有关事项。

（3）画出横坐标 x 与纵坐标 y，添上特性值标度。一般横坐标表示原因特性，纵坐标表示结果特性。进行坐标轴的标度时，应先求出数据 x 与 y 的各自最大值与最小值。划分间距的原则是：应使 x 最小值至最大值的距离，大致等于 y 最小值至最大值的距离。其目的是为了避免因散布图作法不合适而导致判断的错误。

（4）根据数据画出坐标点。按 x 与 y 的数据分别在横、纵坐标上取对应值，然后分别引出平行于 y 轴与 x 轴的平行线，其交点即为所求的坐标点。

3. 应用散布图的注意事项

应用散布图的注意事项如下：

（1）首先要注意对数据进行正确的分层，否则可能作出错误的判断。

（2）对明显偏离群体的点子，要查明原因。对被确定为异常的点子要剔除。

（3）由相关分析所得的结论，仅适用于试验的取值范围内，不能随意加大适用范围。

（七）控制图

1. 控制图的概念

控制图，又称管理图，它是判断和预报生产工序中质量状况是否发生异常波动的一种有效的方法，利用它可以区分质量波动究竟是由随机因素还是系统因素造成的。控制图是1924年由美国的休哈特首创的。

2. 控制图的原理

（1）质量波动源的分类。由于生产过程中存在许多波动源，造成生产出的产品没有两件完全一样，产品间的差异通常用质量特性的差异反映出来。比如，产品的直径的波动，就可能是由机器的老化、刀具的磨损、毛坯的差异、电压的波动、操作场所的温度、光线差异等原因造成的。

我们可以把造成质量波动按不同来源分为人员、机器、材料、环境、方法、测量（计算机软件、辅助材料、水电公用设施）；按影响大小与作用性质分为偶然因素（随机因素）和系统因素（非随机因素）。正常波动在每个工序中都是经常发生的，正常波动对工序质量的影响较小，在技术上难以测量和消除，通常为偶然因素。异常波动是由系统因素引起的，对工序质量的影响较大。

（2）3σ原理。实践证明，在正常波动下，大量生产过程中产品质量特性X波动的趋势大多服从正态分布。当出现系统性原因时，X就会偏离原来的分布，我们就可以通过统计学中假设检验的方法来及时地发现这种分布的偏离，从而据以判断系统性原因是否存在。

在正态分布中，当生产不存在系统性原因时，$X\sim N(\mu,\sigma)$，则$P(\mu-3\sigma<X<\mu+3\sigma)=0.9973$。$X$落在两条虚线外的概率之和只有0.27%。即1 000个样品（数据）中，平均约有3个数据超出分布范围，有997个落在（$\mu-3\sigma$，$\mu+3\sigma$）之中。如果从处于统计控制状态的生产中任抽一个样品X，可以认为X一定在分布范围（$\mu-3\sigma$，$\mu+3\sigma$）之中，而认为出现在分布范围之外是不可能的，这就是3σ原理。

一般来说，3σ原理在一次试验中，如果样品出现在分布范围$\mu\pm3\sigma$的外面，则认为生产处于非控制状态。习惯上，把$\mu-3\sigma$定为控制下限（LCL），$\mu+3\sigma$定为控制上限（UCL），μ定为中心线（CL），这样得到的控制图称为3σ原理的控制图，也称为休哈特控制图，如图5-9所示。

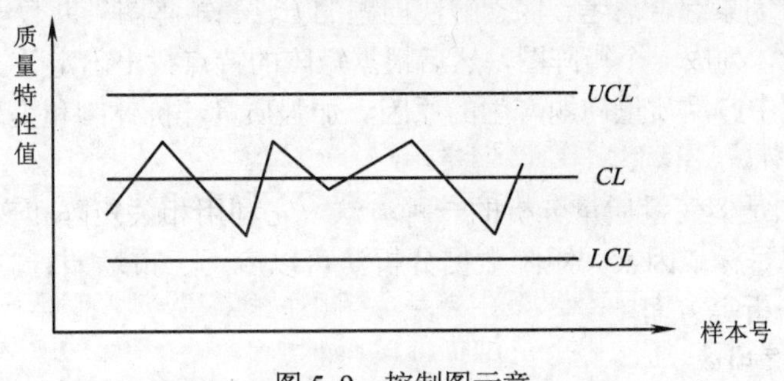

图5-9　控制图示意

这样，我们就可以通过控制图来有效地判断质量波动究竟是由随机因素还是系统因素造成的，借此来保证生产工序质量的稳定性，及时发现生产工序中的异常现象。

3. 控制图的观察分析

（1）工序处于稳定状态下的判断。如果控制图中点子的排列是随机地处于下列情况，则可认为过程处于稳定状态：①连续25个点子在控制界限内。②连续35个点子，仅有一个点子超出控制界限。③连续100个点子，仅有2个点子超出控制界限。

（2）工序处于不稳定状态下的判断。只要具有下列条件之一时，均可判断为过程不稳定：①点子超出控制界限（点子在控制界限上，按超出界限处理）。②点子虽在控制界限内，但排列异常。所谓排列异常，是指点子排列出现链、倾向、周期等缺陷之一。

二、新七种质量统计分析方法

在现代质量管理中，随着科学技术的迅猛发展，产品日益复杂、精密，质量管理将运筹学、系统工程、行为科学等更多、更广的方法结合起来解决新的质量问题，产生了关联图法、KJ法、系统图法、矩阵图法、矩阵数据分析法、过程决策程序图（PDPC）法和网络图法七种新的质量管理统计分析方法，它们都是传统统计分析方法的有机补充，在这里简要介绍一下。

1. 关联图法

关联图法是指用连线图来表示事物依存或因果关系的一种方法，也叫关系图法。关联图把与事物有关的各环节按相互制约的关系连成整体，用于搞清楚各种复杂因素相互缠绕的、相互牵连的问题，寻找、发现各种因素内在的因果关系，用箭头逻辑性的连接起来，综合地掌握全貌，找出解决问题的措施。

2. KJ法

KJ法，又叫亲和图法，是由日本川喜二郎（Kawakida Jiro）提出的一种属于创造性思考的开发方法，“KJ”二字取的是川喜英文名字的第一个字母。该方法就是对未来的问题、未知的问题、无经验领域的问题的有关事实、意见、构思等语言资料收集起来，按相互接近的要求进行统一，从错综复杂的现象中，用一定的方式来整理思路、抓住思想实质、找出解决问题新途径的方法。

3. 系统图法

系统图又被称为树图或者树形图，就是把要实现的目的与需要采取的措施或手段，系统地展开，并绘制成图，以明确问题的重点，寻求最佳手段或措施。

4. 矩阵图法

矩阵图是通过多因素综合思考，探索解决问题的方法。矩阵图借助数学上矩阵的形式把影响问题的各对应因素，列成一个矩阵图，然后根据矩阵的特点找出确定关键点的方法。矩阵图多用于分析制造过程中产品质量问题产生的原因、加强质量评价体制和提高其效率等方面。

5. 矩阵数据分析法

矩阵数据分析法是多变量质量分析的一种方法。它利用相关矩阵和变量变换的方法找出进行研究攻关的主要目标或因素。矩阵数据分析法可以应用于市场调查，新产品开发、规划和研究，以及工艺分析等方面。

6. 过程决策程序图法

过程决策程序图法又叫PDPC图法（Process Decision Program Chart），该种方法是利用运筹学中的PDPC法的预见性及随机应变性解决在质量管理时事先预料不到的事故，并随着事态的进展对能够导致各种结果的问题，确定一个过程使之达到理想结果的方法。

7. 网络图法

网络图法是计划协调技术（Program Evaluation and Review Technique，PERT）和关键路

线法（Critical Path Method，CPM）在质量管理中的具体应用。其实质是把一项任务的工作（研制和管理）过程，作为一个系统加以处理，将组成系统的各项任务，细分为不同层次和不同阶段，按照任务的相互关联和先后顺序，用图或网络的方式表达出来，形成工程问题或管理问题的一种确切的数学模型，用以求解系统中各种实际问题。

【本章关键术语】

质量　　全面质量管理　　质量管理体系　　质量管理统计分析方法

【本章小结与知识结构图】

本章主要介绍了质量管理的基本概念、基本理论和基本方法。第一节是对质量管理的概述，介绍了质量、质量管理、质量管理体系、质量职能、质量职责以及质量管理涌现的新理论。第二节介绍了全面质量管理的概念、特点及工作程序等内容。第三节介绍了质量管理体系，2008 版的 ISO9000 系列标准，质量管理体系的建立和运行，质量管理体系认证及质量体系文件的编写等。最后一节介绍质量管理的各种统计分析方法。

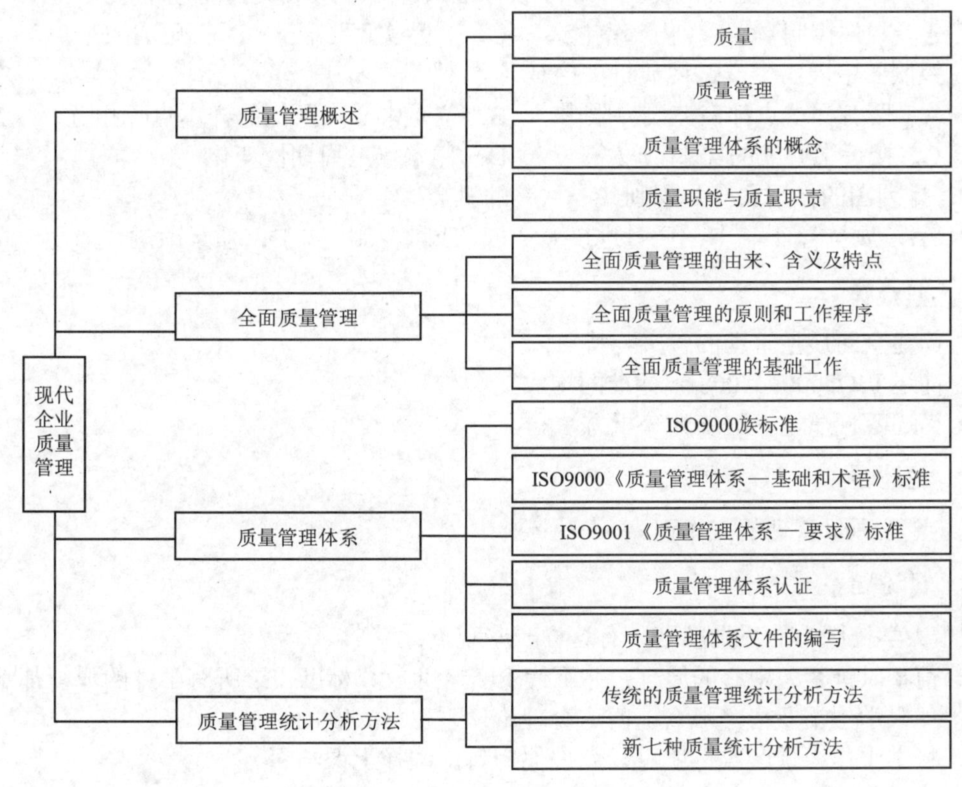

【技能测试题】

一、单项选择题

1. 汽车、机床为（　　）产品。

A. 硬件　　B. 软件　　C. 流程性材料　D. 服务

2．（　　）是质量管理的一部分，致力于增强满足质量要求的能力。

A．质量改进　　B．质量控制　　C．质量策划　　D．质量保证

3．质量方针是一个组织总的质量宗旨和方向，它由组织的（　　）批准发布。

A．上级机关　　B．最高管理者

C．质量管理办公室主任　　D．总工程师

4．“朱兰质量螺旋曲线”包含（　　）个环节。

A．13　　B．12　　C．10　　D．9

5．统计质量管理阶段，由（　　）承担质量管理工作。

A．操作者本人　B．工长　　C．专职检验人员 D．工程师和技术人员

6．费根堡姆在（　　）年首次提出了“全面质量管理”的概念。

A．1951　　B．1961　　C．1967　　D．1968

7．PDCA 循环方法适用于（　　）。

A．产品实现过程　　B．产品实现和服务提供过程

C．质量改进过程　　D．构成组织质量管理体系的所有过程

8．下列哪一项不是 2008 版 ISO9000 族标准明确要求形成文件的程序？（　　）。

A．文件控制　　B．内部审核　　C．产品实现过程　　D．预防措施

9．控制图中表明生产过程质量失控是（　　）。

A．所有样本点都在控制界限内　　B．位于中心点两侧的样本点数相近

C．接近中心线的样本点较多　　D．样本点呈周期性变化

10．排列图的作用之一是识别（　　）的机会。

A．质量管理　　B．质量进步　　C．质量控制　　D．质量改进

二、简答题

1．简述全面质量管理的含义与特点。

2．简述 ISO9000：2008 族标准的构成。

3．简述各种质量管理统计分析方法。

三、论述题

试述全面质量管理的工作程序。

四、讨论题

关于大学校园中的质量准则，有这样一些观点：

A．信奉以顾客为中心的原理，并不代表着老师放弃标准，给所有学生的成绩都是优秀。

B．如果学生不及格，那么证明这套理论体系也是失败的。

C．将学生作为顾客看待就可以允许他们自由选择上课与否。

D．完成教学大纲不是教师成功与否的评价标准。

E．新任教师以及其他在职教师均应相互观摩教学课程。

F．以教学评估替代成绩评价。

G．无论考试成绩有多好，机遇是不可缺少的。

对于上述观点，你赞同吗？他们是怎样理解全面质量原理的？传统教学体系中的教师与学生需要作出哪些改进？

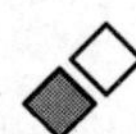

案例分析

西南航空公司的热情服务

成立于1971年的西南航空公司（Southwest Airlines）总部设在美国德克萨斯州的达拉斯，根据美国民航业2005年的统计数据，以载客量为依据计算，它已经成为美国第二大航空公司。该航空公司每天的航班超过2 150次，拥有23 000多名雇员。

西南航空公司的成功取决于很多因素，确保以亲切、友好、热情的方式满足乘客的需要是其制胜法宝之一。它永远不会把乘客当成货物一样对待，西南航空公司的员工们总是微笑着，让乘客觉得心里非常舒服。除此之外，西南航空公司还提供“免费花生”之类的东西，“免费花生”除了指真的花生以外，还指其他一些额外服务。例如，允许乘客们无偿调换航班，不对托运行李收费，经常搭乘的乘客甚至会收到生日卡等。西南航空公司希望它的乘客感受到的服务是能留下永久印象的、友善温情且愉快的，公司向每位员工灌输的观念是“愉快满意的乘客会一次又一次地搭乘我们的飞机，正是他们创造了工作保障”。

“顾客至上”同样适用于内部顾客（内部顾客包括所有的员工和关键的利益者）。西南航空公司努力强调对员工个人的认同。例如，将作出突出贡献的员工的名字雕刻在特别设计的波音737上；将员工的突出业绩刊登在公司的杂志上等；随时在告诉员工，公司所强调的员工第一。同时，每个业务部门都被视为一个内部顾客。例如，维修飞机的机械师把飞行员当成顾客；营销人员把订票代理机构当成顾客。人们积极寻求改进工作关系的方法，从而提高经营成果。大家都相信：与其彼此竞争，不如做得最好。

在西南航空公司有一段很有名的话：“我们的费用可以被超过，我们的飞机和航线也可以被模仿，但是我们为我们的客户服务感到骄傲，这是没有人能够模仿得出来的。通过有效的雇佣，我们为公司节省了费用，并且使生产率和顾客服务达到更高水平。”

西南航空公司已经成为美国最有盈利能力的航空公司之一。多年来，这家航空公司都被公认为行李托运服务最佳、乘客投诉最少和起降最准时的航空公司。同时，该公司也拥有大量荣誉，包括多年被《财富》杂志评为美国最受欢迎的公司。

（资料来源：豆丁网 http://www.docin.com/p-12834216.html）

问题：为什么西南航空公司会取得如此优秀的经营业绩？

【课后网络资源】

1．中国质量网 http://www.caq.org.cn
2．中国质量管理在线 http://www.qmonline.cn
3．六西格玛论坛 http://www.sixbb.cn/index.php
4．六西格玛品质网 http://www.6sq.net
5．中国质量协会 www.caq.org.cn

第六章　现代企业人力资源管理

学习目标

- 重点掌握人力资源管理的工作内容、原理以及人力资源管理人员所需的技能。
- 掌握人才选拔的程序及技巧。
- 掌握绩效管理的方法。
- 掌握薪酬管理的内容。
- 了解人才培养的重点。

引导案例 6/9

佳驰公司是一家具有十几年汽车齿轮生产历史的专业公司，厂区占地面积 60 000 多 m^2，总资产 8 000 多万元。由于该企业是家族企业，老板及老板娘的亲戚朋友占据了企业内的重要岗位，像财务、人事行政、采购等部门主管都是老板的亲戚，但员工的工资评定、奖罚额度、工资发放时间、人事安排、新客户的开发等仍由老板和老板娘决定。一线的员工更是普遍抱着打工者的心态，怠工现象时有发生，工作积极性很差。像人事招聘、新进人员薪资确定、重大采购事项、某项重大决议、培训计划等必须由老板或老板娘亲自决定，但由于老板和老板娘的事情太多而忙不过来，于是，这些工作只有停下来或不得不推迟进行，结果决策的最佳时机往往被错过，大量工作延误推迟，造成公司效率低下，企业运作速度迟缓，老板非常苦恼，在目前企业飞速发展的情况下，希望能够用现代人力资源管理的办法去解决当前出现的难题，但是不知道该如何下手。

案例简析：该公司目前所面临的问题其实是企业在发展过程中都可能碰到的问题，到底在企业的人力资源管理过程中应该如何去提高企业员工的绩效？如何去选拔配备合适的人才？人力资源管理者如何提升自身的技能？如果这些问题得不到解决就会成为困扰企业发展的难题。在本章中我们将尝试对这些问题进行探讨。

阅读本章内容，并思考下列问题：

1．人力资源管理在目前的企业管理中为什么越来越重要？

2．人力资源管理的主要工作内容有哪些？

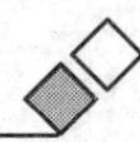

第一节　人力资源管理概述

曾经有人问比尔·盖茨："如果允许你离开地球到另一个星球去生活，但只能带走一样东西，那会是什么？" 盖茨说："我将带走微软公司里最优秀的20个人。"毛主席也曾说过：在一定的生产条件下，在人与物这一对因素中，只有人的因素才是决定性的。因为"一切物的因素只有通过人的因素才能加以开发利用"。当今社会经济发展的实践证明，人力资源的开发、利用对经济发展起着决定性的作用。人才是利润最高的商品，能够经营好人才的企业才是最终的赢家。

一、人力资源管理的相关概念

（一）人力资源的概念及特点

1. *人力资源的概念*

经济学把可以投入到生产中创造财富的生产条件通称为资源。世界上的资源可分为若干种，如自然资源、物力资源、信息技术资源等。在所有的资源中，人力资源是最宝贵的资源，是第一资源。人力资源的概念有狭义与广义之分。狭义论认为，人力资源是指全部人口中以合法劳动创造财富，推动社会发展的那部分人口。广义论认为，人力资源等同于全部人口资源。我们认为，人力资源是指那些能够推动整个经济和社会发展的，具有智力劳动和体力劳动能力的人的总称，包括数量和质量两个指标。人力资源的数量体现一个国家或地区中具有劳动能力、从事社会劳动的人口总数。人力资源的质量则体现为劳动者的身体素质水平、智力水平及心理素质、劳动积极性等非智力水平。

2. *人力资源的特点*

现代管理把"人"看做是一种资源，与自然资源（水、矿藏、森林等）、物质资源（原料、燃料、设备等）和信息资源相对应。但是人力资源又不是一般的资源，与其他资源相比较，具有更为鲜明的个性特征。

（1）人力资源是一种活的资源，而不是成本。从人力资源的获取需要成本。但是，不同成本的产出效用是不一样的。当我们把人力资源当做一种资源来看待的时候，更多的是从投入产出的效果上来讲的。用在员工身上的钱，会回报回来，而且它是一种不可限量的回报。这是人力资源的首要特点。本着这种理念，我们就可以理解，为什么我们要给员工那么多工资，为什么要出钱进行员工培训。企业该种投资的效果就是员工的工作业绩、贡献。所以，人力资源是一种活的资源，而不是成本。

（2）人力资源是创造利润的主要来源。也就是说，人力资源本身又可以创造价值，但是这种价值的创造，需要借助于人力，或者某些手段。与其他资源相比较，人力资源具有目的性、主观能动性、社会意识性和可激励性。人力资源的开发和利用，要靠政策、制度、感情、信任、待遇等各种因素去激发和调动其能动性，只有这样，人力资源才可以为企业创造源源不断的利润。

（3）人力资源本身能够升值。它和物质资源不一样。比如，我们买计算机、汽车等消费品，它们会慢慢贬值。但是人不一样，企业对新员工进行培训、培养，前几年产出通常小于

投入，之后随着员工经验的积累，他就为企业服务，产出将会大于投入。人力资源能够升值，当然不一样的人员升值潜力是不同的，但是从总体上看是可以升值的。而这种升值取决于第四个特点，就是还需要企业去开发和维护。

（4）人力资源需要维护。就跟环境资源一样，企业可能无形之中将它破坏掉，而对人的资源的破坏比物的资源更容易。人受到其所在的民族（团体）的文化特征、价值取向的影响，因而在人与人交往、生产经营中，可能会因彼此行为准则不同而发生矛盾。所以这就要求管理者在人力资源管理中注重对人力资源的维护和开发。

（二）人力资源管理的概念及其思想的演变

1. *人力资源管理的概念*

人力资源管理是指对人力资源的取得、开发、保持和利用等方面所进行的计划、组织、指挥、协调和控制的活动。

人力资源管理是研究组织中人与人关系的调整，人与事的配合，以充分开发人力资源，挖掘人的潜力，调动人的积极性，提高工作效率实现组织目标的理论、方法、工具和技术。它是企业经营管理的一个重要组成部分，需要全体管理者付出共同的努力。在人力资源管理工作中，不同管理者承担不同的责任，发挥不同的作用，彼此之间相互配合，形成统一的人力资源管理体系。

2. *人力资源管理思想的演变*

人力资源管理的理论和实践都有一个不断发展和演进的过程。人力资源管理思想的发展与管理学思想的发展是同步的。

第一个阶段是科学管理阶段。这个阶段出现在 19 世纪末到 20 世纪早期，以泰罗制为代表。此时的人力资源管理的思想就是要把人当成工具，当成机器，要用科学的办法来取代经验的办法，强调劳动分工、专业化。科学管理的一个重要假定就是做任何事情都有一套标准化的程序方法，必须用科学的手段找出这套标准化的程序和方法，然后选好工人，经过培训，按照标准化的程序去操作。但是人毕竟不是机器，人有思想、有感情，人的情绪状态决定了人不可能在任何时候都按照标准化的程序去操作。就像是刚上班的时候和要下班的时候，人的工作效率是不一样的，并不是因为员工不懂规则，或者不想去遵守这个规则，而是因为疲劳。所以，这个阶段的人力资源管理思想没有考虑人的社会性、情绪性。

第二个阶段是人事管理阶段。这个阶段出现在 20 世纪四五十年代，以梅奥的霍桑试验为代表。此时的人力资源管理的思想出现了人本管理的思路，开始强调人与工作的适应，人与工作的匹配。人事管理阶段认为，标准化的工作程序虽然可以找出来，但是必须要考虑从事该工作的人员的心理特点，根据员工心理活动的规律去给员工安排工作，因此需要做工作分析，也就是去分析这项工作到底需要什么样的人才能干好，这个人应该具备什么样的知识、经验、技能甚至包括个性特点。比如说，一个过于内向的人是不适合做营销者的，因为作为营销者需要大量的沟通、与人打交道。所以，这个阶段出现了人事办公室，出现了工作分析，在管理中考虑工作安排中人的一些特点。

第三个阶段是人力资源管理阶段。这个阶段出现在 20 世纪 70 年代，人力资源管理的思想此时发生了一些重大的转变，就是从原来的以工作为中心，转向了以人为中心，强调人与

工作的相互适应，出现了工作再设计的思想。工作分析是对现成的工作去分析其职责是什么，工作特点是什么。工作再设计是指分析这个工作应该如何设计才更能发挥个人的作用，强调人的主动性的发挥，把人从成本转向了资源这个概念。很多人力资源的技术都是在这个阶段出现的，如工作丰富化、工作轮换、工作扩大化等。也就是说，这个阶段的一个主要思路，就是如何在人力资源管理过程中发挥人的专长，而不是人去被动地适应工作。

第四个阶段是人力资源战略管理阶段。进入 21 世纪以后，知识化、网络化及全球化的根本特征和企业竞争的格局决定了人力资源管理在企业经营发展中占据着越来越重要的地位。人力资源不仅成为企业战略的重要组成部分，而且人力资源也在积极配合和支持企业战略的实施。这个阶段强调人力资源管理者必须要从战略发展的角度，紧跟企业发展目标和规划，保证企业能够拥有符合要求的员工，充分发挥人力资源选人、育人、用人和留人的功能，关注人的需要和价值观的个性化、多元化，通过人力资源政策和人力资源行为有效地激发员工的工作热情和工作积极性，培养员工的企业忠诚度和凝聚力，确保企业长久的竞争优势。

二、人力资源管理的基本原理

通常，人力资源管理需要遵循下列原理。

（一）系统优化原理

系统优化原理是指人力资源系统经过组织、协调、运行、控制，使其整体功能获得最优绩效的理论。简言之，就是要通过人力资源管理，产生 1 +1 >2 的效果。比如，企业进行组织架构的设计就是为满足系统优化而进行的战略性人力资源调整。

（二）能级对应原理

能级对应原理是指不同能力的人，其在企业中的责、权、利应有差别，将合适的人放到合适的位置上。简言之，就是在人力资源管理中做到人尽其才，物尽其用。比如，企业进行工作分析后形成的岗位说明书等文件就提供了用谁做、做什么、何时做、在什么地方做、怎么做、为什么要做、为谁做的信息，目的就是做到能级对应。

（三）系统动力原理

系统动力原理是指通过一定的方式激发人的工作热情，包括物质动力（物质的奖罚）和精神动力（成就感与挫折感、危机意识）。简言之，就是要善于激励。坚持系统动力原理，人力资源管理者需要通过各种开发管理手段，合理使用人力资源，提高人力资源的利用率。比如，人力资源管理中的绩效考核制度，就是通过对员工的物质的或精神的需求欲望给予满足的允诺，来强化其努力工作的心理动机，从而达到充分调动其积极性，努力工作的结果。

（四）反馈控制原理

反馈控制原理是指人力资源管理中的各个环节是相互关联的，形成一个反馈环，某一环节发生变化都会产生连锁性反应。简言之，就是要善于沟通。比如，企业进行内部员工满意度调查，便是一件上到企业最高领导、下到基层员工的一个全面的工作信息沟通过程。通过这个沟通过程，企业管理者可以了解内部员工对企业经营管理理念、各项规章制度、组织管理和企业文化等方面的评价，进一步作出改进，以提高员工满意度，提高工作效率。

（五）增值原理

增值原理是指对人力资源的投资可以使人力资源增值，而人力资源增值是指人力资源品位的提高和人力资源存量的增大。简言之，企业需要对人力资源投资使其增值。比如，企业要想使员工提高其生产效率和生产能力，就必须对其进行业务培训，从而提高员工的劳动技能水平，从而使人力资源增值。

（六）互补合力原理

互补合力原理是指在现代人力资源管理中，要求一个群体内部各个成员之间应该是密切配合的互补关系，人各有所长也各有所短，以己之长补他人之短，从而使每个人的长处得到充分的发挥，避免短处对工作的不良影响。简言之，就是讲究知识、气质、年龄、性别、技能等方面的互补。比如，在人力资源管理中创建工作团队，通过成员各方面的互补产生的合力去完成艰巨的任务，就是在人力资源管理中做到“用人之长，避人之短”。

（七）动态原理

动态原理是指人力资源的供给与需求要通过不断的调整才能求得相互适应，随着事业的发展，适应又会变为不适应，又要不断调整达到重新适应，这种不适应—适应—再不适应—再适应的循环往复的过程，正是动态原理的体现。动态原理使企业认识到人力资源规划的重要性，使企业更加重视人力资源需求和供给的预测。

（八）竞争强化原理

竞争强化原理是指人力资源管理部门必须引进人才竞争机制，让领导者和所有工作人员放开手脚，展开竞争，通过竞争优胜劣汰，实现资源合理流动和高效配置。简言之，就是在人力资源管理过程中引入竞争。比如，在用人原则方面坚持德才兼备，能者上，庸者下，杜绝一切形式的任人唯亲和各种照顾；在选人过程中对各层次工作人员的录用和提拔，通过公开平等的考试（考核）择优任用；在晋升方面，工作人员职务升降要以实绩为主要依据，并与工作人员的考核与使用结合起来等。

三、职务分析与岗位设计

职务分析，也叫工作分析、岗位分析。具体就是对一项工作的职责、活动的分析，其结果是形成工作描述与任职说明及相关文件，以便管理人员使用。它既是人力资源管理中必不可少的环节，又是其前提。

（一）职务分析的相关概念

1. 职务的概念

职务是指一组重要的责任相似或相同的职位。在企业中，通常把所需知识技能及所使用工具类似的一组任务和责任视为同类职务，从而形成同一职务、多个职位的情况。例如，生产计划员、生产调度员、经济核算员、生产统计员等都是一个职务。

2. 职务分析的概念

职务分析是指对组织中某个特定工作职务的目的、任务或职责、权力、隶属关系、工作条件、任职资格等相关信息进行调查、收集与分析，以便对该职务的工作作出明确的规定，然后加以系统、科学的描述和规定的活动。职务分析的结果是形成职务描述和任职说明书。职务描

述是说明某一职务的性质、责任权利关系、主体资格条件等内容的书面文件。任职说明书用来说明从事某项工作的人员必须具备的一般要求、生理要求和心理要求。其中，一般要求包括年龄、性别、学历、工作经验等；生理要求包括健康状况、力量和体力、运动的灵活性、感觉器官的灵敏度等；心理要求包括观察能力、集中能力、记忆能力、理解能力、学习能力、解决问题能力、创造性、语言表达能力、决策能力、气质、性格及兴趣爱好等。

管理幽默

懒人家的狗

有一个家庭，全家人都非常懒，每到做事的时候都是爸爸推给妈妈，妈妈推给哥哥，哥哥推给妹妹，妹妹推给她养的小狗BOBO。

有一天，有一位客人去他们家拜访，一进门就看到BOBO两脚站立在椅子上，吃力地擦着桌子，客人笑着说："这只小狗还真聪明啊！"BOBO无奈地摇了摇头说："没办法，这家人太懒了。"客人吃惊地叫道："天呐，这只狗会说话！""嘘……轻点！"，BOBO小声地叫道："如果让他们知道我会说话，下次连电话也会让我去接的。"

启示：管理者必须将员工的本职范畴、责任及考核界定清楚，能者多劳的本质是懒人对能人的剥削。

（资料来源：http://fashion.yesky.com/joke/xhdq/334/3276334.shtml）

（二）职务分析的程序

进行职务分析时需要观察职务活动行为的特征，与有关人员面谈，编制和审查职务分析材料，编写职务说明书。它的一般程序包括准备、调查、分析和汇总完成四个阶段。

1. 准备阶段

准备阶段的任务，首先是需要确定职务分析的目标，即明确职务分析的结果将用于何处；然后，围绕着已明确的目标，确定职务分析需要的信息类型、形式、信息收集的方法及信息收集的人员。

2. 调查阶段

调查阶段的任务是要全面地调查工作过程、作业环境、工作性质、难易程度、责任、人员条件等内容。分析人员通知被调查的员工，利用问卷调查法等收集与工作有关的信息。

3. 分析阶段

分析阶段的任务是对前阶段围绕工作和人员所作的调查分析的结果进行深入全面的总结分析。具体工作包括：仔细审核、整理获得的各种信息；创造性地分析、发现有关工作和工作人员的关键成分；归纳、总结出工作分析的必需材料和要素。

4. 汇总完成阶段

汇总完成阶段是工作分析的最后阶段。该阶段的任务是根据工作分析规范和信息编制职务描述书与任职说明书。

（三）岗位设计

1. 岗位设计的概念

岗位设计，又称工作设计，它是指根据组织需要，并兼顾个人的需要，规定每个岗位的任务、责任、权力以及组织中与其他岗位关系的过程。岗位设计是否得当对于激发员工的积

极性，增强员工的满意感以及提高工作绩效都有重大影响。

岗位设计的主要内容包括工作内容、工作职责和工作关系的设计三个方面。工作内容的设计是岗位设计的重点，一般包括工作广度、工作深度、工作的自主性、工作的完整性以及工作的反馈五个方面。工作职责的设计主要包括工作的责任、权力、方法以及工作中的相互沟通和协作等方面。工作关系的设计表现为协作关系、监督关系等各个方面的设计。

通过以上三个方面的岗位设计，可以为组织的人力资源管理提供依据，保证事（岗位）得其人，人尽其才，人事相宜，优化人力资源配置，为员工创造更加能够发挥自身能力，提高工作效率，提供有效管理的环境保障。

2. 岗位设计的方法

（1）工作轮换。工作轮换是指在组织的不同部门或在某一部门内部调动员工的工作。目的在于让员工积累更多的工作经验。

（2）工作扩大化。工作扩大化的做法是扩展一项工作包括的任务和职责，但是这些工作与员工以前承担的工作内容非常相似，只是一种工作内容在水平方向上的扩展，不需要员工具备新的技能，所以，并没有改变员工工作的枯燥和单调。例如，建立项目管理制度，使员工独立负责一个项目从而接触一项工作的全部过程。

（3）工作丰富化。工作丰富化是指在工作中赋予员工更多的责任、自主权和控制权。工作丰富化与工作扩大化、工作轮换都不同，它不是水平地增加员工工作的内容，而是垂直地增加工作内容。这样，员工会承担更多、更重的任务，更大的责任，员工有更大的自主权和更高程度的自我管理，还有对工作绩效的反馈。

（4）以员工为中心的工作再设计。以员工为中心的工作再设计就是让员工参加工作的设计过程，员工可以提出对自己工作的改进意见、建议，并参与编制工作设计的具体内容。这样做的好处是：员工的工作得到组织的认可，增加了员工工作中的满意程度；同时，岗位设计从员工中来，设计的内容更加符合现实情况，有利于工作的顺利实施，共同推进了组织生产的高效和产出的最大化。

阅读资料

心理学实验：猴子的食物

心理学家做过一个实验：把6只猴子分别关在3间空房间里，每间两只。房子里分别放着一定数量的食物，但放的位置高度不一样。第一间房子的食物就放在地上；第二间房子的食物从易到难悬挂在不同高度的位置上；第三间房子的食物悬挂在房顶。数日后，心理学家发现第一间房子的猴子死了一只，剩下一只缺了耳朵断了腿，奄奄一息；第三间房子的两只猴子都死了；只有第二间房子的猴子活得好好的。

究其原因，第一间房子的两只猴子一进房间就看到了地上的食物，于是，为了争夺唾手可得的食物而大动干戈，结果伤的伤，死的死。第三间房子的猴子虽做了努力，但因食物太高，难度过大，够不着，被活活饿死了。只有第二间房子的两只猴子先是各自凭着自己的本能蹦跳取食，最后，随着悬挂食物高度的增加，难度增大，两只猴子只有协作才能取得食物，于是，一只猴子托起另一只猴子跳起取食。这样，每天都能取到够吃的食物，很好地活了下来。

启示：岗位设计非常重要。只有岗位设计难易得当，并循序渐进，犹如第二个房间里的食物，才能真正体现出人的智力与水平，发挥人的能动性和智慧，才能充分调动员工积极性，发挥员工潜力。

第二节　员工招聘与甄选

人力资源管理活动主要包括以下四个方面：员工招聘与甄选、员工培训与开发、员工管理与激励、员工薪酬与福利。这四个环节密不可分、环环相扣、相辅相成，反映了整个人力资源管理活动的过程。本节中我们主要介绍其中的第一个环节——员工招聘与甄选。员工招聘与甄选是指根据企业的人力资源需求进行人力资源的招募和选择，主要包括人力资源规划与预测、人员招聘和人员甄选。

一、人力资源规划与预测

随着技术革新的不断兴起及市场环境的日新月异，企业的经营环境不断发生变化，企业需要扩大规模、开拓市场，开发新产品、进入新领域，必须有一支规模适当、素质较高的员工队伍。如何在企业需要的时候和需要的岗位上及时得到各种需要的人才，是企业增加竞争力，实现战略目标的关键。为此，必须对企业当前和未来各种人力资源的供求进行科学的预测和规划。

（一）人力资源规划

人力资源规划不是死的数据，而是需要根据环境和企业本身的变化进行相应的变化。

管理幽默

职位空缺

经理：不，我们不能雇用你了，这里已经有许多工人了，连他们的名字也登记不完。

求职者：那不是还缺一人？你就安排我这份工作——专门为你登记工人的名字。

1. 人力资源规划的概念

人力资源规划是指为了实现企业的战略目标，根据企业目前的人力资源状况，为了满足未来一段时间企业的人力资源质量和数量的需要，在引进、保持、利用、开发、流出等方面所作的预测和相关事宜。

2. 人力资源规划的程序

企业要根据其整体发展战略的目标和任务来制定人力资源规划。一般来说，企业人力资源规划的程序包括以下五个步骤：

（1）调查、收集和整理涉及企业战略决策和经营环境的各种信息。影响组织战略决策的信息有企业自身的因素和企业的外部环境（包括社会、政治、经济、法律环境等）因素。这些内外部因素是企业制定规划的约束条件，人力资源规划的任何政策和措施均不得与之相抵触。

（2）在分析人力资源需求影响因素的基础上，采用以定量分析为主，结合定性分析的各种科学预测方法对企业未来人力资源的需求进行预测。

（3）在分析人力资源供给影响因素的基础上，采用以定量分析为主，结合定性分析的各种科学预测方法对企业未来人力资源的供给进行预测。对人力资源的需求和供给进行预测是一项技术性较强的工作，其准确程度直接决定了人力资源规划的效果和成败，是整个人力资

源规划中最困难，同时也是最关键的工作。

（4）根据供需预测的结果进行人力资源供需分析比较，计算出目标时期企业人力资源供求失衡的方向和数量，作为制定具体的人力资源管理措施的依据，并据此制定人力资源供求平衡的总计划和各项业务计划。

（5）实施人力资源规划，并对实施结果进行评估和反馈。

（二）人力资源预测的方法

在制定人力资源规划前，需要对人力资源的需求和供给进行预测。只有进行准确的人力资源需求与供给预测，才能为人力资源的发展决策提供选择方案和决策依据。关于预测的方法有很多，在这里我们简单介绍几种。

1. *人力资源需求预测的方法*

人力资源需求预测是指对企业未来某一特定时期内所需人员的数量、质量以及结构进行估计。常用的人力资源需求预测法可分为定性和定量两种。其中定性的方法比较典型的有主观判断法、德尔菲预测法、经验预测法等。定量的方法有工作负荷法、人力资源成本分析预测法、人力资源发展趋势分析预测法、人力资源学习曲线分析法等。以下介绍两种典型的方法。

（1）经验预测法。经验预测法是指根据以往的经验对人力资源进行预测规划的方法。具体的步骤是：组织的基层管理人员根据以往的经验将未来一段时期的活动转为本部门人员的需求增减量，提出本部门各类人员的需求预测量；再由上一级管理层对其所属的部门，进行人力的估算和平衡；通过层层估算，最后由最高管理层进行人力资源的规划和决策。应该说，经验预测法带有一定的主观因素，还受到各部门自身利益等因素制约，预测规划过程则有可能转变为部门与组织之间的谈判与审批过程。它比较适合于短期的预测，并受控于中长期预测。当然，在小规模的企业中，这种方法简单易行，成本低，无疑是一种可行的技术方法。

（2）工作负荷法。工作负荷法是指按照历史数据，先算出对某一特定的工作单位时间（如每天）的每人的工作负荷（如产量），再根据未来的生产量目标（或劳务目标）计算出所完成的总工作量，然后根据前一标准折算出所需的人力资源数。

例 6-1：某工厂新设一车间，其中有三类工作。现拟预测未来三年所需的最低人力数。

第一步：根据现有资料得知这三类工作所得的标准任务时间为 2.0h/台，0.5h/台，1.0h/台。

第二步：估计未来三年每一类工作的产量，见表 6-1。

表 6-1 工作量预测表 （单位：台）

时间 工作类型	第 1 年	第 2 年	第 3 年
工作 1	100 000	110 000	120 000
工作 2	200 000	200 000	180 000
工作 3	50 000	60 000	70 000

第三步：折算为所需工作时数，见表 6-2。

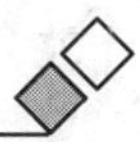

表 6-2 工作时数预测表 （单位：h）

工作类型 \ 时间	第 1 年	第 2 年	第 3 年
工作 1	200 000	220 000	240 000
工作 2	100 000	100 000	90 000
工作 3	50 000	60 000	70 000

第四步：根据实际的每人每年可工作时数，折算所需人力。假设每人每年工作 250 天，每天工作 8h，每人每年工作 2 000h。从表 6-2 的数据可知，未来三年所需的人力数分别为：175 人，190 人，200 人。

2. ***人力资源供给预测的方法***

常用的人力资源供给预测的方法也可分为定性和定量两类，以下简单介绍两种供给预测的方法。

（1）管理人员接续图法。管理人员接续图是通过对管理人员的状况进行调查、评价后，列出未来可能的管理人员人选，又称管理者继承计划。该方法被认为是把人力资源规划和组织战略结合起来的一种较好的方法。通过对重要管理人员的现有绩效和潜力进行评价可以清楚地看到企业内人力资源的供给与需求情况，这为人力资源规划提供了依据。某企业管理人员接续图如图 6-1 所示。

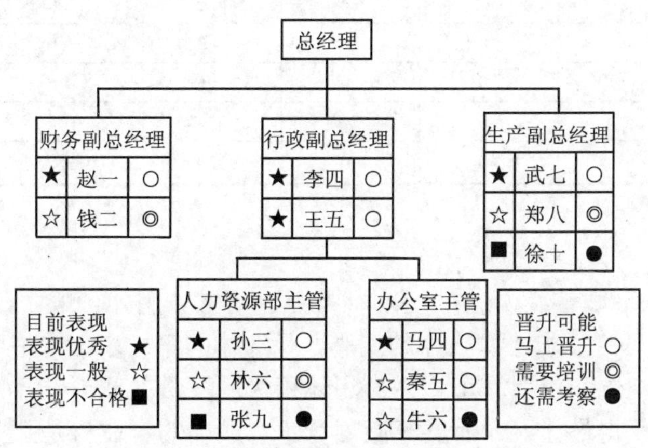

图 6-1 某企业管理人员接续图

（2）马尔可夫人力资源供给预测法。马尔可夫人力资源供给预测法通常也被称为转换矩阵方法，主要用于企业内部人力资源供给预测。其思路是找出过去人力资源供给变化的规律，根据得出的规律来预测人力资源变化趋势；通过不同工作岗位的变动情况来调查员工的发展模式，显示员工留任、升降职、进出比率的人数。

例 6-2：某公共会计事务所，有四类人员：合伙人（P）、经理（M）、高级会计（S）、会计员（J）。试预测两年后该公司四类人员的供给量。

这种方法的第一步是构建员工变动矩阵，见表 6-3，表中每一个因素表示从一个时期到另一个时期人员变动的历史平均百分比。一般以 5～10 年为周期来估计年平均百分比。周期

越长，根据过去人员的变动所推测的未来人员变动情况就越准确。

表 6-3　某会计师事务所员工变动率矩阵

两年后→	流动可能性矩阵（%）				
	P	M	S	J	离职率
P	0.8	0.1	0	0	0.1
M	0.1	0.7	0	0	0.2
S	0	0.05	0.8	0.05	0.1
J	0	0.15	0.15	0.65	0.05

如表 6-3 所示：PP 对应数据为 0.8，这是指 P 在该时间内留住 80%的员工；P 流动到 M 的员工占 10%；P 流出企业的员工为 10%；依此类推。从流动趋势来看，J 流出的员工最少；M 流出的员工最多，仅仅留住了 80%。

分析的第二步是用这些历史数据来代表每一种工作人员变动的概率，将计划初期每一种工作的人员数量与人员变动概率相乘，然后纵向相加，即得到组织内部未来劳动力的净供给量，见表 6-4。如表 6-4 所示，可以预计下一年将有同样数目的合伙人（40 人），以及同样数目的高级会计（120 人），但经理会增加（10 人），会计员会减少（50 人）。

表 6-4　现任者两年后的净供给量矩阵　（单位：人）

	目前人数	P	M	S	J	离职
P	40	32	4	0	0	4
M	80	8	56	0	0	16
S	120	0	6	96	6	12
J	160	0	24	24	104	8
两年后的人数		40	90	120	110	40

二、人员招聘

海尔集团 CEO 张瑞敏曾经说过：“求才，识才，容才，用才，培才，育才，护才，将才，‘八才’从‘求才’开始。”求才即人才的招聘，是选才的第一步，在整个人力资源管理活动中占据着比较重要的地位和作用。正如体育团体积极网罗最佳球员一样，未来的企业，未来的商业组织，也将为获得最佳人才而展开激烈竞争。成功的企业将是那些善于吸引、发展和保留具备必要技能和经验的人才，这样才能推进企业全球的业务。

（一）人员招聘的概念

人员招聘是指企业为了发展的需要，根据人力资源计划和职务分析的数量与质量要求，从企业内部和外部发现和吸引有条件、有资格和有能力的人员来填补企业的职位空缺的活动。

招聘是现代企业管理过程中一项重要的、具体的、经常性的工作，是人力资源管理活动的基础和关键环节之一，是企业各项工作开展的前提。

（二）人员招聘的程序

企业的人员招聘，实际上分为“招”和“聘”两个过程，“招”即征召过程，“聘”即选择及录用的过程。前者是指企业根据自身的需求状况，通过员工推荐、发布招聘广告、猎头公司

等渠道通知并召集可能的目标候选人的过程，这一过程确保企业有人可选。后者是指企业按照一定的条件和标准，采用适当的方法，选拔录用企业所需的各类人员的过程，这一过程确保企业获得所需之人。具体的程序各个企业根据情况会有不同，但是大致包括以下六个步骤：

1. **确定招聘需求**

招聘活动开始之前，企业首先要明确以下几个问题：是否真的存在岗位空缺，产生岗位空缺的原因是什么，这些岗位都是什么性质的岗位，需要多少人来填补岗位空缺，所需人员应该具有何种经验、知识和技能，企业所能够给予的待遇条件是什么。

要注意：是否存在岗位空缺并不由人力资源部门来判断，因其并不是该岗位所处专业的行家，不懂他们的技术，所以没有资格来判断是否需要招聘，真正的岗位空缺需要该岗位的主管经理来识别，人力资源管理部门有提醒的义务。

产生岗位空缺的原因也有很多，可能是由于组织结构调整或业务变更产生了新的岗位，也可能是由于组织内部人员流动而产生的岗位空缺，这就造成了岗位性质的不同，进而招聘的方式方法选择就不同，这项工作需要在人力资源规划中完成。

弥补工作空缺的方法也有两种：①通过工作调整弥补空缺。比如，通过加班、工作再设计等方法。②必须通过招聘来弥补空缺。

2. **制订招聘计划**

企业在确定招聘需求之后，需要结合对外部环境的分析考虑，制订一个完善的招聘计划。完整的招聘计划需要包括：招聘目标；信息发布时间和渠道；招聘小组成员名单；选择方案及时间安排；新员工上岗时间；招聘费用预算；招聘工作时间表等内容。

3. **通知目标候选人**

招聘计划工作一旦完成，接下来就需要通知目标候选人了。此步骤的目的就是吸引和召集到足量的候选人。例如，企业可以发布招聘广告，派出招聘人员到大专院校进行校园宣讲，也可以找猎头公司，或者向企业内部员工公开招聘信息等方式以便吸引到足够多的候选人。此项工作做得好与坏，在很大程度上决定了应聘人员的数量和质量。

4. **人员的甄选**

甄选候选人是招聘过程的一个重要组成部分，其目的是将明显不合乎职位要求的申请者排除掉。工作岗位对人员所要求的知识、技能、经验等是判断候选人资格的一般标准。甄选包括初步筛选、面试、测评及取证等。

5. **人员的试用和正式录用**

经过筛选，企业挑选出合格的求职者之后，招聘工作便进入了试用和正式录用阶段。对决定录用的求职者要发出录用通知，对不予录用的求职者也应致函表示歉意。企业对决定聘用的人员，在签订劳动合同以后，要有3～6个月的试用期，如果试用合格，试用期满，便按劳动合同规定，享有正式合同工的权利并承担相应的责任。

6. **招聘评估**

招聘录用工作结束后，企业还应该进行招聘评估工作。一般来说，招聘评估包括两个方面：①反映招聘成本的时间效率和经济效益评估。②录用人员的数量、质量的评估。实践证明，通过不同的招聘渠道和招聘方法，产生的招聘效果是极不相同的。招聘评估工作可以及时发现招聘工作中存在的问题，通过分析原因，寻找解决的对策，可以及时调整有关计划并为下次招聘提供经验教训。

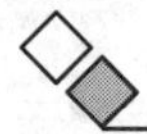

三、人员甄选

（一）初步筛选

人员初步筛选的目的是将明显不符合岗位要求的申请者排除在面试过程之外。人员的初步筛选主要是根据求职者的简历及本人填写的求职申请书所提供的信息与岗位所要求的知识、技能和经验等来判断候选人的资格。

通过简历来筛选候选人需要：①注意其个人简历的内容是否完整。一份完整的个人简历包括个人的基本信息、受教育的经历、工作经历、工作业绩、性格特征和求职意向等内容。②注意其简历的内容是否符合职位的要求。③注意其简历是否真实、前后一致，是否存在信息前后矛盾的地方。比如，工作时间是否存在疑点、以往的经历是否存在漏洞等。

开始招聘前通常要求职者填写一份求职申请表，用于考察求职者的基本情况。填写该申请表的目的主要考察求职者的求职态度、工作经历等。对于申请表中可疑之处，工作人员一定要重点和仔细地核对，也可以在面试中尝试着提出相关方面的问题，进一步考证。

通过简历和求职申请表的筛选，人力资源部门的工作人员将明显不符合的以及条件比较差的人员筛选出来，剩下的进入初步面试。如果应聘者不符合本次招聘工作的要求，除了淘汰以外，还可以作为其他职位的人力资源储备。

（二）笔试

笔试主要用于测量人的基本知识、专业知识以及综合分析能力、文字表达能力等。它是最基本的人员测评方法，至今仍是企业经常采用的人员甄选的重要方法。笔试通常对两个方面进行考察：一般知识和能力与专业知识和能力。其中，一般知识和能力包括一个人的社会文化知识、语言理解能力、推理能力、理解速度和记忆能力等。专业知识和能力，即与应聘岗位相关的知识和能力，如财务会计知识、管理知识等。

笔试的优点在于花费时间少、效率高、成本低，对应聘者的知识、能力的考察可信度较高，成绩评价比较客观。但笔试的缺点在于，它不能全面地考察应聘者的工作态度、品德修养及其他一些无形能力。

（三）面试

面试是组织最常用的，也是必不可少的人员甄选的手段。调查表明，99%的组织在招聘中都采用这种方法，而且还常常在一个招聘筛选程序中不止一次地使用。严格地说，面试是指在特定时间、地点所进行的、有着预先精心设计好的明确的目的和程序的谈话，面试者通过与被面试者双方面对面的观察、交谈等沟通方式，了解被面试者的个性特征、能力状况以及求职动机等情况的一种人员筛选与测评技术。

1. 面试的种类

面试可以根据不同标准划分成不同的种类。比如，可以根据面试问题的结构化程度，将面试分为结构化面试、非结构化面试和半结构化面试；根据对面试的控制方式可分为一对一面试与多对一面试；根据参与面试过程的人员数量可分成个别面试、小组面试和成组面试等。在这里我们只简单介绍第一种分类。

（1）结构化面试。结构化面试是指依据预先确定的内容、程序进行的面试形式。面试过

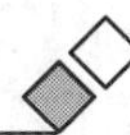

程中，主面试人根据事先拟定好的面试问题清单逐项提问被面试人，被面试人必须针对问题进行回答，同时面试人记录下被面试人的回答。结构化面试结构严密，层次性强，评分模式固定，具有标准化和一致化的优点，减少了主观性，且对面试人的要求也较低。但结构化面试过于僵化，难以随机应变，所收集信息的范围受到限制。

（2）非结构化面试。非结构化面试就是没有既定的模式、框架和程序，主面试人可以“随意”向被面试人提出问题，而对被面试人来说也无固定答题标准的一种面试形式。一般在这种面试中，提问的问题都是开放式的问题。非结构化面试的优点是灵活自由，问题可因人、因情境而异，缺点是极容易出现主观偏差。

（3）半结构化面试。半结构化面试就是介于上述两者之间的一种形式，即一部分问题可以是探讨性的、非固定的问题，而另一部分则是一系列的固定问题。它结合结构化面试和非结构化面试的优点，有效地避免了单一方法上的不足。

2. 面试中误区

所有的面试过程都需要人去主持，这就难免出现一些主观偏差，最后会影响人员甄选的准确性。为了尽量使整个面试过程公平、公正，需要注意以下几个方面：

（1）问假设的问题。在面试中，面试人经常这样问：“如果给你巨大的压力，你应该怎么做呢？”被面试人会按照某些面试指南说：“如果我遇到巨大的压力，我会先冷静地思考，再分析长短、利弊，然后制定政策”等，回答得非常完美，但面试人却不知道遇到压力被面试人是否真的能做到。所以不要给被面试人一个不存在的情景让他去答，面试人应该不断地跟踪他的过去：“你过去有没有受到过巨大的压力，当时你是怎么做的？”换成这样的问题，面试人就知道被面试人是否真的能够承受压力了。

（2）“投射效应”。“投射”是指面试人对与自己态度相似及籍贯、性格相像的被面试人有高估的倾向。如果面试人发现自己跟被面试人有这种那种关联的话就一定要警惕，因为发现“像我”的人，面试人给他评估的分数就可能要高一些。为了避免这个误区，面试记录要记得更真实、更客观，然后根据记录作出正确的判断，看谁更合适。

（3）晕轮效应。晕轮效应是指因被面试人的某项优点比较突出，就忽视对其不足的认识。要克服这个误区，面试人需要在面试时不断提醒自己，如果被面试人某个亮点太亮了，要反倒把它淡化，刻意地去挖掘它背后其他方面的信息。

（4）相比错误。相比错误是指一个被面试人的面谈结果会受到同一组中其他被面试人面谈结果的影响。要想避免该误区，面试人一定要注意以职位来比人，以要求来比人，而不是都与其他人去比。

（5）首因和近因效应。首因和近因效应是指被面试人给面试人的“第一印象”，如容貌、姿态、资历、言谈等往往影响面试人的决策。要想避免该误区，面试人就一定要给每个被面试人做很专业的面试计划，列好详细的面试提纲，准确记录面试的全部过程。

（四）测评

测评，也称测试、测验，它是指在面试基础上运用科学的方法或者经验对应聘者进行评价，从而挑选出符合职位要求的人员的过程。通过测试可以检测应聘者的能力与潜力，消除面试中主考官的主观因素的影响，提高录用决策的正确性。通常面试完毕之后，对一

些关键的职位，如关键的研发人员、高级管理、高级销售主管等都需要进行测评。测评常用的方法有：

1. 反应性测验

反应性测验，即要求被测者从给定的被选项进行选择。常用的反应性测验有卡特尔 16PF（Cattell's 16 Personality Factor），库德职业偏好测验和情境判断测验等心理测验。

2. 操作性实验

操作性实验要求被测者对给定的刺激进行行为方面的反应。常用的操作性测验有图片投射测验（如主题统觉测验、罗夏克墨渍测验），韦克斯勒成人智力量表等。比如，给被测者一个笔，让他运用自己的想象在洒了墨水的纸上画一幅图，然后根据他画的东西来判断候选人的性格，这就叫操作性实验。

3. 情景模拟

情景模拟是指模拟真实的工作情景和过程，让被测者在模拟的情景中进行表现，主考官在旁边观察并根据测评要素进行评定的一种方法。情景模拟面试是人才测评中使用较多的一种方法，它主要测试被测者的各种实际操作能力。具体的情景模拟方式有：

（1）无领导小组讨论。在该测试中，测试者将一组被测者组成一个小组（一般来说是5～7 人），测试者事前并不指定讨论会的主持人，然后测试者给出主题，让其在规定的时间内展开讨论，解决这个问题，给出一个决策。评价者则在一旁观察被评价对象的行为表现并作出评价。

（2）文件筐测试。文件筐测试，又称文件筐作业。在这种测评方式中，被测者将扮演企业中某一重要角色，然后把这一角色日常工作中常常遇到的各种类型的公文经过编辑加工，设计成若干种公文（文件筐，约 15～20 个），该测试要求被测者在规定的时间内处理完毕。

（3）作命题演讲。在这种测试中，测试者给出演讲题目及要求，要求每位被测者在规定的时间里围绕主题进行即兴演讲，通过这种演讲的表现来评价被测者是否具备应聘岗位所需要的基本素质。

（4）角色扮演法。角色扮演法要求被测者扮演一个特定的管理角色来处理日常的管理事务，测试者依此观察被测者的多种表现，评价被测者在模拟情景中的行为表现与组织预期的行为模式和职位要求之间是否吻合。

（五）取证

测评完毕后，对一些更关键的职位还需要打电话到应聘者原来所在的单位对其表现情况进行取证。取证的主要目的是了解候选人的工作历史、候选人原来的职责以及了解候选人的现实工作表现及优缺点。

第三节　员工培训与开发

人是生产力诸要素中最活跃、最重要的因素。一个组织，大到国家，小到各企事业单位，其命运如何归根结底取决于人员素质的高低。所以在人力资源管理的过程中，员工的培育是人力资源管理的重要组成部分，是提高组织绩效、使组织获取和增强竞争优势、维持组织有

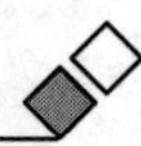

效运转的重要手段。从企业来讲，对员工进行培训是应尽的责任，通过培训可以提高员工的知识、技能、观念等，进而提高企业的经营管理效率；从员工自身来看，员工也希望通过培训提高自己的知识、技能、观念等，以增强自身职业竞争力，希望自己能够有一个不断上升的职业生涯。当两者出现交集时，企业培训的目的比较容易达到，企业的培训效果比较明显。

一、员工培训

（一）培训的概念及内容

1. 培训的概念

员工培训是指企业为提高劳动生产率和个人对职业的满足度，而采取各种方法对企业各类人员进行的教育培训等投资活动。

2. 培训的类型

根据不同的培训目标、培训对象和培训内容的要求，培训可采取多种组织形式。从培训与工作的关系来划分，培训可分为岗前培训、岗位培训和转岗培训。从培训的组织形式来划分，培训有正规学校培训、短训班培训、非正规大学培训、自学等形式。从培训目的来划分，培训有文化补课、学历培训、岗位职务培训等形式。从培训的时间来分，培训有定期培训和不定期培训等。

3. 培训的内容

虽然培训的内容要根据具体的培训目的不同而不同，但是其主要内容大体上可以分为知识培训、技能培训和心理素质培训三种。

（1）知识培训。知识培训是指以业务知识为主要内容的培训，并要求员工学习各种有用的知识并运用所学知识，改善所从事的工作，提高工作效率。它不仅包括本岗位的相关知识，还包括行为规范和行事规则、记忆和推理、生产与管理知识的回忆和应用等项目内容。

知识培训是员工获取持续提高和发展的基础，员工只有具备了一定的基础知识以及专业知识，才能为其在各个领域的进一步发展提供坚实的支撑。

（2）技能培训。技能培训是指以工作技术和工作能力为主要内容的培训，是对员工处理和解决实际问题技巧与能力的培训与开发。技能培训的目标是要解决“会”的问题，特别是以适应变化的工作职位的能力为基础的技能培训越来越得到企业认同。知识只有转化成技能，才能真正产生价值。员工的工作技能，是企业生产高质量的产品和产生最佳效益、获得发展的根本源泉。因而，技能培训是企业培训中的重点环节。

（3）心理素质培训。心理素质培训主要涉及对员工的价值观、职业道德、认知、情感、行为规范、人际关系、工作满意度、工作参与、组织承诺、不同主体的利益关系处理，以及个人行为活动方式选择等内容和项目的培训与开发。员工具备了扎实的理论知识和过硬的业务技能，但如果没有正确的价值观、积极的工作态度和思维习惯，那么，他们给企业带来的很可能不是财富，而是损失。而高素质员工，即使暂时性地存在知识和技能的不足，但他们会为实现目标而主动、有效地去学习和提升自己，从而最终成为企业所需的人才。此类培训是企业必须持之以恒进行的核心内容。

（二）员工培训的方法

员工培训的方法有很多种，不同的培训类型往往需要采用不同的培训方法。在这里我们

按培训的技术或方式来简单介绍几种培训方法。

1. *讲座法*

讲座法，也称课堂教学法，它是员工培训中最为普遍的方法。它是由培训者（教师）用语言向受训者传授知识的一种方法。这种方法最适合于以简单地获取知识为目标的情况。它的优点是成本较低，效率较高，易于掌握和控制培训进度。但是这种方法比较单调，基本上属于单向沟通，受训者参与程度低，效果较不理想。目前，讲座法更多的是与其他培训方法结合起来使用或作为一种辅助手段。

2. *视听教学法*

视听教学法就是把要讲授或示范的内容做成幻灯、录像、录音等视听教材进行培训。视听教学法的优点是视听教材可反复使用，且教材内容与现实情况比较接近，同时借助生动的图像、声音等，可以给受训者留下深刻的印象。但是该种方法成本较高且合适的视听教材也不易选择，受训者易受视听教材和视听场所的限制。因此，这种培训方法很少单独使用，往往是与讲座法等一起使用。

3. *计算机辅助学习法*

计算机辅助学习法就是利用电子计算机并通过计算机操作、模拟软件或远程学习进行培训。例如，在航空和航天工业中，大量应用计算机模拟来培训飞行员、巡航员和空中交通管制员，这就是一种计算机辅助学习。现在利用互联网或电子邮件（或称电子学习）进行的培训也是这种方法的具体实践。

4. *商业游戏*

商业游戏是通过把培训内容制作成模拟仿真的游戏，让受训者通过游戏进行训练的一种方法。利用商业游戏进行培训时，一般是让受训者模拟担任其中的某一个角色，如决策者，通过模拟设定的情景，培训受训者提出、分析和解决问题的能力。这种培训方法特别适用于培训和开发管理技能，因而特别适合各级管理人员的培训。

5. *工作轮换*

工作轮换就是定期或不定期地让受训者转换工作岗位，变换不同的工作内容促使受训者不断地学习新工作岗位的知识和技能，以达到培训目的。

6. *讨论会或研讨会*

讨论会或研讨会培训法就是通过举办专题或综合讨论会或研讨会的形式，通过与会者的共同讨论、争论，找到问题的答案或解决办法，使受训者学习和掌握有关的知识与技能，从而达到培训的目的。目前这种方法在工业操作领域和管理领域被广泛采用。

二、员工职业生涯发展规划

在现代社会，企业能否从根本上激发人的工作动机，使员工心甘情愿地为企业目标努力奋斗，关键在于能否帮助员工实现成功的职业生涯。职业生涯（Career）是指“一个人一生经历的与工作相关的经验方式”。工作经历包括职位、职务经验和工作任务。企业既要最大限度地开发利用员工的潜能，又要为每位员工提供不断成长的职业发展机会。

（一）职业生涯规划的含义

美国著名管理专家威廉·罗维（William J. Rothwell）对职业生涯规划内涵的界定是这

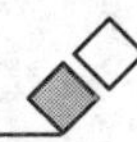

样的：个人结合自身情况以及眼前的制约因素，为自己实现职业目标而确定行动方向、行动时间和行动方案。个人在了解自我的基础上确定适合自己的职业方向、目标并制定相应的计划，以避免就业的盲目性，降低从业失败的可能性，为走向职业成功描画最有效率的路径。

（二）职业生涯的发展阶段

一个人的职业生涯发展阶段可归纳如下：

1. **职业探索阶段**（小于30岁）

在这一时期中，个人有了职业梦想，将认真地探索各种可能的职业选择，并试图将自己的职业选择与其对职业的了解以及通过学校教育、休闲活动和业余工作等途径中所获得的个人兴趣和能力匹配起来。这一阶段职业生涯发展的主要任务是学会自我洞察和自我判断各种信息和机会。从企业角度来说，企业应该了解就业初期年轻人的特点，给予选择职业方面的指导，并努力为其提供各种工作机会。

2. **立业阶段**（30～45岁）

在这一时期中，随着个人进步，个体由求职者变成为职业组织的成员，主要关心的是在工作中的成长、发展和晋升，其成就感和晋升愿望特别强烈。这一阶段职业生涯发展的主要任务是，调整自己的态度和价值观，尽快熟悉企业文化，符合企业行为模式；提出进一步的个人职业生涯发展道路，决定积极寻求提拔、晋升的方式，或者决定混日子或者选择离开目前岗位。

从企业角度来说，企业应该要多给他们提供在知识上、技能上具有挑战性的工作和任务，让他们更多地进行自我决策、自我管理；同时，要对他们的工作提供各方面的支持，为他们出成果创造良好条件，使他们在从事具有挑战性的工作中成长、发展，并对他们的成果给予表扬等各种激励，以促使他们向更高的目标发展。

3. **维持阶段**（45～60岁）

在这一阶段中，个人发展的期望减弱，而维持或保住自己已有地位和成就的愿望增强。他们大都拥有多年丰富的工作经验和丰富的工作知识，已经在自己的工作领域中为自己创立了一席之地，但在新知识、新技能方面有所欠缺。这一阶段职业生涯发展的主要任务是，处理好自我发展与家庭发展的矛盾，使其与工作协调起来；进一步学习，发展自己的职业绩效标准，稳固自己在企业中的地位。从企业角度来说，企业要关心他们，并为他们提供有利于更新知识、技能或学习其他领域知识和技能的机会。

4. **衰退或离职阶段**（大于60岁）

在这一阶段中，个人逐步从企业中退出，收缩原有职责和权力。这一阶段职业生涯发展的主要任务是，要认识和接受退休的现实，学会在家庭和社会活动中寻找新的满足源；学会用已有的知识和技能从事自己的“职业后生涯”，平静地度过晚年。从企业角度来看，企业要重视和关心他们，为他们多创造有利条件，培养和促进他们对某一娱乐活动的兴趣和爱好，并有计划地为退休员工多开展一些他们喜爱且有利于他们身心健康的文娱活动。

在个人职业生涯发展的后三个阶段，尤其是中间的两个阶段中，企业对个人发展的意义重大。其过程实质上就是企业与个人相互交往、相互作用的过程，是企业需要与个人满足不断适应的过程。

（三）职业生涯管理

职业生涯管理是企业人力资源管理的重要内容之一。职业生涯管理同时涉及职业活动的各个方面，因此，建立一套系统的、有效的职业生涯管理机制相当重要。但同时，也有比较大的难度。

1. **职业生涯管理的含义**

职业生涯管理是指企业提供的用于帮助组织内正从事某类职业的员工设计其职业发展与援助计划的行为过程。

在企业中，员工的职业发展不仅仅是员工个人的事情，也是企业的责任和任务。企业需要根据不同职业生涯发展阶段的员工的职业行为和特征，确定每个阶段的具体管理任务，为员工提供必要的指导。

2. **职业生涯管理的内容**

职业生涯管理形式多样，涉及面广，凡是企业对员工职业活动的帮助，均可列入职业生涯管理之中。其中既包括针对员工个人的，如各类培训、咨询、讲座以及为员工自发扩充技能、提高学历的学习给予便利等；同时也包括针对企业的诸多人事政策和措施，如规范职业评议制度，建立和执行有效的内部升迁制度等。

职业生涯管理的具体内容包括：职业路径，职业评议，员工培训和发展计划，知识技能更新方案，工作与家庭平衡，职业咨询，退休计划等。

第四节　员工管理与激励

有人曾说过，企业用人上的最大不幸在于："有才不知，知而不任，任而不用"。"有才不知"是指不知道什么样的员工适合做什么样的工作。"知而不任"是指不能给员工合理的工作配置。"任而不用"是指不知如何去激发员工的积极性，提高效率。

一、员工的使用

（一）员工使用的程序

员工在被录用之后，由企业人力资源部发出正式录用通知书，并与当事人签订正式劳动合同，但并不意味着该当事人就成为企业正式的员工了，企业对他的使用需要遵循下述的程序。

（1）任职资格确认。企业先要对新进员工进行相关培训，培训结束后通过各种方式的考核对员工进行进一步任职资格确认，根据考核的结果，对于符合要求的进入下一步，对未达到任职资格要求的人员进行进一步审视，需要进行继续培训的再安排培训，直到符合要求为止，对于根本不合要求的人员予以辞退。

（2）对员工进行赋职。此时一定要注意测定员工的类型及其职业倾向，进行合理赋职。

（3）考核评价。规定时间过后，分别对该岗位上的员工进行绩效考核，通过各种方法评价其是否适合该岗位，是否称职。对于考核结果理想的员工，对其进行职位确定。对于考核结果不理想的员工，进入下一步。

（4）人事调整根据考核的结果进行相关人员调整。考核不合格的情况又可以分为两种，可以通过重新赋职调整的进行重新赋职，需要再培训进一步进行任职资格确认的重新进行培训。此程序如图 6-2 所示。

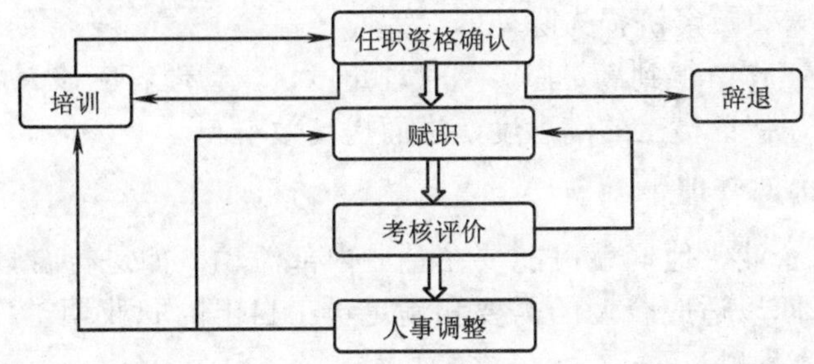

图 6-2 企业用人一般程序图

（资料来源：刘金章，孙可娜．现代人力资源管理[M]．北京：高等教育出版社，2008.）

（二）员工使用的方式

一般认为员工使用的方式分为委任制、选任制、聘用制及考任制四种，这四种方式的对比情况见表 6-5。

表 6-5 员工使用的方式比较

使用方式	任职者产生方式	优点	缺点
委任制	由上级指定	程序简单、权力集中、效率高	任人唯亲、识人不全
选任制	由选举确定	民主，能够得到大多数人的认同	必须由法律、法规保障
聘用制	由招聘确定	合同期内较为稳定，便于管理	程序比较复杂
考任制	公开考试	机会均等、公开竞争、择优录用	成绩缺乏可靠性、有效性

二、员工的管理

（一）员工管理的基本目标

根据阿布雷在《管理的演进》一书中的观点，他认为员工管理必须要达到以下六个方面的目标。

（1）应使员工明白企业制定的目标，以确保其实现。对于企业而言，要做的就是要通过讲座、报告、讨论或者内部刊物发放等方式宣传企业的目标。

（2）应使企业中的每一位成员都了解其职责、职权范围以及与他人的工作关系。企业可以通过上行分析法、下行分析法、工作描述法等方法使员工去了解这些内容。

（3）定期检查员工的工作绩效及个人潜力，使员工个人得到成长和发展。企业通过绩效考评来获得这些信息。绩效考评是人力资源管理中的重要内容，绩效考评的水平在很大程度上制约着其他人事政策的效力。

（4）协助并指导员工提高自身素质，以作为企业发展的基础。企业可以通过组织员工素质培训、专业技术培训、技术讨论或轮流进行技术讲座等方式向员工提供相关方面的支持与协助。人力资源部门应该促使员工主动提高自身素质。另外，企业还可以将一些培训形式如讨论、轮流讲座等固定下来，成为制度，使员工养成不断提高的习惯。

（5）应有恰当及时的鼓励和奖赏，以提高员工的工作效率。企业应采取精神奖励和物质奖励并重的方式；而在处罚时，应注意采用以耐心说服和做思想工作为主，一般不应采取经济处罚（给企业带来直接经济损失除外）。

（6）使员工从工作中得到满足感。从管理角度讲，管理者应该为员工创造一个宽松的物质环境和心理环境，保证员工的满意度，进而提高效率。

（二）员工的内部管理

员工一旦进入企业，他们就可能要在企业内部流动，如进行合理配置、进行调动、岗位轮换、晋升和降职以适应企业的需要和满足员工自己的职业期望。

1. *人员配置的原则*

人的才能各异，各有所长，只有放到合适的岗位上才能充分发挥其潜力，合理的人员配置，是维持组织的正常运转和推动组织发展的重要保障。人员配置需遵循下列原则：

（1）因事设人原则。因事设人原则，是指根据职位或职务对人员素质、能力的需要，挑选合适的人去担当。相反，为人设职或因人设事，则偏离了组织目标，也离开了“事”的需要，是一种不正常的人事调动。违背因事设人原则的非正常人事变动，是机构臃肿、人浮于事的直接原因之一。

（2）个体互补原则。人的能力不仅有高低之分，而且由于个人生理、心理条件的不同，所受教育培训程度和内容各异，其知识、专长与性格也必然呈现出质的差异。因此，在人力资源配置中，应遵循个体互补原则，即把具有不同技术特点、心理素质、生理素质的人科学地组合在一起，通过专业互补，知识互补，智能、年龄互补及生理、心理素质的互补来达到整个群体结构的合理化。

（3）个体素质与岗位要求相适应原则。个体素质是指个体的年龄、体质、性别、气质、专业技术等状况。几乎每一种职业和岗位都对从业者的性格、气质提出了特定的要求。如果个体的性格、气质适合从事某职业岗位，并且兴趣浓厚、具备该岗位所需要的能力和专业知识，那么，就实现了人与岗位的最佳结合，从而为充分发挥个体能力打下了基础。比如，过于内向的人是不适合做销售工作的。

（4）效益原则。效益原则是企业人力资源配置的出发点和落脚点。为此，在人力资源配置上，企业不仅要支持个人与岗位之间的对应原则，更要使企业的群体结构处于最佳的合理状态，这样才有可能使个人能力在群体合作中得到发挥，从而获得较大的企业效益。

2. *人员晋升管理*

晋升是指企业员工由于工作业绩出色和组织工作的需要，沿着组织等级中较低职位等级上升至较高等级的形式。晋升意味着所处地位的上升、职权的加重和责任范围的扩大，同时也伴随着工资、福利等方面待遇的提高。所以，一般来说，企业管理层利用晋升来激励企业的员工，使他们富有成效地努力，增长他们的知识和技能。合理的晋升有利于避免员工的无序流失，尤其在避免对企业具有卓越价值的核心员工的流失、维持企业核心人力资源的稳定方面有着极其重要的作用。

管理规范的企业都会有严格的晋升程序，我国企业一般的晋升的程序采取如下形式：

（1）采取领导提名与群众推荐相结合的办法产生晋升对象。在一定范围内公布职位空缺和任职条件，由群众推荐人选，再由主管领导在集中群众意见的基础上提出预选对象；或者

由主管领导提出名单，再广泛征求群众意见后确定预选对象。

（2）按照拟任职务所要求的条件进行资格审查。一般由人事部门对预选对象进行资格审查，填写资格审查表。经审查合格的，列入初选人员名单。

（3）在年度考核基础上进行晋升考核。晋升考核要参考年度考核的结果，年度考核不称职的，不能选为晋升人选。晋升考核主要采取听取群众和主管领导的意见，其中对拟晋升领导职务的人员，可以进行民主评议和民意测验。此外，在晋升考核中还可以辅之以其他办法。

（4）由任免机关领导集体讨论决定人选。讨论前，人事部门应事先准备好有关材料，报告考核情况。在讨论时，领导集体的每个成员都要认真、负责地发表意见，对有关人员进行分析比较，全面考虑各方面的情况，最后按少数服从多数的原则形成决定。

3. 人员降职管理

降职是员工在组织中由原来的高职位向低职位的移动。它与晋升正好相反，晋升是在组织的社会阶梯上的向上流动，而降职是在组织的社会阶梯上的向下流动。降职，就是由较高的职务降任较低的职务，意味着所处地位的降低，职权和责任范围的缩小，也意味着工资福利待遇的降低。

降职通常使一个人情绪激动，感到失去了同事的尊敬而处于尴尬、愤怒、失望的状态，生产效率可能会进一步降低。因而，在采取降职措施时应该征求本人的意见，努力维护当事人的自尊心，强调当事人对组织的价值，使其保持一种积极的心态。

三、员工的激励

企业实行激励机制最根本的目的是正确地诱导员工的工作动机，使他们在实现企业目标的同时满足自身的需要，增加其满意度，从而使他们的积极性和创造性继续保持和发扬下去。不同的激励因素，不同的激励方法，对于不同的人，可能效果不同。例如，金钱可以激励某些人努力工作，而对另一部分人来说，工作成就是最大的激励因素。管理者应该按需激励，要承认并尽量满足员工的不同需要。根据员工的不同需要，采取不同的、适宜的激励措施，才能调动人员的积极性，使员工保持旺盛的士气。在这里，我们将从权益层、经营层、操作层三个层面对激励技巧进行简要的介绍。

（一）权益层的激励

权益层（股东）不拿工资，其收益来自于企业生产经营产生的剩余利润。对这一层的激励的目的是保持其对企业投资的兴趣，并积极参与企业的治理与监督。而在股权高度分散化的现代企业中，权益层（股东）往往是委托董事会行使其权利的，这就造成了激励权益层的巨大困难。对权益层的激励，要努力完善企业治理结构，规范经营，有序运行，提高企业业绩，并做好宣传工作，使投资者对企业前途充满希望。

（二）经营层的激励

经营层是企业的实际管理者，他们的收益要与企业经营的状况直接挂钩。对这一层的激励的目的是保持其对企业持续经营的兴趣，激励其为企业效益最大化付出最大的努力。可采取的激励办法通常与其经营的业绩相关。比如，可以实行风险年薪制，视企业经营业绩拿全额或部分年薪；也可以给予其股票期权，给予经理人购买本企业股票的选择权，持权人将根

据约定价格和股票市场价格的差异情况决定执行或放弃该项期权，使经理人成为企业的主人，能够分享企业的长远利益。

（三）操作层的激励

操作层是指企业内部为数最多的员工。他们构成了企业的主体，他们积极性的发挥直接决定了企业的经营效率的高低。对操作层一般采取的激励手段可以分成两大类，物质类激励和情感类激励。

1. *物质类激励*

每个人都有自己的物质需求和经济利益，物质类激励就是通过满足个人物质利益的需求，来调动其完成任务的积极性。一般物质类激励主要包括工资、奖金及各项福利待遇。工资是指员工在从事劳动、履行职责并完成任务后获得的经济上的酬劳或回报，具有高刚性特征。在企业内部员工之间，这些工资的差异并不是很明显。奖金的激励效应在薪资体系中占有重要的作用，也有高差异性和低刚性特征。福利包括强制性福利（如养老保险、医疗保险、失业保险、工伤保险等）和企业特殊福利（如交通补贴、带薪假期、住房补贴等）。福利是人人均可享受的利益，而且不能轻易取消，因而是低差异、高刚性的因素，但我们在管理中可以制定出一定的级差，以形成差异，降低刚性，使之具有更多的激励作用。

2. *情感类激励*

（1）参与激励。现代员工都有参与管理的愿望，提供机会让员工参与管理是调动他们积极性的有效方法。

（2）荣誉激励。根据需要层次理论，人有荣誉的需要，荣誉表明一个人的社会存在价值，它在人的精神生活中占有重要的地位。

（3）成就激励。员工都会有不同程度的自我实现的愿望，企业应使工作本身对于员工而言更具意义和挑战性。荣誉满足了人们的自尊需要，是一种激发人们积极进取的内在精神力量。企业应重视运用表扬、认可等荣誉激励手段。不论是新员工，还是有一定资历的老员工，谁都愿意接受富有挑战性的工作。这是对他们工作能力的肯定，也是激发他们创造力的最好办法。

（4）尊重式激励。倡导尊重式激励就是要做到尊重他人的优点、尊重下属的动机、尊重员工的意见和建议。这样做会让企业的员工感到受重视，进而提高工作积极性。

管理故事

“云燕镜子”

高云燕是海尔冰箱厂总装车间的一名普通操作工，负责在钻眼机前给每个冰箱门体的两端钻 4 个精密度极高的孔，但在操作时，却受制于放置门体的工作台相隔而影响操作时的观察，进而也影响了加工的质量和效率。高云燕琢磨在钻眼机前放面镜子，利用折射一试，效果绝佳。海尔就立即支持立起了一面 $1m^2$ 的镜子，还为镜子命名为“云燕镜子”并书写在镜子上面。此举不但激励了高云燕，还作为一个榜样，激励着全体职工主人翁的创造精神。

（资料来源：http://blog.sina.com.cn/taylorzhang）

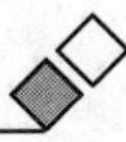

（5）赞美式激励。公开的口头表扬是团队成员所喜欢的肯定方法。企业管理者在管理过程中一定要注意进行及时的肯定与赞美，这会大大提高员工的工作积极性。

管理故事

飞机保养的奖励

在第二次世界大战期间，有一位美国陆军航空队的大队长发现，由于保养不良出事故而损失的飞机竟和与敌人交战所造成的损失相等！在用尽种种方法都失败之后，他创立了一个制度，即对保养维护工作做得好的人给予奖赏。奖品本身并不值钱，只是些奖状和军中福利品或是48小时的休假等。他对于由于保养不良而中止起飞次数最少的，在执行任务中机件故障最少的，以及执行战斗任务次数最多的飞机的保养人员给予这类奖励。这位大队长还费尽心思来扩大这些奖励成果：他举行颁奖典礼，拍照片并把照片送回到受奖人的家乡的报纸上去刊登，而且还写信到该下属的家里，从此该下属很快成了杰出的飞机保养维护纪录的保持者。

（资料来源：www.docin.com）

四、绩效管理

作为一种有效的企业管理手段，绩效管理在评价和激励员工、增强企业竞争优势等方面发挥着至关重要的作用。绩效是指员工在过去一段时间中的表现，也是一种工作的成果及对企业的贡献。一个人绩效的好坏，显示了其在该职务上对企业的价值高低。所以绩效包括组织绩效、部门绩效和个人绩效三个层次。组织的整体绩效，首先是从每一个员工的个体绩效中体现出来的；然后，通过行为实施过程转化为部门或团队的工作结果；最终形成整个组织的产出——组织绩效。

（一）绩效管理的概念、特征、流程

1. 绩效管理的概念及特征

从人力资源管理的角度而言，绩效管理是指通过持续开放的监控和沟通过程来开发团队和个体的潜能，从而实现组织目标所预期的利益及产出的管理思想和具有战略意义的、整合的管理流程及方法。由此可以看出绩效管理具有三大特征：

（1）绩效管理是将组织目标和个人目标相联系或整合，以获得组织效率的一种过程。

（2）绩效管理是管理者与被管理者之间的双向式互动行为，侧重于信息沟通与绩效提高。

（3）绩效管理是一个持续的、动态的循环系统。

2. 绩效管理的流程

绩效管理的基本流程包括绩效计划、绩效追踪、绩效考核、绩效反馈和考核结果应用五个环节，它们相互联系，相互促进，进而实现组织整体绩效的提升。绩效管理循环系统通常始于组织战略目标的分解，形成绩效计划；在组织运转过程中，绩效追踪保障绩效计划的落

实；通过绩效考核反映目标的实现程度；绩效反馈是绩效提升的关键环节；最后，应用考核结果改善组织的整体管理水平和发展状况。这一关系如图 6-3 所示。

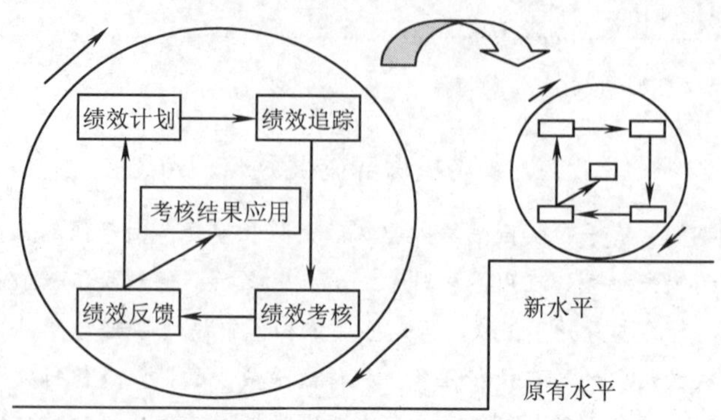

图 6-3　绩效管理系统循环图

（资料来源：林筠 绩效管理[M]．西安：西安交通大学出版社，2006.）

绩效管理的目的不在于考核下属，而是通过一种系统的方式以取得、记录与分析员工在过去一段时间中工作上的表现，以及工作进度状况，借 “评估”与“回馈”来提升下属工作表现，并进而发掘下属未来发展的潜力，以协助下属开拓更宽广的职业生涯发展空间，也希望经此方式，把企业经营得更好。因此，绩效管理系统已经成为组织战略管理控制系统中不可缺少的管理工具和手段之一。

（二）绩效评估技术

前面阐述了绩效管理的概念，下面将对绩效评估技术进行简要介绍。绩效评估出现于 20 世纪 70 年代，它被称为结果趋向的评估。企业绩效评估就是对企业生产任务在数量、质量及效率等方面完成情况的考核，即其最终是要考评员工为企业做了什么。评估将有助于员工改进绩效，通过确认能力和不足，来确定员工如何最有效地在企业内使用并指导其如何改正缺点。所以，绩效评估是管理的一个点的问题，而管理的面就是绩效管理。绩效评估的好坏，将直接影响到员工绩效的结果并对员工后续的待遇、晋升、培训和开发等具有重要的影响。所以评估的方法和技术就变得非常重要。

在绩效评估的办法当中，有一些办法需要投入较多的时间和精力，可能只是在非常成熟的组织里适用。又有一些方法是浅显易懂、简明扼要的，适用于大部分企业。具体来说，绩效评估有以下几种：

1. **员工比较系统考核法**

员工比较系统考核法包括排序法、平行比较法及硬性分布法三种方法。

（1）排序法。排序法是一种简单实用的绩效评估方法，它是由负责工作评价的人员根据其经验认识和主观判断，对相同职务的员工的工作状况进行整体比较并排队。具体的操作流程如下：首先，确定评估的要素；其次，列出所有职务相同的员工姓名，在特定的要素内针对每个人的工作情况进行排序，成绩好的排名在前，成绩差的排名靠后；然后，将每一名员工在各个考核要素所得的名次加总，总数越小，说明员工的综合考核成绩越好。例如某销售部业务员业绩评估，见表 6-6。

表 6-6　某销售部业务员业绩评估表

销售利润	排　序	客户数量	排　序	名次合计	总计排名
A　孙宇	3	A　孙宇	4	7	4
B　赵敏	4	B　赵敏	2	6	3
C　李丽	2	C　李丽	1	3	1
D　王燕	1	D　王燕	3	4	2
E　陈丹	5	E　陈丹	5	10	5

（2）平行比较法。平行比较法，又称配对比较法，它是将员工两两配对并依据某一考核要素进行比较。在具体操作时，我们先要做一张表格，员工甲、乙、丙、丁、戊的名字对应写在表的第一行和第一列。然后选定一个评价标准，分别两两对比。结果的“好”与“差”用“+”和“−”表示。平行比较法示例见表 6-7。

表 6-7　平行比较法示例

比较对象 考查对象	甲	乙	丙	丁	戊
甲		+	+	−	−
乙	−		−	−	−
丙	−	+		+	−
丁	+	+	−		+
戊	+	+	−	−	

最后根据每一个特定指标空格内所得“ +”的个数之和排序，其中，丁最好，乙为最差。

（3）硬性分布法。硬性分布法首先假设员工的绩效水平呈正态分布，基于这个规律，预先确定考核等级以及各等级占被考核者总数的百分比，然后按照被考核者绩效的优劣程度将其列入其中某一等级。硬性分布法示例见表 6-8。

表 6-8　硬性分布法示例

等　级	比　率
优秀	5%
良好	20%
中	50%
中下	20%
差	5%

以上三种方法操作都非常简单，员工表现一目了然，但是其考评的结果在很大程度上取决于考评者对员工的看法，主观性强，对考评者的要求很高，要求其有能力作公正、客观的评价。

2. ***量表考核法***

（1）尺度评价表法。尺度评价表法是按照考核内容，选择不同的绩效构成因素，给每个因素确定不同的层级尺度，确定相应的评分标准，然后评估每一个员工。尺度评价表法多以描述或数字等级作为评估尺度，强调把员工的绩效考核内容分成多个考核要素，每个要素设置一个从好到差的变化尺度。绩效成绩从高到低有一个得分排列，这种得分排列一般分为五个等级。由考核者根据其主观判断来选择其中一个作为被考核者相应绩效因素的考核得分，尺度评价表法示例见表 6-9。尺度评价表法是最简单和运用最普遍的绩效考核方法之一。

表 6-9 尺度评价表法示例

被考核者：			时　间：
考评点	评分标准	评分	考评结果
A. 仪态	5=优秀（你所知道的最好的员工）		
B. 自信心	4=良好（超出所有标准）		
C. 表达	3=中等（满足所有标准）		
D. 态度	2=需要改进（某些地方需要改进）		
E. 合作	1 =不令人满意（不可接受）		
F. 知识			
考核者：	制表单位：		

（2）行为定位等级评价表法。行为定位等级评价表法（Behavior Anchor Rating Scale BARS）也被称为行为定位法，是一种将某一工作可能发生的各种典型行为进行评分度量，建立一个评分表，以此为依据对员工工作中的实际行为进行测评给分的考核办法。该方法是通过一张行为定位等级评价的表格将各种水平的绩效加以量化，用反映不同绩效水平的具体工作行为的例子来描述每一个特征。例如，考核营销人员处理客户关系的行为定位等级评定见表 6-10。

表 6-10 行为定位等级评价表示例

被考核者：	时　间：
行　为	打分（1～6 分）
经常替客户打电话，给他做额外的查询	6 分
经常耐心帮助客户解决很复杂的问题	5 分
当遇到情绪激动的客户会保持冷静	4 分
如果没有查到客户相关的信息则会告诉客户，并说“对不起”	3 分
忙于工作的时候，经常忽略等待中的客户，时间达数分钟	2 分
一遇到事，就说这件事跟自己没什么关系	1 分
考核者：	制表：

3. ***其他考核法***

（1）关键事件法。关键事件法是由美国学者弗拉赖根和伯恩斯共同创立的，该方法就是通过观察、书面记录有关工作成败的“关键”性事实，依此对员工进行考核。关键事件法首先从上级主管、员工或其他熟悉职务的人那里收集一系列职务行为的事件；然后，将其“特别好”或“特别坏”的行为（或事故）作为最有利或最不利的工作行为加以书面记录；最后，每隔一定工作周期（如 6 个月），由主管人员与员工面谈，根据所记录的关键时间来讨论员工的工作绩效。

（2）360 度考评。360 度绩效考核又称 360 度反馈、多评估者评价或多角度反馈系统。它是由被考核者的上级、同事、下级或客户以及被考核者本人担任考核者，从多个角度对被考核者进行全方位的评价，通过反馈考核结果，从而达到改变被考核者行为，提高工作绩效，促进其职业发展的目的（见图 6-4）。360 度绩效考核可以用来为组织的选拔、考核、发展、培训以及组织变革服务。

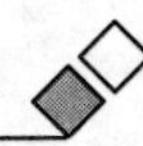

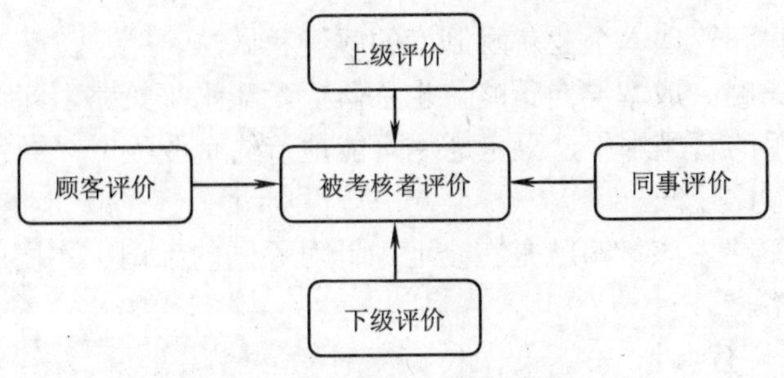

图 6-4　360 度考核示意图

第五节　员工薪酬与福利

员工薪酬及福利制度对劳资双方来讲都具有重大意义。一旦发生争议，一方面企业将面临法律制裁的风险；更重要的是会对企业的名声造成不利影响，必将降低员工对企业的忠诚度，不利于吸引和留住企业的核心员工。所以，如何制定有激励与维系作用的薪酬制度是企业面临的一项重要课题。

一、薪酬管理

薪酬管理是企业人力资源管理的核心内容。在现代企业管理中，一方面，薪酬管理的目的是为了保证员工的基本生活，充分激励、发挥员工的能力，实现企业战略发展所需要的核心竞争力；另一方面，企业核心竞争力的发挥将促进企业的发展，为薪酬管理提供有力的支持。

（一）基本概念

1. *薪酬*

薪酬，即薪金报酬，它是指员工通过完成工作任务而取得的货币形态的劳动报酬，包括工资、奖金、津贴和福利。

2. *薪酬管理*

薪酬管理是指组织依据国家政策与法律，按照成本合理、吸引有力、激励有效的组织管理战略提取一定的薪酬总额，并分配给每个员工的过程。

（二）薪酬管理的流程

一个优秀的薪酬系统应该对内具有激励性和对外具有竞争力。企业要进行科学、合理的薪酬管理，一般要经历以下六个关键步骤：

1. *制定薪酬政策*

制定薪酬政策的主要目的是要明确企业在薪酬管理上的总体战略意图。企业设计薪酬首先必须在企业整体发展战略的指导下制定企业的薪酬策略或薪酬水平策略，供企业选择的薪酬水平策略有：

（1）领先策略。采用这种薪酬策略的企业，薪酬水平高于市场平均薪酬水平。

（2）薪酬跟随策略。薪酬跟随策略也称为薪酬居中策略或追随型薪酬策略，它是指企业始终跟随市场平均薪酬水平来进行薪酬定位，将本企业薪酬水平定位在等于或接近市场平均

薪酬水平，从而构建和管理本企业薪酬制度的政策和做法。

（3）成本导向策略。成本导向策略，也称落后薪酬水平策略，即该策略不考虑市场平均薪酬水平和竞争对手的薪酬水平，只考虑尽可能地节约企业生产、经营和管理的成本，这种企业的薪酬水平一般比较低。

（4）混合薪酬策略。该策略就是在企业中针对不同的部门、不同的岗位、不同的人才，采用不同的薪酬策略。

2. 工作分析与岗位设计

进行工作分析与岗位设计的目的是编制职务说明书用以描述各职务常规工作范畴。工作分析既是人力资源管理的基础又是薪酬设计不可或缺的基础。完成工作分析之后再进行组织设计和岗位设计，并编写岗位说明书。岗位说明书是对有关工作岗位在组织中的定位、工作使命、工作职责、能力素质要求等的规范文件，是确定薪酬水平的依据。

3. 岗位价值评估

进行岗位价值分析的目的是要确定薪资因素及评价法。岗位价值评估是确保薪酬系统达成公平性的重要手段。岗位价值评估有两个目的：①比较企业内部各个职位的相对重要性，得出职位等级序列。②为外部薪酬调查建立统一的职位评估标准。岗位价值评估的方法有许多种，最常用的是计分比较法。计分比较法首先须确定与薪酬分配有关的评价要素，然后给这些要素定义不同的权重和分数，通过综合评价各方面因素得出工资级别，而不是简单地与职务挂钩。

4. 员工能力评估与定位

对员工能力进行评估有三个目的：①判断员工是能够胜任该岗位。②判断该员工胜任该岗位的程度。③完成对该员工薪酬定位。大多数企业会用自己的员工能力模型来进行员工能力的评估，虽然各不相同，但是大致都包含知识、经验、技能和职业素质等基本要素。

5. 薪资调查与定位

外部薪资调查的目的是为了有效地进行竞争，了解地区及行业的现状。企业在确定薪资水平时，需要参考竞争市场的平均薪资水平。调查的对象最好是选择与本企业有竞争关系的企业或同行业的类似企业，需要调查的数据有：反映其年度的薪资增长状况，不同薪酬结构对比，不同职位和不同级别的职位薪酬数据，奖金和福利状况，长期激励措施，以及未来薪酬趋势分析等。

6. 薪酬结构和薪酬水平的设计

进行薪酬结构设计的目的是进行薪酬比例的设定。薪酬结构是指企业总体薪酬所包含的固定部分薪酬（主要是指基本工资）和浮动部分薪酬（主要是指奖金和绩效薪酬）所占的比例。可供选择的薪酬结构有：高弹性的薪酬结构（高激励、低保健）、高稳定性的薪酬结构（低激励、高保健）和调和型的薪酬结构。确定薪资水平和结构的目的是为了进行薪资的范畴、数值确定。企业在设计薪酬结构时需综合考虑五个方面的因素：层级关系、个人的技能和资历、工作时间、个人绩效、福利待遇。在薪酬结构上分别设为基本工资、绩效工资、加班工资及福利待遇。确定基本工资，需要进行岗位分析和评估；确定绩效工资，需要对工作表现作评估；确定企业的整体薪酬水平，需要对企业的盈利能力、支付能力作评估；而确定加班工资及福利待遇则需要遵照相关的法律和法规的规定。

7. 薪酬系统的实施

企业在薪酬系统的实施过程中，及时的沟通、必要的宣传或培训是保证薪酬改革成功的重要因素，同时还需要建立薪资评估机制进行薪资的评估及成本控制。所以建立薪酬管理制

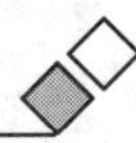

度是薪酬系统有效实施的最根本保障。

二、劳资关系与社会保障管理

劳资关系管理涉及劳动者、雇主和整个社会的方方面面，组织的人力资源潜力能否得到充分地发挥、人员是否稳定在很大程度上取决于劳动关系是否融洽。

（一）劳资关系管理

1. 劳资关系的含义

劳资关系是指劳动者和劳动力使用者之间的社会经济利益关系的统称。具体来讲，劳资关系是指在实现劳动的过程中，由劳动者与其使用者双方利益引起的，表现为合作、力量和权力关系的总和。它受制于一定社会中经济、技术、政治和社会文化背景的影响。

2. 劳资关系管理的内容

（1）劳动合同管理。劳动合同又称“劳动契约”、“劳动协议”，它是劳动者与组织确立劳动关系，明确双方权利和义务的协议。劳动合同的内容包括：合同期限、工作内容、劳动保护和劳动条件、劳动报酬、劳动纪律、劳动合同的中止、违反劳动合同的责任等。劳动合同的管理就在于确保劳动合同的合法性和有效性，实现劳资关系的规范性管理。

（2）劳动争议管理。劳动争议是用人单位和职工之间基于劳动关系发生的有关劳动权利、劳动义务方面的冲突。劳动争议的管理就是由仲裁委员会、工会和单位主管部门三方合作，维护劳动关系的协调，激励双方积极性的发挥；提高劳动关系双方当事人履行义务的自觉性，及时处理争议，维护正常的生产（工作）秩序，保障经济建设和劳动制度改革的顺利进行。

（3）劳动合作管理。员工在工作中的态度与行为，对企业的发展进程具有重要意义。积极的态度与行为将推动企业的成功，消极的态度与行为将阻碍企业的发展甚至导致企业失败。从企业角度出发，企业劳动合作给员工提供了一个获得别人尊重和重视的机会，产生满意感。从员工角度上看，企业劳动合作增强了员工的自主性和积极性，从而促进工作成就感。劳动合作管理包括员工参与管理、集体谈判等形式。

（二）社会保障管理

社会保障是指国家和社会采取的保护弱势群体生存，维护社会公平、公正，以达到社会和谐与安定的制度与措施。它既是保护市场竞争的社会安全网，也是社会团结互助的共同生活原则，还体现出每一个社会公民的权利与尊严。

1. 社会保障的含义

社会保障是国家以法律的形式建立的，对社会成员遇到风险、生存发生困难时给予相应的经济、物质和服务上的帮助，以保障其基本需求的社会制度。它有广义和狭义之分，广义的社会保障，主要包括社会保险、社会福利、社会救济、优抚安置等内容；狭义的社会保障，主要是指养老、失业、医疗和工伤保障等，企业管理主要涉及狭义的保障内容。

2. 企业社会保障管理的内容

（1）社会保险管理。《中华人民共和国劳动法》第 70 条规定：“国家发展保险事业。建立社会保险制度，设立社会保险基金，使劳动者在老年、患病、工伤、失业、生育等情况下获得帮助和补偿。”这就明确规定了我国社会保险项目为养老保险、疾病保险、工伤保险、失业保险、生育保险。依据该政策，企业通过为员工缴纳社会养老保险、社会医疗保险、社会失业保险，使员工在养老、医疗、失业方面没有后顾之忧，减少了员工的流动。

（2）劳动保护管理。劳动保护是为了保护劳动者在生产过程中的安全与健康、预防职业病、防止人身事故发生而对作业条件与劳动环境进行改善的一系列措施与活动。比如，对特殊工种（高空作业、有毒有害环境下的操作、电气作业、易燃易爆作业、潜水作业、高热或寒冷环境下的工作、振动作业、放射作业等）进行上岗培训并组织考核发放上岗准许证；对女工应根据其生理特征，做好经期、产期、哺乳期的劳动保护，制订保护女工健康的特殊规定，如规定女工不参加井下作业、负重过大的搬运作业、水下作业等。通过劳动保护管理，员工能够安心、健康工作，提高了工作效率，减少了流失率。

【本章关键术语】

人力资源管理　　职务分析　　人力资源规划　　绩效管理　　职业生涯规划　　薪酬管理

【本章小结与本章知识结构图】

本章首先阐述了人力资源的概念、特点，以及人力资源管理的基本原理、人力资源管理的基础工作职务分析与岗位设计；接着讲述了人力资源管理中员工招聘与甄选的过程，简要介绍了人力资源规划的原理及方法、员工招聘的程序、方法及人员甄选的方法；其次讲述了人力资源管理中员工培训与开发的过程，主要介绍员工培训的方式和方法；然后谈及有关员工管理及激励的相关知识，包括员工的使用、管理、激励，以及简要介绍了绩效管理的主要内容及方法；最后阐述了通过合理的薪酬管理及社会保障管理减少员工流失率的过程。

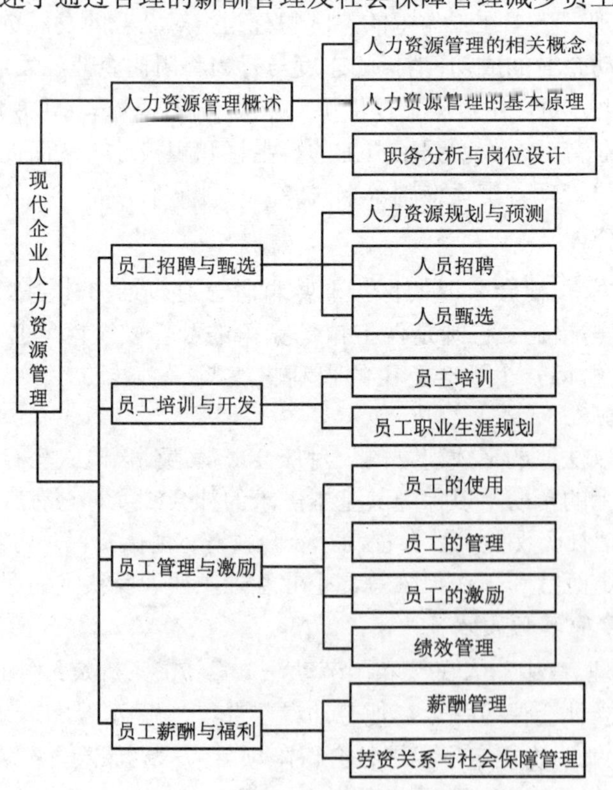

【技能测试题】

一、单项选择题

1．人力资源招聘的起始阶段是（ ）。

A．录用结果反馈　　B．人力需求诊断

C．录用决策　　D．求职者筛选与录用

2．职务分析的基本流程是（ ）。

A．调查阶段，分析阶段，调整阶段，完成阶段

B．准备阶段，分析阶段，调整阶段，审核阶段

C．准备阶段，调查阶段，分析阶段，完成阶段

D．准备阶段，调查阶段，分析阶段，审核阶段

3．如考核的目的是将部门员工从优到劣排序，则采用（ ）考核最合适。

A．目标管理　B．关键事件法　C．标尺评价法　D．排序法

4．BARS 法指的是（ ）。

A．平行比较法　　B．硬性分布法

C．行为定位等级评价法　　D．关键事件法

5．下列哪种方法属于人力资源需求预测方法（ ）。

A．人力资源成本分析法　　B．马尔科夫分析法

C．人员接替法　　D．技能清单法

6．在企业人力资源变动预测中，马尔可夫分析方法的基本思想是（ ）。

A．根据企业现在人员结构状况推测未来人事变动趋势

B．根据企业生产情况推测未来人事变动趋势

C．找出企业过去人事变动规律，以此来推测未来的人事变动趋势

D．根据市场变化推测未来人事变动趋势

7．在培训中，先由教师综合介绍一些基本概念与原理，然后围绕某一专题进行讨论的培训方式是（ ）。

A．讲授法　B．讨论法　C．角色扮演法　D．案例分析法

8．如果出于晋升目的进行的对营销经理的考核，考核人员不应包括（ ）。

A．被考核者的直接上级　　B．被考核者本人

C．被考核者的同事　　D．被考核者的下级

E．人力资源经理

9．企业绩效考核就是对企业生产任务在数量、质量及（ ）等方面完成情况的考核。

A．产量　B．效益　C．效率　D．效果

10．无领导小组讨论法可测评参试者的（ ）。

A．团体决策以及逻辑思维能力

B．自身角色的认知能力和自信心

C．专业知识、技术以及分析、解决问题的能力

D．沟通技巧、组织能力、压力处理以及人际关系的敏感度

二、简答题

1．“骏马能历险，力田不如牛，坚车能载重，渡河不如舟。”这些诗句对我们的选才用才工作有何启示？

2．简述薪酬管理的流程。

3．简述绩效管理的概念与特征。

三、论述题

试述个人职业生涯发展阶段。

四、讨论题

一艘小型客轮在海上突然遇险。营救中心收到求救信号之后，迅速派遣直升飞机赶到出事海域组织营救，发现六名乘客挤在一艘救生艇上，而且救生艇一直在漏气，乘客随时有落水的危险。由于这些乘客都不会游泳，而且严冬的海水冰冷刺骨，乘客一旦落水则必然丧生。然而，直升飞机只能把乘客一个一个地拉上去，晚一分钟上飞机就会多一分丧生的危险。现在，假设有足够的时间进行讨论并作出决策，请将这六名乘客从最先被救到最后被救排一个顺序。个人资料如下：

（1）老将军 68 岁，男，在几次保卫国家的重大战役中作出过卓越的贡献，有着丰富的领导和管理军队的经验，现已退休。

（2）医生 41 岁，女，国内著名的外科医生，成功地完成过多例疑难手术，目前正主持一项重要的医学课题。

（3）职业经理人 38 岁，男，一名跨国电子公司的总经理，刚刚把一家有着国际影响力的大型公司扭亏为盈。

（4）中学生 18 岁，男，高三学生，国际奥林匹克物理竞赛金牌获得者。

（5）运动员 23 岁，女，多次奥运会金牌得主，现处于运动的巅峰状态，有望在下届奥运会为国家争取更多奖牌。

（6）大学教授 45 岁，男，博士生导师，是他所在大学的重要学科带头人，在国际性刊物上发表过多篇颇有影响力的学术论文，目前正主持一项国际合作课题。

案例分析

某公司的绩效考核问题

某公司是一家较成熟的电器制造企业，其产品品牌在全国范围内也有着较高的知名度。但是为了进一步规范管理，提高管理绩效，该公司制定了严格的考核制度，共分为三个层次。

一、公司对部门主管的考核

公司对部门主管的绩效考核主要是季度考评，每季度末由各部门主管填写《干部绩效季度考核表》。该表包括季度业绩回顾、综合工作表现、综合得分和评语。首先由被考核者作出自我评价，然后再由其直接领导（总裁或副总裁）对上述内容作出评价，最后由领导填写评语。

二、部门对科室的绩效考核

这是该绩效考核工作的重点和难点。不同的部门，性质不同，职责不同，而且涉及人数和范围都很

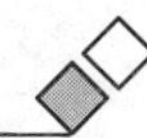

广，有时还会有交叉考核或共同考核的情形。其绩效考核的频率是每月一次，而每季、每半年和每年的绩效考核，也会与当月的月度考核同时进行。但各部门考核方法和考核指标千差万别。

对职能部门的考核，以财务部门举例说明。每月底，财务部根据月初的工作计划，对各个科室的各项工作进行检查，然后按照各项工作的质量、效率、工作量等指标进行评分；根据评分数据，产生每月、每季、每年的"明星科室"、"金牌科长"、"需改进者"（后进员工）。

对业务部门的考核，以彩电销售部为例。其绩效考核的指标主要有：销量计划完成率、资金回笼完成率、库存量、渠道结构、零售网点数量、卖场管理、零售效率、市场份额等。根据不同的季节，或者根据营销策略的需要，其中有些指标会处于变动之中，有时又会增加一些指标。例如，在新产品上市阶段，往往会增加"商场展出数量"等指标。在对这些指标通过加权评分后，得出各分公司总的绩效评分。

三、科室对其员工的绩效考核

对员工的绩效考核制度，一般也是每月一次，但考核指标相对简单，只对与其职责相关的指标负责，一般执行这项考核工作的就是科长。

在具体执行中，不但绩效考核指标经常处于动态变化之中，而且各种绩效考核的方法会交叉或同时使用，另外也会采取其他的一些考核手段，如 360 度考核法。采用这种考核方法的部门，员工不但要接受上级的评价，还要自评，同时也要接受下级对自己的评价。对具体员工的绩效考核，最重要是其直接上司。直接上司的意见，是该员工绩效考核报告中最关键的内容。对员工进行绩效评价的时候，还会考虑其他人的意见。这些人可能是该员工的同级，或者下级，或者间接上级，或者是其内部顾客。员工的自我评价，也是绩效考核的一个重要方面。

最后，公司会根据每月、每季、每半年或每年的绩效考核结果，对员工分成考核成绩良好、一般、不及格三个层次。其中会对员工绩效考评中不合格的员工进行惩罚。比如，进行公示、主管面谈等方式进行惩戒。但对于考核结果理想的员工，公司领导的意见是不予公示，目的避免其骄傲，鼓励其继续努力。

（资料来源：《粤港信息日报》—"科龙的绩效评估"）

试分析：

1．分析该公司绩效考核的内容、方法和流程。

2．应用 360 度考核法时应注意什么问题？

3．该公司的绩效考核存在哪些问题？有哪些需要改进之处？

【课后网络资源】

1．中国人力资源网 http://www.hr.com.cn

2．中国人力资源开发网 http://www.chinahrd.net

3．中国人力资源管理网 http://www.rlzygl.com

4．HR369 人力资源论坛 http://bbs.hr369.com

5．中国人力资源前沿网 http://www.hr163.com

第七章　现代企业物流管理

学 习 目 标

- 了解物流管理的内涵。
- 明确物流管理在企业管理中的作用。
- 掌握仓储库存管理、配送运输管理的特点和内容。
- 掌握物流管理中的相关技术。

引导案例 7/9

为了降低运营成本，佳驰公司采用物流业务外包的策略，把物流运输与配送外包给第三方物流公司，自己则专注于其核心业务——汽车齿轮的加工制造。佳驰公司从采购到产品的经销，直至到达消费者手中，期间的物流运作都采用了第三方物流的形式，由专门的物流公司分别完成。简单地讲，如果一个客户订购了佳驰公司的产品，佳驰公司先进行订单处理，通过仓库管理信息系统，查找是否存在该款型的产品，如果有，则到仓库中进行拣货，挑出客户需要的正确款型，正确数量的产品；如果没有则需要向上一运作部门，生产部或者采购部发出生产和订购信息。下一个过程就是货物的发运了，有的在出货的过程中需要加工、包装或者组配，那么经过加工、包装和组配过后的产品将被装车，由第三方物流公司将货物按照事先约定的时间和地点交付给客户。这样，就完成一单货物的物流运作。

案例简析：21 世纪的竞争将不是单个企业之间的竞争，物流作为企业的第三利润源将是企业之间竞争的重要筹码。谁所在的供应链总成本低、对市场响应速度快，谁就能赢得市场。一手抓用户的需求，一手抓满足用户需求的全球供应链物流，这就是企业物流创造的核心竞争力。

阅读本章内容，并思考下列问题：

1．企业的物流业务都是如何开展的？企业管理中又有哪些部门负责物流管理？
2．生活中所能接触到的物流的实例有哪些？
3．每一个企业都有物流业务吗？

第一节　企业物流管理概述

物流（Logistic）概念最早形成在美国，当时的解释是：货物配送是包含于销售之中的物资资料和服务于生产地点流动过程中而伴随的种种经济活动。2003 年美国物流管理协会

（Council of Logistics Management，CLM）将物流管理定义为：物流管理是供应链管理的一部分，是对货物、服务及相关信息从起源地到消费地的有效率、有效益的正向和反向流动以及储存进行的计划、执行和控制，以满足顾客要求。

我国国家标准《物流术语（GB/T18354—2001）》中，将物流定义为：物品从供应地向接收地的实体流动中，根据实际需要，将运输、储存、装卸、搬运、包装、流通加工、配送、信息处理等功能有机结合来实现用户要求的过程。

改革开放前我国的物流便有了初期发展，改革开放后我国的物流行业进入了快速发展的阶段。特别是从 2003 年以后，随着国家经济持续稳定的高速增长，电子商务的兴起，加入世贸组织，奥运会在我国的成功举办等，中国物流业发展进入了空前繁荣的时期，越来越多的企业开始将加强物流管理作为新的利润增长点。

一、物流管理的概念

物流管理是指在社会再生产过程中，根据货物实体流动的规律，应用管理学的基本原理和科学方法，对物流活动进行计划、组织、指挥、控制，使各项物流活动实现最佳的协调与配合，从而降低物流成本，提高物流效率和经济效益的过程。物流管理已经随着经济全球化的发展和社会的进步，进入了“战略物流时代”。

（一）现代物流管理的作用

1. 物流管理是企业核心能力的组成部分

物流管理的效能决定了企业满足市场需求的能力。无论对生产型企业还是销售型企业，物流环节畅通与否，决定了企业能否有效地在适当的时间，以适当的价格，将适销对路的产品送达到适当的市场满足特定顾客的需求，影响着企业能否有效地进入并占领市场。物流运作的时间决定了企业能否为顾客提供时间或空间上的效用，决定了企业的产品能否顺利地销售出去并实现增值。因此，物流管理工作作为企业运转的支撑，是企业核心能力的重要组成部分。

2. 物流管理是经营运转的必要保证

随着经济全球化的发展和市场全球化进程的加快，物流作为人们日常生活、工作所需用品的重要调配方式，对现代社会的基本经济活动起着后方支持的作用，它决定了企业的产品和服务以及信息能否快速地流转，商品的周转率能否提高，在市场上的产品销售能否按计划有效地进行，也就决定了企业在整个市场营销活动的成败。因此，物流管理成为企业经营正常运转的必要保证。例如，企业所需的生产用料能否及时地获得、企业的生产计划能否正常进行、企业的产品能否及时地进入市场、售后服务能否适时地提供等。因此，物流管理成为企业经营正常运转的必要保证。

3. 物流管理是企业提高经济效益的重要手段

物流是经济领域的黑暗大陆，是一块未被开垦的处女地，是降低成本的最后领域；物流像一座冰山，露出海面仅是物流成本的一小部分，大部分物流费用隐藏在海水中；物流是企业的第三利润源泉，通过物流信息的实时传递和交换，企业可以更加科学、合理地安排生产经营活动，从而最大限度地减少资源浪费，减少资金占用，降低总成本，增加利润，提高经济效益。

（二）现代物流管理的特征

1. *以顾客满意为目标*

随着经济的发展和市场的活跃，服务业的竞争日趋激烈，物流服务也更加强调人性化，“顾客就是上帝”，物流运作的目标就是满足顾客的需要，物流管理在强调运作协调性的同时更加注重顾客是否满意，已将顾客满意作为衡量物流服务好坏的重要目标之一。

2. *物流过程一体化*

现代物流管理具有系统思想和总成本控制的思想，它将整个经济活动中的供应、生产、销售、运输、库存及相关的信息流动等活动视为一个动态的系统，强调的是整个系统的整体效能与总成本。这样，可以适应全球经济一体化、“物流无国界”的发展趋势。

3. *追求企业整体最优*

现代企业管理更加强调企业的整体性和系统性，物流作为企业运作中的一部分更加得到重视，企业管理的目标不仅是达到物流经济效益最大化的目标，更加注重物流与企业其他部门的协调配合以达到企业经济效益最大化的目标。

4. *以管理信息化满足市场实际需要*

物流信息化是整个社会信息化的必然需求。现代物流高度依赖于对大量数据、信息的采集、分析、处理和即时更新。在信息技术、网络技术高度发达的现代社会，从客户资料取得和订单处理的数据库化、代码化，物流信息处理的电子化和计算机化，到信息传递的实时化和标准化，信息化渗透至物流的每一个领域。为数众多的无车船和固定物流设备的第三方物流者正是依赖其信息优势展开全球经营的。从某种意义上来说，现代物流竞争已成为物流信息的竞争。

5. *商品运动智能化管理*

智能化是物流自动化、信息化的一种高层次应用。物流作业过程中大量的运筹和决策，如库存水平的确定、运输（搬运）路径的选择、自动导引车的运行轨迹和作业控制、自动分拣机的运行、物流配送中心经营管理的决策支持等问题都需要借助于智能化专家系统才能解决。物流的智能化已成为新经济时代物流发展的一个新趋势。

现代物流管理对传统物流管理的发展和革新，主要从含义、管理对象、管理模式、管理性质、管理目标和经营方式等方面展开的。从以上几方面对二者进行对比，可以得到现代物流管理与传统物流管理的差异，见表 7-1。

表 7-1　现代物流管理与传统物流管理的差异

项　目	传统物流管理	现代物流管理
含义	主要涉及仓储和运输	涉及原材料采购、生产、销售、售后服务、回收及废弃物物流的整个过程
管理对象	商品库存和运输车队	面向企业物流流程的全过程管理
管理模式	被动的固定化	基于顾客需求动态、敏捷而有效
管理性质	附加的从属于销售环节	独立的、增值的
管理目标	辅助销售	追求物流系统整体最优 提高企业竞争力
经营方式	企业自主经营	外包给第三方物流公司

二、现代企业物流管理现状

物流系统是国民经济中的动脉系统，物流产业在各种物流要素的优化组合和合理配置方面起着非常重要的作用。从服务角度来看，物流为产品的生产制造和市场营销提供了服务；从管理角度来看，物流是将包装、运输、装卸、搬运、保管等各种功能性活动进行统筹安排和协调；从资产角度来看，物流是对供应链中各种形态的存货进行有效协调、管理和控制的过程；从环境角度来看，物流有助于企业降低资源消耗，谋求可持续发展。

物流是企业满足客户服务的重要因素，对企业战略竞争十分重要。物流为企业提供了更为全面而多样化的服务，是企业中创造价值的产业部门和新的经济增长点。企业通过为用户提供物流服务来开拓市场，将物流功能的完善和物流设施的建设，看作为潜在的市场机会，物流被看做市场竞争的手段和策略，被视为企业的核心竞争力之一。

（一）现代物流的主要特点和趋势

随着科技的发展和信息技术的广泛应用，现代物流也凸显出越来越多的时代特征。

1. 反应快速化

现代物流对整个物流过程的控制加强，使得物流上游和下游反应时间大大缩短，物资周转和配送的速度越来越快。

2. 功能集成化

物流是供应链的一部分，现代物流更加强调物流和供应链中其他环节的集成，使其在功能和运作上更加集成。

3. 作业标准化

现代物流更加强调作业流程、业务活动的规范化、标准化，这样既便于物流过程控制，也使复杂的作业变得简单，易于推广。

4. 服务系列化

现代物流在传统物流服务（运输、储存、装卸搬运等）的基础上进一步扩展，服务包括市场调查与预测、配送、物流过程咨询、方案策划等。

5. 方式现代化

随着科技的进步，信息通信技术、机电一体化、语音识别技术在现代物流中得到广泛的应用，现代物流所采用的技术、设备和管理也越来越现代化。

6. 目标系统化

现代物流将物流过程作为一个整体来研究，从系统的角度出发来设计和规划物流活动，求得企业效益最大化，与现代企业管理目标相一致。

7. 组织网络化

现代物流具有健全的物流网络，各网络节点之间相互协调，实现整个物流网络的最优化配置，为现代企业的生产和营销过程提供了快速、全方位的支持。

（二）我国企业物流管理现状

当今，全球企业的竞争是综合实力的竞争，物流职能是企业的主要职能之一，受到了越来越多企业的关注。物流过程实质上是物流、资金流和信息流的“三流一体化”过程，只有将三者有效地结合，才能真正达到降低流通成本、提高物流工作效率的目的。物流过程的信息化管理已成为现代物流管理的基本模式。

由于当前大多数产品市场已成为买方市场，供大于求，如何实现产品的市场价值成为企业不得不面临的一个难题。现代物流理念的广泛传播，强化了企业对物流现代化管理的认识，并推动了企业物流的信息化管理程度。各级政府的鼓励政策推动了各行各业对物流管理信息化的认识。随着 ERP 等综合业务系统和专业物流管理信息系统的成熟，IT 企业主动出击，也促进了企业物流管理信息化的大跳跃。传统的储运功能和硬件设施优势已逐渐让位于基于信息化管理的资源整合能力，具备现代物流组织管理和实现内部信息化管理的企业将成为竞争的取胜者。

现代物流业作为一个新兴的复合型产业，从 20 世纪末开始，在我国得到了迅速的发展，社会物流需求持续、高速增长。物流业增加值稳步上升，社会物流总成本趋于平稳。据统计，2009 年全国社会物流总额 96.65 万亿元，同比增长 7.4%，全国物流业增加值为 2.31 万亿元，同比增长 7.3%，占服务业增加值的 16.1%。各类物流企业快速成长，传统的运输、仓储、联运、货运等企业也加快了业务重组和资源整合的步伐，新兴的物流企业不断扩大规模和提升水平。

从目前我国物流业发展状况来看，具有现代物流特征的物流企业一部分是在运输企业或仓储企业的基础上，通过物流服务的延伸和运作方式的变革转变为物流公司；还有一部分是为满足物流市场的需求，以物流事业为经营内容的新型物流企业，其中包括第三方物流企业和以提供物流服务信息为主要内容的第四方物流企业等。

与西方发达国家相比，我国物流业起步较晚，物流成本占 GDP 的比重仍然过高，社会物流整体效益差。2008 年，我国社会物流总成本约占 GDP 的 18.1%，而美国等发达国家的这个数字在十年前就降到 10%左右。当前，我国企业物流的发展仍然处于“小、多、散、弱”的状态，凸显出以下几方面的特点：受传统的管理理念和经济机制影响，物流效率较低；企业对物流服务的认识不够全面和深刻；基础设施陈旧，信息化运用程度低，管理手段落后；综合性物流专业人才匮乏等。

三、物流对现代企业管理的影响

对一个企业，物流部门和生产部门、营销部门一样，是企业重要的职能部门之一。生产、营销、物流管理三个职能部门所管辖的经营活动既各自分立，又有一定程度的交叉。生产和营销部门，都需要物流管理部门的支持、配合，生产、营销与物流管理中的运输、仓储、流通加工等共同构成企业的基本活动，构成企业的综合竞争力。

物流管理对营销管理中的促销、市场调查、产品组合设定、销售队伍的管理等活动都有直接或间接的影响，企业的物流运作模式也受到营销管理的限制。营销管理中最重视的是客户服务，将完好的产品在客户希望的时间、地点交付到客户手中，这正是物流管理的基本目标，即 7R（适当数量 Right quantity、适当产品 Right product、在适当的时间 Right time、适

当的地点 Right place、适当的条件 Right condition、适当的质量 Right quality、适当的成本 Right cost）的组成部分。

营销过程中的产品定价问题也是物流管理中的重点。物流成本是产品定价的重要参考依据，其中的仓储、运输、库存成本等直接影响产品定价，营销中的定价会影响物流过程中的其他成本。营销定价的高低，会引导物流过程选择合理的运输、仓储模式、保管和包装方式等。

产品包装也是物流过程中的一个环节。产品包装主要分为销售包装（内包装）和运输包装（外包装）两大类。其中，运输包装的方式、材料、大小主要受物流运输方式和运输工具的选择、装卸条件等因素的影响。

营销网点的选择，一方面取决于营销战略意图；另一方面，因为营销环节将影响物流配送能力、物流模式、物流成本，网点的选择直接对物流配送系统提出要求。

生产计划的制订受生产周期、机械设备状况、人员的使用情况影响的同时，由于生产过程中企业对原材料、半成品及各种生产用辅料的需求，会对物料管理提出要求，生产完成之后的产成品管理又引发物流管理。良好的物流管理会促进生产计划的制订和执行流畅。

除生产、营销以外，物流管理也是其他辅助性管理部门的重要支撑。例如，对研究开发部门来说，物流管理一方面为其输送设备、原材料；另一方面，物流管理者介入新产品开发活动中，物流职能部门所提出来的建议也得到产品开发部门越来越多的重视，尤其是仓储、运输部门，这样大大减少了设计中的失误，避免了不必要的浪费。

物流对企业管理的贡献影响到企业的各个部门，先进的物流管理能够促进企业的生产、营销等部门的目标实现。但是，物流同样对企业管理有消极的影响，物流与生产、营销部门有着不同的目标，而在管理中往往存在不同部门之间成本效益背反（Trade-off）现象，因此，协调各部门利益，以使总成本最小为企业管理的目标就成为物流部门的重要职责之一。

第二节　仓储与库存管理

由于市场竞争加剧，越来越多的企业面临客户需求多变、订单提前期短、采购周期长、库存控制困难等问题。设置仓储，进行库存管理的目的是防止短缺，如同企业的“蓄水池”，能够缓解供需矛盾，保持生产的连续性，提高客户满意度，使企业盈利。但是，这样也占用了企业大量的资金，减少了企业的利润。因此，如何进行有效的仓储与库存管理，以最低的总成本，提供令人满意的客户服务是现代企业管理一定要妥善解决的问题。

一、物资储备与仓库

仓库是库存作业的物质基础之一，仓库与库存是硬件与软件的关系。只要保有库存，就必然会对仓储产生要求。

仓储使客户在合适的时间和合适的地点能够满意地获得产品，使潜在的客户服务水平得以提高，同时也提高了产品的效用。随着现在越来越多的企业将客户服务看做是一个能实现价值增值的竞争性工具，仓储活动也就越来越显现出其必要性。库存控制的目标要靠仓储作业的合理运行才能实现。

（一）仓库的概念和分类

仓库是物资储备的场所，仓库在生产和销售环节的流通过程中担负对各种生产需用的原材料、零部件、设备、机具和半成品、产成品等储存的职能，并提供有关存储物品的信息以供管理决策之用。

从传统管理的角度来看，仓库是物流系统中主要承担保管功能的场所，是物流网络中以储存为主要功能的节点。从现代物流观点来看，大型的、多功能的仓库往往作为区域分拨的基地，是区域内物流运作的中心。

仓库的分类方法有很多，根据不同分类标准可以分成不同的类型，见表 7-2。

表 7-2　仓库的分类

分类标准	仓库种类
领域	生活领域：粮食、棉花、油料、生活用品储备库 生产领域：原材料、配件、工具、半成品储备库 流通领域：成品、储运、中转、批发、零售库
用途	自用仓库、营业仓库、公共仓库、保税仓库
保管形式	普通仓库、冷藏仓库、恒温仓库、危险品仓库
结构构造	平面仓库、多层仓库、高层货架仓库、散装仓库、罐式仓库
选址	港口仓库、内陆仓库、枢纽站仓库
机器化程度	普通人力仓库、机械化仓库、自动化仓库

仓库作为储存物资的场所，具有以下六方面的功能：储存保管的功能，集散货物的功能，衔接供需的功能，客户服务的功能，防范风险的功能，物流中心的功能。

（二）仓储管理的含义

仓储管理是指对仓库及仓库内的储存物资所进行的管理，是仓储机构为了充分利用所具有的仓储资源来提供仓储服务所进行的计划、组织、控制和协调的活动。

具体来说，仓储管理包括仓储资源的获得、仓库管理、经营决策、商务管理、作业管理、仓储保管、安全管理、劳动人事管理、财务管理等一系列管理工作。

二、储存合理化管理

（一）储存合理化及策略

物资的合理储存，即对储存品种、数量、时间和条件的合理化。储存合理化能够大大地节省货物的入库和出库时间，有效利用仓储空间，合理进行物品的分类，确保有效的储存和较好的储存条件，保证储存质量，提高劳动生产效率。通常企业会通过合理的储存策略来实现储存合理化。

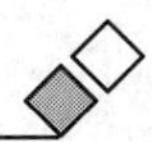

储存策略是储区规划的主要原则，因而还必须配合储位指派法则才能决定储存作业运作的模式。而随储存策略产生的储位指派法则，可归纳出如下几项：

在任意一个储存空位上都可以进行货物的储存方法，我们称之为随机储存策略。对一般货物而言，是比较通用的一个法则。而把货物定位在已经安排好的货位上的策略叫做定位储存策略。也有一些储存策略通常情况下会配合随机储存策略和定位储存策略配合使用。

1. *可与随机储存策略配合的策略*

可与随机储存策略配合的策略主要有靠近出口法则。它是指将刚到达的商品指派到离出入口最近的空储位上。

2. *可与定位储存策略相配合的策略*

可与定位储存策略相配合的策略有：

（1）以周转率为基础策略。它是指为按照商品在仓库的周转率（销售量除以存货量）来排定储位。周转率越高应离出入口越近。

（2）产品相关性策略。它是指商品相关性大者在订购时经常被同时订购，所以应尽可能存放在相邻位置。

（3）产品同一性策略。它是指把同一物品储放于同一保管位置的原则。这样，作业员对货品保管位置便能简单熟知。同一性的原则是任何物流中心都应遵守的重点原则。

（4）面对通道策略。它是指物品面对通路来保管，将可识别的标号、名称让作业员容易简单地辨识。

（5）产品特性策略。它是指按照产品的物理、化学等特性区别储存物品。这样不仅能随物品特性而有适当的储存设备保护，且容易管理与维护。

（二）仓储过程设计

仓储过程，包括入库、存库和出库三个阶段。整个过程的设计，对于整个仓库作业的管理过程至关重要。仓储过程设计主要包括以下几方面：

1. *作业标准设计*

仓库内作业标准的设计是根据仓库设施的特点和存储货物的运动特点制订的，一般要考虑几个因素，如仓库设施的利用高度、设施的分层数以及货物的存储和搬运流程。

2. *搬运过程设计*

对搬运过程的设计主要是考虑货物搬运的效率、搬运过程的流畅性和移动装运的规模经济性。

3. *制定积载计划*

制定仓库的积载计划时，需要考虑储存货物的特征，即从储存货物的流量、重量和体积等方面来安排货物的储存。

三、库存与库存管理

（一）库存的相关概念

1. *库存的概念*

库存是指一切闲置的，用于未来的有经济价值的资源。

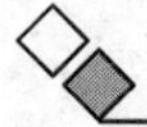

资源的闲置就是库存，与这种资源是否存放在仓库中没有关系，与资源是否处于运动状态也没有关系。库存是从物流管理的角度出发强调合理化和经济性，而保管是从物流作业的角度出发强调效率化。

2. *零库存概念的产生和含义*

零库存的产生和销售是相伴随的，如图 7-1 所示。当生产量比销售量大的时候，会产生库存，而当生产量刚好等于销售量的时候，此时仓库里面没有存货，也就是我们理解意义上的零库存。

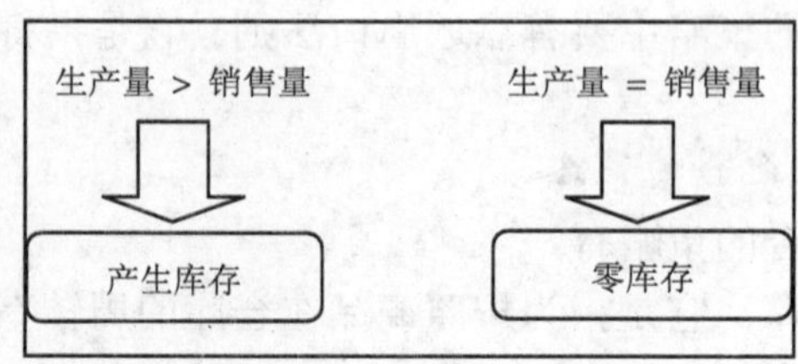

图 7-1　零库存的产生

零库存（Zero Inventory）的含义是指在仓库中储存的某种或某些物品的储存数量为“零”，即不保持库存。从物流合理化的角度来看，零库存的概念包含以下两层意义：①库存数量趋于零或等于零。②库存设施设备的数量及库存劳动消耗同时趋于零或等于零。

零库存的内涵是指零库存采购、零库存生产、零库存配送、零库存销售。

（二）库存的分类

库存可以按照以下不同的标准进行分类。

1. *按经济用途分类*

按经济用途分类，库存可分为商品库存和制造业库存。

（1）商品库存。商品库存是指企业购进后待出售的货物。其特征是转售之前，保持其原有的实物形态。

（2）制造业库存。制造业库存是指购进后直接用于生产制造的货物，这类物资通常是出售前需要经过生产加工过程，改变其原有的实物形态或使用功能的物资，如材料、在制品、半成品、制成品和其他库存。

2. *按存放地点分类*

按存放地点分类，库存可分为库存存货、在途库存、委托加工库存和委托代销库存。

（1）库存存货。库存存货是指已经运到企业，并已验收入库的各种材料和商品，以及已验收入库的半成品和制成品。

（2）在途库存。在途库存包括运入在途库存和运出在途库存。

（3）委托加工库存。委托加工库存是指企业已经委托外单位加工，但尚未加工完成的各种库存。

（4）委托代销库存。委托代销库存是指企业已经委托外单位代销，但按合同规定尚未办理代销货款结算的库存。

3. *按库存来源分类*

按库存来源分类，库存可分为外购库存和自制库存。

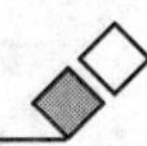

（1）外购库存。外购库存是指企业从外部购入的库存，如外购材料等。

（2）自制库存。自制库存是指由企业内部制造的库存，如自制材料、在制品和制成品等。

4. **按生产过程分类**

按生产过程分类，库存可分为原材料库存、零部件及半成品库存和成品库存。

（1）原材料库存。原材料库存就是为生产加工而准备的库存，主要以原材料的形式存在。例如，洗化用品企业生产所用的石油原材料，包装所用的木材、塑料等材料都是产品的原材料，在企业中的库存都称为原材料库存。

（2）零部件及半成品库存。零部件及半成品库存是指库存的物品以零部件或半成品的形式存在。例如，汽车生产企业库存的螺钉、螺母，即为零部件库存，生产的车底盘就是半成品库存。

（3）成品库存。成品库存是指库存的物品以成品的形式存在。例如，在仓库中等待销售的汽车成品，在储存中的笔记本电脑成品，即为成品库存。

5. **按经营过程分类**

按经营过程分类，库存可分为经常库存、安全库存、生产加工与运输过程的库存、季节性库存和促销库存。

（1）经常库存。它是指正常的经营环境下为满足日常的需要而建立的库存。

（2）安全库存。它是指为了防止由于不确定因素（如大量突发性订货、交货期突然改变等）而准备的缓冲库存。

（3）生产加工与运输过程的库存。它包括正在加工、为了生产需要暂时储存的零部件、半成品或制成品。

（4）季节性库存。它是指为了满足特定季节中出现的特定需求而建立的库存，或指对季节性生产的商品在出产的季节大量收储所建立的库存。

（5）促销库存。它是指为对应促销活动产生的预期销售增加而建立的库存。

各种库存的分类方法见表 7-3。

表 7-3　库存的分类

分类标准	库存类型
经济用途	商品库存　制造业库存
存放地点	库存存货　在途库存　委托加工库存　委托代销库存
库存来源	外购库存　自制库存
生产过程	原材料库存　成品库存零部件及半成品库存
经营过程	经常库存　安全库存　促销库存　季节性库存　生产加工和运输过程的库存

（三）库存的功能

库存是物流过程中非常重要的一个环节，对物流成本的运算、价格等方面的影响来自于库存强大的功能：库存能够缩短订货提前期，将更好地满足预期顾客需求，良好的库存能够平衡生产要求，稳定生产；能够分离运作过程、分摊订货费用，使企业达到经济订货规模，

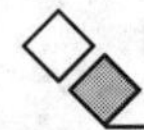

同时防止脱销，避免价格上涨。

（四）库存管理

将物资放入仓库，接下来一步就是仓储和库存的管理了，良好的仓储和库存管理能够使物资的布局更加合理，更好地衔接和协调物流的仓储、运输等过程。库存管理就是对库存物资进行诸如进货时间和数量以及确定库存检查周期等问题的管理。

不同领域的企业对于库存管理有着不同的具体要求，如库存成本最低、使用库存保证程度最高、不允许缺货或限定库存费用等，这对于所采用的库存控制方法会形成一定的影响。但无论哪一种库存控制的具体要求，都需要企业精心策划，制定相应的库存控制方法，并施以有效的管理手段才能达到，这就要依靠库存控制策略。库存控制策略主要有以下几种方式：

1. *库存的ABC分析*

ABC 分析法，又叫 ABC 分类管理法，它是运用数理统计的方法，对企业库存物料、在制品、制成品等按其重要程度、价值高低、资金占有和销售情况进行分类、排序，以分清主次、抓住重点，并分别采用不同的控制方法。

具体来讲，就是将库存物品按品种和占用资金的多少分为特别重要的库存（A 类）、一般重要的库存（B 类）和不重要的库存（C 类）三个等级，然后针对不同等级分别进行管理与控制。具体表述见表 7-4。

表 7-4　ABC 分类管理分析

项　　目	A 类	B 类	C 类
分类	主力商品	补足商品	不流动商品
销售贡献度	大	中	小
库存管理重点	细分品项管理	基本上放宽管理	宽松管理

2. *定量订货法*

定量订货法要求连续不断地观测库存余量的变化，当库存余量下降到某个预定数值——定货点（Reorder Line，RL）时，就向供应商发出固定批量的订货请求，经过一段时间，我们称之为提前期（Lead Time，LT），订货到达补充库存，并且每次库存补充量都为恒定的数值，如图 7-2 所示。

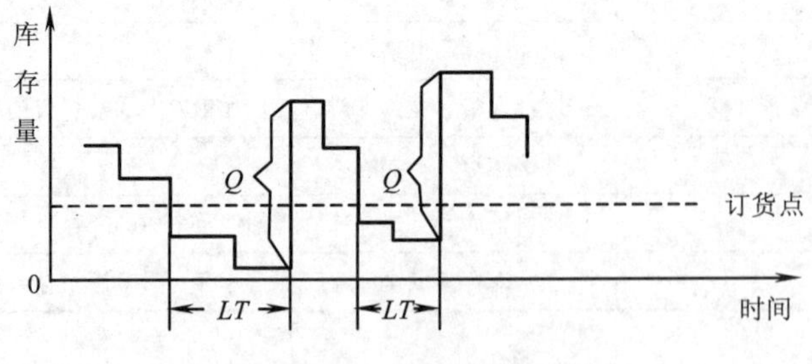

图 7-2　定量订货法

这种订货法的特点是：要发现现有库存量是否到达订货点，必须随时检查库存量，这样就增加了管理工作量，但它使库存量得到严密地控制，因此，适用于重要物资的库存控制。

3. **定期订货法**

定期订货法要求每经过一个固定的时间间隔，发出一次订货，订货量为将现有库存补充到一个最高水平 S，如图 7-3 所示。

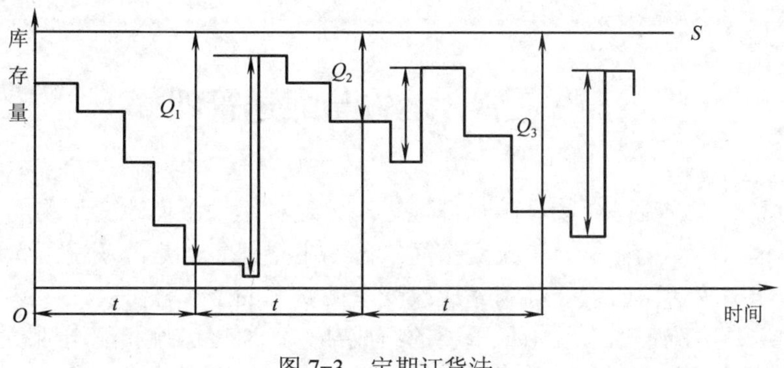

图 7-3　定期订货法

这种订货法的优点是：不需要随时检查库存，简化了管理，也节省了订货费用。同时，这种订货法也存在这样的缺点：不论库存水平降得多还是少，都要按期发出订货，当库存量很高时，订货量是很少的。这样就增加了订货的费用，不利于库存成本的控制。

库存控制的各种方法各有利弊，各种方法可通过相互结合使库存控制的成本最低。归根结底，库存控制要解决三个主要问题：多长时间检查一次库存（即库存检查周期问题）；每次订货量是多少（即订货量的确定）；什么时间进行订货（即订货点的确定）。

阅读资料

了解国家图书馆

中国国家图书馆（National Library of China），原称“北京图书馆”，一般简称“国图”。中国国家图书馆馆藏丰富，品类齐全，古今中外，集精撷萃。截至 2003 年年底，馆藏文献已达 2 411 万册（件），居世界国家图书馆第五位，并以每年 60 万～70 万册（件）的速度增长。国家图书馆的藏书可上溯到 700 多年前的南宋皇家缉熙殿藏书，最早的典藏可以远溯到 3 000 多年前的殷墟甲骨。国家图书馆的珍品特藏包括善本古籍、金石拓片、古代舆图、敦煌遗书、少数民族图籍、名人手稿、革命历史文献、家谱、地方志和普通古籍等 260 多万册（件）。外文善本中最早的版本为 1473～1477 年间印刷的欧洲“摇篮本”。这部分藏品极为珍贵，闻名遐迩，世界瞩目。

国家图书馆全面入藏国内正式出版物，是世界上入藏中文文献最多的图书馆。同时重视国内非正式出版物的收藏，是国务院学位委员会指定的博士论文收藏馆，图书馆学专业资料集中收藏地，全国年鉴资料收藏中心，并特辟中国香港、中国台湾、中国澳门地区出版物专室。

国家图书馆的外文书刊购藏始于 20 世纪 20 年代，是国内典藏外文书刊最多的图书馆，并大量入藏国际组织和政府出版物，是联合国资料的托存图书馆。

随着信息载体的发展变化和电子网络服务的兴起，国家图书馆不仅收藏了丰富的缩微制品、音像制品，还入藏了国内外光盘数据库近百种，电子出版物 8 000 余种。经过不懈的努力，国家图书馆在搜集、加工、储存、提供和开发文献等方面，已形成了具有中国特色的藏用并重的格局。国家图书馆重视图书文献的保护工作，采用传统的修整技术和先进的缩微摄影技术，对馆藏要籍和各类珍稀文献进行修复和再生性保护。

（资料来源：http://www.nlc.gov.cn/）

第三节　运输与配送管理

按物流的概念，物流是“物”的物理性运动，这种运动不但改变了物的时间状态，也改变了物的空间状态。而运输承担了改变空间状态的主要任务，是改变空间状态的主要手段，再配以搬运、配送等活动，就能圆满完成改变空间状态的全部任务。

运输与配送是物流管理系统中最重要的组成部分，通过运输和配送活动，物流系统的各个环节有机地联系起来，实现物流系统的目标。稳定可靠、灵活快捷的运输与配送是任何物流系统成功运作的关键所在。

一、运输和配送的功能

（一）运输概述

1. 运输的概念

通常将人或物的空间位移，称为交通或交通活动，而将为实现人或物的位移提供服务所进行的经济活动，称为运输或运输服务。

在既定的设施网络和信息能力的条件下，运输就是从地理上给存货定位的一个物流作业领域。

2. 运输的功能

（1）产品转移。运输的主要目的就是要以最低的时间、财务和环境资源成本，将产品从原产地转移到规定地点。

（2）产品储存。运输过程中是对产品进行的临时储存，即将运输车辆作为临时的储存设施。尽管用运输工具储存产品可能是昂贵的，但当考虑装卸成本、储存能力限制或延长前置时间的能力等因素时，那么从总成本或完成任务的角度来看，它往往却是正确的。

3. 运输的分类

运输过程根据不同的分类标准可以分为不同的类型，见表 7-5。

表 7-5　运输的分类

分类标准	运输类型
运输的范畴	干线运输　支线运输　二次运输　厂内运输
运输的作用	集货运输　配送运输
运输协作程度	一般运输　联合运输
中途是否换载	直达运输　中转运输

（二）配送概述

1. 配送的相关概念

我国国家标准《物流术语（GB/T18354—2001）》将配送定义为：在经济合理区域范围内，根据用户要求，对物品进行拣选、加工、包装、分割、组配等作业，并按时送达指定地点的物流活动。

共同配送，就是为了提高车辆装载率，对多个企业共同进行配送。例如，多个进货业主设立共同配送中心，并从该中心进货，然后配送中心将所进商品汇总、分类后统一进行配送。

一体化配送则是指将货物和信息实现一元化高水平管理的物流，其目的是降低成本和提高服务水平。实现一体化配送服务模式，在服务理念、服务内容和服务方式上实现创新，就是根据客户需求的变化提供一体化物流配送服务方向发展的“一站式”服务，以实现将货物和信息实现同期整体管理。

2. 配送的分类

配送根据不同的标准可以分为不同的类型，见表 7-6。

表 7-6　配送的分类

分类标准	配送类型
商品的种类和数量	少品种（或单品种）、大批量配送　多品种、少批量、多批次配送　成套配套配送
配送时间及数量	定时配送　定量配送　定时定量配送　定时定量定点配送　即时配送
配送的组织形式	集中配送　共同配送　分散配送
配送采用模式	集货型配送模式　散货型配送模式　混合型配送模式

配送活动不仅是物流活动的终结环节，而且是营销或促销活动的重要手段，具有时效性、安全性、沟通性、方便性、经济性的特点。配送发挥了资源配置的作用，而且是“最终配置”，因为配送是最接近用户的物流阶段。配送的主要经济活动是送货，是“配”和“送”的有机结合，以用户的需要为出发点，以最合理的方式满足用户需求。配送已逐步成为企业发展的重要战略手段。

二、运输配送的方式方法

（一）配送运输的形式及设备

运输共分为公路运输、铁道运输、水路运输、航空运输和管道运输五种形式。

1. 公路运输

公路运输是在公路上运送货物的运输方式。公路既可供专业运输部门使用，也可以供社会和个人利用，具有机动灵活、覆盖面广和通达度深等特点。在物流领域中的货运汽车种类很多，主要有以下几种：

（1）普通货车。普通货车按载重能力分为轻型、中型、重型三种；按货台构造分低货台、高货台两种；按有无车厢板分平板车、标准挡板车和高挡板车三种。

（2）厢式货车。厢式货车又叫厢式车，主要用于全密封运输各种物品，特殊种类的厢式货车还可以运输化学危险物品。它具有机动灵活、操作方便，工作高效、运输量大，充分利用空间及安全、可靠等优点。

2. 铁道运输

铁路运输分为车皮运输和集装箱运输。

（1）车皮运输。车皮运输是指租用适合货物的数量和形状的车皮来进行运输，这样可以降低同一品种的货物运输的破损率，适合运送大宗货物。车皮和道路的选择又和货物的种类有关。例如，石灰、煤炭等特殊的大宗货物，须用专用铁路通往收发货地点。

（2）集装箱运输。集装箱运输是铁路和公路联运的一种复合型直达运输，其特征是送货到门，可以由一个据点直达另一据点。它适用于化工产品、食品、农产品等许多货种的运输。

3. 水路运输

水路运输是指利用船舶、排筏和其他浮运工具，在江、河、湖泊、人工水道及海洋上运送旅客和货物的一种运输方式。按其航行的区域，大体上可划分为远洋运输、沿海运输和内航运输三种类型。主要的载运工具有如下几类：

（1）干线船。通常所讲的货船主要指干线货船，干线货船又分为主要装运散货的货船和装运包装货的杂货船两类，是通用性较强的船型。

（2）冷藏船。冷藏船是绝热保温性好且装有制冷装置能保持长期低温的装运生鲜食品的船舶。

（3）集装箱船。集装箱船是专用装载集装箱或混装集装箱的高速货船。

（4）油船。油船是指载运石油的多舱货船，又称油轮，是远洋运输中的特大型、大型船舶。

（5）矿石船。矿石船也叫矿砂船，专门用来运输矿石等材料的船只。

（6）液化气船。液化气船是指专门装运液化石油或液化天然气的船。

4. 航空运输

航空运输是用飞机、直升机及其他航空器运送人员、货物、邮件的一种运输方式，具有快速、机动的特点，为国际贸易中的贵重物品、鲜活货物和精密仪器运输所不可缺的一种运输方式。

空运设备主要有货机和客货机两类，现在客货机的使用越来越多。运输方式上有包机运输和一般行李托运、货物托运等运输形式。

5. 管道运输

管道运输是用管道输送液体或气体的一种运输方式，它是货物本身在管道内移动，是运输通道和运输工具合二为一的一种专门输送方式，也是石油、天然气等物资的最经济、最主要的运输方式之一。

管道运输的优点有：不受地面气候影响并可连续作业；运输的货物无需包装，节省包装费用；货物在管道内移动，货损货差率低。

6. 联合运输

联合运输是指综合利用某一区间中各种不同运输方式的优势进行不同运输方式的协作，使货主能够按一个统一的运输规章或制度，使用同一个运输凭证，享受不同运输方式综合优势的一种运输形式。

（二）配送运输的主要方法

影响配送运输的因素较多，为了在配送运输方法的选择上既有利于客户的便捷性、经济性，又有利于货物的安全性，应尽量避免不合理运输。配送运输方法主要有：汽车整车运输、多点分运及快运。

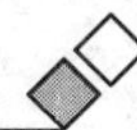

1. 汽车整车运输

汽车整车运输是指同一收货人、一次性需要到达同一站点，且适合配送装运 3t 以上的货物运输，或货物重量在 3t 以下，但其性质、体积、形状需要一辆 3t 以上车辆一次或一批运输到目的地的运输。

整车货物运输作业过程是一个多工种的联合作业系统，是社会物流中必不可少的重要过程。这一过程是货物运输的劳动者借助于运输线路、运输车辆、装卸设备、站场等设施，通过各个作业环节，将货物从配送地点运送到客户地点的全过程。它由四个相互关联又相互区别的过程构成，即运输准备过程、基本运输过程、辅助运输过程和运输服务过程。

2. 多点分运

多点分运是在保证满足客户要求的前提下，集多个客户的配送货物进行搭配装载，以充分利用运能、运力，降低配送成本，提高配送效率。按照运输作业线路的形状，可以将线路分如下几种：

（1）往复式行驶线路。往复式行驶线路一般是指由一个供应点对一个客户的专门送货。从物流优化的角度来看，其基本条件是客户的需求量接近或大于可用车辆的核定载重量，需专门派一辆或多辆车一次或多次送货。

（2）环形行驶线路。环行行驶线路是指配送车辆在由若干物流节点间组成的封闭回路上，所作的连续单向运行的行驶路线。车辆在环形行驶路线上行驶一周时，至少应完成两个运次的货物运送任务。

（3）汇集式行驶线路。汇集式行驶线路是指配送车辆沿分布于运行线路上各物流节点间，依次完成相应的装卸任务，而且每一运次的货物装卸量均小于该车核定载重量，沿路装或卸，直到整辆车装满或卸空，然后再返回出发点的行驶线路。

（4）星形行驶线路。星形行驶线路是指车辆以一个物流节点为中心，向其周围多个方向上的一个或多个节点行驶而形成的辐射状行驶线路。

3. 快运

根据我国《道路货物运输管理办法》的有关规定，快件货运是指接受委托的当天 15 时起算，300km 运距内，24h 内送达；1 000km 运距内，48h 内送达；2 000km 运距内，72h 送达。

快运具有送达速度快、配装手续简捷、实行承诺制服务、可随时进行信息查询的优点。

快运业务操作流程为：通过电话、传真、电子邮件接受客户的委托→快速通道备货→分拣→包装→发货→装车→快速运送→货到分发→送货上门→信息查询→费用结算。

三、运输管理与配送合理化

（一）不合理运输的表现形式

1. 对流运输

对流运输是指同种货物从不同的发送点同时或先后作面对面的运输，并且彼此重复对方旅程的全部或一部分。

2. 迂回运输

迂回运输是在货物发送点与接收点之间由两条以上的同类交通线可以采用时，未能利用最短路径的运输。

3. 过远运输

这是一种舍近求远的物资运输，是一种放弃最近路径的运输。

4. 重复运输

重复运输是指同一批货物由产地运抵目的地，没经过任何加工和必要的作业，也不是为了联运及中转需要，又重新装运到别处的运输。

5. 无效运输

无效运输是指被运输的货物杂质较多使运输能力浪费于不必要的物资运输。在这个过程中产生了运输的额外功。

6. 运力选择不当

未考虑各种运输工具的优缺点而进行不适当的选择造成不合理的运输。

不同的运输工具各有其优缺点，在运输过程中，应根据使各种交通工具取长补短、相互协作、综合利用的原则进行选择，否则就会形成不必要的浪费。

（二）配送运输合理化的影响因素

1. 外部因素

影响配送运输合理化的外部因素主要有以下五个方面：政府、资源分布状况、国民经济结构的变化、运输网布局的变化、运输决策的参与者等。

2. 内部因素

影响配送运输合理化的内部因素主要有运输距离、运输环节、运输工具、运输时间、运输费用等几个方面。

（三）运输合理化的有效措施

运输过程合理是保证物流运作合理、高效进行的必要保证。选择合理的运输方式、运输工具和优化的运输路线，以最短的路径、最少的环节、最快的速度和最少的劳动消耗，组织好运输活动，以获取最大的经济效益。运输合理化的具体措施有：

（1）提高运输工具实载率。

（2）减少运力投入，增加运输能力。

（3）发展社会化的运输体系，发展满载运输。

（4）开展“以公代铁”的中短距离铁路、公路分流。

（5）尽量发展直达运输、直拨运输。

（6）发展特殊运输技术和运输工具。

四、物流配送中心

（一）物流配送中心的相关概念

1. 物流中心

物流中心，欧洲、美国多用“Distribution Centre”，亚洲地区多称为“Logistics Centre”一词。物流中心是物流作业集中的场所，分为综合物流中心和专业物流中心。行业内没有统一的定义。

我国国家标准的《物流术语（GB/T18354—2001）》中对物流中心的定义为：从事物流活

动的场所或组织，基本符合下列要求：主要面向社会服务；物流功能健全；完善的信息网络；辐射范围大；少品种、大批量；存储吞吐能力强；物流业务统一经营、管理。

总体上，我们可以把物流中心理解为：物流中心是处于运输枢纽或重要地位的、具有较完整物流环节，并能将物流集散、信息和控制等功能实现一体化运作的物流据点。

物流中心的主要类型有：运输中心（Transfer Center，TC）、配送中心（Distribution Center，DC）、储存中心（Stock Center，SC）、加工中心（Process Center，PC）。

2. 配送中心

配送中心是指专门从事配送工作的物流据点，是物流中心数量较多的一种形式。配送中心的主要工作环节包括集货、储存、分货及配货和送货。配送中心的出现是社会分工进一步发展的结果，也是物流合理化的要求。

（二）新型物流配送中心的特征

1. 配送流程规范化、服务系列化

新型物流配送一方面强调作业流程的标准化、程式化和规范化，使复杂的作业简单化，从而大规模地提高物流作业的效率和效益。另一方面强调配送服务的正确定位与系列化，除了传统的储存、运输、包装、流通加工等服务外，还在外延上扩展至市场调查与预测、物流订单处理、物流配送咨询、物流配送方案的选择与规划、库存控制策略建议、货款回收与结算、教育培训等系列的服务。

2. 配送环节集成化、配送快速化

新型物流配送服务提供者对上游、下游的物流配送需求的反应速度越来越快，前置时间越来越短，配送时间越来越短，物流配送速度越来越快，商品周转次数越来越多，物流配送功能越来越集成化。新型物流配送着重于将物流与供应链的其他环节进行集成，包括：物流渠道与商流渠道的集成、物流渠道之间的集成、物流功能的集成、物流环节与制造环节的集成等。

3. 从系统观点出发，强调整体最优

新型物流配送从系统角度统筹规划一个企业整体的物流配送活动，处理好物流配送活动与商流活动及企业目标之间的关系，不求单个活动的最优化，但求整体活动的最优化。

4. 物流配送网络形成体系，适应市场，和谐发展

为了保证对产品促销提供快速、全方位的物流支持，新型物流配送要有完善、健全的物流配送网络体系，网络上点与点之间的物流配送活动保持系统性、一致性，这样可以保证整个物流配送网络有最优的库存总水平及库存分布，运输与配送快捷、机动。分散的物流配送单体只有形成网络才能满足现代生产与流通的需要。

5. 设施设备自动化，管理技术信息化

新型物流配送使用先进的技术、设备与管理为销售提供服务，生产、流通、销售规模越大、范围越广，物流配送技术、设备及管理越现代化、信息化。

第四节 物流管理的其他相关技术

随着科技的发展和信息技术的广泛应用，企业对第三利润源的研究也越来越深入，物流也朝着更加先进、健全的方向发展。电子商务技术、装卸搬运技术、集装单元化技术、流通加工、包装技术与物流标准化成为现代物流管理的重要技术。

阅读材料

了解中国石油集团的“能源一号”电子商务手段

中国石油天然气集团公司（简称“中国石油集团”）是一家集油气勘探开发、炼油化工、油品销售、油气储运、石油贸易、工程技术服务和石油装备制造于一体的综合性能源公司。在世界50家大石油公司中排名第五位。

2001年7月6日，中国石油集团的“能源一号”网站开通，该网站具有电子采购、电子销售和电子市场三大交易系统。

（1）电子采购系统。它主要是目录式采购，在该系统中交易的产品主要是中国石油集团的60大类物资中筛选出的I类物资。

（2）电子销售系统。该系统具有目录式销售、网上谈价议价式销售、网上招标、反向拍卖销售等多种灵活的交易方式。其主要销售炼油和化工产品等。

（3）电子市场系统。该系统提供固定目录价格和动态交易两大交易模式，动态交易包括网上招标、谈价议价、反向拍卖、撮合等交易形式。

网上集中采购，是“能源一号”网的最大特色。2001年10月，中国石油集团成功地组织了历史上规模最大的石油专用管网上集中采购，仅此一项节约采购资金1.6亿元。

中国石油集团通过实施电子商务，实现了从传统采购到电子采购方式的转变，采购行为从分散管理到集中管理的转变。先进的电子商务采购模式缩短了采购流程，符合国际上扁平化管理模式的要求，直接沟通了供应商、生产商和客户，实现了对供应链管理系统的业务优化与整合，使中国石油集团更加符合上市后新体制的要求。

（资料来源：http://www.energyahead.com/）

一、电子商务技术

（一）电子商务与物流的关系

1. 物流是电子商务的重要组成部分

物流是电子商务“三流”（信息流、资金流、物流）的重要组成部分，是信息流和资金流最终得以顺利实现的根本保证。物流配送的效率在电子商务活动中的作用日益明显。

2. 物流是实现电子商务的保证

物流作为电子商务的重要组成部分是实现电子商务的重要保证。离开了现代物流，电子

商务过程就无法得到保障。

3. *物流保证生产的顺利进行*

物流过程为生产过程中的各个环节服务。现代化的物流，通过降低费用从而降低成本，优化库存结构，缩短生产周期，确保现代化生产的高效运行。若缺少了现代化的物流，无论电子商务是多么便捷的贸易形式，生产将难以顺利进行。

4. *电子商务是现代物流发展的重要推动力*

电子商务促进了物流基础设施的改善和物流技术、管理水平的提高。电子商务是现代物流信息处理的平台。信息作为物流的重要组成要素，为物流的正常运转、管理、决策以及制定战略提供了不可缺少的依据。

（二）电子商务物流

1. *电子商务物流过程*

电子商务物流过程包括运输、保管、装卸、包装、流通加工以及与其相联系的物流信息处理。它们相互联系，构成物流系统的功能组成要素。可以分别把这五个过程称为：电子商务的起点——商品包装；电子商务的动脉——商品运输；电子商务的中心——商品储存；电子商务的节点——商品装卸；电子商务的中枢神经——物流信息。

2. *电子商务物流技术*

电子商务物流技术是指与物流要素活动有关的所有专业技术的总称。它包括各种操作方法、管理技能等，如流通加工技术、物品包装技术、物品标志技术、物品实时跟踪技术等；物流技术还包括物流规划、物流评价、物流设计、物流策略等。当计算机网络技术的应用普及后，物流技术中又综合了许多现代信息技术，如地理信息系统（GIS）、全球卫星定位（GPS）、电子数据交换、条码（Bar Code，BC）等。

（三）电子商务物流管理

现代企业管理中，物流管理的电子化通过电子商务物流管理信息系统（Logistics Management Information System，LMIS）来实现。电子商务物流管理信息系统是一个由人和计算机网络等组成的，能进行物流相关信息的收集、传送、储存、加工、维护和使用的系统。由于电子商务物流是信息网络和传统物流的有机结合，物流企业本身正以崭新的模块化方式进行要素重组，所以，电子商务不仅是一个管理系统，更是一个网络化、智能化和社会化的系统。

二、装卸搬运技术

物品装卸搬运活动渗透到物流各个环节、各个领域，是联系物流活动各子系统的功能，是物流顺利进行的关键。装卸搬运活动伴随着物流的始终，成为提高物流效率、降低物流成本、改善物流条件、保证物流质量最重要的物流环节之一。

（一）装卸搬运的概念

装卸是指将物品在指定地点进行以垂直移动为主的物流作业。

搬运是指在同一场所内将物品进行以水平移动为主的物流作业。

装卸搬运是指同一地域范围内进行的，以改变物品的存放状态和空间位置为主要内容和目的的活动具体包括装上、卸下、移送、拣选、分类、堆垛、入库、出库等活动。装卸搬运在物流活动中起到了承上启下的作用。装卸搬运的基本功能是改变物品的存放状态和空间位置。

（二）装卸搬运的特点和分类

1. **装卸搬运的特点**

（1）装卸搬运是附属性、伴生性、衔接性的活动。装卸搬运是物流每一项活动开始及结束时必然发生的活动，有时常被人们忽视，有时被看做其他操作时不可缺少的组成部分。例如，一般而言的汽车运输，实际就包含了相伴随的装卸搬运；仓库中泛指的保管活动，也含有装卸搬运活动。

（2）装卸搬运是支持、保障性活动。装卸搬运的附属性不能理解成被动的，实际上，装卸搬运对其他物流活动有一定决定性。装卸搬运会影响其他物流活动的质量和速度。例如，装车不当，会引起运输过程中的损失；卸放不当，会引起货物转换成下一步运动的困难。许多物流活动在有效的装卸搬运支持下，才能实现高水平。

装卸搬运是衔接性的活动。在任何其他物流活动互相过渡时，都以装卸搬运来衔接。因而，装卸搬运往往成为整个物流的“瓶颈”，是物流各功能之间能否形成有机联系和紧密衔接的关键。建立一个有效的物流系统，关键看这一衔接是否有效。另外，装卸搬运需要耗费一定的人力、物力，是增加物流成本的活动，同时装卸搬运会用到相关的设备，对操作的安全性要求高。

2. **装卸搬运的分类**

根据不同的分类标准，装卸搬运可以分为不同的类型，见表 7-7。

表 7-7 装卸搬运的分类

分类标准	装卸搬运类型
物流设施、设备对象	仓库装卸　铁路装卸　港口装卸　汽车装卸　飞机装卸
机械及作业方式	吊车的“吊上吊下”式　叉车的“叉上叉下”式　半挂车或叉车的“滚上滚下”式　“移上移下”式　散装方式
被装物的主要运动形式	垂直装卸　水平装卸
装卸搬运对象	散装货物装卸　单件货物装卸　集装货物装卸
装卸搬运的作业特点	连续装卸　间歇装卸

（三）装卸搬运作业与设备

1. **装卸作业的准备**

（1）决定装卸作业方式。这一阶段的准备工作是指根据“物”的种类、体积、重量、到货批量、运输车辆或其他设施状况确定装卸作业方式，确定装卸设备及设备能力的选用。

（2）决定装卸场地。这一阶段的准备工作是指预先规划好装卸地点及卸后货物的摆放位置及放置状态，预先确定站台及车辆靠接位置等。

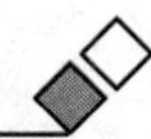

（3）准备吊具、索具等附属工具。附属工具的准备是提高装卸效率、加快装卸速度及减少装卸损耗的重要一环。

（4）进行装卸作业。

2. **装卸搬运作业的方法**

（1）吊装吊卸（垂直装卸）。垂直装卸法在港口可采用集装箱起重机，目前应用最广泛的是跨运车，但龙门起重机方式最有发展前途。

（2）滚装滚卸（水平装卸）。水平装卸法是以挂车和叉车为主要的装卸设备。它主要采用叉车或平移装卸机的方式，在车辆与挂车间或车辆与平移装卸机间进行换装。

（3）单件作业。单件作业通常是逐件由人力作业完成的。

（4）集装箱装卸作业。集装箱装卸作业的配套设施有维修、清洗、动力、照明、监控、计量、信息和管理设施等。在工业发达国家集装箱堆场作业全自动化已付诸实施。

（5）散装作业。散装作业法主要有重力法、倾翻法、机械法、气力输送法。

3. **装卸搬运设备**

装卸搬运作业是物流配送中心的主要作业之一。装卸搬运设备是配送中心机械化生产的主要组成部分，它的技术水平是装卸搬运现代化的重要标志之一。针对设备的类型、规格及各种机械的特征，掌握装卸搬运设备的使用方法和适用领域。

一般的装卸搬运设备主要有：叉车（见图 7-4）、输送机（见图 7-5）、托盘（见图 7-6）、起重机、自动分拣货机（见图 7-7）。

图 7-4 叉车

图 7-5 输送机

图 7-6 托盘

图 7-7 自动分拣货机

三、集装单元化技术

集装就是以最有效的实现物资搬运作为基本条件，把若干个物品和包装货物或者零散货物恰当的组合包装，达到适合于装卸、存放、搬运以及机械操作。

集装单元化就是以集装单元为基础组织的装卸、搬运、储存和运输等物流活动的方式。集装单元技术就是物流管理硬技术与软技术的有机结合。

（一）集装单元化的特点和原则

1. 集装单元化的特点

集装单元化作为现代企业推广使用的方式，具有以下优越性：

（1）集装单元化容易实现物流功能作业的机械化、自动化、提高工作效率。

（2）集装单元化能够缩短作业时间、提高效率和装卸机械的机动性。

（3）集装单元化能有效改善劳动条件、降低劳动强度。

（4）集装单元化便于衔接物流各功能环节，减少货损、货差。

（5）集装单元化能够节省包装费用，降低物流功能作业成本。

（6）集装单元化还能够提高仓容利用率，也能在一定程度上减少气候影响，能有效地保护物品。

但是，集装单元化也有它的缺点：作业有间歇；需要宽阔的道路和良好的路面；托盘和集装箱的管理繁琐；设备费用高；有效装载减少。

2. 集装单元化的原则

（1）标准化原则。集装单元的器具标准化能够最大限度地减少重复搬运，提高运输效率，适合大量生产和搬运活动，便于维修、管理和更换。

（2）通用化、系统化、配套化原则。集装单元的通用化、系统化和配套的运输工具为物流系统供应链保持高效率提供了基本保证。通用化、配套化设备还可以实现物流作业的快速转换，可极大地提高物流作业效率。

（3）集散化、直达化、装满化原则。集装箱单元化的目的就是能够实现货物的适度集散，能够将货物直接送达运送地点。集装单元工具的满载率也是集装单元化的一个原则，将集装单元工具装满能够更好地实现有效运输，节省劳动资源，降低成本。

（4）效益化原则。集装单元化强调劳动效率的同时，更加注重单元化的经济效益，效益化原则也是单元化过程中考虑的重要原则。

（二）集装单元化器具

集装单元化器具主要有托盘、集装箱和其他集装器具三大类。其中，集装箱是为便于物品运送而专门设计的，在一种或多种运输方式中无需中途换装。集装箱具有耐久性而能反复使用，设有便于搬运和装卸的装置，很容易从一种运输方式转换为另一种运输方式，其结构设计便于货物装满或卸空，集装箱的容积一般大于 $1m^3$。为适应装载不同种类的货物而需要不同种类的集装箱，它们在外观、结构、强度、尺寸等方面都不尽相同。集装箱可按其用途、箱体材料和规格尺寸的不同进行分类。

1. 按规格尺寸分

集装箱尺寸包括外尺寸和内尺寸。集装箱外尺寸是包括永久性附件在内的集装箱外部最大的长、宽、高尺寸。它包括内尺寸和外尺寸，是确定集装箱能否在船舶、底盘车、货车、铁路车辆之间进行换装的主要参数，是各运输部门必须掌握的一项重要技术资料。集装箱内尺寸是集装箱内部最大长、宽、高尺寸。它决定着集装箱内容积和箱内货物的最大尺寸。常用的有以下几种：

（1）20 英尺集装箱，简称 20GP。外尺寸为 20ft㊀×8ft×9ft6in㊁。内容积为 5.69m×2.13m×

㊀ 1ft=0.3048m

㊁ 1in=0.0254m

2.18m，配货毛重一般为 17.5t，体积为 24～26m^3。

（2）40 英尺集装箱，简称 40GP。外尺寸为 40ft×8ft×8ft6in。内容积为 11.8m×2.13m×2.18m，配货毛重一般为 22t，体积为 54m^3。

（3）40 英尺加高集装箱，简称 40HQ。外尺寸为 40ft×8ft×9ft6in。内容积为 11.8m×2.13m×2.72m，配货毛重一般为 22t，体积为 68m^3。

2. *按制箱材料划分*

按照制箱的材料划分，集装箱可分为：铝合金集装箱、钢板集装箱、纤维板集装箱和玻璃钢集装箱。

3. *按用途划分*

按用途划分，集装箱可分为：干集装箱、冷冻集装箱（Reefer container）、挂衣集装箱（Dress hanger container）、开顶集装箱（Open top container）、框架集装箱（Flat pack container）和罐式集装箱（Tank container）。

（三）集装单元化的应用

集装单元化在物流的包装、搬运、运输、储存等环节都有应用，日本等发达国家也在大力发展自己的集装单元化。

集装单元化的过程中应该注意：集装标准化、系列化，装卸搬运设备、运输线路、运输手段配套，集装箱、托盘的合理流向，回程货源组织，以及条码技术和信息技术的运用。

四、流通加工、包装技术与物流标准化

（一）流通加工的概述

1. *流通加工的概念和特点*

流通加工是根据顾客的需要，在流通过程中对产品实施的简单加工作业活动（如包装、分割、计量、分拣、刷标志、拴标签、组装等）的总称。

流通加工的特点主要有以下几个方面：

（1）流通加工的最根本的目的是市场销售，是更好地满足用户的多样化需要，降低物流成本，提高物流质量和效率。

（2）流通加工的对象，主要是进入流通领域的商品，包括各种原材料和成品。

（3）流通加工一般是简单的加工和作业，是为了更好地满足需求而对生产加工的一种补充。

（4）流通加工是由从事物流活动并密切结合流通需要的物流经营者组织的加工活动。

2. *流通加工合理化*

在流通加工过程中，加工和配送结合、加工和配套结合、加工和运输结合、加工和商流结合、加工和节约结合显得十分重要。在现代企业管理中我们能够看到很多的流通加工的方法，如钢材的流通加工、木材的流通加工、平板玻璃的流通加工、食品的流通加工、煤炭的流通加工、水泥的流通加工、组装产品的流通加工、生产延续的流通加工等。

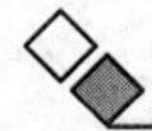

（二）包装技术

1. 包装的概念和分类

包装是指在流通过程中为保护产品、方便储运、促进销售，按一定技术方法而采用的容器、材料及辅助物等的总称。它也指为了达到上述目的而采用容器、材料和辅助物的过程中施加一定技术方法等的操作活动。

包装按照不同的分类标准，有不同的类型。按包装层次划分包装可分为单件包装、内包装、外包装三种；按照包装所起的作用划分，包装可分为销售包装和运输包装两种类型。

2. 包装的主要功能

（1）保护功能。保护功能是指保护内装物品不受损伤；防止物资的破损变形；防止物资发生化学变化；防止有害生物对物资的影响；防止异物混入、污染、丢失、散失。

（2）方便功能。包装不仅可以方便物资的储存，还方便物资的装卸和运输。

（3）销售功能。包装是提高商品竞争能力、促进销售的重要手段。精美的包装能在心理上征服购买者，增加其购买欲望，从而促进销售。

3. 包装材料的种类

随着科技的进步和相关行业的发展，包装材料也在发生着变化，向着更安全、更可靠、更耐用的方向发展。主要的包装材料有：草制包装材料、木制包装材料、纸制包装材料、金属包装材料、纤维包装材料、陶瓷与玻璃包装材料、合成树脂包装材料、复合包装材料。

4. 包装技术

包装技术可以从多个方面展开探讨，这里主要介绍“五防”包装技术。

（1）防震包装（缓冲包装）。它是指为防止物品在运输、装卸搬运作业中的震动、冲击等而造成物品损伤所采用的包装技术。

（2）防潮及防水包装技术。防潮包装技术是采用透湿度低的材料包装或在包装中封入干燥剂。而防水包装技术是采用某些防水材料作阻隔层并用防水黏接剂黏接，以阻止水浸入包装内部。

（3）封存包装技术。封存包装的方法是：先清洗处理金属制品表面，涂抹封存材料，再用透湿率小的防潮包装材料进行包装。

（4）防虫鼠害包装技术。防虫鼠害包装技术的主要方法就是在包装物品时，放入一定量的驱虫剂。

（三）物流标准化

1. 物流标准化的含义

物流标准化是指以物流系统为对象，围绕运输、配送、储存、包装、装卸搬运、流通加工、资源回收及信息管理等物流活动制定、发布和实施的有关技术和工作方面的标准，达到统一协调，以提高物流效率，降低物流成本的过程。

2. 物流标准化的作用

物流标准化的作用主要有：

（1）衔接物流各环节，加快流通速度。物流标准化能够促进物流各环节的相互协调，能够使各环节更好地适应物流整体运作。

（2）有利于科学物流管理实施。物流标准化的实施能够大大促进物流管理的发展，促进物流管理过程标准化，促进物流管理过程中新技术的应用，有利于科学物流管理的实施。

（3）有利于提高物流技术水平，推动物流技术发展。物流标准化能够促进对物流过程的研究，推动物流新技术的研究和应用，提高物流技术水平，推动物流技术发展。

（4）物流标准化是降低物流成本的有效手段。物流标准化是降低物流成本的有效手段，它能够在很大程度上节省装卸搬运、管理等成本，新技术的引进也能够大大降低物流成本，实现物流管理的最终目标。

3. 物流标准化的内容

（1）技术标准。技术标准是指对物流标准化领域中需要协调统一的技术事项所制订的标准。在物流系统中，它主要是指物流基础标准和物流活动中采购、运输、装卸、仓储、包装、配送、流通加工等方面的技术标准。

（2）工作标准。工作标准是指对工作内容、方法、程序和质量要求所制订的标准。它是对各项物流工作制定的统一要求和规范化制度，主要包括：各岗位的职责及权限范围；完成任务的程序和方法及与相关岗位的协调、信息传递方式；工作人员的考核与奖罚方法；物流设施、建筑的检查验收规范；钓钩、索具使用与放置规定；货车和配送车辆运行时刻表、运行速度限制以及异常情况的处理方法。

（3）作业标准。作业标准是指物流作业过程中物流设备运行标准、作业程序、作业要求等标准，它是实现作业规范化、效率化及保证作业质量的基础。

物流标准中的工作标准和作业标准一般由个别企业按照一定的规范要求制定的。作业统一的物流标准主要是指技术标准，通过制定标准规格尺寸来实现物流系统各个环节的顺畅衔接。

与物流密切相关的两大标准化体系是国际质量标准化体系和物流信息标志和条码表示系统。

国际标准化组织（International Organization for Standardization，ISO）的主要功能是为人们制订国际标准达成一致意见提供一种机制。中国于 1978 年加入 ISO，在 2008 年 10 月的第 31 届国际化标准组织大会上，正式成为 ISO 的常任理事国。

EAN.UCC 系统是国际物品编码协会和美国统一代码委员经过近 30 年的努力而建立的标准化物流标志体系，是全球贸易和供应链管理的共同语言，包括对贸易项目、物流单元、资产、服务等的标志系统。欧洲物品编码协会（European Article Numbering Association，EAN)，成立于 1977 年，1981 年，EAN 组织发展成为一个国际性组织，改称为“国际物品编码协会（International Article Numbering Association，EAN International)”。EAN.UCC 系统是开放系统中应用自动识别技术的标准化的解决方案。

4. 现代物流标准体系

2002 年 1 月 29 日，国家科学技术部批准由中国标准研究中心负责并组织编写《现代物流技术国家标准体系表》，现代物流标准体系如图 7-8 所示。

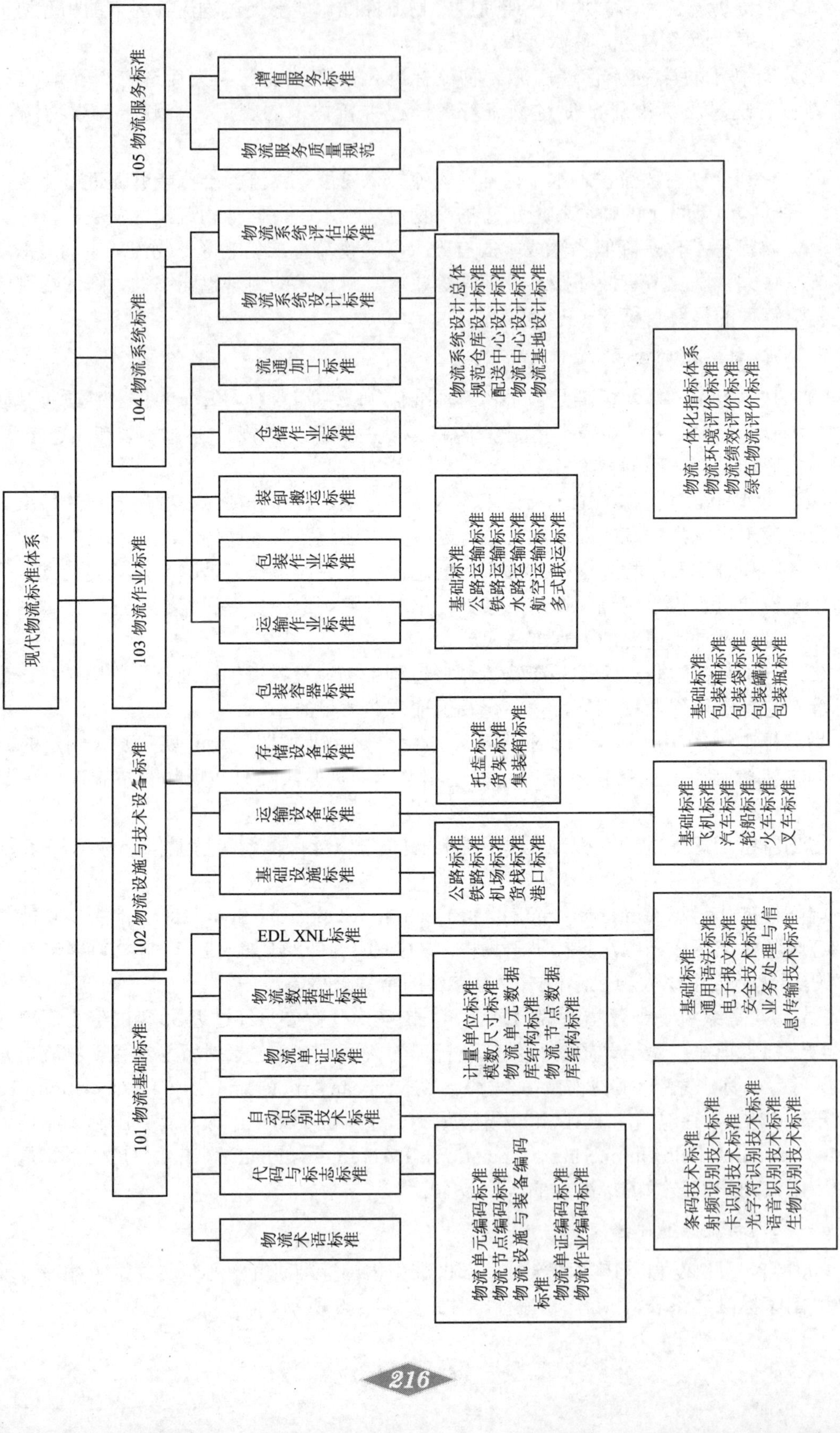

- 现代物流标准体系
  - 101 物流基础标准
    - 物流术语标准
    - 代码与标志标准
      - 物流单元编码标准
      - 物流节点编码标准
      - 物流设施与装备编码标准
      - 物流单证编码标准
      - 物流作业编码标准
    - 自动识别技术标准
      - 条码技术标准
      - 射频识别技术标准
      - 卡识别技术标准
      - 光字符识别技术标准
      - 语音识别技术标准
      - 生物识别技术标准
    - 物流单证标准
    - 物流数据库标准
      - 计量单位标准
      - 模数尺寸标准
      - 物流单元数据库结构标准
      - 物流节点数据库结构标准
    - EDL XNL标准
      - 基础标准
      - 通用语法标准
      - 电子报文标准
      - 安全技术标准
      - 业务处理与信息传输技术标准
  - 102 物流设施与技术设备标准
    - 基础设施标准
      - 公路标准
      - 铁路标准
      - 机场标准
      - 货栈标准
      - 港口标准
    - 运输设备标准
      - 基础标准
      - 飞机标准
      - 汽车标准
      - 轮船标准
      - 火车标准
      - 叉车标准
    - 存储设备标准
      - 托盘标准
      - 货架标准
      - 集装箱标准
    - 包装容器标准
      - 基础标准
      - 包装桶标准
      - 包装袋标准
      - 包装罐标准
      - 包装瓶标准
  - 103 物流作业标准
    - 运输作业标准
      - 基础标准
      - 公路运输标准
      - 铁路运输标准
      - 水路运输标准
      - 航空运输标准
      - 多式联运标准
    - 包装作业标准
    - 装卸搬运标准
    - 仓储作业标准
    - 流通加工标准
  - 104 物流系统标准
    - 物流系统设计标准
      - 物流系统设计总体规范仓库设计标准
      - 配送中心设计标准
      - 物流中心设计标准
      - 物流基地设计标准
    - 物流系统评估标准
      - 物流一体化指标体系
      - 物流环境评价标准
      - 物流绩效评价标准
      - 绿色物流评价标准
  - 105 物流服务标准
    - 物流服务质量规范
    - 增值服务标准

图 7-3 现代物流标准体系

【本章关键术语】

物流　物流管理　仓储管理　装卸搬运　安全库存
ABC 分析法　定量订货法　定期订货法　配送　供应链　供应链管理
集装单元化　物流标准化

【本章小结与本章知识结构图】

本章主要介绍了物流管理中至关重要的仓储和库存、配送和运输、电子商务技术、供应链管理技术、装卸搬运技术、集装单元化技术、流通加工、包装技术与物流标准化等相关知识，为进一步了解和掌握现代企业管理中的物流业务奠定基础。

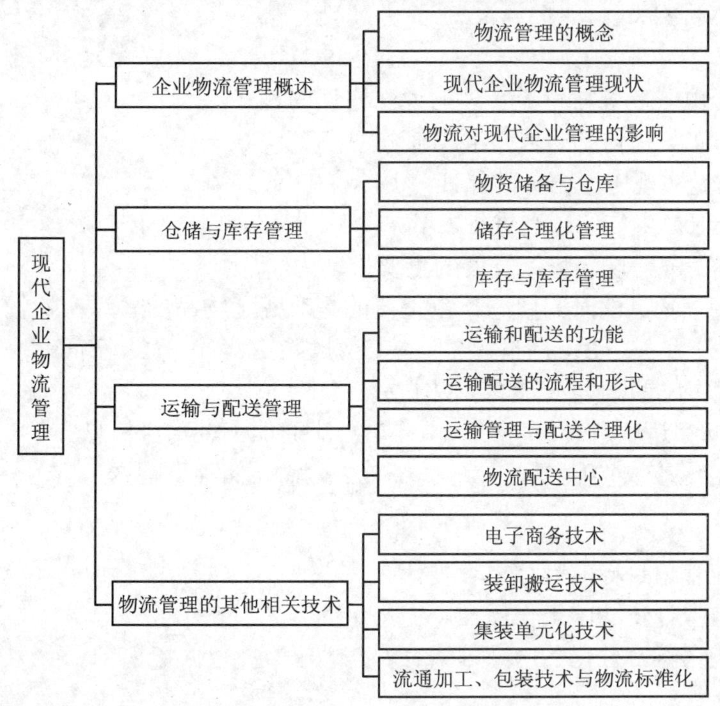

【技能测试题】

一、单项选择题

1. 包装一般可分为商业包装和（　　）。
   A. 出售包装　B. 储存包装　C. 运输包装　D. 简单包装
2. 物流系统要素具有（　　）的特点。
   A. 成本与效益一致　B. 服务越好，效益越高
   C. 效益背反　D. 以顾客为核心
3. 露出海面仅是物流成本的一小部分，讲的是物流的（　　）。
   A. 黑暗大陆学说　B. 效益背反
   C. 冰山学说　D. 第三利润源说
4. 下列哪一种仓库类型，不是根据保管方式分的？（　　）

A．普通仓库　　B．冷藏仓库　　C．恒温仓库　　D．公共仓库

5．集中配送、共同配送和分散配送是根据（　　）分类得来的。

A．配送的组织形式　　B．配送采用模式

C．配送时间及数量　　D．商品的种类和数量

6．有关物流与商流关系的论述中不正确的是（　　）。

A．社会发展初期，商流与物流是统一的，随着社会生产力水平的发展，商流与物流逐渐分离

B．在当今高度发达的市场经济环境中，物流发生的同时，物品所有权也随之转让了

C．在一定条件下，商流与物流分离可以降低物流成本，加快货物的交货速度

D．采取赊销购物方式，会引起物流在前、商流在后的物流商流分离形式

7．加工中心简称为（　　）。

A．TC　　B．PC　　C．SC　　D．DC

8．以下关于电子商务与物流管理的说法错误的是（　　）。

A．电子商务是物流的重要组成部分

B．物流是实现电子商务的保证

C．物流保证生产的顺利进行

D．电子商务是现代物流发展的重要推动力

9．运输改变了物品的时间状态，更重要的是改变了物品的（　　）状态。

A．品种　　B．批量　　C．风险　　D．空间

10．下列哪项不是现代物流的基本构成？（　　）

A．装卸搬运、包装　　B．流通加工、物流信息

C．储存、交接验收　　D．运输、储存、配送

二、简答题

1．现代物流管理目标的具体内容是什么？

2．试描述定量订货法的工作原理。

3．简述影响运输合理化的内部因素有哪些？

三、论述题

现代企业管理中的物流管理都涵盖了哪些业务？

四、讨论题

现代物流发展趋势是怎样的？你所在的城市物流发展处于物流的什么阶段？有哪些表现？

案例分析

沃尔玛：做好物流和配送是成功之道

1．沃尔玛的基本情况

沃尔玛集团于2001年荣登世界500强企业首位。2002年，沃尔玛在中国采购了100多亿美元的货物。2003至今，沃尔玛在中国开设了多家分店。它是世界上最大的零售商。

2．沃尔玛的成功之道

前沃尔玛总裁大卫·格拉斯曾说："配送设施是沃尔玛成功的关键之一，如果说我们有什么比别人干得好的话，那就是配送中心。"

沃尔玛的成功之道，除了其在全世界拥有众多店铺进行规模化发展外，还有一个决定性的因素就是其拥有一个强大的物流配送与支撑系统。

沃尔玛用六条基本原则构建了一个无缝的物流系统。

（1）抓住做生意的本质，即客户需要什么，要给客户提供正确的产品。

（2）如果希望顾客到你的店里来，价格必须是合理的。

（3）要使购物对客户来讲变得简单，顾客没有很多时间，他们一定要最快找到自己所需的产品。

（4）要根据不同的地点销售不同的产品。

（5）不允许缺货需要适当数量的产品，也就是说不能出现没有货的情况。

（6）要保证质量，才能赢得顾客的信任。

沃尔玛在美国的成功经验是任何地点都要有同样的运营体系。一般来说，货物会送到各个配送中心，再送到终端客户的手中。沃尔玛会分析在哪个环节上可以降低成本，减少时间，提高效率。在美国，沃尔玛有100%完整的物流系统，是24h运作的，并且采用最新的技术。另外，还有13个地区分销中心、7个配送中心。沃尔玛有不同样式的配送中心，它们的价格非常低廉，工作效率也很高。沃尔玛有一个内部配送系统，所有有关的货物都要通过这个内部配送系统送达，通过这个系统降低了成本。沃尔玛还把车队和驾驶员当成向顾客展示公司形象的重要渠道。沃尔玛运货的策略，主要是以集装箱的方式运货，沃尔玛觉得低于集装箱容量的运输是不经济的。沃尔玛也有在夜间运货的方式，沃尔玛会事先制订运货计划，与用户做好沟通，也就是说配送程序要非常准确，这样就能避免有关的检查成本，货物运到配送中心，立马就可以入库。沃尔玛还有自己所谓的"山姆哲学"。其哲学理念之一就是提供最好的服务，如果做不到，就索性不提供这种服务。沃尔玛还通过全球的采购系统，尽量降低费用，降低人力成本也是沃尔玛成功的重要因素。沃尔玛在进行自有品牌开发方面取得了非常好的成绩，这也在一定程度上降低了成本。

试总结沃尔玛的成功之道在于哪里？

【课后网络资源】

1．物流智库论坛http://www.logistank.com/bbs

2．物流沙龙http://www.logclub.com/forum.php

3．中国物流论坛http://bbs.chinawutong.com

4．中国物流招标网http://www.clb.org.cn

5．中国物流与采购网http://www.chinawuliu.com.cn

第八章　现代企业财务管理

学习目标

- 了解企业财务管理工作的主要内容和目标，掌握财务管理的工作环节。
- 了解企业筹资、投资、利润分配活动的程序，掌握各项活动的指标应用和决策依据。
- 了解企业财务分析体系，熟悉各种财务指标的计算和应用，能够查阅企业财务报表并分析企业财务情况，为企业决策提供依据。
- 熟悉企业财务管理的原则，掌握财务管理工作的基本要求。

引导案例 8/9

佳驰公司是典型的家族型企业，所有权和经营权集于李强和田丽清夫妇二人，财务方面主要由田丽清负责，这无疑给佳驰公司的财务管理带来了负面影响，主要表现为投资风险过大、现金管理不严，应收账款周转缓慢，存货控制不足等。2002 年佳驰公司借整体搬进新厂区的契机，大力推进规范化管理，建立了一系列的制度，并调整了组织结构，增设了生产副总、行政副总、财务副总三个岗位。田丽清 2002 年年底从海尔大学学成回来，不再像之前那样负责公司内部全面管理，开始担任财务副总职务，集中精力加强企业财务管理工作。

（1）加强财务控制体系建设和明确规章制度。具体措施有：①实施资金集中管理，包括资金预算集中管理、融资集中管理、银行账户集中管理和现金集中管理四个方面。②明确了各岗位部门负责人资金的审批权限。③账、款、物设专人分管。④财务人员参与制订企业的生产经营计划，把好资金支付审查关。⑤建立了《公司预算管理暂行办法》、《公司产品销售结算管理办法》、《银行账户开立、变更、关闭的审批程序》、《公司债务融资管理办法》、《资金审批支付程序》、《网上银行业务使用规定》、《公司报销制度》等财务管理相关制度。

（2）努力提高资金的使用效率，使资金运用产生最佳的效果。具体措施有：①让资金的来源和动用得到有效配合。比如，决不能用短期借款来购买固定资产，以免导致资金周转困难。②准确预测资金收回和支付的时间。比如，应收账款什么时候可收回，什么时候可进货等，都要做到心中有数，否则，易造成收支失衡，资金拮据。③合理地进行资金分配，流动资金和固定资金的占用应有效配合。

（3）加强财产控制，健全财产管理制度。具体措施有：①物资采购、领用、销售及样品管理上建立规范的操作程序，堵住漏洞，维护安全。②对财产的管理与记录分开，以形成有力的

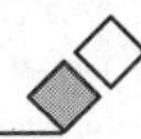

内部牵制。③定期检查盘点财产，督促管理人员和记录人员保持警戒而不至于疏忽。④加强对存货和应收账款的管理。对材料、工时、动力等消耗进行严格的定额管理和健全的分析核算制度，尽可能压缩过时的库存物资，避免资金呆滞，并以科学的方法来确保存货资金的最佳结构。⑤加强应收账款管理，对赊销客户的信用进行调研评定，定期核对应收账款，制定完善的收款管理办法，严格控制账龄。

案例简析：对于民营中小企业来说，生存是第一要务。加强资金的管理、提高资金的利用效率，健全财务控制制度和财产管理制度并严格执行，对企业的生存和发展有着至关重要的作用。加强财务管理，将有利于完善企业的内部管理制度，有利于降低成本，有利于筹资和投资，提高投资收益率，提高企业的市场竞争力。本章将介绍财务管理资金管理、筹资管理、项目投资管理、利益分配等内容。

阅读本章内容，并思考下列问题：

1. 如何定义企业财务管理工作？其主要内容是什么？
2. 财务管理的目标是什么？
3. 财务关系有哪些？其中的主要矛盾是什么？
4. 企业筹资活动的主要内容是什么？
5. 企业如何确定最佳资本结构？
6. 企业项目投资的决策指标有哪些？如何使用？

第一节 财务管理概述

企业是以营利为目的的组织，企业是否盈利，能否盈利，如何盈利，是管理者不断追问和致力于解决的问题。为更好地实现企业的目标，企业的财务活动与其他活动一样，都需要进行统筹、规划和管理。

一、财务管理的含义

财务管理是商品经济条件下最基本的企业活动之一。随着商品经济的发展、企业规模的扩大和市场环境的变化，企业的投资、融资面临更高的要求，资金运作效率的提高成为企业追求的重要目标，而利润分配中，也产生了一些新的分配形式，财务管理在企业经营中的作用越来越重要。

财务管理是指对企业的资金进行预测、决策、计划、控制与分析，并正确处理由此所引起的各种财务关系的一系列活动过程。它既包括通过对资金的管理，提高资金的利用效率的财务活动，也包括在对资金管理的过程中发生的财务关系的协调处理。

1. 资金及资金运动

在企业再生产过程中，客观地存在着资金的运动，企业再生产过程表现为资金运动的过程。从货币资金开始，经过若干阶段，又回到货币资金形态的运动过程，叫做资金的循环。企业资金周而复始不断重复的循环，叫资金的周转。资金的循环、周转体现着资金运动的形态变化。根据资金运动形态变化的特点，我们可以把资金运动分为实物商品资金运动和金融商品资金运动，但不管哪一种形式，起点都是货币资金形态，中间经过实物商品或金融商品等形式，最终还要再次转化为货币形态，资金运动才算完成一个完整的循环，企业也才能借此转化商品的价值，实现盈利，如图 8-1 所示。

G — W — G'

G — 货币资金

W — 实物商品或金融商品

G'— 变化了的货币资金

图 8-1　资金运动

2. *财务活动及财务关系*

资金运动过程中的各阶段都与一定的财务活动相对应。首先企业要购买原材料，购买证券，企业必须持有货币资金，很少有企业只使用自有资金进行运营，也很少有企业的自有资金能够满足企业发展的全部需要。企业会利用负债经营的好处，运用各种方式，通过不同的渠道，筹集企业发展所需的资金，然后有选择地投资于项目或生产经营环节，变成实物商品资金或金融商品资金，最终通过商品的出售或证券的抛售，再次转化为货币资金，获得一定的经济效益，实现利润。由于资金来源渠道的不同，还要对利润进行合理的分配，保证投资人资产的保值增值。如此一来，我们可以把资金运动过程分成三个阶段，筹资、投资和分配，与之相对应的，企业的财务活动就分为筹资活动、投资活动和分配活动，这三项活动也就是企业财务管理的主要内容。

在企业的各项财务活动开展过程中，企业必然要与国家、投资者、债权人、债务人和职工等利益群体发生经济上的往来，这些经济利益关系我们称之为财务关系。财务管理工作还需要协调好这些关系，既要符合国家利益、企业利益，又要保护股东、债权人、职工的合法权益，以调动各方面的积极因素，促进企业的发展。财务关系主要有以下几类：

（1）企业与国家、政府之间的财务关系。国家是不请自来的交易第三方，企业应按照国家的法律规定向国家缴纳所得税、营业税及其他税款，并上缴规定的有关费用。这种财务关系体现出强制性和无偿性的特点。

（2）企业与所有者之间的财务关系。企业的所有者（包括国家）向企业投入的资本以及企业向其所有者支付的投资报酬，形成了企业同其所有者之间的财务关系。双方必须按照合同、章程规定，履行权利和义务，企业要保护投资者的资产，实现资产的保值增值。

（3）企业与其债务人、债权人、受资人等利害关系人之间的信用结算关系。现代企业往来结算频繁，企业既可以是债务人，也可以是债权人，可以发生企业与银行的存贷关系，可以有企业与企业的经济往来关系，还可以是企业与个人之间的财务关系。企业对债权人要承担到期还本付息的义务，作为债权人要注意自己出借资产的安全性，对受资者要根据双方的合约合理取得自己的收益。

（4）企业与内部各单位之间的财务关系。在企业内部实行经济核算制的条件下，企业内部各部门之间，在互相提供产品、材料或劳务时，也要进行内部计价结算，以明确各自的经济责任。它体现了企业内部的责权关系。

（5）企业与职工之间的支付关系。企业应根据工资分配原则支付职工应得的报酬，它体现了按劳分配的关系。

二、财务管理的目标

财务管理目标，又称理财目标，它是指企业进行财务活动所要达到的根本目的，它决定着企业财务管理的基本方向。根据现代企业财务管理理论和实践，最具有代表性的财务管理目标主要有以下几种：利润最大化、资本利润率最大化或每股利润最大化和企业价值最大化。

1. 利润最大化

利润是企业在一定期间内全部收入和全部费用的差额，它反映了企业当期经营活动中投入与产出对比的结果，在一定程度上体现了企业经济效益的高低。因此，以利润最大化作为企业财务管理的目标，有利于企业加强管理，增加利润。但利润最大化目标在实践中存在明显的局限：①没有考虑资金的时间价值。②没有反映利润与投入资本之间的关系，不利于不同资本规模的企业或同一企业不同期间的比较。③没有考虑风险因素，高额利润往往要承担过高的风险。④片面追求利润最大化可能导致企业短期行为。

2. 资本利润率最大化或每股利润最大化

资本利润率是企业在一定时期的税后净利润与资本额的比率；每股利润或称每股盈余是一定时期税后利润与普通股股数的对比数。以资本利润率或每股利润最大化作为财务管理目标，可以有效克服利润最大化目标的缺陷，它既能反映企业的盈利能力和发展前景，又便于投资者凭借其评价企业经营状况的好坏，分析不同企业盈利水平的差异，确定投资方向和规模。然而，同利润最大化目标一样，资本利润率或每股利润最大化目标仍然没有考虑资金时间价值和风险因素。

3. 企业价值最大化

企业价值是通过市场评价而确定的企业买卖价格，是企业全部资产的市场价值，它反映了企业潜在或预期的获利能力。投资者投资企业的目的，在于获得尽可能多的财富。这种财富不仅表现为企业的利润，而且表现为企业全部资产价值。如果企业利润增多了，但随之而来的是企业价值贬值，则意味着暗亏，对投资者来说无疑是釜底抽薪。相反，如果企业价值增加，生产能力强大了，则企业将具有持久的盈利能力，抵御风险的能力也会随之增强。因此，人们在企业财务管理实践中深切地感受到，以企业价值最大化作为财务管理目标更为必要，更为合理。企业价值最大化也就是股东财富最大化。这一目标考虑了资金时间价值和风险问题，还充分体现了对企业资产保值增值的要求，有利于纠正企业追求短期利益行为的倾向。当然这种观点在实际应用时有时会遇到一些困难，原因之一，非上市公司的价值因为不能通过市场评价，确定很困难；原因之二，影响上市公司股票价值的因素较多，而且其中相当一部分并非企业所能控制，这就造成市场评价的企业价值出现一定的偏差。

小思考

1. 今年获利500万元和明年获利500万元，哪个更符合企业的目标？

2. 同样获得500万元的利润，一个企业投入资本5 000万元，另一个企业投入资本4 000万元，哪个更符合企业的目标？

3. 同样投入1 000万元，获利500万元，一个企业的获利已全部转化为现金，另一个企业获利则全是应收账款，并可能发生损失，哪一个更符合企业目标？

三、财务管理环境

企业的财务管理活动也像其他经营活动一样，脱离不了环境的影响，这些对企业财务活动和财务关系产生影响和作用的内外部各种因素，主要分为法律环境、经济环境和金融市场环境三类。

1. *法律环境*

法律环境是指企业与外部发生经济关系时所应遵守的各种法律、法规和规章。企业财务管理中应遵循的法律、法规主要包括企业组织法规、税收法规、财务法规等。

2. *经济环境*

企业财务管理工作要符合经济管理体制的要求，财务关系的处理要与特定社会制度、生产关系相适应，经济结构、经济发展状况以及宏观经济调控政策都对企业的财务管理工作产生密切的影响。

3. *金融市场环境*

金融市场环境对财务管理有最重要的影响作用，首先，金融市场环境为企业提供了良好的投资和筹资的场所；其次，金融市场为企业的长短期资金相互转化提供了方便；最后，金融市场通过利率变动、证券市场行情等为企业财务管理提供有意义的信息。

第二节　财务管理的基础知识

在企业管理工作中，除去财务管理人员必须拥有扎实的财务知识之外，管理者也都需要培养财务管理的意识，了解一些财务管理的基础知识，借助财务数据进行思考和决策。

一、资金的时间价值

1. *资金的时间价值的概念*

货币的时间价值是指货币经历一定时间的投资和再投资所增加的价值，也称为资金的时间价值。

可以从以下几个角度来理解资金的时间价值：

（1）资金的时间价值产生的前提是高度发达的商品经济和银行信贷的产生。

（2）资金只有投入生产经营活动才能产生增值。

（3）资金的时间价值可以用相对数和绝对数两种形式表现，但通常以利息率这种相对数形式表示，一般的利息率除了包括资金时间价值以外，实际上还包含风险价值和通货膨胀这两个因素。而资金时间价值是在没有风险和没有通货膨胀条件下的社会平均资金利润率。

2. *了解资金的时间价值的必要性*

了解资金的时间价值的必要性体现在以下几个方面：

（1）资金的时间价值是企业资金利润率的最低限度，是评价投资方案是否可行的基本标志。

（2）资金的时间价值提示了不同时点上资金之间的换算关系，因而它是进行筹资决策、投资决策必不可少的计量手段，是企业评价获得收益的尺度。

3. 资金的时间价值的计量

知识拓展

现金流量图

在经济活动中，任何方案和方案的执行过程总是伴随着现金的流进与流出，为了形象地描述这种现金的变化过程，便于分析和研究，通常用图示的方法将现金的流进与流出、量值的大小、发生的时点描绘出来，将该图称为现金流量图。

现金流量图的做法是：画一条水平线，将该直线分成相等的时间间隔，间隔的时间单位依计息期为准；通常以年为单位。该直线的时间起点为零，依次向右延伸；通常用向上的线段表示现金流入，向下的线段表示流出，其长短与资金的量值成正比，在各箭线上方（或下方）注明现金流量的具体数值。现金流量图示意如图 8-2 所示。

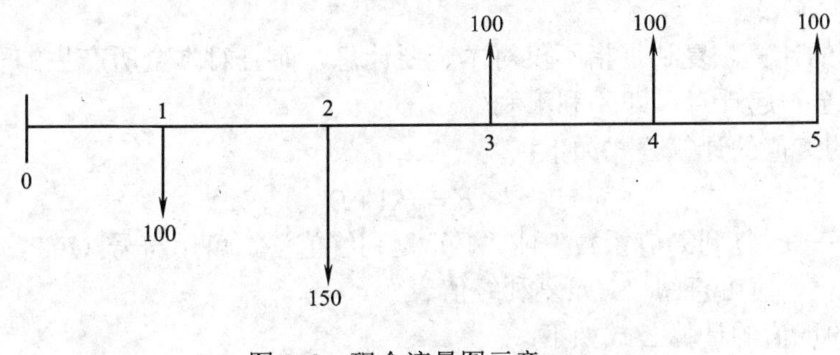

图 8-2 现金流量图示意

（1）单利的计算。单利是指只对本金计算利息，利息部分不再计息。

1）单利的利息计算公式如下：

$$I = P \times i \times n$$

式中 I——利息；

P——现值；

i——利率（贴现率、折现率）；

n——计算利息的期数。

每年的利息额实际上就是资金的增值额。

在计算利息时，除非特别指明，给出的利息是指年利率。对于不足一年的利息，以一年等于 360 天来折算。

2）单利的终值计算公式如下：

$$F = P \times (1 + i \times n)$$

式中 F——终值。

资金的终值就是本金与每年的利息额之和。

3）单利的现值计算公式如下：

$$P = \frac{F}{1 + i \times n}$$

例 8-1：某企业有一张带息期票，面额为 1 200 元，票面利率 4%，出票日期 6 月 15 日，

8 月 14 日到期（共 60 天），因企业急需用款，持该期票于 6 月 27 日到银行办理贴现，银行规定的贴现率 6%，贴现期为 48 天。银行付给企业的金额为：

期票到期终值为：

$$F=1\,200+1\,200\times4\%\times60/360=1\,208\text{（元）}$$

贴现时银行应支付给企业的金额为：该期票到期终值减去利率为银行贴现率，时间为从贴现日到到期日的期票到期终值的现值，即：

贴现时银行支付给企业的金额=1 208−1 208×6%×48/360

=1 208×（1−6%×48/360）

=1 208×0.992

=1 198.34（元）

在计算利息时，除非特别说明，给出的利息是指利率。对于不足一年的利息，一年等于365 天折算。

（2）复利的计算。复利是指不仅对本金要计息，而且对本金所产生的利息在下一个计息期也要计入本金一起计息，即“利滚利”。

1）复利的终值的计算公式如下：

$$F=P(1+i)^n$$

式中　$(1+i)^n$——“复利终值系数”或“1 元复利终值”，可用符号（F/P，i，n）表示，其数值可查阅“1 元复利终值表”。

2）复利的现值的计算公式如下：

$$P=\frac{F}{(1+i)^n}=F(1+i)^{-n}$$

式中　$(1+i)^{-n}$——“复利现值系数”或“1 元复利现值”，用符号（P/F，i，n）表示，其数值可查阅“1 元复利现值表”。

3）名义利率与实际利率。在实际业务中，复利的计算期不一定是一年，可以是半年、一季、一月或一天复利一次。

当利息在一年内要复利几次时，给出的年利率称名义利率，用“r”表示，每年复利的次数用“m”表示，根据名义利率计算出的每年复利一次的年利率称实际利率，用“i”表示。实际利率和名义利率之间的关系如下：

$$i=(1+\frac{r}{m})^m-1$$

从上式中可知：在计息期短于一年的情况下，名义利率小于实际利率，并且计息期越短，一年中按复利计息的次数就越多，实际利率就越高，利息额也越大。

例 8-2：某人现存入银行 10 000 元，年利率 5%，每季度复利一次。

要求：计算 2 年后能取得多少元本利和？

解法一：先根据名义利率与实际利率的关系，将名义利率折算成实际利率。

$$\begin{aligned}i&=(1+r\div m)^m-1\\&=(1+5\%\div4)^4-1\\&=5.09\%\end{aligned}$$

再按实际利率计算资金的时间价值。

$$F=P(1+i)^{n}$$
$$=10\,000\times(1+5.09\%)^{2}=11\,043.91\text{（元）}$$

解法二：将已知的年利率 r 折算成期利率 $r\div m$，期数变为 $m\times n$。

$$F=P(1+r\div m)^{m\times n}$$
$$=10\,000\times(1+5\%\div4)^{2\times4}=10\,000\times(1+0.012\,5)^{8}=11\,044.86\text{（元）}$$

（3）年金的计算。年金是指一系列定期、等额的连续收付款项。例如，分期付款赊购、分期偿还贷款、发放养老金、分期支付工程款、每年相同的销售收入等，都属于年金收付形式。

年金的特点：

1）连续性。要求在一定时期内，每间隔相等时间就要发生一次收付款项，中间不得中断，必须形成连续的系列。

2）等额性。要求每期收、付款项的金额必须相等。

根据这些系列收付发生时点的不同，年金可分为普通年金、预付年金、递延年金、永续年金四种类型。本文只介绍普通年金，其他种类年金可参考有关财务管理教材。

普通年金又称后付年金，它是指连续、等额的系列收付发生在每期的期末。

普通年金终值是指每期的等额收付在最后一次收付时的本利和，按复利计算的年金终值 F 如下：

$$F=A\times[(1+i)^{n}-1]/i$$

式中　A——每期期末等额资金值；

$[(1+i)^{n}-1]/i$——“年金终值系数”或“1 元年金终值”，记做（$F/A, i, n$），是年金为 1 元、利率为 i、经过 n 期的普通年金终值，其值可查表“1 元年金终值表”。

普通年金现值是指为在每期期末取得相等金额的款项，现在需要投入的金额，按复利计算的年金现值 P 如下：

$$P=A\times[1-(1+i)^{-n}]/i$$

式中　$[1-(1+i)^{-n}]/i$——“年金现值系数”或“1 元年金现值”，记做（$P/A, i, n$），是年金 1 元、利率为 i、经过 n 期的普通年金现值，其值可查表“1 元年金现值表”。

例 8-3：某企业似购置一台柴油机，更新目前使用的汽油机，每月可节约燃料费用 60 元，但柴油机价格较汽油机高出 1 500 元，问柴油机应使用多少年才合算？（假设利率 12%，每月复利一次）

$$P=1\,500$$
$$P=60\times(P/A, 1\%, n)$$
$$1\,500=60\times(P/A, 1\%, n)$$
$$(P/A, 1\%, n)=25$$

查“普通年金现值表”可知：n=29

因此，柴油机的使用寿命至少应达到 29 个月，否则不如购置价格较低的汽油机。

二、风险的衡量

企业进行投资项目选择时，不得不考虑风险的存在，由于冒风险进行投资而获得的超过

资金时间价值的额外收益，称为投资的风险价值或风险收益、风险报酬。

1. 风险的概念

如果某项行动可能产生多种结果，而具体出现哪一种是不确定的，这时就产生了风险。所谓风险就是未来结果的不确定性。

可以从以下几个角度来理解风险：

（1）一般来讲，风险是指在一定条件下和一定时期内可能发生的各种结果的变动程度。

（2）风险是事件本身的不确定性，具有客观性。

（3）风险的大小随时间延续而变化，是“一定时间内”的风险。

（4）严格来讲，风险和不确定性有区别。风险是指事前可以知道所有可能的后果以及每种后果的概率。不确定性是指事前不知道所有可能的后果，或者虽然知道可能的后果，但不知道它们出现的概率。

2. 风险的类别

（1）从个别投资主体的角度来看，风险可分为市场风险和企业特有风险两种。

1）市场风险。市场风险是指那些对所有的企业产生影响的因素引起的风险，如战争、经济衰退、通货膨胀、高利率等。

2）企业特有风险。企业特有风险是指发生于个别企业的特有事件造成的风险，如罢工，新产品开发失败、没有争取到重要的合同、诉讼失败等。

（2）从企业本身来看，风险可分为经营风险（商业风险）和财务风险（筹资风险）两类。

1）经营风险。经营风险是指生产经营的不确定性带来的风险，它是任何商业活动都有的，也叫商业风险。经营风险主要来自市场销售、生产成本等。

2）财务风险。财务风险是指因借款而增加的风险，是筹资决策带来的风险，也叫筹资风险。

3. 风险的衡量

在不考虑通货膨胀的情况下，投资收益率（即投资收益额对投资额的比率）包括两部分：一部分是无风险投资收益率，即资金时间价值；另一部分是风险投资收益率，即风险价值。其基本关系是：

投资收益率=无风险投资收益率+风险投资收益率

衡量风险大小的步骤如下：

（1）确定概率分布。

（2）计算期望报酬率或期望报酬等预期值。

（3）计算标准差。

（4）计算标准离差率。

（5）判断风险大小，计算风险报酬。

例 8-4：某公司有两个投资机会，A 投资机会是一个高科技项目，该领域竞争激烈，如果经济发展迅速并且该项目搞得好，取得较大市场占有率，利润会很大；否则，利润很小甚至亏本。B 项目是一个老产品并且是必需品，销售前景可以准确预测出来。假设未来的经济情况只有三种：繁荣、正常、衰退，有关的概率分布和预期报酬率见表 8-1。

表 8-1　某公司两个投资机会的预期分析

经济情况	发生概率	A 项目预期报酬	B 项目预期报酬
繁荣	0.3	90%	20%
正常	0.4	15%	15%
衰退	0.3	–60%	10%
合　计	1.0		

公司未来的经济情况说明了公司投资 A、B 项目各种可能结果出现的概率，据此计算：

A 项目预期报酬率=0.3×90%+0.4×15%+0.3×（–60%）=15%

B 项目预期报酬率=0.3×20%+0.4×15%+0.3×10%=15%

标准差（A）$=\sqrt{(15\%-90\%)^2\times0.3+(15\%-15\%)^2\times0.4+(15\%+60\%)^2\times0.3}$

=58.09%

标准差（B）$=\sqrt{(15\%-20\%)^2\times0.3+(15\%-15\%)^2\times0.4+(15\%-10\%)^2\times0.3}$

=3.87%

标准离差率（A）=58.09%÷15%=3.87

标准离差率（B）=3.87%÷15%=0.258

因此，A 项目的风险更大。

知识拓展

财务管理的原则

财务管理的原则也称理财原则，是指人们对财务活动共同的、理性的认识，是企业财务管理工作必须遵循的准则，关于财务管理的原则，人们的认识不完全相同。道格拉斯 R.爱默瑞和约翰 D.芬尼特的观点具有代表性，他们将理财原则分为三类，共 12 条：

（1）有关竞争环境的原则。它是对资本市场中人的行为规律的基本认识。它包括自利行为原则、双方交易原则、信号传递原则、引导原则。

（2）有关创造价值和经济效益的原则。它是对增加企业财富基本规律的认识。它包括有价值的创意原则、比较优势原则、期权原则、净增效益原则。

（3）有关财务交易的原则。它是人们对于财务交易基本规律的认识。它包括风险—报酬权衡原则、投资分散化原则、资本市场有效原则、货币时间价值原则。

第三节　筹资管理

企业筹资是指企业为满足生产经营、对外投资和调整资本结构等活动对资金的需要，通过一定的渠道，采取适当的方式，筹集、获取所需资金的行为。企业的筹资活动要满足效益、合理、及时、合法的原则，在筹资过程中，企业一方面要确定筹资的总规模，保证筹措到所需的资金；另一方面在满足融资需求条件下还要选择恰当的筹资方式，降低筹资的代价和风险。

阅读材料

我国设立企业实行资本金制度，企业资本金是指企业在工商行政管理部门登记的注册资金，是各种投资者为了企业生产经营而投入的所有者权益性质的资金。企业筹集资本金的方式可以多种多样，既可以吸收货币资金的投资，也可以吸收实物、无形资产等形式的投资，还可以发行股票筹集资本金，按照《企业财务通则》的规定，企业设立时必须有法定的资本金。所谓法定的资本金，又叫法定最低资本金，是指国家规定的开办企业必须筹集的最低资本金数额，即企业设立时必须要有最低限额的本钱，否则不得批准设立。

一、筹资方式

企业的筹资方式是指企业筹措资金采用的具体形式，目前企业常用的筹资方式主要有：

1. 吸收直接投资

吸收直接投资是指非股份制企业以协议等形式吸收国家、法人、个人和外商等直接投入资金，形成企业资本金的一种筹资方式。企业在采用吸收直接投资这一方式筹集资金时，投资者可以用现金、厂房、机器设备、材料物资、无形资产等多种方式向企业投资。具体而言，主要有以下几种出资方式：

（1）现金投资。现金投资是吸收直接投资中一种最重要的投资方式。企业有了现金，就可以购置各种物质资料，支付各种费用，比较灵活方便。因此，企业应尽量动员投资者采用现金方式出资。

（2）实物投资。实物投资是指以房屋、建筑物、设备等固定资产和材料、燃料、商品等流动资产所进行的投资。一般来说，企业吸收的实物投资应确为企业生产、经营所需；技术性能比较好，作价公平合理。投资实物的具体作价，可由双方按公平、合理的原则协商确定，也可以聘请各方同意的专业资产评估机构评定。

（3）工业产权投资。工业产权投资是指以专有技术、商标权、专利权等无形资产所进行的投资。一般来说，企业吸收的工业产权投资应能帮助企业研究和开发出高新技术产品；能帮助企业生产出适销对路的高科技产品；能帮助企业改进产品质量，提高生产效率；能帮助企业大幅度降低各种消耗；作价公平、合理。

（4）土地使用权投资。投资者也可以用土地使用权来进行投资。土地使用权是按有关法规和合同的规定使用土地的权利。企业吸收土地使用权投资应是：企业科研、生产、销售活动所需要的；交通、地理条件比较适宜；作价公平、合理。

吸收直接投资的优点是有利于增强企业信誉，有利于企业尽快形成生产能力，有利于降低财务风险，但也有其局限性，即资金成本较高，不利于产权流动，企业控制权容易分散。

2. 发行股票

通过发行股票进行筹资是股份有限公司筹集自有资金的基本方式，而股票是股份有限公司为筹集股权资金而发行的有价证券，是投资人投资入股以及取得股利的凭证，它代表了股东对股份公司的所有权。发行股票要确定发行方式、推销方式以及股票的价格。

（1）股票发行方式。股票发行方式是指发行公司采用什么方法、通过何种渠道或者途径

将自己的股票投入市场，并为广大投资者所接受。有偿增资发行股票方式主要有公募发行、股东配股发行和第三者配股发行三种，无偿增资发行股票方式可分为无偿交付、股票分红和股票分割三种具体做法，此外还有有偿无偿并行的增资方式。

（2）股票的推销方式。股票的发行是否成功，关键取决于能否将股票全部推销出去。股票的推销方式有两种，即自销和委托承销。股票发行的自销方式是指股份有限公司自行直接将股票出售给投资者，而不经过证券经营机构承销，这种方式可节约股票发行成本，但发行风险完全由发行公司自行承担，一般仅适用于发行风险较小，手续较为简单，数额不多的股票发行。委托承销方式是指股份有限公司将股票销售业务委托给证券经营机构代理。我国《中华人民共和国公司法》规定，公司向社会公开发行股票，不论是募集设立时首次发行股票还是设立后再次发行新股，均应当由依法设立的证券经营机构承销。承销方式分包销和代销两种。

（3）股票发行价格的确定。股票发行价格需要根据公司的盈利水平和成长能力来确定。一般来说，根据股票发行价格与其面值的关系，可以将股票发行价格分为平价、溢价和折价三类，但我国规定股票发行价格不得低于票面金额。影响股票发行价格的因素有许多，主要包括公司净资产、盈利水平、公司的发展潜力、行业特点和当前股市状况等，股票发行价格既要反映股票自身的内在价值，又要体现市场的供求关系。

小知识

IPO——首次公开招股

首次公开招股（Initial Public Offerings，IPO）是指一家企业第一次将它的股份向公众出售。通常，上市公司的股份是根据向相应证券会出具的招股书或登记声明中约定的条款通过经纪商或做市商进行销售。一般来说，一旦首次公开上市完成后，这家公司就可以申请到证券交易所或报价系统挂牌交易。

对应于一级市场，大部分公开发行股票由投资银行集团承销而进入市场，银行按照一定的折扣价从发行方购买到自己的账户，然后以约定的价格出售，公开发行的准备费用较高，私募可以在某种程度上部分规避此类费用。

这个现象在 20 世纪 90 年代末的美国发起，当时美国正经历科网股泡沫。创办人以独立资本成立公司，并希望在牛市期间通过首次公开募股集资。由于投资者认为这些公司有机会成为微软第二，股价在它们上市的初期通常都会上扬。不少创办人都在一夜间成了百万富翁。而受惠于认股权，雇员也赚取了可观的收入。在美国，大部分通过首次公开募股集资的股票都会在纳斯达克市场内交易。很多亚洲国家的公司都会通过类似的方法来筹措资金，以发展公司业务。

3. 留存收益

留存收益是企业在经营过程中所创造的，但由于企业经营发展的需要或由于法定的原因等，没有分配给所有者而留存在企业的盈利，也是权益资金的一种，它的取得更为灵活，实质是投资者对企业的再投资。

4. 银行借款

银行借款是指企业根据借款合同向银行或其他非银行金融机构借入的负债类的资金，这些款项需要按约定的期限归还本金并支付利息。

通常银行借款的程序有六个步骤，具体如图 8-3 所示。

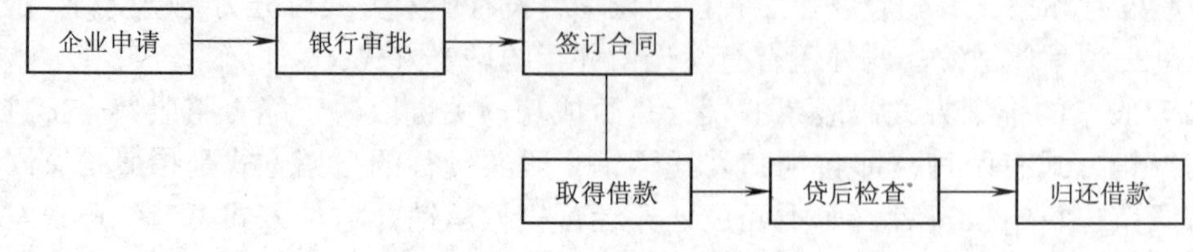

图 8-3 银行借款程序

5. *发行债券*

债券是债务人按照法定程序发行的、承诺按约定的利率和日期定期支付利息，并到期偿还本金的书面凭证。发行债券需要确定发行方式、发行价格等重要事项，一般企业在发行债券时，其发行方式按购买人的不同，发行人可选择公募发行和私募发行；按销售人的不同，发行人可选择直接发行和间接发行。

6. *融资租赁*

融资租赁又称金融租赁或财务租赁，它是指区别于传统的经营性租赁，以融物为形式，以融资为实质的租赁行为。融资租赁的一个典型特征是，租赁标的物由承租人决定，出租人出资购买并租赁给承租人使用，并且在租赁期间内只能租给一个企业使用。融资租赁可以取得筹资速度快、限制条款少、设备陈旧过时遭淘汰的风险小、财务压力小、税收负担轻的好处，但资金成本较高，固定的租金支付会构成较重的财务负担而且通常不能享有设备的残值。

7. *商业信用*

商业信用是指企业在正常的经营活动和商品交易中由于延期付款或预收账款所形成的企业常见的信贷关系，是企业之间的一种直接信用行为。

利用商业信用筹资，主要有应付账款、商业票据、预收货款等几种形式。

二、资本结构及其优化

资本结构是指企业各种长期资本价值的构成及其比例关系，尤其是指长期的股权资本与债权资本的构成及其比例关系。资本结构是否合理会影响企业资本成本的高低、财务风险的大小以及投资者的收益，是企业筹资的核心问题。适当提高负债比例可以带来“负债经营”的好处，降低企业资本成本，但负债比率如果太高，则会加重财务负担，加大到期不能偿债的财务风险。

资本结构的优化就是寻求最佳的资本结构，使企业在一定条件下资本成本最低或企业价值达到最大化。常用的确定最佳资本结构的方法有：比较综合资本成本法、比较普通股每股利润法和每股利润无差别点分析法。

1. *比较综合资本成本法*

该方法的基本原理是当企业对不同筹资方案作选择时，现分别计算不同方案的综合资本成本，根据综合资本成本的高低选择方案，从而找到备选方案中相对最佳的资本结构。

2. *比较普通股每股利润法*

该方法的基本原理是通过比较不同方案的普通股的每股利润，从普通股股东收益最大化的角度选择出较好的方案，从而确定最佳资本结构。

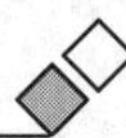

$$EPS=\frac{(EBIT-I)(1-T)-E}{n}$$

式中　EPS——每股利润；

$EBIT$——税前利益；

I——利息；

T——所得税税率；

E——优先股股利；

n——普通股股数。

3. **每股利润无差别点分析法**

该方法的基本原理是在横轴为息税前利润，纵轴为每股利润的坐标系中，两种不同筹资方案的曲线轨迹必相交于一点，如图 8-4 所示。此时不同方案的息税前利润相等，每股利润也相等，从企业价值最大化的角度分析，两个方案是没有优劣之分的，但是当预计的息税前利润与此时息税前利润不相等时，两个方案的曲线就会分离，从而使每股利润不相等，也就是方案产生优劣之分。根据财务杠杆的作用，负债比例高的方案，随息税前利润的增加，每股利润增加得更快，但随息税前利润的下降，每股利润也会下降得更快，因此当预计息税前利润大于无差别点息税前利润时，应选择负债比例高的方案，而当预计息税前利润小于无差别点息税前利润时，应选择负债比例低的方案。

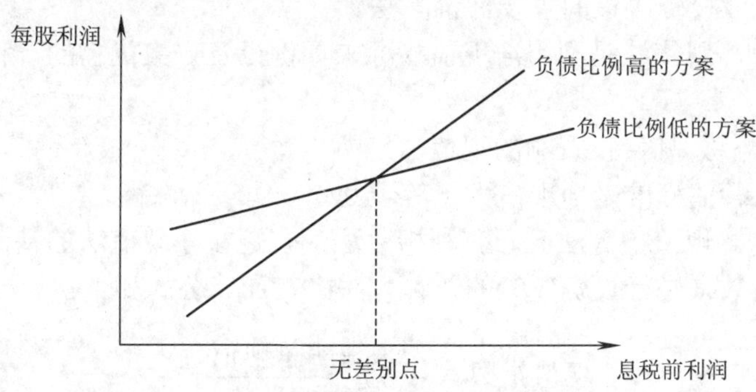

图 8-4　每股利润无差别点分析

第四节　项 目 投 资

企业为实现企业价值的最大化，往往要为短期资金寻找投资机会，为长期资金选择投资项目。项目投资应当符合国家法律、法规和产业政策，拟投资项目不但要符合企业战略发展规划、产业布局和经营范围，具有广泛的市场空间和较长的产品生命周期，更要坚持效益最大化、风险最小化和量力而行的原则，与企业的财务状况相符合。一般来讲，拟投资项目必须要通过财务评价指标的计算来辅助进行决策，即在财务上要具有可行性。

一、项目投资决策评价指标

1. **非贴现指标**

非贴现指标又叫静态指标，其特点是没有考虑资金的时间价值，计算较为简便。这是一

类粗略的方案筛选方法，主要包括：

（1）投资回收期法。投资回收期法是按收回全部投资所需的时间来评价投资方案是否可行的方法，通常回收期越短，项目相对越理想。其计算公式如下：

$$投资回收期=\frac{投资总额}{每年现金净流量}$$

例 8-5：某公司投资一项目，初始一次性投入 60 万元，投资 5 年，生产经营期每年获净利 20 万元，试计算投资回收期。

投资回收期=60/20=3（年）

（2）投资报酬率法。投资报酬率法是按方案的投资报酬率的高低来进行投资决策的一种方法。其计算公式如下：

$$投资报酬率=\frac{年均现金净收入或净利润}{投资平均总额}\times100\%$$

投资报酬率是反映投资获利性的一个相对指标，在一定的投资总额情况下，投资报酬率越高，表明投资的风险越小，经济效益越好。

2. **贴现指标**

贴现指标又叫动态指标，其特点是考虑了资金的时间价值，计算较为复杂，但结果更为科学、合理。这是企业投资决策的主要评价方法。

（1）净现值法。净现值法是利用净现值指标来评价投资方案优劣的一种经济评价方法。其计算公式如下：

净现值=未来报酬总现值−投资额的现值

判断方案是否可行的标准是净现值大于等于 0。

（2）现值指数法。现值指数法又叫获利指数法，它是在净现值法的基础上发展起来的，按投资方案的获利指数来进行投资决策的一种方法。其计算公式如下：

$$现值指数=\frac{未来报酬总现值}{投资额的现值}$$

用此指标判断方案是否可行的标准是现值指数大于等于 1。

二、项目投资决策分析方法应用

例 8-6：企业投资 30 000 元购建生产线，初始一次性投资，预计可使用 5 年，到期无残值，按直线法计提折旧。该企业年产 A 产品 10 000 件，单价 10 元，单位变动成本 8 元，所得税率为 30%，资金成本率为 10%。

试用净现值法和现值指数法判断该方案是否可行？（P/A，10%，5）=3.791

年折旧=30 000/5=6 000（元）

税前利润=10 000×（10−8）−6 000=14 000（元）

年净利润=14 000×（1−30%）=9 800（元）

年现金净流量=6 000+9 800=15 800（元）

净现值=15 800×（P/A，10%，5）−30 000=29 897.8（元）

现值指数=15 800×（P/A，10%，5）/30 000≈1.997

因为，净现值>0，现值指数>1；所以该方案可行。

例 8-7：某企业需投资 150 万元引进一条生产线，该生产线有效期为 5 年，采用直线法折旧，期满无残值。该生产线当年投产，预计每年可获净利润 10 万元。如果该项目的行业基准折现率为 8%，试计算其净现值并评价该项目的可行性。

年折旧=150/5=30（万元）

年现金净流量=10+30=40（万元）

净现值=40×（P/A，8%，5）−150=40×3.993−150=9.72（万元）

由于该项目的净现值大于 0，所以该项目可行。

例 8-8：某企业需投资 150 万元引进一条生产线，该生产线有效期为 5 年，采用直线法折旧，期满有残值 50 万元。该生产线当年投产，预计每年可获净利润 10 万元。如果该项目的行业基准折现率为 8%，试计算其净现值并评价该项目的可行性。

年折旧=（150−50）/5=20（万元）

年现金净流量=10+20=30（万元）

净现值=30×（P/A，8%，5）+50（P/F，8%，5）−150

=30×3.993+50×0.681−150=3.84（万元）

由于该项目的净现值大于 0，所以该项目可行。

第五节 收 益 分 配

企业在经营过程中，由于筹资、投资等财务活动的开展，产生了多种财务关系，企业能否合理分配所得收益，兼顾各方利益，将影响到企业今后的财务活动能否顺利地开展。

一、收益分配概述

收益分配是企业对一定时期内的生产要素所带来的利益总额在企业内外各利益主体之间分割的过程。它关系国家、企业及所有者各方面的利益，在财务管理中企业的收益分配主要是指企业净利润的分配，收益分配的实质是确定股利支付率。

1. 收益分配的基本原则

收益分配的基本原则如下：

（1）依法分配原则。它是指企业应遵循国家的财经法规，按程序、按比例进行利润分配，处理各方面利益关系。

（2）积累与分配并重原则。它是指企业应正确处理积累与分配关系，累积优先，增强企业发展后劲，处理企业长远利益和近期利益的关系。

（3）利益兼顾、合理分配原则。它是指企业应兼顾投资者、经营者、生产者（职工）利益，保全投资者资本，保障劳动者权益，保证经营者积极性。

（4）投资与收益对等原则。它是指企业应根据投资主体的投资份额进行收益的分配，处理投资者利益关系。

2. *收益分配顺序*

股份有限公司当年实现的利润总额，按规定调整后，依法缴纳所得税，然后依照以下顺序进行税后分配：

（1）弥补企业以前年度的亏损。企业可用税前利润弥补亏损，但五年尚未补足的年度亏损，则按规定要用本年税后利润弥补。相关计算公式如下：

企业可供分配利润=本年净利润+年初未分配利润或亏损+其他转入

（2）提取法定盈余公积金。

可供投资者分配利润=可供分配利润–提取的公积金

（3）支付优先股股利。根据利润分配方案分给优先股东的现金股利。

（4）提取任意盈余公积金。

（5）支付普通股股利。

（6）未分配利润。留待以后年度在投资者间进行分配。

二、股利分配政策

1. *股利分配政策相关因素分析*

（1）企业规模。企业规模可通过净资产金额反映出来，是实力的象征，代表企业的资产金额、历年积累盈利和可供支配的资源，因此会影响到股利分配政策的类型。

（2）企业盈利能力。盈利能力可通过每股收益和净资产收益率反映出来，是某个特定期间内企业利用拥有资源创造利润的能力，直接影响当期利润分配。

（3）现金状况。现金状况可通过货币资金、经营活动产生的现金流入反映出来，上市公司股利分配政策与其现金状况有密切关系，当利润增长、现金流充沛时，公司派现的意愿通常比较强烈。

（4）企业资产的流动性。资产的流动性通常用流动比率和速动比率反映，是指企业资产转化为现金的难易程度。企业资产整体流动性越好，支付现金股利的能力就强。如果企业将大部分资金投放在固定资产和永久性营运资金上，流动性会大大降低，不会优先选择支付现金股利而是倾向于股票股利。

（5）企业的成长性。一般来说，那些正处于成长阶段、资金需求较大的企业，其股利分配政策倾向于保留利润；而已进入成熟阶段、业绩稳定、成长缓慢的企业完全可以给股东以稳定的现金股利。

（6）企业的再投资能力。股利分配政策在很大程度上受企业再投资能力所左右。如果企业有较多的有利可图的投资机会，往往采用低股利、高留存利润的政策；反之，如果投资机会较少，就可能采用高股利分配政策。

（7）企业的治理结构。我国大多数上市公司是原国有企业改制过来的，国家股“一股独大”造成了公司股利分配政策往往只考虑了大股东的利益，其他股东根本不能影响公司的最终决策。目前在我国绝大部分上市公司的股权结构中，非流通的国家股和法人股仍占多数，处于控股地位，而流通股只占很小比例，而且两者的持有成本相差悬殊。如果采取派现政策，

非流通股股东分得的现金远高于流通股股东。这些大股东的利益要求无疑是影响企业分配政策的重要因素。

（8）企业所属的行业。股利分配政策具有明显的行业特征。一般说来，成熟产业的股利支付的意愿和比例高于新兴产业。比如，公用事业公司的股利支付率高于其他行业公司。

（9）股东意愿。出于避税、规避风险、稳定收入、防止股权稀释等考虑，股东会倾向不同的股利支付政策。

企业制定了相应的股利分配政策后，在年报中披露，会得到不同的市场反应。股利分配政策制定应当结合上市公司长期发展战略，这样广大公众投资者才能通过股利分配获得合理回报。如果支付过高的股利，将使企业留存利润减少，或者影响企业未来发展，或者因举债、增发新股而增加资本成本，最终影响企业未来收益；如果支付股利过低，虽然企业可以保留较多的发展资金，但与企业股东的愿望相违背，会导致股票价格下降，企业形象受损。

同时，需要考虑的一个重要因素是投资者对股利政策的偏好。由于中国股市的不成熟性，长期以来投资者缺乏价值投资意识，最关心的不是企业派发的现金红利，而是企业股本的不断扩张以及二级市场形成的填权效应，因此普通投资者对股票股利的偏好不断强化。

2. **股利分配政策**

国外上市公司股利政策一般可以分为现金股利、股票股利、财产股利、负债股利四种方式，其中现金股利方式运用最普遍。在中国股票市场上，公司常见的股利分配方式一般分为现金股利和股票股利。现金股利是以现金的方式向股东支付股利，该政策核心问题是确定支付股利与留用利润的比例，通常又分剩余股利分配政策、固定股利分配政策、固定股利支付率政策和正常股利加额外股利政策四种类型。股票股利是指应分给股东的股利以额外增发股票的形式来发放，可节约现金，通常被现金短缺的企业所采用。

第六节 财务报表分析

当企业筹资、投资等各种财务活动交织在一起时，只通过会计账册已经无法判断企业究竟是盈利还是亏损，财务状况是好转还是恶化，现金流转是平衡还是不平衡，更无从知晓企业的整体现状及未来的发展趋势，要了解这些信息通常要借助财务报表分析来实现。

一、财务报表分析概述

财务报表是对一段时间内企业经营、管理情况的总结，对于管理者来说是总结经验的依据，对于外部人来说是了解企业的捷径。按照形成时间，报表可以分为年报、半年报、季报等。

财务报表分析是指以财务报表和其他资料（报表附注、财务情况说明）为依据和起点，采用专门方法，系统分析和评价企业的过去和现在的财务状况、经营成果及其变动，目的是了解企业的过去、评价现在、预测企业的未来、帮助各利益关系人改善决策。通常，常用的财务报表包括资产负债表、利润表和现金流量表，报表附注是对财务报表中列示项目的文字描述或明细资料，以及对未能在这些报表中列示项目的说明，财务情况是对包括企业基本情况、股本变动及股东情况、公司董事、监事、高级管理人员和员工情况、重大事项等的介绍和说明。

尽管财务分析有着不同的目的，但其分析的内容基本一致。财务分析的基本内容，主要包括以下几方面：

1. ***偿债能力分析***

偿债能力分析包括短期偿债能力分析和长期偿债能力分析。短期偿债能力反映企业流动资产对流动负债及时、足额偿还的保证程度，常用指标有流动比率、速动比率和现金比率。长期偿债能力是指企业偿还长期负债的能力。通过对长期偿债能力分析，不仅可以判断企业的经营状况，还可以促使企业提高筹资的能力，主要有资产负债率、产权比率、利息保障倍数、现金债务总额比等指标。

2. ***营运能力分析***

营运能力分析主要是指对企业的流动资产、固定资产和总资产进行全面分析，以了解企业资产的分布情况和周转使用情况，促使企业挖掘潜力，提高资产的使用效果。营运能力分析常用指标有资产周转率、资产周转期、存货周转率、存货周转期等。

3. ***盈利能力分析***

盈利能力分析主要是通过将会计基本要素与经营成果相结合来分析企业的各项报酬率指标，从而从不同角度判断企业的获利能力。盈利能力是指企业获取利润的能力。利润是企业内外各方都十分关心的，因此对企业盈利能力的分析成为重要，常用销售净利率、每股收益、市盈率等指标。

4. ***趋势分析***

趋势分析主要是通过比较企业连续数期的会计报表资料，来了解企业经营成果与财务状况的变化趋势，并以此来预测企业未来经营成果与财务状况。

5. ***综合分析***

综合分析是将营运能力、偿债能力和盈利能力等诸方面的分析纳入一个有机的整体中，全面地对企业经营状况，财务状况进行解剖和分析，从而对企业经济效益的优劣作出准确的评价与判断。

小思考

1997 年，南达科他州的个人计算机制造商捷威（Gateway）遇到了一个问题。因为没有实现预期销售计划，使存货激增，而这些额外的存货占用了捷威 1.6 亿美元的资金。同时，捷威的一些竞争者也在为它们自己的问题而烦恼。苹果计算机不得不进行长时间的复苏活动，康柏也正在作努力，因为它原来通过经销商的销售方法已不适应行业标准。让我们来看看 4 家公司 1998 会计年度的经营周期和现金周期见表 8-2。

表 8-2　1998 年 4 家计算机公司的经营周期和现金周期

公　　司	应收账款周转天数	存货周转天数	经 营 周 期	应付账款周转天数	现 金 周 期
捷威	30	14	44	34	10
苹果计算机	53	23	76	44	32
康柏	43	23	66	58	8
戴尔	44	7	51	62	–11

而在 2001 年会计年度末的情况见表 8-3。

表 8-3　2001 年 4 家计算机公司的经营周期和现金周期

公　司	应收账款周转天数	存货周转天数	经营周期	应付账款周转天数	现金周期
捷威	17	12	29	34	–5
苹果计算机	48	2	50	86	–36
康柏	62	25	87	56	31
戴尔	29	4	33	69	–36

那么，在这些公司中谁是被追随的对象？答案是戴尔。原因何在？

二、财务状况的综合评价

通过对企业偿债、盈利、运营等不同方面财务状况和经营成果的分析，可以了解企业各方面能力的基本情况，但它不能说明企业总体财务状况，需要借助财务比率综合评分法和杜邦分析法等综合分析的方法才能得出结论，这里简单介绍杜邦分析体系。

杜邦分析法，又称杜邦财务分析体系，简称杜邦体系，它是利用各主要财务比率指标之间的内在联系，对企业财务状况及经济效益进行综合系统分析评价的方法。该体系以净资产收益率为核心指标，以资产净利率和权益乘数为重要指标，重点反映企业获利能力及权益乘数对净资产收益率的影响，从而说明企业的综合财务状况。因其最初由美国杜邦公司成功应用，所以以“杜邦”而命名。

传统杜邦分析法中的核心指标与其他指标之间的关系如图 8-5 所示。

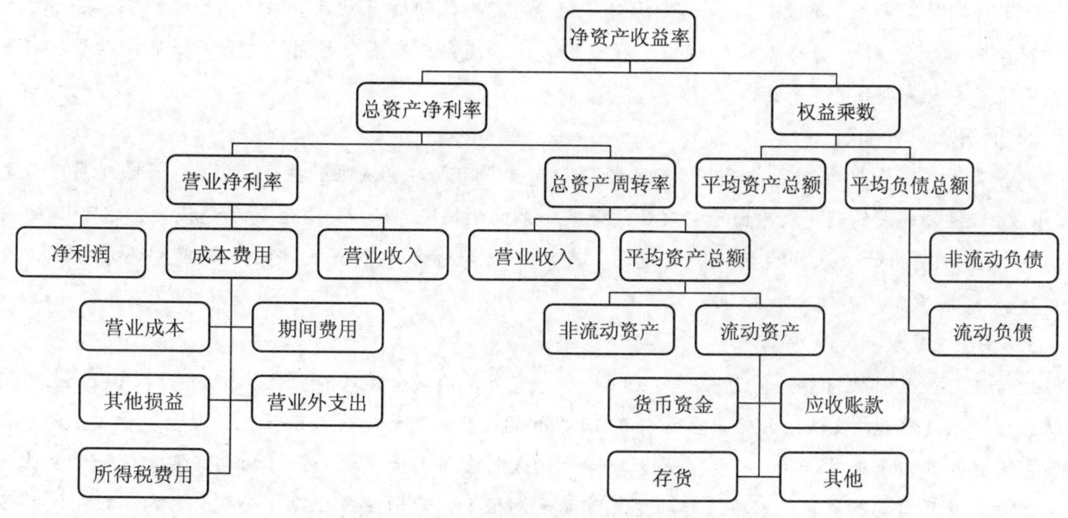

图 8-5　传统杜邦分析体系的基本框架

净资产收益率=资产净利率×权益乘数

其中：权益乘数=资产总额/股东权益总额

资产净利率=销售净利率×资产周转率

即：净资产收益率=销售净利率×资产周转率×权益乘数

杜邦分析法有助于企业管理层更加清晰地看到权益资本收益率的决定因素，以及销售净利润率与总资产周转率、债务比率之间的相互关联关系，为管理层掌握企业整体财务状况及其重要影响因素提供了依据。

从企业绩效评价的角度来看，杜邦分析法只包括财务方面的信息，不能全面反映企业的实力，有很大的局限性，在实际运用中需要加以注意，必须结合企业的其他信息加以分析。其局限性主要表现在：

（1）对短期财务结果过分重视，有可能助长企业管理层的短期行为，忽略企业长期的价值创造。

（2）财务指标反映的是企业过去的经营业绩，衡量工业时代的企业满足要求的程度。但在目前的信息时代，顾客、供应商、雇员、技术创新等因素对企业经营业绩的影响越来越大，而杜邦分析法在这些方面是无能为力的。

（3）在目前的市场环境中，企业的无形知识资产对提高企业长期竞争力至关重要，杜邦分析法却不能解决无形资产的估值问题。

阅读材料

三大财务报表

1．资产负债表

资产负债表是企业基本财务报表之一，它是以“资产=负债+所有者权益”为平衡关系，反映企业在某一特定日期财务状况的报表。例如，公历每年 12 月 31 日的财务状况，由于它反映的是某一时点的情况，所以，又称为静态报表。通过它，我们可以知道企业在某个时间的总资产情况，以及其中多少是负债，多少是企业的所有者权益。

2．利润表

利润表是以权责发生制为基础，反映企业在一定会计期间经营成果的报表。例如，反映 1 月 1 日至 12 月 31 日经营成果的利润表，由于它反映的是某一期间的情况，所以，又称为动态报表。它可以反映企业一定会计期间的收入实现情况。通过它，我们可以知道企业在一段时间内是盈利还是亏损，盈利多少，亏损多少。

3．现金流量表

现金流量表是以收付实现制为基础，反映企业一定期间内现金流入和现金流出的会计报表，也叫财务状况变动表。例如，反映 1 月 1 日至 6 月 31 日期间的现金流入和现金流出状况的现金流量表。由于收入与费用是按其归属来确认的，而不管是否实际收到或付出了现金，以此计算的利润常常使一个企业的盈利水平与其真实的财务状况不符，有的企业账面利润很大，看似业绩可观，而现金却入不敷出，举步艰难；而有的企业虽然巨额亏损，却现金充足，周转自如。通过它，我们可以了解企业现金的来龙去脉和现金收支构成，评价企业经营状况、创现能力、筹资能力和资金实力。

【本章关键术语】

财务管理　财务关系　资金时间价值　复利　单利　终值
现值　利息　利率　风险　年金
融资租赁　资本结构　项目投资　净现值　财务报表　杜邦分析法

【本章小结与本章知识结构图】

财务管理是企业管理重要的一项工作，是促进企业目标顺利实现的重要保障，资金能否以较低的成本顺利筹措，影响企业活动的正常开展，资金投放使用的收益状况影响企业的效益水平，而收益的分配涉及相关利益群体利益的维护及资金投入者积极性的发挥。

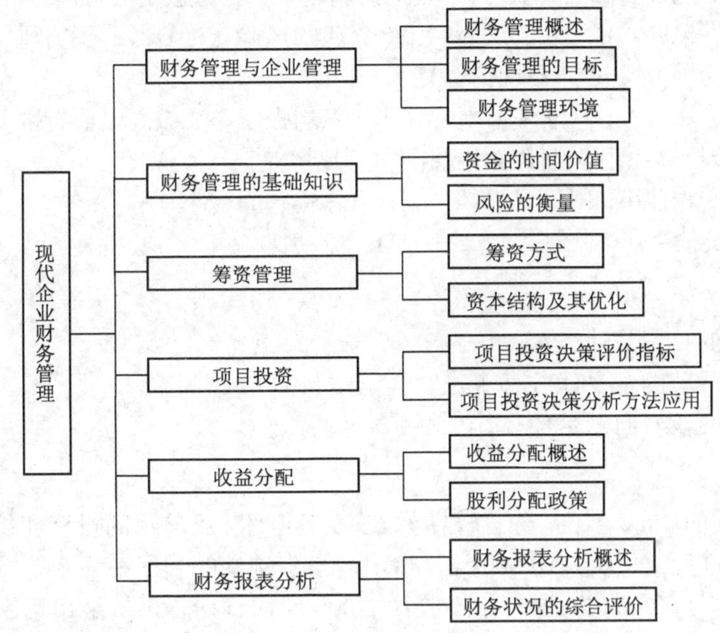

【技能测试题】

一、单项选择题

1．每股利润最大化的优点是（　　）。

A．反映企业创造剩余产品的多少　B．避免了企业的短期行为
C．考虑了资金的时间价值　D．反映企业创造利润和投入的资本的多少

2．企业可以通过多元化投资予以分散的风险是（　　）。

A．通货膨胀　B．新产品上市
C．社会经济衰退　D．市场利率上升

3．影响企业外部财务环境有各种因素，其中最直接的是（　　）。

A．经济环境　B．商业环境
C．法律环境　D．金融市场环境

4．企业负债资金的筹集方式有（　　）。

A．发行股票　　B．发行债券　　C．吸收投资　　D．留存收益

5．我国公司常采用的股利分配方式是（　　）。

A．现金股利和财产股利　　B．现金股利和负债股利

C．现金股利和股票股利　　D．股票股利和财产股利

6．企业资金中资本与负债的比例关系称为（　　）。

A．财务结构　　B．资本结构　　C．成本结构　　D．利润结构

7．债券发行时，当票面利率与市场利率一致，该债券属于（　　）。

A．等价发行债券　　B．溢价发行债券

C．折价发行债券　　D．平价发行债券

8．对证券持有人而言，证券发行人无法按期支付债券利息或偿付本金的风险是（　　）。

A．流动性风险　B．系统风险　C．违约风险　D．购买力风险

9．投资决策分析使用的非贴现指标有（　　）。

A．净现值法　　B．净现值率　　C．平均报酬率　D．现值指数

10．在杜邦分析体系中，综合性最强的财务比率是（　　）。

A．净资产收益率　　B．总资产周转率

C．资产负债率　　D．流动比率

二、简答题

1．财务管理的目标是什么？

2．企业筹资活动的主要任务有哪些？

3．利润分配的核心问题是什么？

三、计算题

假设今天是你的40岁生日，你打算在你65岁时退休，目前你的投资和储蓄的组成如下：房产投资：400 000元；现金：10 000元。房地产投资预期的回报率为3%，现金资产除了现有的金额以外，你打算未来的25年每年储蓄2 000元，预期货币资金市场回报率为5%。请问在你65岁生日时你的资产总价会是多少？

四、讨论题

在投资项目分析时关注的是经营现金流量而不是会计利润，强调现金流量而不是净收益的依据是什么？

案例分析

默多克的债务危机

很多公司在发展过程中，都要借助外力的帮助，体现在经济方面就是债务问题。债务结构的合理与否，直接影响着公司的前途和命运。世界头号新闻巨头默多克就曾有过一个惊险的债务危机故事。

默多克的报业王国总部设在澳大利亚，在全世界有100多个新闻事业部，从1956年收购《帕斯星期日周刊》开始，此后近50年的时间，《世界新闻周刊》、《太阳报》、《纽约邮报》、纽约杂志公司以及有200

多年历史的《泰晤士报》，后来的天空电视台以及现在的道琼斯公司，它们先后都拥有了一个共同的主人，名字就叫鲁伯特·默多克。他控制了澳大利亚70%的新闻业，45%的英国报业，又把美国相当一部分电视网络置于统治之下。

然而，在庞大报业王国的背后是高额的负债。据统计，默多克报业负债高达24亿美元。他的债务遍布全世界，美国、英国、瑞士、荷兰，连印度和中国香港也在其中，大大小小的银行都乐于给他贷款，债主多达146家。在如此高的财务风险之下，一旦碰到财务管理上的失误，或是一种始料未及的灾难，就可能像多米诺骨牌一样，把整个事业搞垮。但多年来默多克经营得法，一路化险为夷。

早在1990年，西方经济衰退刚显露苗头之时，默多克报业王国曾遭遇过一次严峻的财务危机，不可思议的是，这次危机居然仅仅为了1000万美元的一笔小债务。对年收入高达60亿美元的报业王国说来，1000万美元实在算不了什么，然而就是这区区1000万美元差点使整个帝国坍塌。

在美国匹兹堡有家小银行，默多克曾向其贷款1000万美元，原以为这笔短期贷款，到期可以付息转期，延长贷款期限。但不知从哪里听来的风言风语，这家银行认为默多克的支付能力不佳，通知默多克这笔贷款到期必须收回，而且规定必须全额偿付现金。

默多克毫不在意，筹集1000万美元现款轻而易举。他在澳大利亚资金市场上享有短期融资的特权，期限从一周到一个月，金额可以高达上亿美元。他派代表去融资，大出意外，说默多克的特权已冻结了。为什么？对方说日本大银行在澳大利亚资金市场上投入的资金抽了回去，头寸紧了。默多克得知被拒绝融资后很不愉快，他决定亲自带财务顾问飞往美国去贷款。

到了美国，却始料不及，那些跟他打过半辈子交道的银行家，这回像是联手存心跟他过不去，都婉言推辞。默多克又是气恼又是焦急，他和财务顾问在美洲大陆兜来兜去，还是没有借到1000万美元。而还贷期一天紧似一天，商业信誉可开不得玩笑。若是还不了这笔债，那么引起连锁反应，就不是匹兹堡一家闹到法庭，还有145家银行都会成群结队而来索还贷款。具有最佳能力的大企业都经受不了债权人联手要钱。这样一来，默多克的报业王国就得清盘，被24亿美元债券压垮。

默多克有点手足无措，一筹莫展。但他经过精心筹划和思考，决定去找花旗银行。花旗银行是默多克报业集团的最大债主，投入资金最多，如果默多克的报业王国坍塌，花旗银行的损失最高。花旗银行权衡利弊，同意对他的报业王国进行一番财务调查，将资产负债状况作出全面评估，取得结论后采取对策行动。花旗派了一位女副经理，加利福尼亚大学柏克莱分校出身的女专家带了一个班子前往着手调查。

花旗银行的调查工作班子每天工作20 h，通宵达旦，把100多家默多克旗下企业一个个拿来评估，一家也不放松，最后完成了一份调查研究报告。

报告递交给花旗银行总部，女副经理观察默多克报业王国的全盘状况后，对默多克的雄才大略，对他发展事业的企业家精神由衷敬佩，决心要帮助他渡过难关。她向总部提出一个解救方案：由花旗银行牵头，所有贷款银行都必须待在原地不动，谁也不许退出贷款团。以免一家银行退出，采取收回贷款的行动，引起连锁反应，匹兹堡那家小银行，由花旗出面，对它施加影响和压力，要它到期续贷，不得收回贷款。

花旗银行纽约总部的电话终于在最后时刻以前来了：同意女副经理的建议，已经与匹兹堡银行谈过了，同意继续放贷。

默多克渡过了这一关，但他在支付能力上的弱点已暴露在资金市场上。此后半年，他仍然处在生死攸关的困境之中。由于得到了花旗银行牵头146家银行都不退出贷款团的保证，他有了充分的时间调整与改善报业集团的支付能力，半年后，他终于摆脱了财务的困境。

现如今，根据新闻集团2010财年年报，新闻集团2010年年收益为327.78亿美元，比2009年增长

8%，目前的新闻集团由八大运营部门构成，包括电影娱乐、电视、有线网络节目业务、直播卫星电视、整合营销服务、报纸与信息服务、图书发行和其他部门，其中，电影娱乐部门中包括好莱坞电影制作巨头20世纪福克斯电影集团，电视部门则包括美国电视巨头福克斯广播公司以及分布在美国多个大型城市、超过20家的福克斯电视台。

问题：

1．为什么这次财务危机中默多克有惊无险？他凭借的是什么？

2．“从这次事件可以看出，默多克支付能力很差”这个观点正确吗？如果正确为什么很多银行还愿意贷款给他？

3．请分析高负债经营的优缺点。

【课后网络资源】

1．金融街 http://www.jrj.com.cn

2．中国财政部 http://www.mof.gov.cn

3．中国会计视野 http://www.esnai.com

4．中华财会网 http://www.e521.com

5．中国财经报网 http://www.cfen.com.cn

第九章　现代企业风险管理

学 习 目 标

- 重点掌握企业经营风险的控制。
- 掌握风险管理的过程、组织、以及风险控制的方法。
- 了解风险管理的含义及风险评估步骤与方法。

引导案例（9/9）

佳驰公司原来的决策都是由李强夫妇确定的，有时征询了下级意见再作决策，有时突然有了某个主意马上就作出决策，安排下属去执行。这种高度集权的决策体系，缺乏决策约束机制。随着企业的发展，决策权与决策能力不对称的状况不断加剧，使得决策的危险性很大，给企业的运行带来了高度的危险。因此，2002 年佳驰公司设立了经营决策委员会。该经营决策委员会构成采取“4+x”的形式。“4”是指由总经理、财务副总、生产副总、行政副总构成 4 个常务委员，每次经营决策会议都参加。“x”包括各部门经理、员工代表、企业聘请的外部顾问。开经营决策会议时，除 4 个常务委员参加外，再从“x”中选 1～3 个利益相关者参加。参加人员每人一票，在意见不相上下时，由总经理做最后决断。总经理具有否决权。佳驰公司设立经营决策委员会，对总经理的决策权利进行了约束，用集体决策代替了总经理的个体决策，从程序上规避了决策风险。此外，针对生产安全风险、合同风险、产品研发风险、投资风险等都进行了制度上的安排，鼓励员工在察觉有可能出现事故之前提出报告，并建立员工的投诉和表达意见渠道和处理程序。

案例简析：企业在成长过程中会遇到很多风险，需进行有效的风险管理。而有效风险管理的前提是防范个别人士权力过大，在不受制约的情况下作出高风险的决定，佳驰公司通过经营决策委员会既保证了创始人对企业的控制，又规避了因创始人权力过大带来的决策风险。在此基础上，企业还应设定财务风险、技术风险、生产安全风险、市场风险等各类业务风险的界限，业务实际运行中一旦达到风险界限，就应报警，采取措施制止风险的继续扩大。

阅读本章内容，并思考下列问题：

1．风险管理的基本过程有哪些？

2．如何进行风险评估？

3．企业日常经营中会遇到哪些风险？如何控制这些风险？

第一节　风险管理的基本原理

企业从创立开始，不管外部市场环境，还是内部企业环境，时刻都面临着各种各样的风险，尤其是经历过 2008 年金融危机的企业对风险的认识更加深刻。企业要生存、发展和获取经营利润，就必须要克服各种风险因素的影响，建立有效的风险管理机制，才有可能抵御不利情况的发生，提高应变能力，确保企业可持续发展。

一、风险管理的概念

在学习风险管理前，首先要了解什么是风险，这是学习风险管理的基础和前提。风险的基本含义是指在一定条件下和一定时期内可能发生的各种结果变动程度的不确定性，这种不确定性是主观对客观事物运作规律认识的不完全确定，无法操控其运作过程；另外也包括风险结果的不确定性，人们不能完全得到所预期的结果，而且常常会出现不必要的或预想不到的损失。

风险通常可表示为时间事件的概率及后果函数

$$R=f（P，C）$$

式中　R——风险；

P——事件发生的概率；

C——事件发生的后果。

美国学者威廉斯和汉斯认为，风险管理是通过对风险的识别、衡量和控制，以最小的成本使风险所致损失达到最低程度的管理方法。

美国 COSO 认为，企业风险管理是一个过程，它由一个主体的董事会、管理当局和其他人员实施，应用于战略制订并贯穿于企业之中，旨在识别可能会影响主体的潜在事项，管理风险以使其在该主体的风险容量之内，并为主体目标的实现提供合理保证。其定义抓住了风险管理的内涵：

（1）风险管理是一个全员参与实施的动态过程。

（2）应用于现代企业战略的制定，并应考虑现代企业所有层面的活动。

（3）识别可能对现代企业造成影响的事项并将其控制在风险容量以内。

（4）需要设计一整套合理、运行有效的风险管理机制。

阅读资料

COSO 是美国国会“反对虚假财务报告委员会”（National Commission on Fraudulent Reporting，又称 Treadway Committee）下属的发起人委员会（The Committee of Sponsoring Organizations of the Treadway Commission）的英文缩写，1985 年，由美国会计学会（AAA）、美国注册会计师协会（AICPA）、内部审计委员会（IIA）、财务经理协会（FEI）和管理会计学会（IMA）等多个专业团体联合创建了反虚假财务报告委员会，简称 COSO 委员会。

（资料来源：http://wiki.mbalib.com/wiki/COSO.）

我国学者认为，风险管理是指对企业经营中要面临的内部的、外部的可能危害企业利益的各种不确定性因素、事件，采用科学的方法进行识别、预测、衡量与分析，制定并执行相应的控制方案，保障企业收益最大化的管理过程。风险管理是一项管理职能，是在了解企业自身的优势和劣势的基础上，对影响企业经营的机会和威胁进行的管理。

风险管理可以降低企业纯粹风险（纯粹风险是指只有损失机会，而无获利可能的风险。）所造成的损失。但在社会发展迅速的今天，除纯粹风险外，给企业造成损失的还有诸多风险。所以，现代的风险管理是一种企业管理职能，管理的对象是作为企业的成员、组织及企业经营价值。它通过对企业现实和潜在的风险进行评估、预测、分析和控制，考虑各种不确定性和限制性因素，制定解决方案，或者是在风险发生以后，利用各种控制活动，将风险造成损失的可能性降至最低，或利用企业资源抓住机会，为企业创造财富。

二、风险管理的过程

风险管理是一个由若干管理阶段构成的，以尽可能减少或补偿突发事件带给企业影响的管理过程（见图 9-1）。这些过程包括以下六个方面：

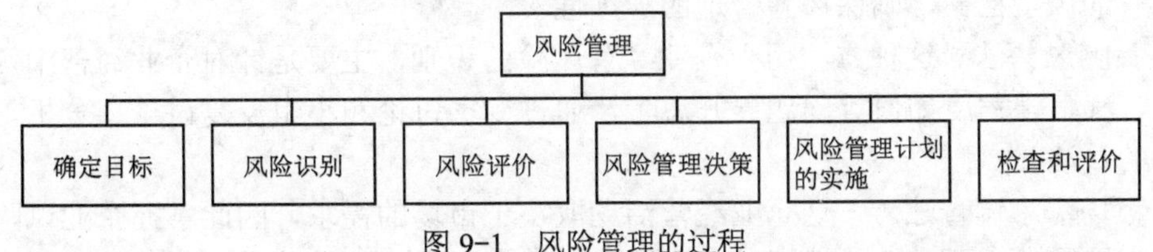

图 9-1 风险管理的过程

1. **确定目标**

风险管理的实施首先要明确企业的目标，确定企业要做什么。企业进行风险管理是要减少损失，用最少的投入获取最大的效益，这必须把风险管理系统化，针对企业的目标，每一项工作都以企业目标为准则，作为整体中的组成部分来实施。

风险管理的功能包括：维持企业的生存；使纯粹风险的影响降至最低；预防可能造成人员伤亡；保护员工的安全。风险管理的首要基本目标是企业的生存，即保证企业（或个人）作为在经济中可以运作的一个实体持续存在。风险管理的目标就是要防止纯粹风险带来的损失，保障组织目标的实现。许多企业的风险管理最终没有持续或没有收到预期的结果，根本在于，对风险管理计划没有一个明确的目标。风险管理的目标应纳入“企业风险管理制度”。风险管理制度不仅陈述风险管理的目标，还要给出实现目标的具体措施。

2. **风险识别**

风险识别是风险管理工作中的重要环节。风险管理工作的成效主要取决于风险识别。一些企业因为风险管理工作方面的失误导致严重损失甚至破产，其根本原因往往是没有识别出企业现有的风险。因此，在风险管理中，企业必须有人能够识别企业所面临的风险。负责识别风险的人员可以是企业内部的职员，也可以聘请外部风险管理专家。由于传统的风险管理针对的是纯粹风险，因此，必须识别出企业所面临的所有纯粹风险。风险经理一般要设法识别下列五种类型的潜在损失：

（1）企业财产的损失及额外支出费用。

（2）因财产损失而引起的收益损失，其他项目中断导致的损失以及额外支出费用。

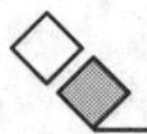

（3）因损害他人利益引起的诉讼导致企业遭受的损失。

（4）因违反法律、法规和雇员不忠诚行为对企业造成的损失。

（5）因企业高级管理人员或关键岗位员工丧失工作能力对企业造成的损失。

不同企业实际经营情况和资源状况的不同会导致不同的风险，这种差别也给风险识别带来很大的麻烦。风险识别有两种基本方法：①根据以往经营中的损失记录进行分析，利用历史数据的分析，进行预期性的预防。企业在受到各种风险带来的损失后，从中也掌握了有关风险的规律。②综合系统化的方法。在企业经营过程中，不能等发生损失以后再做总结，企业必须预先识别出风险，采用系统化的方法来解决风险识别问题。

在企业风险的识别中，常用的识别方法有：

（1）制作流程图（如生产流程图、组织流程图等）。风险管理人员根据流程图，对流程中的每一个环节逐一进行分析，发现各种潜在的风险因素。

（2）制作风险清单。在清单上列出企业可能面临的各种风险，并将这些风险与企业经营活动联系起来进行分析。

（3）建立风险档案。企业有必要在风险清单的基础上建立风险档案，并随企业的发展及时更新原有的风险档案，确保风险管理的连续性。

（4）头脑风暴法。这种方法用于企业经营风险的识别，主要是针对企业经营中可能遇到哪些风险，其危害程度如何等问题展开思考，通过专家讨论和小组反复讨论、分析，提出、总结各自的看法。

（5）市场需求调查法。一切企业经营活动取决于市场的需求，因此掌握企业风险的前提就要了解市场需求。经常性地组织对市场需求的调查，其具体做法是：派遣专业人员进入到市场中，了解消费者的需求、意见、问题，分析销售趋势，分析竞争对手，判断风险的有无。

（6）财务报表分析法。企业的任何经营活动都伴随着资金的流动，因此可以通过分析企业财务报表了解企业风险的情况。

3. 风险评价

在识别风险造成的损失之后，需要衡量损失对企业的影响，这包括衡量潜在的损失频率和损失程度。损失频率是指一定时期内损失可能发生的次数。损失程度是指每次损失可能的规模，即损失金额的大小。对损失频率的测定可以估算某一风险单位因某种损失原因受损的概率。例如，一幢建筑物因火灾损失的概率，也可以估算几幢建筑物因火灾受损的概率，或者估算某一风险单位因多种损失原因受损的概率，其概率高于因单种损失原因受损的概率。

对风险的评价可以参考潜在的损失频率和损失程度两个基本因素。在对风险作初步估计时可以分几个等级，如几乎不会发生、不大可能发生、频率适中和必然发生。

更多的是用潜在的损失程度对风险进行定级。因为损失程度往往是风险对企业造成财务影响的关键因素。根据可能损失对财务的损失程度可以把风险分为三个等级。

（1）致命风险（Critical Risks）。致命风险是指那些可能损失巨大，引起企业破产的所有风险。

（2）严重风险（Important Risks）。严重风险是指可能损失不足以引起企业破产，但企业必须借款才能维持经营的那些风险。严重风险将给企业的财务带来困难。

（3）一般风险（Unimportant Risks）一般风险是指那些可能损失可以由企业的现有财产

或目前收入补偿，不会给企业带来严重财务负担的风险。

4. 风险管理决策

在衡量风险以后，风险经理必须选择最适当的对付风险的方法或综合方案。选择合适的风险管理方法，制定风险管理计划的过程就是风险管理的决策过程。

风险管理决策中的主要问题是决定应该分别用哪些可行方法对付所面临的各种风险。对付风险的方法可以分为两大类：①改变风险的措施，如避免风险、损失管理、转移风险等。②风险补偿的筹资措施，对已发生的损失提供资金补偿，如包括自保方式在内的自担风险。保险是对付风险的一种重要方法。一方面，投保人通过购买保险，将风险转移给了保险公司，从而改变了自身承担的风险。所以保险可以看做是转移风险的一种措施。因为保险的重要性，常常会对其单独加以考虑，所以，在风险管理中，谈到风险转移时，总会说明是非保险的风险转移。另一方面，保险又有风险补偿的特点，它是对已经发生的损失进行补偿。同样，由于对保险单独的考虑，在提到其他的风险补偿筹资措施时，也会说明是非保险的筹资措施或财务安排。

风险经理决策权力的大小因企业而异。有的企业在其风险管理政策中设立了关于风险管理方法选择的一定准则，规定了风险经理具体操作的原则。如果这样的风险管理政策是刚性的，也很为详尽，风险经理在进行决策时只要照章办事即可，自主的余地很少。这时的风险经理更像是一个项目管理者，而不是政策制定者。而有些企业没有正规的风险管理政策，或者这样的政策很概括、很宽松，使风险经理有发挥的余地，则这些企业中的风险经理的职责要重要得多。

在选择对付风险的方法时，风险经理应考虑可能损失的大小、其概率以及如果损失确实发生时可以得到补偿损失的资源。每种方法的成本效益都必须加以评估，然后在企业风险管理政策指导下决策。

5. 风险管理计划的实施

风险管理的决策和计划，只有付诸实施才能产生应对的效果。因此，计划的实施是风险管理中必不可少的。

企业如果在计划中对某种风险采用自担的方式应对，则需要建立备用资金或专用资金。如果决定建立这样的储备资金，企业必须制定相应的管理措施以实施决策。而企业一旦对某一风险作出使用保险方法应对的决策，风险经理就可以去选择保险公司，设定适当的保险责任限额和免赔额，以及针对投保事项与保险公司商谈。如果用损失预防的方法对付特定的风险，则风险经理必须设计和实施恰当的损失预防计划，并贯彻和执行这一计划。

6. 检查和评价

在风险管理的决策贯彻和执行之后，风险经理就必须对其贯彻和执行情况进行检查和评价。其理由有两点：一方面，风险管理的过程是动态的，风险是在不断变化的，新的风险会产生，原有的风险会消失，上一年度对付风险的方法也许不适用于下一年度。另一方面，有时作出风险管理的决策是错误的。对计划的检查和评价可以及时地发现这些错误，并在它们造成严重后果前加以纠正。

对风险管理计划的检查和评价尽管也属于风险经理的职责范围，但许多企业聘用独立的专业人员定期地对企业的风险管理计划进行检查和评价。这些专业人员是风险管理方面的专家，能独立地对企业的总体风险管理计划或其中的一个部分进行评估。尽管这样的独立专业

人员主要是由没有设立专职风险经理岗位的企业聘用的，但许多有风险经理的企业也欢迎来自外部的专家对企业风险管理计划进行检查和评价。

三、风险管理的组织

企业的风险管理职能需要通过设置专门的管理部门来执行其职责，并与企业内部各职能部门形成完整的组织体系，在明确风险管理责任的同时，风险管理的职责具体到每一个部门，形成系统的安排，保障管理工作的顺利进行。

1. 风险管理的组织原则

为了使各职能部门能充分发挥在风险管理中的职能，必须在工作时进行具体的分工，基本的分工原则有：分层原则、分类原则和集中原则。

（1）分层原则。根据风险管理活动的内容、性质和影响程度的不同，企业需要在战略、执行、控制三个管理层级上规定相应的职权责任，使得每个职能部门都能充分履行自己的责任，落实到位。例如，公司董事会、风险管理部门、各职能部门，三者之间具有明显的层级关系，从董事会审批对风险的评估标准，风险管理职能部门负责提出新标准，各职能部门要将管理的标准落实到实际经营和管理的过程中。

（2）分类原则。企业应当根据不同风险的特点，根据各职能部门的特长，把不同类别的风险指定给不同的部门，这些部门应结合自身的特长实施具体的风险管理，其他部门提供相应的协助。

（3）集中原则。企业在面对风险时，应当集中企业的人力、物力、财力，把企业统一起来，制定统一的整体战略，集合所有信息，统一分析、分类，制定应对策略，对不同部门所面对的风险进行组织协调。

2. 风险管理的组织程序

风险管理的组织程序共有以下三个模式：

（1）风险的识别和评估由各职能部门或业务部门执行，风险管理中心部门负责确定风险应对和相关控制活动，然后向上一级报告风险情况。这种模式应用于规模较小的风险，风险管理中心部门充分了解业务部门的活动，并对主要策略拥有决策权。

这种风险管理的组织程序的优点是：各职能部门和业务部门直接接触风险事项，可有效地识别和评估风险，而风险管理中心部门可以保障策略的决定正确性，或是交由更高层决定。

这种风险管理的组织程序的缺点是：由于各职能部门与风险管理中心接触风险事项的角度不同，风险评估和风险应对可能是脱离的，使评估的结果和策略的制定偏离实际风险。

（2）各职能部门或业务部门负责风险识别、风险评估、风险控制等职责，风险管理中心部门负责对全过程监控。

这种风险管理的组织程序的优点是：各职能部门或业务部门具有风险应对和控制的权力，可以提高风险管理的灵活性。

这种风险管理的组织程序的缺点是：风险管理可能产生不一致性，处于不同管理层的决策可能会不同，但是可以通过风险管理中心部门的协调和监控来降低不一致性。

（3）针对规模较大的风险事项，可以通过风险管理中心部门实施风险管理，如外汇变动带来的风险。

这种风险管理的组织程序的优点是：对于大规模风险，由企业高层管理决策应对，便于以整体为基础面对，进行风险管理。

这种风险管理的组织程序的缺点是：需要各职能部门有效地沟通，协调一致。

3. 风险管理职能部门的几种形式

根据企业规模和部门职能，风险管理职能部门可以分为以下三种形式：

（1）主管安全、行政和财务事务的部门。这种形式适合于小型企业，由具体部门负责对生产安全的检查等。

（2）专职风险管理部门，并设立相关负责人进行沟通，负责对风险的日常监控、损失的报告以及措施的具体实施等。这种形式适用于中型企业，应对频发且单一种类的风险，管理人员需要具备丰富的经验。

（3）风险管理委员会。聘请专家处理风险事项，并由各职能部门经理共同组成工作组。这种形式适用于大型企业，且种类复杂的风险。风险管理委员会对风险进行识别、评估，提出处理意见和监督控制等。

4. 风险管理职能部门的职责

风险管理职能部门的职责一般有以下几点：

（1）研究提出全面风险管理工作报告。

（2）研究提出各职能部门面对重大风险时的决策和主要业务流程，判断标准或判断机制。

（3）研究提出各职能部门的风险决策评估报告。

（4）研究提出风险管理战略和各职能部门的风险解决方案，并负责该方案的组织实施和监控。

（5）进行全面风险管理有效性评估，提出风险管理的改进方案。

（6）组织建立风险管理信息系统。

（7）组织协调全面风险管理的日常工作。

（8）指导、监督各职能部门、各业务单位进行全面风险管理工作。

（9）办理风险管理其他有关工作。

阅读材料

A铜材集团的风险应对

自2003年下半年以来，国际铜价快速攀升，持续上涨的时间和上涨幅度均超过以往，世界各大机构纷纷预测在此轮上涨之后，国际铜价将步入下跌时期。例如英国商品研究所2004年11月预测，2005年全球铜供应将出现10万多t的过剩；2004年11月中旬举行的伦敦金属交易所（LME）年会上，国际大投资银行也大多预测2005年铜价会下调，市场将继续过剩。但实际情况却是国际铜价的逆市上涨，在2005年11月更是达到期铜市场百年来的最高纪录，高达41466.5美元/t。2005年11月9日，A铜材集团发布铜竞价销售消息称：为缓解当前铜供应紧张的状况，满足消费需求，集团经相关部门批准，于2005年11月16日以拍卖形式，销售2万t铜材。在此后短短的一个月内，举行了四场现货铜材拍卖会，拍卖起价一次比一次高，给市场带来的冲击一次比一次大，其中，第三场拍卖起价上海、宁波地区为371400元/t，但首批100t的成交价格就达381200元/t，拍卖价远高过市场的预期，消息一经传出，沪铜期货和LME

铜期货价格便快速上扬。第四场现货铜拍卖会上，占2万t拍卖总量80%的1.6万t铜流拍的拍卖底价与市价不相上下，参与者怨声载道。尽管A集团发言人声称售铜的目的在于满足市场铜的需求，但市场更愿意相信A集团此举是在缓解其在期货市场的损失所带来的压力。因为自2005年11月13日开始，媒体纷纷披露，A集团内部一名交易员在铜期货市场上通过LME场内会员，在31 000多美元/t的价位附近抛空铜，建立空头头寸约15万~20万t，这批头寸交割日在2005年12月21日。但自2005年9月中旬以来，国际基金不断以推高铜价的方式逼空集团储备，铜价上涨约600多美元/t。不断走高的国际铜价无疑会给集团造成巨额亏损，所以集团内部决定抛售现货来缓解压力，挽回损失。2005年年末，由于缺乏对市场风险的有效控制，A集团在此次事件中损失惨重。

（案例来源：http://business.sohu.com/s2006/spschina2-4/）

第二节　企业风险评估与控制

一、企业风险评估

评估是一项科学和专业的量化管理过程的方法。风险评估（Risk Assessment）则是通过一整套科学的步骤和方法，在充分调查论证的基础上，对企业可能存在的各种风险进行分析、汇总、确定和量化的过程。

（一）风险评估的5个步骤

1. 风险识别

风险识别是指在风险事故发生之前，人们运用各种方法系统、连续地认识所面临的各种风险以及分析风险事故发生的潜在原因。通过风险识别来了解客观存在的各种风险，寻找并分析导致风险事故发生的各种因素，为拟定风险处理方案进而进行风险管理决策提供服务。

2. 风险调查

在风险发生时，企业都应该进行多种方式的风险调查。调查常用方式有：对现有书面资料的整理和分析；对企业管理层的访谈；网络媒体资料的利用；专家座谈等。

3. 风险确定

风险确定是企业通过一定的方法确定自身面临风险的过程。由于每个企业面临不同的内、外部环境，每个企业面临的风险会有较大差异。风险确定是风险量化的基础。

4. 风险量化

风险量化是采用一定的标准或方法，将风险细化、量化的过程。量化风险可以采用顾客投诉次数、产品返修率、市场增长率、销售收入增长率、销售价格浮动率等指标衡量。

5. 撰写风险评估报告

风险评估报告是风险评估过程的结果，也是描述评估过程和评估方法的系统性和结论性文件。风险评估报告的撰写，有利于得出科学的结论，有利于在企业内部达成共识。

（二）风险评估的基本目的

风险评估的基本目的有以下几点：

（1）明确企业面临的主要风险，为企业有效进行风险防范和危机管理做准备。

（2）降低企业风险管理的成本。

（3）便于企业整合内、外部资源，提前进行风险防范和危机管理。

小知识

风险评估师

企业的风险评估师的主要职责是：通过识别、分析、计量企业的各职能部门的业务风险，提出防范风险的措施，达到减少企业风险的目的。企业风险评估师的主要工作是：

（1）识别组织面临的各种风险。

（2）评估风险概率和可能带来的负面影响。

（3）确定组织承受风险的能力。

（4）确定风险消减和控制的优先等级。

（5）推荐风险消减对策。

（资料来源：http://baike.baidu.com/view/1996489.htm.）

（三）风险评估的方法

常用的风险评估方法包括风险坐标图法和蒙特卡罗法。蒙特卡罗法是一种随机模拟数学法，该方法用来分析评估风险发生的可能性、风险的成因、风险造成的损失或带来的机会等变量在未来变化的概率分布。由于蒙特卡罗法的计算量很大，通常借助计算机完成。所以本节中主要介绍风险坐标图法。

风险坐标图是把风险发生的可能性和影响程度，作为图标的两个基本参数绘制在同一个平面上，即绘制成直角坐标系。对风险发生可能性的高低以及风险对目标的影响程度的评估可从定性、定量两个方面来描述。

定性方法是用文字描述风险发生可能性的高低以及风险对目标的影响程度，如“极低”、“低”、“中等”、“高”、“极高”等。定量方法是对风险发生可能性的高低以及风险对目标影响程度用具体的数量描述，如对风险发生可能性的高低用概率来表示，对目标的影响程度用损失金额来表示。

企业对风险可能性的定性、定量评估标准及其相互对应关系，见表 9-1 和表 9-2。

表 9-1　定性法

描述法一	极低	低	中等	高	极高
描述法二	一般不发生	极少发生	偶尔发生	较常发生	经常发生
描述法三	10 年内可能发生 1 次	5～10 年内可能发生一次	2～5 年内可能发生一次	1 年内可能发生一次	1 年内至少发生一次

表 9-2　定量法

评　分	1	2	3	4	5
一定期限内发生的概率	10%以下	10%～30%	30%～70%	70%～90%	90%以上

通过对风险的定量和定性的分析，确定风险发生可能性的高低和风险对目标影响程度，然后可以制定风险坐标图，如图 9-2 所示。

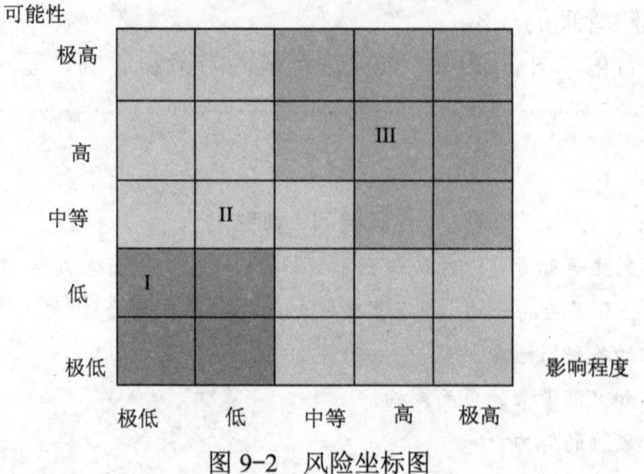

图 9-2　风险坐标图

在图 9-2 中可以看到 3 个象限，第 I 象限中风险产生的可能性和风险的影响都比较低，所以企业不需要过多的资金投入，但需要时刻关注其动向发展；第 II 象限中风险发生的可能性和影响程度都属于中等或偏高，所以企业必须实施必要的措施控制风险发展的趋势；第 III 象限中风险发生的可能性高，并且影响程度高，所以企业要及时实施各种防范措施。

二、企业风险的控制

（一）风险控制的方法

风险控制是指企业管理者通过各种措施和方法，降低或消除风险事件发生的可能性，或者减少风险发生时给企业造成的损失。风险控制的四种基本方法是：风险回避、损失控制、风险转移和风险保留。

1. 风险回避

风险回避是投资主体有意识地放弃风险行为，完全避免特定的损失风险。简单的风险回避是一种最消极的风险处理办法，因为投资者在放弃风险行为的同时，往往也放弃了潜在的目标收益。所以一般只有在以下情况下才会采用这种方法：

（1）投资主体对风险极端厌恶。

（2）存在可实现同样目标的其他方案，其风险更低。

（3）投资主体无能力消除或转移风险。

（4）投资主体无能力承担该风险，或承担风险得不到足够的补偿。

2. 损失控制

损失控制不是放弃风险，而是制订计划和采取措施降低损失的可能性或者是减少实际损失。控制的阶段包括事前、事中和事后三个阶段。事前控制的目的主要是为了降低损失的概率，事中和事后的控制主要是为了减少实际发生的损失。

3. 风险转移

风险转移是指通过契约将让渡人的风险转移给受让人承担的行为。通过风险转移过程有时可大大降低经济主体的风险程度。风险转移的主要形式是保险转移和合同风险转移。保险是使用最为广泛的风险转移方式。而通过签订合同，也可以将部分或全部风险转移给一个或多个其他参与者。

4. 风险保留

风险保留即风险承担。也就是说，如果损失发生，经济主体将以当时可利用的资金进行支付。风险保留包括无计划自留、有计划自我保险。

（1）无计划自留。无计划自留是指风险损失发生后从收入中支付，即不是在损失前作出资金安排。当经济主体没有意识到风险并认为损失不会发生时，或将意识到的与风险有关的最大可能损失显著低估时，就会采用无计划保留方式承担风险。一般来说，无资金保留应当谨慎使用，因为如果实际总损失远远大于预计损失，将引起资金周转困难。

（2）有计划自我保险。有计划自我保险是指可能的损失发生前，通过作出各种资金安排以确保损失出现后能及时获得资金以补偿损失。有计划自我保险主要通过建立风险预留基金的方式来实现。

（二）风险控制的基本程序

1. 对企业财务进行分析

风险经理应明确企业财务分析的内容、具体方法和程序，同时通过财务分析对财务报表的真实性进行核实。

2. 建立财务报告

建立财务报告的基本程序为：

（1）做好各项准备，由企业财务部门汇总会计信息。

（2）各部门或子公司编写财务会计报告。

（3）企业管理者对财务会计报告进行审查。

3. 建立企业各项经营活动的管理制度

建立企业各项经营活动的管理制度，具体步骤有：

（1）建立业务流程管理制度。

（2）分析、补充、完善企业的控制措施。

（3）根据内外环境因素的变化，完善管理制度，及时调整控制措施。

（三）企业经营风险控制

企业在经营管理活动中会遇到很多风险，如生产风险、技术风险、投资风险、营销风险等。通过分析产生这些风险的基本原因并采取对应的风险防范措施，是实现企业经营风险控制的有效途径。

1. 生产风险

生产风险是指企业在原材料、设备、技术人员、生产工艺及生产组织等方面导致难以预料的损失，致使企业生产无法按预定生产计划完成。引起生产风险的基本因素有：

（1）原材料。它是指原材料的供给（库存、质量、供应期限等）和价格的变化对生产可能带来的不利影响。

（2）生产设备。企业能否获得新产品生产所必需的设备是决定企业生产能否正常进行的关键，对产品的生产效率及成本预算有着重大影响。

（3）生产工艺。产品的生产工艺应符合产品性能要求，同时也要符合经济效益指标。如果生产工艺制定不当，可能使产品的次品率升高，产品质量下降。

（4）工作人员。高技术设备和产品的生产对工作人员专业技术水平要求比较高，是生产能否顺利进行的关键。

防范生产风险的基本措施有：

（1）应制定严密的生产计划和管理制度，明确对生产及其管理的具体要求。

（2）加强对生产要素的管理，使各生产要素在生产过程中能充分地结合起来，形成一个有效的整体。

（3）加强生产过程管理，必须按生产计划及其具体要求组织生产。

（4）加强信息管理，为企业生产风险防范提供即时信息。

2. **技术风险**

技术风险是指伴随着科学技术的发展、生产方式的改变而产生的威胁到生产与生活的风险，如核辐射、空气污染和噪声等。

而在证券经纪行业，技术风险是指中央信息技术系统发生技术故障，导致行情中断、交易停滞、银证转账不畅，或在容量、运作等方面不能保障交易业务正常进行，而可能给客户造成损失，证券公司因承担赔偿责任而带来经济或声誉损失的风险。

技术风险可分为低风险、中等风险、高风险三个等级。低风险是指可识别，并可监控其影响的风险。中等风险是指可识别的，对系统的技术性能、费用或进度将产生较大影响的风险，这类风险发生的可能性相当高，需要对其进行严密监控。高风险是指发生的可能性很高、不可接受的事件，其影响将对系统有极大损害。

技术风险防范的基本措施有：

（1）加强信息管理，对调研获得的整体信息进行分析处理，对技术项目中各部分所包含的信息进行展开、细化，解决整体信息中被忽视的部分。

（2）提高技术水平，规范技术标准。提高计算机、网络系统的技术水平，一方面需要提高安全防御能力；另一方面，要大力开发具有自主知识产权的高新信息技术。

（3）加强市场研究，以市场信息为基础，进行技术创新，结合有效的营销策略，完善新产品和服务，满足消费者需求，降低整体风险。

（4）建立健全的风险预警体系，及时发现技术开发和生产过程中的风险隐患。

（5）改善内部组织管理，建立有利于技术创新的生产组织结构及制度，加强对技术资产的监督治理。

3. **投资风险**

投资风险，又称投资管理风险，它是指企业所生产的产品或提供的劳务在市场上的实现程度偏离预期值的大小，与预期值的偏差越大，说明投资风险越大，反之越小。投资风险按是否可以通过投资策略控制，可分为系统风险和非系统风险。

（1）投资的系统风险。投资的系统风险是由整个市场的不确定性引起的。例如，社会经济的变化，国家税务制度的变化，世界能源状况的改变等因素的影响所产生的风险。该风险即使企业采用多元化策略也无法避免，因为它与企业不可控因素（如政治、经济）相关联。

（2）投资的非系统风险。投资的非系统风险是由企业内外部环境的某一个或几个因素的变化，引起与之相关联的企业或各部门的变化所导致的风险。这些风险并非不可避免，而是可以通过相应的策略实施加以减少甚至消除。

投资风险防范的基本措施有：

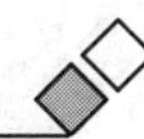

（1）风险回避。当投资项目潜在威胁发生的可能性很大、不利后果也比较严重、而且又无其他策略可采用时，应主动放弃项目、改变项目目标与行动方案来规避风险。

（2）风险控制。在对风险进行控制时，最好将项目整体风险细分，使每一风险都在可控制的水平上，降低单个风险的影响，整体风险就会相应降低，成功的概率就会增加。

（3）风险转移。风险转移主要是指通过管理、经济和技术手段将部分风险或其全部转移给其他人承担。

（4）风险自留。风险自留是指对一些无法回避或转移的风险，采取积极应对措施，在不影响投资者利益的前提下，将风险自愿承担下来。

4. *营销风险*

营销风险是指企业在开展市场营销活动过程中，由于出现不利的环境因素而导致市场营销活动受损甚至失败的状态。营销风险主要包括：

（1）产品风险。产品风险是指产品在市场上处于不适销时的状态。产品风险又包括：产品功能质量风险，产品入市时机选择风险和产品市场定位风险，产品品牌商标风险等。

（2）定价风险。定价风险是指企业为产品所制定的价格不当导致竞争加剧，或用户利益受损，或企业利润受损的状态。定价风险包括低价风险、高价风险、价格变动风险。

（3）分销渠道风险。分销渠道风险是指企业所选择的分销渠道不能履行其职责和不能满足分销目标，由此造成的一系列损失。分销渠道风险包括分销商风险、储运风险和货款回收风险等。

（4）促销风险。促销风险主要是指企业在开展促销活动过程中，由于促销行为不当或某些不利因素的影响，而使促销活动受阻、效果受损、甚至失败的状态。促销风险包括广告风险、人员推销风险、营业推广风险及公共关系风险等。

营销风险防范的基本措施有：

（1）加强市场环境的调研分析，通过市场调研，分析相关信息，包括消费者需求信息、竞争者信息、国家相关政策信息、国际政治与经济形势等其他信息。企业开展营销活动，必须以充实的信息资料为基础，才能顺利实施，否则企业的营销活动就会产生风险。

（2）建立企业风险防范机制，规范企业内部风险防范的规章制度，及时调研、分析信息，提高对风险处理的应对能力，强化员工的风险防范和法律保护意识。

（3）当风险发生以后，应正确面对发生的风险，积极解决风险给企业带来的损害，降低给社会、顾客带来的损害。

可见，风险控制是现代企业管理的重要手段，随着社会主义市场经济的发展，社会经济环境各因素的日益变化，企业将会面临更激烈的竞争和更严峻的风险，如生产风险、技术风险、投资风险、营销风险等。无论应对什么风险，企业都应该及时识别、分析和建立有效的风险管理机制，以加强控制。只有企业提高对风险管理的内部控制，建立并完善企业的风险控制管理，才能真正促进企业的发展。

【本章关键术语】

风险管理　　生产风险　　技术风险　　投资风险　　营销风险
风险评估　　风险控制

【本章小结与知识结构图】

本章阐述了风险管理的基本原理，介绍了风险管理的过程和组织以及企业风险的评估，最后分析了若干种企业经营风险控制的具体方法。

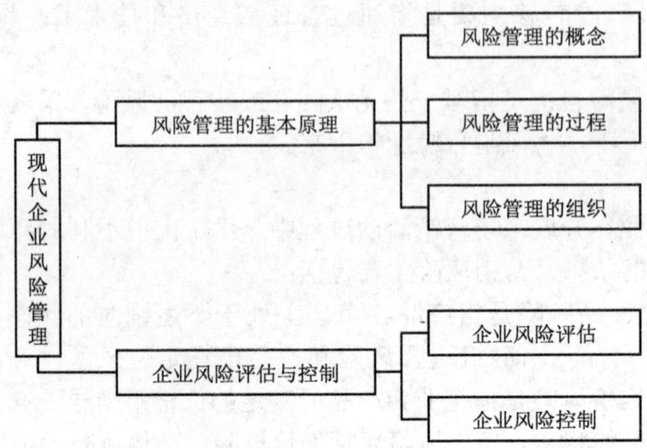

【技能测试题】

一、选择题

1．风险管理的主体是（　　）。

A．企业　　B．对手　　C．市场　　D．自然环境

2．风险管理的基本目的是（　　）。

A．保障企业最大限度地获得利润　B．保障企业在竞争中获得优势

C．保持企业在市场中的地位　　D．保障企业的稳定经营发展

3．引起生产风险的基本因素有（　　）。

①生产原材料　　②生产设备　　③制造工艺　　④工作人员

A．①②③　　B．①③④　　C．②③④　　D．①②③④

4．下列哪项不是风险调查的常用方式？（　）

A．对现有书面资料的整理和分析　B．对企业员工访谈

C．网络、媒体资料的利用　　D．专家座谈

5．风险评估的基本顺序为（　　）。

①风险识别　②风险确定　③风险调查与诊断　④风险量化　⑤撰写风险评估报告

A．①②③④⑤　B．①②④③⑤　C．②①④③⑤　D．①③②④⑤

6．营销风险包括（　　）。

①产品风险　　②定价风险　　③分销风险　　④促销风险

A．①②③　　B．①③④　　C．②③④　　D．①②③④

7．根据可能损失对财务的损失程度，可能导致企业破产的是（　　）等级的风险。

A．致命风险　　B．严重风险　　C．一般风险　　D．非一般风险

8．风险管理组织的基础分工原则有（　　）。

①分层原则　　②分类原则　　③集中原则　　④专职原则

A. ①②③　　B. ①③④　　C. ②③④　　D. ①②④

9. 以下不属于风险评估的基本目的的是（　　）。

A. 明确企业面临的主要风险　　B. 降低企业风险管理的成本

C. 便于企业整合内外部资源　　D. 有效转移风险损失

10. 企业风险经理首先需要针对风险进行（　　）。

A. 识别　　B. 评估　　C. 组织　　D. 确定

二、简答题

1. 什么是风险管理？
2. 简述风险评估的基本步骤。
3. 企业风险控制的方法是什么？

三、论述

试述企业风险管理的主要过程是什么？

四、讨论

2008 年伴随美国次贷危机的影响，金融危机迅速蔓延全球，深度影响到各国企业的经营，假设你是中国某进出口企业的风险管理负责人，请分析在金融危机环境下，对企业产生影响的风险及如何应对？以 5 人为一个小组进行讨论，然后各组分享。

案例分析

某连锁超市倒闭的经过

某连锁超市破产之时，正值世界金融危机肆虐时期。这是其清盘的原因之一，但其管理层的经营作风才是其破产清盘的决定性原因。在急速扩张的过程中，该连锁超市背弃了原来的发展方向，在物业市场上大额投资。一遇金融风暴，这些物业就变成了负资产，集团被迫向其他公司拖欠款项以继续经营。但市场长期持续低迷，拖欠的款项也越积越多，最终只有破产清盘。

1. 低估扩张业务所需的资金

随着业务规模急速扩张，2002～2007 年某连锁超市在国内的零售点由零扩展至 50 多处，在 2007 年年底的销售额近 8 亿元人民币。随着世界金融危机的蔓延，导致国内经济发展开始放缓，该连锁超市销售额快速下降。然而，该连锁超市却仍然依靠信贷借以维持其高速扩张，信贷利息因而由 2002 年的 8 500 万元激增两倍至 2008 年的 46 000 万元，占利润的百分比则由 24%跃升至 49%。换句话说，在 2008 年的收益中，近一半是用做支付贷款的利息，可见该连锁超市沉重的利息负担，在结业时，企业欠下的债务达 7 300 多万元。

2. 低估经营非核心业务的风险

企业管理层认为要实践一站式的经营，需要多元化经营，业务涉及餐饮、食品加工与娱乐事业等。为了减轻租金负担，企业开始购置房地产。随着房地产热，集团购置的房产租金增至 18 000 元/m^2，为集团带来 3.1 亿元的惊人利润。地产市场日益兴旺，而百货业表现却持续萎缩，于是，地产投资在企业整体业务中的比重便越来越大。在地产上的投资成为企业经营的资金来源。然而，随着金融危机的冲击，资产价值下跌，集团的物业也变成负资产，失去这个支柱后，企业的衰亡便成为不能幸免的结局。

3．低估新市场的风险

在北京，企业与外商合资建立一个最新的货品分销中心和网络，以改善国内零售业的效率。随后将总部设在上海，将超市开在全国各个城市，开辟新的市场。然而，国内消费者的消费习惯在不断变化，购买能力普遍不高，并且随着百货行业的竞争加剧，本企业大范围的投入并未带来预期的销售业绩。

4．低估高负债率的风险

由于合资伙伴的已核准资金不能如期到位，为了维持业务顺利进行，企业只能继续投入更多的资金。面对不断扩大的资金需求，大量负债令企业年度的收益中，近一半是用做贷款利息的开支，为企业带来沉重的利息负担。最终在资金周转不灵的情况下，连锁超市终于以清盘结束了辛苦经营了十多年的业务。

（资料来源：www.ceconlinebbs.com）

问题：

作为本企业的管理人员应该如何面对风险？

【课后网络资源】

1．管理资源吧www.glzy8.com
2．中国企业内部控制与风险管理网http://www.ic-erm.com
3．世界经理人网站http://www.ceconline.com
4．MBA 智库百科http://wiki.mbalib.com
5．风险管理世界 http://www.riskmw.com

参考文献

[1] 周三多．管理学[M]．3 版．北京：高等教育出版社，2010．

[2] 高海晨．企业管理[M]．北京：高等教育出版社，2003．

[3] 魏炳麒．市场调查与预测[M]．大连：东北财经大学出版社，2007．

[4] 海格．市场调查宝典：行动纲要[M]．林岱，译．上海：上海交通大学出版社，2005．

[5] 周建华，陈晓钢．企业经营决策[M]．广州：广东高等教育出版社，2003．

[6] 冯丽云，任锡源．现代营销管理[M]．北京：经济管理出版社，2006．

[7] 菲利普・科特勒，凯文・莱恩・凯勒．营销管理[M]．梅清豪，译．12 版．上海：上海人民出版社，2006．

[8] 齐二石．生产与运作管理教程[M]．北京：清华大学出版社，2006．

[9] 张仁侠．现代企业生产管理[M]．2 版．北京：首都经济贸易大学出版社，2006．

[10] 应可福．生产与运作管理[M]．2 版．北京：高等教育出版社，2008．

[11] 聂云楚．如何推进 5S[M]．深圳：海天出版社，2003．

[12] 徐源．生产主管实务[M]．广州：广东经济出版社，2002．

[13] 李健．企业资源计划及其应用[M]．2 版．北京：电子工业出版社，2009．

[14] 张根宝，何帧，刘英．质量管理与可靠性[M]．北京：中国科学技术出版社，2005．

[15] 尤建新．杜学美，张建同．质量管理学[M]．2 版．北京：科学出版社，2008．

[16] 李春生，陈国生，戴旻．人力资源管理学教程[M]．北京：对外经济贸易大学出版社，2007．

[17] 郑兴山．人力资源管理[M]．上海：上海交通大学出版，2008．

[18] 孙秋菊．现代物流概论[M]．北京．高等教育出版社，2003．

[19] 吴应宇，陈良华．公司财务管理[M]．北京：石油工业出版社，2005．

[20] 托马斯 E 科普兰，J 弗莱德・威斯顿．财务理论与公司政策[M]．宋献中，译．大连：东北财经大学出版社，2003．

[21] 邱莞华．现代项目风险管理方法与实践[M]．北京：科学出版社，2003．

[22] 张宜霞．企业风险管理—应用技术[M]．大连：东北财经大学出版社，2009．

[23] 胡为民．内部控制与企业风险管理[M]．北京：电子工业出版社，2009．

[24] 彭志国．企业内部控制与全面管理[M]．北京：中国时代经济出版社，2008 年．

[25] 周文德．中小企业风险防范与危机控制[M]．北京：中华工商联合出版社，2009 年．

[26] 谢作渺．企业如何防范风险[M]．北京：新华出版社，2002．